# 전투기는 어떻게 만들어지는가?

## 개발현장 경험으로 쓴 전투기 프로젝트 관리

### Fighter Aircraft Project Management

전투기는 어떻게 만들어지는가?(흑백판)
개발현장 경험으로 쓴 전투기 프로젝트 관리(Fighter Aircraft Project Management)

발  행 | 2020년 01월 06일
저  자 | 김성익
감  수 | 안호열, 강민성
펴낸이 | 한건희
펴낸곳 | 주식회사 부크크
출판사등록 | 2014.07.15.(제2014-16호)
주  소 | 서울특별시 금천구 가산디지털1로 119 SK트윈타워 A동 305호
전  화 | 1670-8316
이메일 | info@bookk.co.kr

ISBN | 979-11-272-9429-8

www.bookk.co.kr
ⓒ 김성익 2020

# 전투기는 어떻게 만들어지는가?

### 개발현장 경험으로 쓴 전투기 프로젝트 관리
Fighter Aircraft Project Management

## 흑백판

### 김성익 지음

평소 글 재주가 뛰어난 것도 아니고, 뭔가를 체계적으로 정리하는 것도 즐기지 않지만, 갑자기 책을 쓴다고 하니 많은 주위사람들의 반응이 다양했다. "네가? 뭘 쓰는데?"가 대부분의 반응이었지만, 왜 쓰고 있는지에 대해서는 모두 공감하는 분위기이다. 주로 이런 이야기를 나눈 사람들이 군 관계자, 방위산업이나 항공기 관련 사업에 종사하고 있는 사람들이기 때문이다. T-50 운영유지, 양산, T-50B 개조, TA-50 양산, FA-50 개조개발, 감항인증, 한국형전투기 체계개발, AESA 레이다 개발 및 체계통합 등 국내 항공기 연구개발 분야에서 십여 년간 근무하는 동안 많은 사람과 만나고, 일하면서 매우 유사하고, 동일한 질문을 반복적으로 받곤 했다. "이건 왜 이렇게 만들었죠?", "왜 이 정도 밖에 만들지 못했죠?", "왜 그렇게 된 것이죠?"와 같은 질문은 다른 것 같지만, 질문의 요지는 간단하다. 자신만의 특정 관점에서 궁금증을 단순하게 이해하고 싶은 것이다. 질문이 단순하기 때문에 답도 단순하게 나와야 하지만, 전투기를 만드는 프로젝트는 매우 복잡한 과정에서 종합적인 사고와 의사결정의 결과물이기 때문에 단순하게 답하는 것은 단편적이거나, 오해를 만들어 또다른 의문을 낳을 수 있다.

4

그 어려운 일을 제가 해냈지 말입니다.

그렇지만 시대의 변화가 빠르고, 새로운 컨텐츠, 빠른 답변, 빠른 관심과 무관심 전환으로 컨텐츠 중심이 이동하고 있는 시대에서 좀 더 자세히 말하려고 하면, '꼰대'로 등극하기 십상이다. 이런 분위기에서도 전투기를 만드는 프로젝트와 같이 매우 복잡하고, 종합적이면서 정치적인 영역과도 가까운 프로젝트에 대해 단순하게 설명할 수 있다면, 얼마나 좋을까 하는 것이 내가 책을 쓰게 된 계기가 되었다.

시중에는 비행기가 나는 원리, 각종 비행기에 대한 설명, 각 나라의 다양한 항공기와 전투기를 비교 분석하는 책들은 많이 있지만, 정작 전투기가 어떤 과정을 거쳐서 만들어지는지를 설명하는 책은 거의 없다. 또한, 대부분의 책들은 전문가, 교수님들과 각 분야의 전문가가 공학적인 지식을 동원해서 특정 분야의 관심 위주로 내용을 설명하고 있어 종합적으로 이해하기 어렵게 되어 있다. 일반인들도 이해할 수 있는 정도의 수준에서 각 분야의 전문가들이 말하는 핵심만을 위주로 단순하게 설명할 수 있다면, 얼마나 좋을까 하는 수준에서 이 책을 쓰고자 했다.

물론 책을 쓰는 과정에서 심도있는 정보는 보안상 공개가 어렵다는 한계가 있었고, 특정 분야는 더 많이 공부해야 하겠다는 마음이 드는 것은 어쩔 수 없었다. 하지만, 부족한 부분이더라도 한 번 정리하고 이야기해 보고, '지식 소매상'으로써 조금 아는 것을 다른 사람과 의견을 나누며 의견을 들어볼 수 있다면, 그것도 좋은 일이라고 생각하게 되었다. 학부시절에 보통 학생으로 항공기를 만드는데 필요한 공학 지식을 배우고, 대학원 시절에 어떻게 하면 값싸고 질 좋은 물건을 만들고 공급할 수 있는지에 대해 공부했지만, 항상 스스로에게 물었던 것은 왜 이렇게 하는 질문이었다. 이런 질문에서 이 책을 시작하고, 이런 질문의 답으로 이 책을 읽은 사람들이 고개를 끄덕일 수 있도록 하는 것이 이 책의 최종 목표이다.

# 읽기 전 주의사항

이 책은 전투기를 만드는 프로젝트 수행에 필요한 배경지식, 과정,

절차에 대한 이해를 돕고자 하는 목적으로 합니다.

이런 이유로 하나의 과정에 중점을 두지 않고,

다양한 프로젝트 관리와 체계공학, 공학적 과정 간 관계의 이해에

중점을 두고 설명합니다.

이 책의 내용은 특정 전투기를 개발하는 프로젝트를 바탕으로

작성되어 있지 않습니다.

이 책은 전투기를 만드는 각 시스템을 설계, 해석하는 방법은

가급적 포함시키지 않습니다.  이는 이 책의 목적이 전투기를 만드는

기술적인 내용의 설명이 아니기 때문입니다.

오히려 하나의 단편적인 지식이나, 학문, 이론, 세부적인 기술적인

내용은 전체 그림을 이해하지 못하게 만들 수 있습니다.

세부적인 기술 관련 내용은 기술자와 공학자들의 몫입니다.

저와 같은 프로젝트 관리자들이 필요한 정보와 지식, 절차,

판단기준을 위주로 설명 드리고 있음을 참고 바랍니다.

전투기를 만드는 프로젝트 수행에 필요한 기술과 공학적인 내용에

대해서는 핵심적인 철학이나 개념을 쉽게 이해되도록 하고자 합니다.

이해를 돕기 위해 복잡하고, 공학적인 내용을 쉽게 설명하기 위한

단순화 과정에서 세부적인 부분에서 이해에 대한 차이가

있을 수 있습니다. 일부 용어는 설명의 편의를 위해 표준화된 용어와

차이가 있을 수 있습니다. 이런 이유로 가급적 용어에 대해서는 영어

원문을 병기하도록 하겠습니다.

이 책을 읽는 분들도 하나의 용어에 매몰되어서는 안되며,

거기에서 무엇을 말하는지를 이해하고, 왜 그럴까에 대한 답을 찾는

과정이 중요하다는 것을 이해해 주시기 바랍니다.

이 책의 내용은 미국 국방획득절차, 합동서비스규격가이드(JSSG ;

JOINT SERVICE SPECIFICATION GUIDE), 북대서양조약기구(NATO) 규격

및 표준화합의(STANAG ; STANdardization Agreement), 각종 미국

규격/핸드북(MIL-STD/HDBK), 국방 획득 프로젝트관리 가이드북,

PMBoK, SEBoK, 체계공학(System Engineering) 절차,

전투기 개발사례, 민간 항공기 개발절차, 우리나라와 타국의 방위사업

관련 절차, 공개된 전투기 관련 자료, 국내외 논문을 참고했음을

밝혀 둡니다. 공개된 자료 외 군사보안에 저촉되는 사항은 일체 포함

되어 있지 않습니다.

마지막으로 많은 사람이 저와 다른 생각을 가질 수 있고,

이해를 달리할 수 있음을 이해하고 있으며,

그 반대의 경우도 이해해 주시기를 바랍니다.

# 이 책은 이렇게 구성되어 있습니다.

이 책은 일반적인 프로젝트 관리의 과정 분류에 따라 착수-기획-구현-감시 및 통제-종료 단계로 구성되어 있다. 전투기를 만드는 프로젝트의 특징을 알아보고, 개발목표를 설정하는 과정을 살펴보며, 프로젝트 관리(PM ; Project Management)와 체계공학(SE ; System Engineering)을 통해 관리하는 방법을 설명한 후 프로젝트 관리자가 되기 위해 알아야 하는 것들과 프로젝트 성공을 위해 필요한 것들을 알아보도록 구성하였다. 이 책은 국방 프로젝트에 관해 관심이 있거나, 이미 종사하고 있는 분들, 국방 프로젝트 관리 분야에 관심있는 분들을 위해 작은 지식을 나누고자 합니다.

| 1장 : 전투기를 만드는 프로젝트 관리가 무엇인지 알아보자. | | | |
|---|---|---|---|
| 프로젝트 관리란 무엇인가? | 프로젝트 관리자는 뭘 하는 사람인가? | 전투기를 만드는 과정이란? | 1장 : 요약 |

| 2장 : 전투기를 만드는 프로젝트의 개발목표를 설정하는 과정을 알아보자. | | |
|---|---|---|
| 개발목표는 어떻게 설정되나? | 운용개념으로 시작되는 개발목표 설정을 위한 분석들 | 2장 : 요약 |

| 3장 : 무기체계를 만드는 프로젝트 생애주기 과정과 기획단계 과업을 알아보자. | | | |
|---|---|---|---|
| 무기체계 개발 프로젝트의 생애주기의 이해 | 프로젝트 관리와 체계공학 관리 | 기획단계에 수행되는 과업과 의사결정 도구들 | 3장 : 요약 |

| 4장 : 전투기 요구도를 구체화하는 과정과 구현, 통제(감시)하는 과정을 알아보자. | | | |
|---|---|---|---|
| 전투기 요구도 구체화 과정의 이해 | 체계공학 관리의 주요작업들 | 시험평가 및 비행시험 관리하기 | 4장 : 요약 |

| 5장 : 프로젝트 관리가 되기 위해 알아야 하는 것들을 알아보자. | | | |
|---|---|---|---|
| 프로젝트 관리자가 알아야하는 것들은 무엇인가? | 프로젝트를 하는 동안 발생하는 일들 | 프로젝트 성공을 위해 필요한 것들 | 5장 : 요약 |

# 목 차

11

# Chapter 1

## 전투기를 만드는 프로젝트 관리가 무엇인지 알아보자

전투기를 만드는 프로젝트
관리가 무엇인지 알아보자.

전투기를 만드는 프로젝트를 알기 위해서는
먼저 프로젝트 관리가 무엇인지,
프로젝트 관리자는 어떤 사람인지,
프로젝트 관리를 하려면
무엇을 먼저 알아야 하는지 알아야 한다.

# 프로젝트 관리란 무엇인가?

프로젝트는 어떤 목표를 달성하기 위해 무언가를 만드는 것이다. 학문적으로 프로젝트는 **"유일한 제품이나 서비스를 만들기 위해 한시적인 조직에 의해 수행되는 일련의 과정"** 으로 정의된다. 프로젝트 관리란 무언가를 만들 때 목표를 달성하면서도 소요되는 자원과 시간을 최적화 시키기 위해 각 분야별 할 일을 계획하고, 구현하는 일련의 활동을 말한다. 시중에는 프로젝트 관리에 대한 많은 이론들, 방법론 등을 설명하는 책과 컨설팅 하는 업체가 많이 있다. 그 만큼 프로젝트 관리는 어렵고, 복잡하며, 유일한 방법이 존재하지 않는다는 것이다.

프로젝트 관리에서 가장 중요한 활동을 꼽으라고 하면 계획하고, 구현하는 단계를 말하는 경우가 많겠지만, 실제로 가장 중요한 활동은 **프로젝트의 목표를 설정하는 활동** 이다. 프로젝트는 무엇을 위해 하는 것인지, 왜 하는 것인가를 잘 설정하고, 명확히 하는 것이 중요하다는 것이다. 왜 그런지 이에 대해서는 스티브 잡스의 인터뷰에 그 답이 있다.

"수년간 비즈니스를 하면서 깨달은 게 있어요. 저는 항상 '왜 그 일을 하는가?'라는 질문을 던지곤 했는데요. 하지만 그럴 때마다 매번 받는 대답은 '원래 그렇게 하는 거야'였습니다. 아무도 자신이 왜 자신이 하고 있는 일을 하고 있는지 알지 못했고, 아무도 자신이 하고 있는 일에 대해 깊이 생각하지 않고 있었죠. 제가 깨달은 건 바로 그것이었습니다."

맞아! 내가 이런 말을 했었지… 프로젝트의 목표가 무엇인지 명확히 하는 과정이 중요하지!

**프로젝트의 목표가 무엇인지를 명확히 하는 과정은 프로젝트의 성공과 실패를 가르는 핵심 요소** 이다. **목표설정 단계** 에는 프로젝트의 목표를 명확하면서, 무엇을 왜 만들어야 하는지에 대한 물음에 대답할 수 있게 함으로서 누가, 무엇을, 언제까지, 얼마를 드려서, 얼마나, 과연 만들 수 있는지 등에 대한 물음에 대한 답을 찾는 과정이다.

이런 답을 찾는 과정이 마무리되면, 이를 실현시킬 세부적인 계획을 수립하는 기획 단계로 진입한다. **기획 단계**에는 프로젝트의 목표 달성을 위한 개발대상의 요구도를 구체화하고, 프로젝트에 소요되는 것들을 산출하고, 이를 원가로 환산하여 일정에 따라 배치한 구체적인 계획을 수립 하는 일을 한다. **구현 단계**에는 기획단계에서 세워진 계획에 따라 과업을 수행하면서 수시로 발생되는 비계획적인 현안들을 해결하면서 계획된 산출물을 만들기 위한 설계, 제작 후 검증하는 과정을 통해 프로젝트 목표가 달성되었는지를 확인하는 활동을 수행한다. **감시 및 통제 단계**에는 프로젝트 계획 대비 진척도를 관리하며, 절차를 감시하고, 변경을 통제하는 활동을 수행한다. **종료 단계**에서는 프로젝트의 수행결과를 정리하고, 평가하여 다음 프로젝트에 활용할 수 있도록 하고, 프로젝트 결과를 활용하는 활동을 한다. 프로젝트 관리는 이러한 단계별 활동을 체계적이며 합리적으로 수행되도록 하는 일련의 과정을 관리하는 활동인 것이다.

# 프로젝트 관리자는 어떤 사람이어야 할까?

1-2

　전투기 만들기를 만드는 프로젝트와 같이 대규모 예산과 시간이 소요되는 중요한 프로젝트를 담당하는 프로젝트 관리자는 어떤 사람이어야 할까? 프로젝트 관리자는 사용자(소요를 만들어 낸 사람)의 입장이어야 하는지, 물건을 공급하고 만드는 과학자 또는 공학자(엔지니어)의 입장이어야 하는지, 그것도 아니면 돈을 부담하는 사업가나 자본가, 행정가의 입장이어야 할까?

명확한 정답은 없지만, **프로젝트 관리자는 좋은 의사결정을 할 줄 아는 사람**이어야 한다. 프로젝트 관리를 흔히 성공사례의 조합이라고 한다. 프로젝트 관리에서 정답이란 존재하지 않지 않으며, 세상에 똑같은 프로젝트가 존재하지도 않는다. 유사한 물건을 만드는 프로젝트일지라도 그 때의 프로젝트 환경과 관련된 사람들이 달라진다. 성공한 프로젝트는 좋은 계획을 세우고, 좋은 결과를 얻어가는 과정에서 좋은 의사결정의 사례들이 조합되어 나타나기 때문이다. 프로젝트 관리자는 프로젝트의 시작과 동시에 무언가를 선택하는 일을 하게 된다. 많은 선택지 중에서 좋은 선택을 하기 위해서는 프로젝트 관점의 판단력이 필요하다. 이러한 판단력은 교육과 판단에 필요한 자료들, 다양한 경험에 의해서 만들어지고 누적되어 발현된다. 이러한 이유로 유사한 프로젝트를 성공적으로 수행했던 경험이 있는 사람이 프로젝트를 수행할 경우 시행착오를 줄일 가능성이 높다. 그렇다고 그 사람이 성공한 프로젝트를 수행하는 동안 항상 정답만 선택했을 것이라는 것은 아니지만, 그 사람은 프로젝트를 어떻게 만들어야 하는지는 알기 때문에 시행착오를 더욱 줄일 수 있는 가능성이 높다.

이런 이유로 프로젝트를 잘 관리하기 위해서는 만들고자 하는 것을 어떻게 만드는지를 아는 것이 중요하다. 반드시 그래야 하냐고 묻는다면, 그건 아니다. 세상에 존재하는 무엇이든 모든 것을 예측하고, 알고 만드는 것 아니기 때문이다. 하지만 어떻게 만드는지를 이해한다면, 시행착오를 줄여 효과적이고 성공적인 프로젝트를 수행할 가능성이 높아질 수 있다는 것이다.

**프로젝트 관리의 핵심은 사람**이다. 프로젝트 목표와 계획의 수립도 사람이 하고, 설계, 제작, 시험, 검증도 사람이 하는 행위이기 때문이다. 프로젝트 관리자가 프로젝트를 관리하는 것은 각 분야의 사람들을 잘 관리해서 프로젝트가 원하는 방향으로 각자의 과업을 수행하도록 하고, 과업이 잘 수행되도록 환경을 조성해 주는 것이며, 이것이 관리의 핵심이다. 세상에 많은 제품들과 서비스들은 각각의 제품 특성에 맞는 프로젝트 관리방법들에 의해서 만들어지고 있고, 많은 학자들과 업계에서 다양한 방법론과 개발 모델을 제시하고 있다. 이런 다양한 방법론들과 이론들 중에서 수행해야 하는 프로젝트에 적합한 것을 찾고, 잘 선택을 한다면 좋은 프로젝트가 될 가능성이 높다. 이러한 방법론과 이론들을 선택하는 것도 사람이 하는 행위이며, 이러한 선택은 프로젝트 관리자가 해야 하는 핵심적인 행위 중 하나이다. 그렇기 때문에 해당 프로젝트를 잘 아는 사람이 선택할 경우 시행착오를 줄이고, 성공할 가능성이 높을 수 있다. 스티브 잡스도 수많은 프로젝트 경험을 통해서 성공과 실패를 경험하면서 훌륭한 스마트기기를 만드는 프로젝트 관리자였지만, 전투기를 만든다면 시행착오를 겪을 수밖에 없을 것이라는 것은 직관적으로 알 수 있다. 결국 **프로젝트 관리자는 해당 프로젝트를 어떻게 만드는지를 알아야 한다는 것을 알 수 있다**.

프로젝트 관리자는 프로젝트를
어떻게 만드는지 알아야 한다.
먼저, 전투기와 같은 항공기를
만드는 것이 어떻게 하는 것인지
알아보자.

# 항공기를 만든다는 것은
# **형상**과 **엔진**을 결정하는 것

전투기와 같은 항공기를 만드는 것이 무엇을 하는 것이냐고 단순하게 묻는다면, **잘 나를 수 있는 형상(Configuration, 혹은 모양)을 만드는 일과 그 모양이 날 수 있는 정도의 속도를 만들 수 있도록 가속할 수 있는 엔진을 결정하는 일**이라고 할 수 있다. 이 부분의 설명이 어려울 수도 있겠지만, 가급적 쉬운 용어로 쉽게 설명하면 다음과 같다.

항공기가 날기 위해서는 힘이 필요하고, 이 힘은 **네 가지 힘의 상호작용에 의해서 결정**된다. 항공기를 뜨게 하는 힘인 **양력**이 발생하기 위해서는 앞으로 가게 하는 힘인 **추력이** 필요하다. 앞으로 가기 위한 추력이 발생하면, 상호작용으로 동시에 앞으로 못 나가게 하는 **항력**이 발생한다. 동시에 항공기를 지구 중심 방향으로 당겨 가라앉게 하는 힘인 **중력**이 작용하고 있다. 이를 종합적으로 생각해보면, 항공기에 항력보다 큰 힘으로 추력이 발생하고, 이로 인해 발생하는 양력이 중력보다 커지면 항공기가 날기 위한 힘이 생기게 된다는 것이다.

항공기에 작용하는 4가지 힘

추력 앞으로 가게 하는 힘

양력 뜨게 하는 힘

중력 가라앉게 하는 힘

항력 앞으로 못 가게 하는 힘

하늘을 나는데 필요한 물리적인 해석은 뉴턴의 이론으로 시작된다. 스위스의 천재 수학자인 다니엘 베르누이는 1738년에 뉴턴의 제2법칙(F=ma)을 이용해 베르누이 방정식을 유도해냈다. 베르누이 방정식은 압력과 속도, 위치에너지 사이의 관계식으로 단순화를 위해 동일한 위치(높이)로 가정 시 유체의 속도가 증가해 운동에너지가 증가하면, 압력이 감소한다는 것으로 단순하게 보여준다. 이를 통해 유도된 **양력공식**은 흐르고 있는 공기 속에 특정한 형상을 만들면, 공기 흐름 속도의 차이에 의해 압력 차이로 인해 발생된 힘에 의해 양력이 발생한다는 것을 말하고 있다.

양력공식에서 양력계수(Lift Coefficient)는 특정한 형상별로(공기가 들어오는 방향과 맞나는 각도인 받음삭 포함) 양력을 얼마나 발생시킬 수 있는지를 계수화(수치화)하여 나타낸 것이다. 쉽게 설명하면, 양력계수가 크면 잘 뜰 수 있는 모양이고, 양력계수가 적으면 잘 뜨지 못하는 모양 이라는 것이다. 모양에는 공기를 접촉하는 자세(각도)도 포함되며, 일반적으로 양력계수는 받음각이 증가할수록 증가하지만, 일정한 각도 이상에서는 공기가 형상을 따라 흐르지 않고 떨어져 나가는 박리현상이 발생하여 감소한다. 양력공식의 면적도 공기가 작용하는 면적이지만, 이 역시 형상(모양)에 의해서 결정된다. 뒤에서 설명 하겠지만, 형상에 속도를 만들어 주는 것은 엔진에 의한 추력이므로 짧은 결론을 내리면, 뜨는 힘인 **양력은 형상과 엔진에 의해서 결정되는 것**이다. 밀도도 양력을 결정하는 매우 중요한 요소이나, 밀도는 자연계가 결정하는 것이지 항공기가 결정하는 사항이므로 설명에서 제외한다.

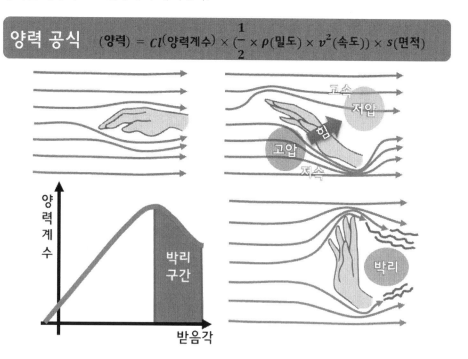

양력 공식　(양력) $= CI$(양력계수) $\times (\frac{1}{2} \times \rho$(밀도) $\times v^2$(속도)$) \times s$(면적)

※ 잠깐만! TMI
　앞의 양력에 대한 설명은 단순하기 이해하기 위한 전통적인 설명이다. 실제적이고 현대적인 양력발생 원리를 공기속도에 의한 압력차이로 설명하는 것이 아니라, 공기에 의해 작용-반작용(역시 이것도 뉴턴역학임)과 유체의 표면접착효과, 공기의 재순환효과로 설명하고 있다. 다만, 앞에서 설명한 양력계수에 따른 양력의 영향성은 유효하다.

항력은 양력공식과 유사하며, 양력계수 대신 항력계수를 사용한다. 항력계수는 특정한 형상별(받음각 포함)로 항력을 얼마나 발생시킬 수 있는지를 계수화(수치화)하여 나타낸 것이다. 항력계수가 적을수록 나아가는데 저항이 적고, 높을 수록 저항이 크다는 의미이다. 양력과 마찬가지로 **항력도 형상과 엔진에 의해서 결정**된다.

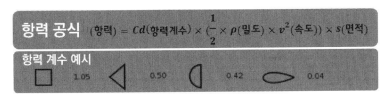

추력은 엔진에 의해서 발생됨에 따라 엔진의 성능에 의해서 결정된다. 다만, 엔진의 성능은 항공기의 공기흡입구(Intake) 형상에 의해서 결정된다. 일반적으로 많이 하는 오해 중 하나는 엔진 카탈로그나 엔진 회사의 엔진사양은 항공기 미 장착(Uninstalled) 시 성능이다. 항공기에 설치 후 엔진 성능은 공기흡입구와의 상호작용으로 발생하며, 각 항공기별로 엔진성능을 명시해야 정확한 값이 된다. 또한 엔진성능은 고도, 속도 등 조건별로 상이하므로 정확한 엔진성능을 요구할 경우 엔진 사이클덱(Engine Cycle Deck)을 확인해야 한다. 다시 본론으로 돌아가서 추력은 엔진 성능으로 결정되고, 엔진 성능은 항공기의 공기흡입구 형상에 의해서 결정되므로 결국 **추력도 형상과 엔진에 의해서 결정되는 것**이다.

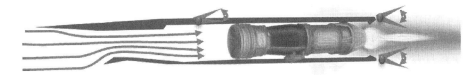

중력은 항공기 형상을 이루는 구성품들 중량의 총합으로 결정된다. 각 구성품은 그 구성품을 이루는 물질들의 밀도와 부피에 의해서 결정된다. 항공기 설계 과정에서는 항공기 형상을 구성하고, 이 형상을 유지시키기 위한 구조물과 기능을 하기 위한 구성품들의 공간과 중량을 통제하는 과정을 통해 형상이 확정된다. 형상이 확정된다는 것은 형상을 이루는 부피가 확정되었고, 이를 구성되는 성분의 밀도를 곱하면 질량으로 환산되므로 중량도 확정되게 된다는 의미이다. 결국 **형상이 확정되면 중량이 결정되고, 물체에 작용하는 힘인 중력도 결정**되는 것이다. 일부에서는 이를 중량계수라는 이름으로 계수화 하여 설명하기도 한다.

앞에서 이야기한 내용을 종합해 보면, 항공기의 형상을 만드는 것과 엔진을 결정하는 것이 항공기가 나는데 필요한 네 가지 힘의 상호작용에 의해 결정하는 것이다. 즉, **항공기를 만든다는 것은 형상과 엔진이 결정하는 것**이다. 이에 따라 항공기를 만드는 형상 설계과정에서 가장 중요한 것 중 하나가 항공기의 외형선(OML ; Outer Mold Line)을 결정하는 것이다. 항공기가 공기와 접촉해서 상호작용하는 가장 직접적인 요소가 외형선이기 때문이다. 우선 항공기 형상을 결정하는 과정에 대해서 알아보자.

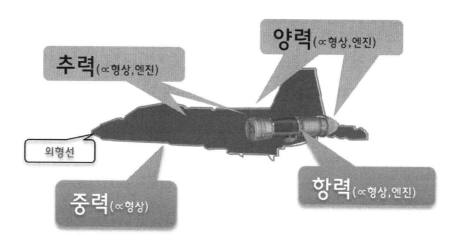

※ 잠깐만! TMI

앞 현대의 항공분야에 적용하는 이론의 대부분은 뉴턴역학을 기반으로 베르누이, 오일러, 나비에, 스토크스를 거치며 이론이 발전하였다. 재미있는 사실은 뉴턴이 양력계수 산출을 위한 유도한 '사인제곱법칙'은 유체의 표면접착효과와 공기재순환 효과를 고려하지 못한 오류를 가지고 있었다. 이 이론은 심지어 19세기까지 '공기보다 무거운 물체는 날 수 없다'는 것을 증명하기 위해 사용되었다. 하지만, 과학자들과 선구자들이 위대한 것은 뉴턴이라는 이름의 권위에 굴복하지 않고, 권위에 도전 함으로서 진리에 가까워질 수 있다는 태도를 가진 것이라고 하겠다. 또한, 프로젝트 관리자 입장에서 보면, 위의 훌륭한 학자, 이론가들은 항공기를 만들지 못했다. 결국 동력 항공기를 처음 만든 사람들은 '날고 싶다'는 목표를 명확히 한 후 이를 구현하기 위한 계획을 수립하고, 실천한 자전거 회사를 운영하던 라이트 형제(Wright Brothers)였다는 것이다. 라이트 형제는 항공분야에서 이론과 더불어 도전하는 것과 시험을 통해 입증하는 것이 중요하다는 것을 깨닫게 해주기도 하였다.

# 항공기 형상을 결정하는 과정을 알아보자

항공기 형상을 결정하는 과정은 '굉장히 공학적인 결과물'을 '객관적으로 선택하는 과정'의 연속이다. 개념적으로 왕이 왕자를 고르는 과정과 비슷하다. 왕자가 여럿이 있다고 가정하고, 왕이 차기 왕이 될 만한 재목인지를 판단한다면, 어떤 관점으로 보겠는가를 생각해보자. 제일 중요한 관점은 왕자가 왕이 되었을 때 훌륭한 왕이 되기를 바라는 것일 것이다. 그런 요구 하에서 어떤 기량을 지금 보여주고 있는지, 왕이 될 수 있는 조건을 가지고 있는지, 발전 가능한 잠재력이 있는지를 판단하고, 이를 여러가지 시험을 통해 최종 결정하게 되는 것이다. 물론 역사가 이러한 합리적인 과정으로만 왕자를 뽑았다면 이상적인 왕국이 되었겠지만, 보통의 역사를 그렇지 않은 경우가 많았다.

항공기 형상을 결정하는 과정에서 판단하는 기준이 조금 다를 뿐이고,

형상을 결정하는 요소는 유사하다. 항공기 형상을 결정하는 과정은 현재의 개발목표 요구를 충족하는지, 기술적으로 만들 수 있는지, 향후에 기술적으로 발전 가능성이 충분한지 등으로 평가한다. 다만, 모든 평가에는 공학적인 수치 분석을 기반으로 객관적인 판단을 통해 수행한다. 항공기 형상을 결정하는 세부 과정을 설명하면, 형상을 만드는 기술과 경험을 가진 공학자들이 개념적인 스케치 형태로 다양한 형상을 제시한다. 전형적인 형태의 항공기만으로 익숙해진 현재의 시점에서는 이상해 보일 수 있는 형상도 제안될 수 있다. 2차 세계대전 시 독일에서 다양하게 시도된 항공기들이나 F-22, F-35의 초기 스케치를 본다면 현재의 항공기는 상상할 수 없을 것이다.

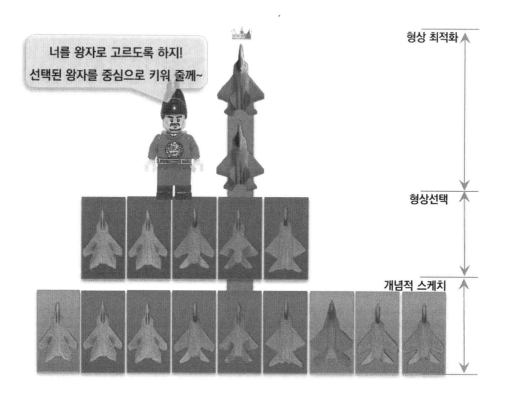

 공학자들의 개념적 스케치 단계에서 개발목표 요구의 충족여부, 기술구현 가능성, 향후 발전 가능성들을 종합적으로 검토해 몇 개의 후보를 선정한다. 선정된 후보를 대상으로 모델링 및 시뮬레이션(Modeling & Simulation)을 통해 항공기 형상에서 나올 수 있는 속도, 선회률, 상승율과 같은 비행성능을 비교하게 된다. 물론 항공기 형상에서 나올 수 있는 임무성능, 예를 들면 레이다를 장착할 수 있는 레이돔 베이(Bay)의 단면 넓이, 레이다 반사면적과 같은 것도 검토 내용에 포함된다. 레이돔 베이(레이더가 장착된 항공기 전방구역)의 단면이 좁으면 공기역학적으로 유리하겠지만, 레이다 안테나 면적이 작아져 레이다 출력증가가 제한된다. 또다른 예로 F-22 형상 제안 시 제너럴 다이나믹(General Dynamics)사는 수직미익을 단일 수직미익 형태로 제안하였는데, 평가 당시 레이다반사면적 증가를 우려해 낮은 평가를 받았다고 알려져 있다. 경쟁사였던 록히드 마틴(Lockheed)사와 보잉(Boeing)사는 레이다반사면적 감소를 위해 쌍으로 기울어진(Canted Twin) 형태의 수직미익을 제안했었다. 이러한 분석을 통해 최종 후보를 선택되면, 그 형상을 기준으로 잠재력을 끌어내는 최적화 작업을 수행하게 된다.

앞의 과정을 통해 선정된 형상을 최적화하는 방법은 다음과 같다.

**1. 항공기 형상을 설계한다.**

**2. 공기역학적인 성능을 분석하기 위해 풍동 시험에 필요한 요소를 식별하고 분석한다.**

(풍동시험 소요를 식별 및 분석하는 것은 시험에 많은 비용과 시간이 소요되기 때문에 시험소요를 최적화하기 위해서이다.)

**3. 풍동 시험을 통해 시험 결과를 수집하고 분석해 공기역학 데이터베이스를 구축한다.**

**4. 구축된 공기역학 데이터베이스를 바탕으로 형상설계 개선사항을 식별 후 재설계한다.**

**5. 형상 재설계 후 위의 1~4의 과정을 반복한다.**

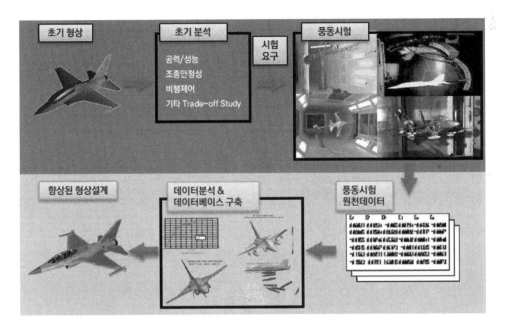

이러한 과정을 반복한다고 하여 **반복설계**(Iteration)라고 한다. 반복설계는 개발목표 요구를 충족하는 비행 성능이 나올 때까지 반복해야 하지만, 소요되는 자원(돈)과 시간이 한정적이라면 요구되는 성능의 조정도 검토할 수 있다. 비교연구(Trade-off)를 통해 비행성능과 성능 간에 주고 받는 조정은 물론이고, 성능과 자원 간에 조정하는 행위도 지속적으로 이루어진다. 기술수준에 따라 반복설계에 필요한 노력과 결과가 결정되므로 몇 번 반복설계 할지는 중요한 결정사항이다. 이 결정은 프로젝트 관리자가 기술수준, 개발목표 요구 충족 가능성, 개발기간, 비용을 고려하여 종합적인 관점에서 결정하게 된다.

형상설계 시 반복설계가 필요한 근본적인 이유는 하나의 설계를 개선하면 다른 하나는 나빠지는 형태로 **성능요소별로 주고 받아야**(절충, Trade-off) **하기 때문**이다. 모든 성능요소가 좋아지기 어려우며, 모든 성능요소가 다 좋을 순 없다. 예를 들어 2차 세계대전 시 주로 사용했던 유선형의 날개 형상들은 저속에서 잘 뜨는 특성을 가지고 있지만, 고속에서는 항력이 급격히 커져서 고속으로는 날 수는 없다. 특히 전투기는 최고의 성능을 낼 수 있는 고도와 속도가 한정적이어서 모든 고도와 모든 속도 영역에서 최고의 성능을 동일하게 낼 수 있게 설계하기는 매우 어렵다. 이러한 형상설계 과정이 매우 어렵고 비싼 과정이기 때문에 각 국가 또는 항공기 제작사의 형상설계의 기술수준이 높고 낮음을 평가할 수 있는 중요한 지표는 반복설계 과정에서 목표한 성능을 최소한의 노력으로 만들 수 있는지 여부로 판단할 수 있다. 종합하면 형상설계는 반복설계의 결과로 결정되며, 기술수준에 따라 필요 노력과 결과가 결정되므로 프로젝트 관리자의 중요한 결정사항 중 하나가 반복설계의 횟수이다.

먼저, 항공기 엔진에 대해서
잠깐 살펴본 후 엔진을
결정하는 과정을 알아보자.

# 엔진의 원리를 간략히 알아보자

항공기를 앞으로 나아가게 하는 힘인 추력은 엔진이 공기를 앞에서 흡입하여 뒤쪽으로 강하게 뿜어내면서 이때 발생하는 반작용으로 만들어진다. 항공기에서는 얼마나 추력을 만들어 내는지를 나타내는 **순추력(Net Thrust)이 중요**하다. 순추력은 엔진이 공기를 흡입하여 가속하여 배출하는 힘에서 흡입되는 공기의 힘을 뺀 값, 즉 매시간 흡입되는 공기량과 엔진이 공기를 뒤로 보내는 공기의 속도와 비행속도의 차이의 곱으로 이해할 수 있다.

전투기에서 대부분 채택하는 제트(Jet)엔진이나 터보팬(Turbo Fan) 엔진은 유사한 원리를 가지고 있다. 흡입

비행 중 추력 = (흡입되는 공기량) x (분사속도-비행속도)

되는 공기를 압축하여 그 압축된 공기에 연료를 더하여 연소 시킴으로써 팽창하는 에너지를 배출하면서 추력을 만들어낸다. 물론 공기를 압축하는데 필요한 에너지는 연소 후 팽창된 에너지를 활용하여 터빈을 돌리는 과정을 통해 얻어진다. 공기를 압축하는 것은 부피를 작게 하면 온도가 상승하는 공기의 성질을 이용하여 연소에 필요한 이상적인 조건을 만들기 위해서다. 제트엔진이나 터보 팬 엔진이 자동차 엔진과 달리 정지되어 있는 상태에서 엔진을 가동할 경우는 바로 연료를 연소해 가동하지 못하는 것은 공기의 압축이 이루어지지 않으면, 연소에 필요한 이상적인 상태가 만들어지지 않기 때문이다. 따라서 지상과 같이 항공기 엔진이 정지되어 있는 경우 보조동력장치(APU, Auxiliary power unit)와 같은 자체동력원이나 외부의 동력원(압축공기 등)을 통해 엔진이 스스로 회전하면서 흡입되는 공기를 이상적인 연소 상태까지 만들 수 있도록 보조해 주어야 한다.

# 최신 전투기는 왜 **터보 팬 엔진**을 선택할까?

F-22, F-35 등 최신전투기는 왜 터보 팬(Turbofan) 엔진을 선택하는 것일까? 터보 팬 엔진은 엔진이 뒤쪽으로 배출하는 공기의 분사속도를 높이는 대신 배출되는 공기량을 늘려 제트엔진에 비해 상대적으로 효율적이다. 이를 이해하기 위해서는 추력효율이라는 개념을 이해해야 한다. **추력효율**이란 항공기의 추력에 사용되는 에너지와 엔진출력 에너지의 비율을 말하는데, 엔진출력 중 어느 정도가 항공기 추력으로 환산되는지를 나타낸다고 이해하면 된다. 비행 중 추력은 흡입되는 공기량에 분사속도에서 비행속도를 뺀 속도의 곱으로 산출된다. 이를 달리 표현하면 배출되는 공기량과 상대공기분사속도의 곱으로 계산된다. 분사속도를 비행속도보다 필요이상으로 높이는 것은 추력효율이 좋지 않다. 터보 팬 엔진의 원리는 필요 이상으로 분사 속도를 높이는 것이 아니라, **배출되는 공기량을 늘림으로써 효율적으로 에너지를 사용하는 것**이다. 쉬운 예로 수영할 때 발로 빠른 속도로 물장구를 친다고 내 몸이 빨리 나아가는게 아니고, 적당한 횟수로 물장구를 치면서 물장구의 효율을 높이기 위해 오리발을 착용하고, 물장구를 치는 것이 효율적이라는 것이다. **터보 팬 엔진에서는 추력효율을 높이기 위해 배출공기량을 늘리기 위한 팬(Fan)을 사용**한다. 이 팬에 의해 압축된 공기에 의해서도 추력이 발생한다. 터보 팬 엔진의 추력효율을 가늠하기 위해 바이패스비라는 표현을 사용한다. 엔진으로 흡입되는 공기가 엔진의 중심(Core)부분으로 들어가지 않고, 바깥으로 바이패스(Bypass, 우회한다)한 공기와 중심부분 으로 들어가는 공기의 비율을 바이패스비(Bypass Ratio)라고 한다.

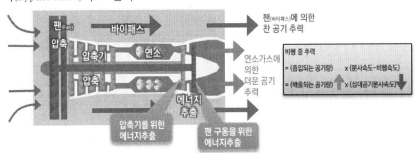

초창기 민항기 터보 팬 엔진의 바이패스비는 1.1 정도 였으나, 현재는 바이패스비가 9.0인 엔진도 있으며, 이 엔진의 경우 총 추력의 80퍼센트가 팬(Fan)에 의해서 발생한다. 전투기용 터보 팬 엔진은 민항기보다는 낮은 바이패스비를 가지고 있다. 대표적인 전투기용 엔진들은 0.25~0.8로 낮은 바이패스비를 가지고 있으며, B-1B와 같은 폭격기나 C-17과 같은 대형수송기는 상대적으로 높은 바이패스비를 가진 엔진을 채택하고 있다.

| 엔진모델 | 대표항공기 | 바이패스비 | 직경 (인치) | 최대출력 |
|---|---|---|---|---|
| F404-GE-102/400/402 | T-50, F/A-18, JAS-39 | 0.34 | 35 | 17,700 |
| F414-GE-400 | KF-X, F/A-18E/F | 0.25 | 35 | 22,000 |
| F119-PW-100 | F-22 | 0.3 | 46 | 35,000 |
| F100-PW-220 | F-15, F-16 | 0.63 | 46.5 | 23,770 |
| F110-GE-129 | F-15, F-16 | 0.76 | 46.5 | 29,000 |
| F110-GE-132 | F-16E/F BK60 | .0.68 | 46.5 | 32,500 |
| F135-PW-400 | F-35 | 0.57 | 51 | 43,000 |
| F101-GE-102 | B-1B | 1.91 | 55.2 | 30,780 |
| F117-PW-100 | C-17 | 5.9 | 84.5 | 40,400 |

* 출처 : Wikipedia(2018.6.30)

전투기가 민항기보다는 낮은 바이패스비를 가지는 이유가 전투기가 태생적으로 효율성 보다는 높은 출력을 요구하고 있는 부분도 있으나, 바이패스비를 높이기 위해서는 엔진 직경이 커져야 해서 전투기 형상을 만드는데 어려움이 있기 때문이다. 대표적으로 큰 엔진 직경은 레이다 반사면적도 크게 증가시킨다. 항공기 형상 때문에 바이패스비를 극도로 높이지는 못하지만, 최대한의 추력효율을 얻기 위해 최신 전투기들은 터보 팬 엔진 방식을 채택하고 있다.

※ 잠깐만! TMI
터보 팬 엔진은 기본 작동원리에서 배출되는 에너지 중 압축에 필요한 에너지 분만 아니라, 팬을 돌리기 위한 에너지도 추출하여 팬을 돌려 뒤쪽으로 배출되는 공기량을 늘리는 구조인 터빈을 가지고 있다. 터빈부위는 엔진에서 가장 높은 온도에 노출되면서도 기계적인 하중이 많이 걸리는 부분으로 엔진 설계와 제작에 가장 난이도가 높은 부분 중 하나이다. 엔진의 성능개량을 통한 전투기 성능개량 시 주의할 사항은 엔진의 성능개량을 위해 압축비와 공기-연료비를 수정하여 총에너지를 증가시키더라도 터빈의 물리적인 성능의 향상이 없으면, 엔진 성능과 수명에 영향을 주게 된다는 점이다. 단순한 상식수준의 이야기이지만, 무시되거나 간과되고, 예측이 불확실해서 터빈이 깨져 사고로 이어지는 경우도 종종 발생한다.

# 항공기 엔진을 결정하는 과정을 알아보자

1-7

항공기를 만들기는 과정 중 가장 중요한 과정 중 하나는 엔진을 결정하는 것이다. 엔진을 설계하는 것이 아니라 결정한다고 표현하는 이유는 새로운 엔진을 만들 수도 있지만, 이미 개발된 엔진을 사용하거나, 기존에 개발된 엔진을 개조하거나 성능 개량하여 적용할지를 결정해야 하기 때문이다. 엔진을 결정하는 과정은 크게 두 가지 결정으로 구성된다.

**1. 이미 개발된 엔진을 사용할지, 신규엔진을 개발할지, 기존엔진을 개량할지 결정하는 것**

**2. 엔진을 몇 개 장착할지 결정하는 것**

먼저 **첫 번째 결정은 방안별로 각각 장단점이 있으며, 해당 프로젝트에 맞도록 결정**한다. 이미 개발된 엔진을 사용하면, 가장 싸고, 빠르면서 안정적으로 개발에 적용할 수 있지만, 기대되는 성능이 상대적으로 낮을 수 있다. 다만, 기 개발된 엔진을 적용하더라도 항공기와 체계통합 시 일부의 하드웨어 및 소프트웨어 개조는 반드시 수반한다. 예를 들어 KF-X의 경우 기 개발된 F414엔진을 그대로 적용하고 있다. 새로운 엔진을 개발하면, 가장 비싸고, 시간이 오래 걸리며, 개발 리스크도 크지만, 기대되는 성능이 상대적으로 매우 높을 수 있다.  새로운 엔진을 개발하는 경우는 항공기 개발보다 이전에 개발을 수행하여 위험을 낮추거나, 복수의 엔진을 개발 함으로서 대안을 마련하는 방법이 있다. 이러한 경우가 F-22의 F119, F120엔진 개발사례가 대표적이다. 기존 엔진을 개량하면, 새로운 엔진을 개발하는 것보다 싸고, 적은 시간에 보다 안정적으로 개발할 수 있지만, 기대되는 성능 향상도 제한될 수 있다. 이러한 경우가 유로파이터(Eurofighter)의 엔진인 EJ200 개발사례가 대표적이라고 할 수 있지만, 세상에 완전히 새로운 엔진이란 존재하지는 않는다는 면에서는 성능개량 엔진과 신규 엔진의 차이는 모호할 수는 있다. 엔진을 새로 개발하거나, 개조 및 성능개량 하는 것은 성능 향상을 기대할 수 있지만, 반대로 엔진 개발 실패 또는 요구 성능 미 충족 시 항공기 개발프로젝트를 지연시키거나, 실패로 몰고 갈 수 있어 프로젝트 관리 입장에서는 매우 위험한 방법이다. GE사, P&W사, Rolls Royce사 같은 주요 엔진 개발업체의 경우도 많은 개발경험을 가지고 있으나, 엔진개발은 요구되는 기술수준이 높아 엔진개발이 실패하거나, 지연될 수 있는 가능성은 항상 존재한다. 이에 따라 프로젝트 관리자는 해당 프로젝트에서 필요한 기술을 사전에 개발하거나 기술성숙도 평가 등을 통해 위험관리 방안을 고려하여 의사결정을 해야 한다.

엔진을 결정하는 과정에서 중요한 것 중 하나는 엔진의 목표 성능과 엔진평가의 중점사항(우선순위)을 결정하는 것이다. 엔진의 목표성능은 항공기의 목표 비행성능을 기준으로 선정된다. 계약조건, 획득비용, 정비성, 국산화, 운영유지비용 등과 같은 엔진 평가 중점사항은 프로젝트별 목적에 따라 선정하게 된다. 어떠한 방법으로 엔진을 고를지를 선택하는 것이 프로젝트 관리자의 몫이기도 하지만, 다양한 이해관계들을 조율해서 최적의 방안을 모색해야 하는 것도 프로젝트 관리자의 역할이라 하겠다.

엔진평가 중점사항을 선정할 때 주의할 사항은 모든 성능 항목이 우수한 엔진은 세상에 존재하지 않으며, 선정할 수 없다는 사실을 인식하는 것이다. 예를 들어 엔진 출력 성능이 우수하며, 연료 소

모율도 낮고, 신뢰성과 정비성이 좋은 엔진은 존재하지 않는다. 이는 슈퍼카의 엔진 성능에 소형차의 연비를 요구하는 것과 같이 현실세계에서 구현은 불가능에 가까운 일이다. 따라서 **프로젝트의 목표에 맞도록 성능 간 또는 평가요소간 주고 받아야(Trade-off)한다.** 엔진 결정은 선택 가능한 엔진 중에 프로젝트 목표성능에 가장 부합하는 하나의 엔진을 고르는 것이지, 좋은 엔진을 고르는 것이 아니다. 다만, 엔진결정과 관계되는 이해관계자들마다 가지고 있는 시각에 따라 원하는 답(요구)이 다를 수 있다. 누군가는 성능, 획득과 운영유지 비용이 중요할 것이고, 누군가는 체계통합이 용이한 것이 좋으며, 누군가에게는 정비성이 좋은 것이 선호될 수 있다. 각각의 요구들은 **AHP기법**(Analytic Hierarchy Process, 의사결정의 계층구조를 구성하고 있는 요소 간의 쌍대비교 판단을 통해 평가자의 지식, 경험 및 직관을 포착하고자 하는 의사결정방법론)과 같은 방법론들을 통해 객관적인 비교결과를 도출하여 결정하는 것이 가장 합리적일 수 있다. 아래의 경우도 두 종류의 엔진은 각각의 장단점이 존재한다. 프로젝트별로 엔진을 결정하는데 참여한 이해관계자들은 객관적으로 해당 프로젝트에 적합한 것을 찾은 것이지, 어떤 엔진이 좋고, 나쁜 것을 판단한 것이 아니다. 이런 이유로 엔진을 결정하는 과정에서 프로젝트 관리자는 다양한 이해관계자들의 의견을 듣고 반영하면서 조율하는 역할을 수행하여야 한다.

・성능　　　　・운영유지비
・고장률(사고율)　・연료 소모율
・시스템 복잡도　・Export License
・양산단가

**두 번째 큰 결정은 엔진을 몇 개 장착할지를 결정하는 것이다.** 엔진의 숫자는 항공기 형상과 가격을 결정하는 주요한 요소이다. 앞의 항공기 비행 원리에서 살펴본 것처럼 엔진이 항공기 비행성능을 결정하는 주요 요소이면서 엔진 숫자는 항공기 가격의 주요 요소이기 때문이다. 가격은 단순 구매가격 뿐만 아니라 연료 소모율과 같은 운영 유지비에도 영향을 주는 사항이다. 엔진을 구매하는 조건에는 수출통제(E/L ; Export License)와 관련 사항이 포함되는데 이는 엔진이 고급기술이고 안보와 관련되어 있기 때문에 E/L확보 가능성을 사전 판단할 필요가 있다. 예를 들어 200억원에 35,000lb의 출력을 가진 단일 엔진을 구매하고 싶지만, 단일엔진으로 고출력을 내는 엔진이 E/L 영향으로 구매할 수 없으면, 120억인 18,000lb의 출력을 가진 엔진 2대를 구매할 수밖에 없다는 것이다. 또한, 엔진 수량 선정 시 중요한 요소는 사고율인데, 미군의 통계상 단발 엔진이라고 사고율이 높지 않고, 쌍발엔진과 유사하거나 오히려 미소하게 낮다. 다만, 쌍발이상의 엔진 장착 시 조종사에게 심리적 안정을 줄 수 있다. 엔진 수의 결정은 기본적으로는 항공기의 운용개념을 고려하여 성능, 고장률 등 요구되는 목표성능에 따라 설정한다. 엔진의 성능은 알려진 성능 또는 마케팅용 자료인 미장착(Uninstalled) 엔진성능을 기준으로 설치된 엔진성능을 예측하기 위해 풍동모델 등을 통해 항공기 장착 시 예상되는 성능을 산출한다. 단일 엔진 부터 복수의 엔진을 비교하면서 요구되는 성능, 비용, 형상 등을 고려하여 대안을 수립한다. 앞의 엔진 개발 결정과 엔진 수량의 결정은 연계되어 있다. 예를 들어 쌍발 엔진과 유사한 성능의 단발 엔진을 개발하기로 할 수 있다. 이러한 모든 결정의 핵심은 프로젝트에 요구되는 개발목표이다. 요구된 개발목표에 따라 성능개량이나 구매로 요구성능이 충족된다면 요구 성능목표를 기준으로 후보군을 선정 후 개발목적에 부합하도록 성능개량 목표, 구매조건 등의 우선순위를 고려 결정한다. 프로젝트 관리자는 각 방안별로 장단점, 위험요소 등을 고려하여 프로젝트에 따라 최적인 방안을 결정해야 하는 것이다.

# 1장 요약

전투기를 만드는 프로젝트 관리가 무엇인지 알아보자.

1. 프로젝트 관리는 어떤 목표를 달성하기 위해 무언가를 만드는 활동을 최적화하는 활동이다.

2. 프로젝트 관리에서 가장 중요한 활동은 프로젝트 목표를 설정하는 것이다.

3. 프로젝트 관리자는 의사결정을 하는 사람이며, 해당 프로젝트를 어떻게 해야 하는지 안다면 시행착오를 줄일 수 있다.

4. 프로젝트 관리의 핵심은 사람이다.

5. 항공기를 만든다는 것은 형상과 엔진을 결정하는 것이다.

# Chapter 2
## 전투기를 만드는 프로젝트의 개발목표를 설정하는 과정을 알아보자

프로젝트 관리에서 가장 중요한 것이 개발목표를 수립하는 것이며, 전투기와 같은 항공기를 만드는 프로젝트에서 가장 중요한 것이 형상과 엔진을 결정하는 것이라는 것을 설명했다. 이제부터는 전투기를 만드는 프로젝트에서 개발목표는 어떻게 설정하지 알아보자.

# 전투기의 **개발목표**는 어떻게 설정되는가?

앞에서 항공기를 만드는 프로젝트에서 무엇이 중요한지 알게 되었다면, 이제부터는 왜 전투기를 개발해야 하는지, 개발 목표를 어떻게 설정하는 것인지 알아보자. 본격적으로 설명하기 전에 설명할 전투기 만들기 과정은 미국의 획득체계에서 사용하고 있는 프로젝트관리 가이드북, 체계공학(System Engineering), JSSG(Joint Service Specification Guide), 미국 군사 규격/핸드북/가이드, NATO 규격 등을 기반으로 하고 있음을 밝혀 둔다.

전투기의 개발목표를 설정하는 과정은 매우 복잡하며, 공학적이고, 정치적인 과정이다.

전투기의 개발목표를 설정하는 과정은 매우 복잡하며, 공학적이고, 정치적인 과정이다. 매우 복잡하다고 하는 이유는 목표성능을 결정하는데 많은 분석과정을 거치게 되는데 각 분석들이 상호작용하는 형태를 취하기 때문에 상호관계를 이해하기 어렵고, 반복적인 조정 작업을 수행하기 때문이다. 공학적이라고 하는 이유는 공학적으로 분석해서 목표성능을 정량적으로 표현할 수 있는 사항으로 결정해야 하고, 산출근거가 명확하게 해야 하기 때문이다. 정치적이라고 하는 이유는 전투기는 무기체계이기 때문에 국가의 안보목표를 바탕으로 소요가 제기되기 때문에 필연적으로 국가의 정치적인 목표와 군사적 우선순위, 임무지역의 요구(Needs)를 반영하기 때문이다.

전투기 개발목표를 결정하는 과정은 시장분석, 위협분석 등을 통해 요구를 분석하여 개발목표(어떤 수준의 전투기가 필요한지?)를 구체화하고, 목표능력을 구현하기 위해 필요한 자원(얼마나 필요한지?)을 분석한 후 필요한 자원(예산 등)을 통해 요구를 조율하는 순환 과정을 통해 결정된다. 개발목표를 결정하는 과정에서 가장 중요한 요소는 자원(예산, 돈)이며, 자원에 의해서 통제되고 제약된다. 세부적인 사항은 뒤에서 하나씩 설명하도록 하겠다.

이러한 과정은 장기간의 전투기 획득과정 동안 지속적으로 조정되고, 통제되며, 개발 완료 후 양산 중에도 조정될 수 있다. 예를 들어 F-22가 현존하는 최강의 공대공 전투 성능을 가진 전투기이긴 하지만, 최고로 비싼 전투기이기도 하고, 주로 대공제압 임무를 수행하기 때문에 적정한 보유량으로 제한할 필요가 있어 예산에 따라 소요량은 탄력적으로 조정되었다. 이는 전투기 개발에 국가의 한정적인 자원을 할당 받기 때문이지만, 의사결정자의 안보적 판단, 정치적 필요성, 전력의 효율성을 모두 고려한 종합적인 판단의 결과로 이해해야 한다.

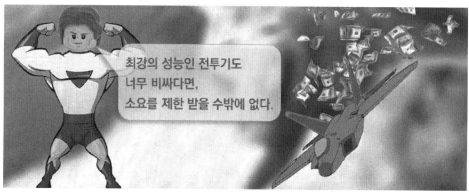

# 전투기와 민항기 개발목표 설정과정의 비교

이제부터 본격적으로 전투기를 개발하는 과정에서 개발목표를 설정하는 과정에 대한 설명을 하도록 하겠다. 그런데 전투기의 개발목표를 결정하는 과정이 매우 복잡하기 때문에 상대적으로 단순하고, 쉬운 민간항공기의 개발목표를 설정하는 과정을 먼저 살펴보도록 하자. 민간항공기도 군용항공기와 같이 주문자 생산방식이기는 하지만, 특별한 경우를 제외하고 주문자가 항공기 개발목표나 성능까지 결정하지 않는다. 민간항공기의 주문자(항공사)는 비행기를 만드는 것보다는 사용목적에 부합하는 좌석 배치와 같은 실내 공간에 더 관심이 있다. 따라서 민간항공기의 성능과 같은 개발목표 설정은 생산자의 몫이다. 민간항공기의 개발목표는 개발 및 양산기간을 고려하여 '항공기가 시장에 나올 시점에 잘 팔릴 항공기를 만드는 것'을 개발목표로 설정한다. 이를 위해 미래의 시장분석을 통해 개발목표를 설정 하는데, 이렇게 할 수 있는 근본적인 이유는 항공촬영 등 특수 목적기를 제외하고는 **민간 항공기가 하는 일(임무)이 승객이나 화물을 옮기는 것과 같이 단순하기 때문**이다. 또한 미래 시장예측, 잠재 고객 분석, 수요 경향 분석 등 시장분석을 통해 개발 목표와 목표 성능을 구체화할 수 있는 이유는 항공기가 다니는 길인 항로(또는 노출되는 환경)가 일정 하고, 활주로와 같은 운용환경이 유사하며, 소요되는 유상하중(승객이나 화물을 포함한 항공기 무게)에 따라 설계 가능한 항공기 형상이 유사하기 때문이다. 민간항공기가 운용되는 항로의 환경이 일정하기 때문에 물리적으로 최적의 순항속도를 발휘할 수 있는 고도와 속도가 일정하거나, 유사하게 된다.

또한, 주문자인 항공사가 목표하는 항로의 거리와 유상 하중에 따라 탑재 연료량 등이 결정되므로 시장이 원하는 요구를 파악하는 것이 중요하다. 민간항공기는 사람들의 도시 간 이동이 어떤 형태로 변할지, 화물들의 이동이 어떠한 방향으로 변화할지 파악하는 과정을 통해 일회 수송량이 큰 대형항공기를 만들지, 연비가 좋은 중형항공기를 만들지, 가볍고 싼 소형항공기를 만들지 등의 개발목표를 설정할 수 있다.

시장분석에 따른 개발목표를 도출한 사례는 에어버스사의 A380과 보잉사의 B787 개발 사례가 대표적이다. 에어버스사는 대도시 간의 대량 수송을 목표로 하여 대형항공기에 대한 요구를 도출하였고, 보잉사는 중소도시 간 운항비용을 낮추기 위한 고연비, 낮은 유지비를 갖는 중형항공기에 대한 요구를 설정하였다. 어떤 항공기가 현재와 미래 시장에서 성공적인지는 시장(구매하는 항공사)의 판단이다. 이런 형태로 민간항공기의 개발목표 설정은 생산자의 몫이고, 개발 목표에 따른 시장에서의 성공과 실패도 생산자의 몫이다.

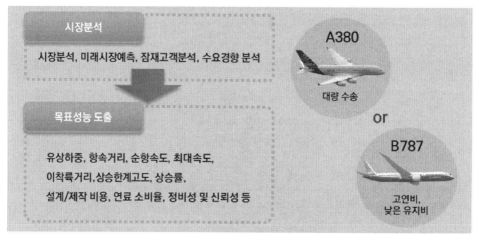

반면, 전투기와 같은 군용항공기의 개발목표를 결정하는 과정은 민간항공기에 비해 복잡 하고, 민감한 절차를 포함된다. 이러한 복잡한 과정이 존재하는 근본적인 이유는 **전투기의 사용목적이 '무기'로서의 일(임무)이라는 것**이다. 전투기와 같은 군용항공기는 무기로써 정치적인 의사수단인 전쟁에 사용되거나, 상대의 공격을 억제하고, 방어하는 수단으로 사용되는 등 국가의 안보와 관련되어 있다. 또한, 무기는 일방적, 독자적으로 사용되는 것이 아니라, 상응하는 위협대상이 있는 상태에서 사용되며, 상대를 위협하거나 제압할 수 있도록 상대적인 개념으로 개발하거나, 구축되는 특성이 있다. 특히, 전투기를 만드는 프로젝트와 같이 소요자원이 많이 필요한 개발은 안보문제 뿐만 아니라 방위산업적 측면, 파급효과 등을 모두 고려한 국가목표(안보와 국익증진)에 따라 결정되는 사항이다. 무기체계는 일반적으로 국가목표에 따라 군사력 건설의 우선순위가 결정된 후 이를 기반으로 운용되는 임무지역을 기반으로 요구들이 분석된다. 예를 들어 Su-27과 같은 대표적인 러시아의 전투기의 경우 러시아의 넓은 영토에 대한 제공권을 유지하고, 제1의 위협국가인 미국의 높은 수준의 항공력을 방어하기 위해 장거리 요격에 적합하도록 넓은 전투행동반경을 갖도록 전투기 요구를 설정하여 비교적 큰 기체로 개발되었다. 임무지역 요구 분석을 기반으로 무기체계 요구를 분석하고, 체계에 필요한 기능과 목표 성능을 도출하게 된다. 이는 경쟁 시장과 위협 무기체계를 분석하고, 이를 기반으로 전투임무효과 분석 등 다양한 분석을 통해 요구를 설정하는데, 세부적으로 어떤 과정을 통해 산출되는지, 분석 간에는 어떤 상관관계를 가지는지는 이제부터 하나씩 알아보도록 하자. 먼저, 일반적인 프로젝트에서 초기 요구를 어떻게 만드는지를 알아보자.

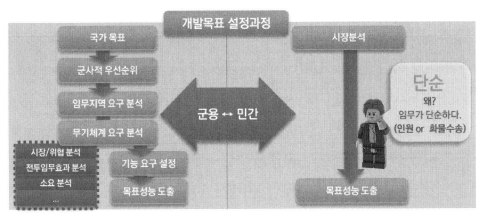

전투기를 포함한 무언가를 만드는 **프로젝트의 초기 요구(Needs)를 설정하는 것은 매우 난해**한 과정이다. 일반적으로 프로젝트에서의 요구는 **단계적으로 구체화되고 성숙되는 성격**을 가지고 있기 때문이다. 이에 따라 초기 요구를 설정하는 과정의 첫 단계는 만들려는 대상이 사용될 환경을 분석하고, 사용될 체계에 기대되는 사항을 조합하여 표현하는 것부터 시작한다. 이러한 **표현을 돕기 위해 운용개념과 시나리오를 사용**한다.

초기 요구는 상황이나 활동에 대한 제약조건(Constraints)을 고려해 기대되는 운용개념의 우선순위를 기반으로 조정(Tailoring)된다. 운용개념 설정 시 우선순위 결정을 돕기 위해 시나리오의 관점에서 예상되는 임무나 서비스에 대한 분석을 수행하게 된다. 이때 운용개념과 시나리오를 사용하는 것은 이해관계자들과의 조직적인 의도와 만들어질 체계 운용개념의 일관성을 유지하는데 도움을 주기 위해서이다.

초기 요구는 명확하게 표현하기 어렵기 때문에 명확한 솔루션(Solution)을 제시하지 못하지만, 잠재적인 솔루션을 선정하기 위한 기초로 활용될 수 있다. 운용개념의 우선순위에 따라 선택되어진 요구들은 프로젝트의 범위, 실현가능성, 일정, 상황 등을 고려하여 성숙화 되며, 이 과정을 통해 성숙화된 요구는 이해관계자의 초기 의도를 구조화하고 공식화함은 물론이고, 향후 진행될 요구도를 만드는 과정의 시작점을 제공하게 된다.

# 전투기 개발목표의 시작은 **운용개념** 수립부터

전투기 개발목표를 수립하기 위해서는 어떻게 싸울지 어떻게 사용할지에 대한 운용 개념을 설정하는 것부터 시작된다. **운용개념**(CONOPS ; Concept of Operations)은 각 군의 지휘관 또는 절차에 따라 항공기가 사용될 작전에서 운용되는 전체적인 그림을 그릴 수 있도록 기술되거나, 그래픽화 하도록 고안되었다. 현재 또는 미래에 발생할 문제 를 해결하는데 요구되는 능력들을 시험하는데 사용되며, 이해관계자의 관점에서 체 계(System)를 사용하는 방법을 설명하는데도 사용된다. 장기간이 소요되는 획득 순기 에서 초기 사용자의 요구(Needs)를 정리하는 용도로 사용되며, 이후에도 사용자의 요 구도(Requirements)와 기능 사이에 조정하는 도구로도 사용될 수도 있다. 따라서 운용 개념은 사용자에 의해서 작성된다. 예를 들면 차기훈련기(APT ; Advanced Pilot Train-ing 또는 T-X)프로젝트의 운용개념은 다음과 같다.

T-X 시스템의 임무는 4세대 및 5세대 전투기와 폭격기에서 학생조종사를 훈련시키는 것이며, 이 임무는 전투기 기본 소개(IFF)과정과 같은 학부조종교육(UPT)에서 전투기/폭격기 조종사로 진화 시키는 단계가 포함될 것이다. T-X 시스템의 범위는 조종사 훈련을 위해 미항공교육훈련사령부(AETC)에 의해서 활용되는 진화된 훈련기이다. T-X 항공기는 T-6 Texan 초등훈련기와 5세대 전투기와 폭격기 정규훈련부대(FTUs) 사이의 교량 역할을 하는 것이 목표이다. 미 대륙에서 평시 훈련으로 사용되고, 주로 주간에 운용되며, 야간운용주간은 매달 1주일정도 발생하며, 야간 시에는 야간투시경(NVG) 능력이 포함된다. 학부조종교육에는 매우 빠른 턴타임이 요구되며, 이륙은 약 3분 간격으로 발생한다. 대부분 훈련비행은 모기지에서 시작과 종료가 이루어지지만, 기본적인 서비싱이 되는 기지에도 운용될 것이다. 학생과 교관조종사는 12시간 근무로 제한된다.

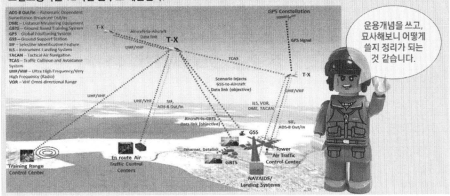

# 임무묘사도(Mission Profile)의 작성

**2-4**

**항공기를 운용하는 시나리오는 임무묘사도를 통해 구체화**한다. 임무묘사도(Mission Profile)는 항공기 운용개념(CONOPS)에 따라 MIL-STD-3013에서 제공하는 방법론으로 항공기가 수행해야하는 임무별 지상-이륙-비행-전투(임무)-귀환 등의 운용조건, 정의, 규칙, 한계를 설정한 것이다. 임무묘사도를 작성하는 근본적인 목적은 운용개념에 따른 공학적인 매개변수 (Parameter)를 기반으로 항공기 능력을 정량적으로 보임으로써 운영자와 설계자의 간극(Gap) 을 최소화 하는데 있다. 따라서 임무 묘사도는 기본적으로 사용자에 의해서 제공된다.   MIL-STD-3013은 고정익 항공기의 능력을 결정하는 정의들, 지상 규칙과 임무묘사도를 설정하기 위한 미군사규격이다. 다만 주의할 사항은 MIL-STD-3013이 능력을 확정하기 위해 사용하는 것이 아니라, 능력을 산출할 때의 정의와 기본 규칙, 한계, 조건들을 명확하게 제공하기 위해 사용된다는 것이다. 각각의 목표능력은 프로젝트의 요구에 따라 설정하고, 임무묘사도를 사용하여 예상되는 능력을 분석한다. MIL-STD-3013는 고정익 항공기, 단거리 이착륙기, 수직 이착륙기에 적용 가능 하지만, 무인기에 적용하는 경우는 제한사항이 있으며, 회전익 항공기에는 적용이 불가하다.

32

임무묘사도는 최초 작성 후 확정되는 것이 아니라, 지속적으로 갱신된다. 전투기를 개발할 때는 형상기술서(CDD, Configuration Description Document)와 같은 항공기의 예측 능력을 기반으로 임무묘사도를 작성하고, 전투임무효과 등의 분석을 통해 능력 향상 필요요소를 식별한다. 이러한 분석을 통해 도출된 개선요구 능력이 나오도록 전투기 형상을 개선하고, 이를 기반으로 도출된 능력을 가지고 다시 임무묘사도를 보완하는 반복적인 과정을 통해 임무묘사도를 최신화 한다. 임무묘사도의 전투 상황별로 요구되는 능력은 전투기의 규격이 이미 있는 경우 그대로 사용하면 되지만, 신규 개발되는 전투기와 같이 규격요구도가 확정되어 있지 않다면, 개발중인 전투기의 형상기술서로 대체할 수 있다. 임무 묘사도가 성숙되면 이를 기반으로 각 임무, 무장 형상별로 능력을 분석할 수 있게 되며, 임무묘사도는 체계사용도와 함께 항공기의 기체수명 등의 개발 및 각종 체계분석에 이용된다. 임무묘사도가 항공기 능력을 결정하는 것은 아니지만, 임무묘사도는 능력을 결정하는 영향요소 중 중요한 기준으로 활용된다. 동일한 항공기라도 임무묘사도가 다르면 다른 능력을 나타난다. 많은 항공기 제작자는 마케팅 목적으로 임무묘사도를 밝히지 않고, 능력을 제시하여 고객들을 '착각의 늪'으로 안내한다. 항공기의 능력은 임무묘사도에 따라 매우 크게 달라지며, 각 나라별 임무 요구에 따라 능력이 차이가 날 수밖에 없다. 대표적인 전투기의 주요 성능인 전투행동반경은 아래의 예시와 같이 큰 부하가 걸리는 기동을 하지 않는 이동임무의 경우 전투행동반경이 넓겠지만, 공대공이나 공대지 임무 등 급기동이 많은 임무의 전투행동반경은 크게 줄어든다. 전투행동반경은 전투기가 이륙지점에서 목표까지 도달 후 임무 후 귀환할 수 있는 최대 거리로 정의된다.

| 이동(Ferry) 임무 | 1,200 NM |
| | 1,400 NM |
| | 2,500 NM |
| 공대공임무 | 150 NM |
| | 190 NM |
| | 480 NM |
| 공대지임무 | 170 NM |
| | 280 NM |
| | 420 NM |

임무묘사도는 항공기에 요구되는 임무별로 세부적인 사항을 구체화하도록 요구한다. 예를 들어 임무시간, 재출동시간, 블록타임, 이륙속도, 회전속도, 실속속도, 지속상승각, 순항고도, 순항속도, 이륙중량, 최대착륙중량 등의 항공기 성능이 구체화되어야 한다. 동시에 전투기의 경우 일반적인 임무인 공중전투 초계임무(CAP ; Combat Air Patrol), 아음속/초음속 차단 임무(Intercept), 중고도/고고도 전투기 소탕임무(Medium/High Altitude Fighter Sweep) 등으로 구분하여 각각 임무별로 성능 매개변수를 구체화 하여야 한다.

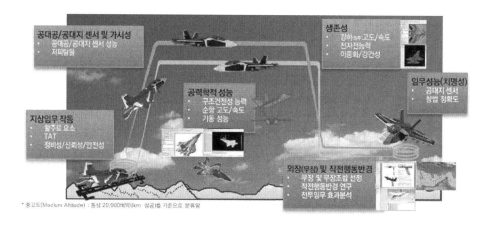

* 중고도(Medium Altitude) : 통상 20,000ft(약6km 상공)를 기준으로 분류함

임무묘사도를 그 목적에 부합되도록 사용자의 요구도를 명확하고, 구체화될 수 있도록 작성되어야 한다. 예를 들어 미국의 APT(Advanced Pilot Trainer 또는 T-X) 프로젝트의 경우 훈련기 임에도 임무묘사도가 계기 항법, 저고도 항법, 편대유지, 기본전투기동 등 10개로 세부적으로 구분되어 있다.

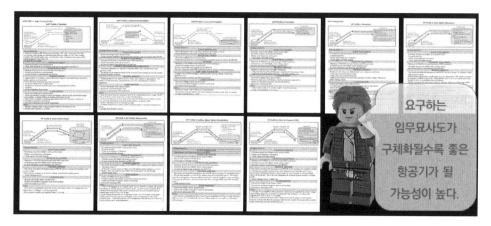

요구하는 임무묘사도가 구체화될수록 좋은 항공기가 될 가능성이 높다.

# 체계 사용도(System Usage)의 작성

임무묘사도와 함께 항공기가 사용되는 용도를 정의하는 중요한 요소 중 하나가 체계사용도 (System Usage)이다. **체계사용도는 항공기가 수행하여야 하는 임무를 어느 정도 시간, 비중, 빈도로 사용하게 될지를 결정하는 것이다.** 항공기의 수명주기 동안 임무별 비행시간, 비행횟수, 착륙횟수, 착륙장치 작동횟수 등을 구체화한다. 이를 구체화 하는 이유는 항공기 설계를 최적화하여 최적의 성능을 구현하면서도 자원을 효율적으로 사용하기 위해서이다. 예를 들어 아래와 같이 다목적전투기를 만들고자 하여 공대공임무를 45%, 공대지임무를 45%, 일반임무를 10%로 구체화 했다고 하자. 고도에 따라 적합한 형상과 엔진성능이 다르기 때문에 공대공임무 성능을 구현할 때도 공대지임무 성능을 위해 포기하는 성능이 발생한다. 또한, 공대공과 공대지 임무는 비행특성과 임무특성이 달라 각각을 개발하고 검증하는데 각각의 자원을 사용해야 하고, 많은 개발 요구도 간의 상호간섭으로 절충해야 할 사항이 그 만큼 늘어나게 된다. 반면, 공대공 임무만을 갖는 전투기를 만들고자 했다면, 필요한 무장과 센서, 엔진 등을 공대공임무만을 위한 요구도를 기반으로 최적화하여 검증하기 때문에 소요되는 자원과 시간이 현저히 줄어들게 된다.

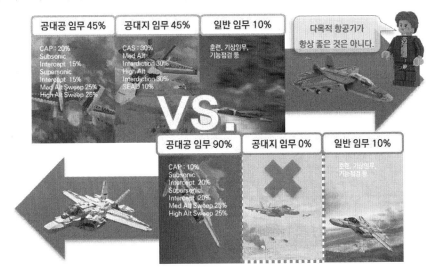

**체계사용도는 평시와 전시의 비중, 공대공-공대지-일반임무의 비중을 구분하고, 각 세부 임무별 비중을 배분한다.** 이는 전시와 평시 또는 임무별로 항공기 구조에 영향을 받는 부하량이 상이하며, 이를 이용해서 최적의 형상(구조)설계를 하기 위함이다. 각 임무별 사용도는 앞에서 설정한 임무묘사도와 함께 항공기 총수명주기간 동안 구조물에 걸리는 부하량을 산출하는데 이용된다. 예를 들어 9,000시간의 총 수명시간을 가진 전투기가 운용기간 중 전시와 평시 수준을 95% : 5%로 편성 후 공대공을 45%, 공대지를 45%, 일반임무를 10%로 구분하고, 공대공 및 공대지 임무별 비중을 아래와 같이 산출할 수 있다. 기타사항으로 주요결함 발생으로 비행포기 횟수, 총 착륙횟수, 착륙 후 재이륙(Touch & Go) 횟수, 착륙장치 작동횟수 등을 구체화 하여 구조 및 구성품의 사용도를 결정할 수 있다.

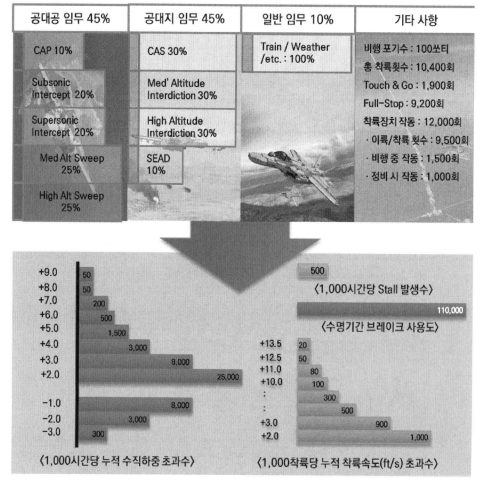

앞에서 보는 것과 같이 체계사용도는 임무묘사도와 함께 분석하여 하중매개변수 (Load Parameter)를 추출하며, 이를 **하중 스펙트럼(Load Spectrum)**이라 한다. 이것은 풍동시험 결과와 함께 항공기 구조 설계에 적용되는 하중을 산출하는데 사용된다. 이 하중을 이용해 지상 및 비행시험을 통해 수명주기동안 구조적 문제가 없음을 증명하는데 사용한다. 즉, 임무묘사도와 체계사용도를 이용해서 구조설계에 필요한 정보를 추출한다는 것이다.

유사한 방식으로 착륙장치와 착륙장치의 구성품에 적용되는 하중 및 부하를 산출하여 착륙장치의 설계에 사용하게 된다. 일반목적 항공기로 설계된 항공기를 훈련기로 사용이 가능할까? 보통 일반목적 항공기는 수직강하속도를 10 ft/s로 강하하는 수직에너지 기준 으로 설계한다. 훈련기는 조종사의 경험이 부족하기 때문에 이보다 빠른 13 ft/s를 기준으로 설계한다. 이런 이유로 훈련기는 일반목적 항공기보다 착륙장치의 구조가 튼튼해야 하기 때문에 구조를 두껍게 하거나 재질이 강한 것을 선택해야 한다. 반대로 일반목적 항공기를 훈련기로 사용한다면, 착륙장치에 걸리는 하중이 커질 가능성이 높기 때문에 착륙장치 자체와 착륙장치가 연결되는 구조물에 부하가 가중되어 문제를 일으킬 가능성이 높다.

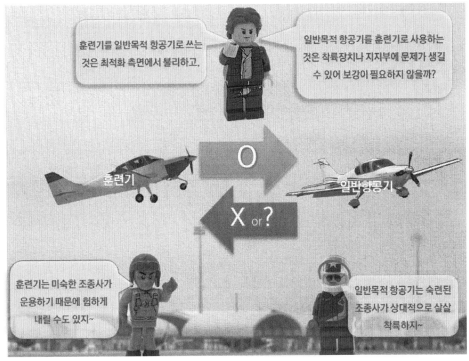

물론, 반드시 일정하게 정해진 기준에 따라 설계해야 하는 것은 아니다. 항공기의 목적과 특성에 따라 요구도 기준을 조정(Tailoring) 할 수 있다. 그 예로 C-17과 같은 항공기는 거친 활주로를 사용하고, 짧은 이착륙거리를 요구되어 14 ft/s로 수직강하 속도가 높으며, 이에 따라 착륙장치와 구조를 보강하고, 강화하였다. 그 반대의 경우 도 있을 수 있다. 만약 미숙한 조종사가 아닌 숙련급의 조종사로만 구성된 부대가 사 용하게 될 항공기이거나, 항공기의 저속특성이 좋아 수직강하속도를 줄일 수 있다면, 착륙장치와 이와 연결된 구조물에 걸리는 하중을 줄일 수 있어 구조물의 강도를 조정 하여 좀 더 가벼운 항공기로 설계할 수도 있다. C-5A 갤럭시는 이러한 조정을 거쳐 9 ft/s로 설계되었다. 이처럼 사용자의 요구(운용개념이나 시나리오)가 직접적으로 항공기 설계 요구도로 이어지는 것을 알 수 있다.

항공기의 수명목표는 임무묘사도와 체계사용도를 고려하여 일일 소요 쏘티(Sortie, 단일항공기 출격횟수)를 기준으로 월간, 연간 누적 쏘티를 고려하여 설정한다. 설정된 항 공기의 수명은 체계사용도에서 정의한 하중 스펙트럼(Load Spectrum)에 따라 항공기 구조와 구성품이 목표수명을 만족시킬 수 있도록 개발하고 검증하는데 활용된다. 항 공기의 수명은 설계에서 결정하는 수명시간으로 반드시 결정되는 개념은 아니고, 항 공기구조보전프로그램(ASIP : Aircraft Structural Integrity Program, MIL-STD-1530) 프로그 램에 따라 운용 간 사용패턴 분석 및 격렬도에 따라 수명을 재판단하고, 유지관리 하 도록 하고 있다. 일반적으로 운용 간의 예측 못하는 요인들을 고려하여 항공기 수명 목표보다 2배수 시험을 수행하여 수명을 증명하기 때문에 기본적인 안전을 보장하 며, 구성품도 이에 준하여 수명목표를 설정하지만, 구성품의 수명은 항공기 구조의 수명과 같거나 적을 수 있다.

# 위협 분석을 통한 위협의 식별 및 분석

위협분석(Threat Analysis)은 임무가 이루어지는 지역을 중심으로 위협되는 대상을 식별하고, 그 능력을 분석하는 것으로 위협이 어떤 특성을 가졌는지를 분석하여 향후 어떤 방법과 수준으로 대응할 것인지를 분석하는데 활용된다. 위협분석의 결과는 추후 이루어지는 민감성 분석, 생존성 분석, 취약성 분석, 전투임무효과분석, 소요분석 등 많은 분석에서 활용하게 되는 가장 중요한 분석이다. 위협분석은 국가차원의 정보력과 역량에 따라 그 결과물의 수준이 결정되고, 이후 이루어지는 분석결과의 질에도 영향을 미치는 사항이다. 정확한 정보가 획득이 어려운 경우는 모의실험, M&S, 가용정보(Open Source) 내에서 치명성에 대한 우선순위에 따른 대응을 고려해 볼 수 있다. 다른 분석도 마찬가지지만, 'Garbage In, Garbage Out(쓰레기를 넣으면, 쓰레기가 나온다)'이다. 분석에 사용되는 자료 품질이 산출되는 결과물의 품질을 좌우하며, 특히 위협분석은 다른 분석의 기반이 되기 때문에 그런 경향이 더욱 강하게 나타날 수 있다.

# 민감성 분석을 통한 개발목표 설정

위협분석(**Threat Analysis**) 결과로 어떤 위협이 있으며, 어떻게 대응할지 방향을 판단했다면 이를 바탕으로 민감성 분석(Susceptibility Analysis)을 수행한다. **민감성 분석은 인간이 만든 적대적인 임무환경에서 적의 위협으로부터 탐지, 추적 후 공격을 회피 하거나 맞추는 것을 분석하는 것**이다. 민감성 분석은 두 가지 측면이 있다. 하나는 내가 적을 발견하고, 추적 후 공격해서 맞출 수 있는지를 분석하는 것이며, 다른 하나는 적 의 입장에서 나를 발견하고, 추적 후 공격했는데 회피할 수 있는지에 대한 측면을 분 석하는 것이다. 민감성 분석을 수행하기 위해서는 먼저 상대하는 위협과 아군 전투기 의 탐지, 식별, 추적, 공격할 수 있는 특성과 능력을 각각 분석해야 한다. 이 분석은 전투기의 고유 임무묘사도와 시나리오를 기반으로 수행하게 된다.

민감성 분석은 위협에 대한 공격, 탐지 회피, 추적 회피, 교전 회피, 위협 또는 피격 회피, 위협 및 피격에 대한 여유(Tolerance, 저항력/강건성) 등 각 단계별로 임무묘사도와 시나리오를 기반한 회피(Avoid)에 대한 분석 후 최종적인 민감성을 판단하여 피파괴확률 또는 피격확률 (P$_H$, Probability for Hit)을 산출하는 활동을 수행한다. 민감성 분석을 통해 새로운 전투기체계에 요구되는 민감성 요구를 설정할 수 있으며, 이러한 요구를 충족시키기 위한 특성 및 성능은 비용과 일정 간 비교연구(Trade-off Study)를 통해 절충(Trade-off)되는 형태로 개발목표를 설정한다. 다만, 이 과정에서 민감성에 관련 성능과 특성에 미치는 영향과 비용-일정간의 상관관계를 갖는 자료를 필요로 하며, 이는 많은 사전 과제, 프로젝트 수행 등을 통해 성능-비용-일정 간 분석자료의 확보가 필요하다. 민감성 분석결과는 추후 치명성 분석결과와 함께 생존성 분석을 위한 자료로 사용된다. 민감성 분석결과로 산출되는 피격확률과 치명성 분석결과는 최종적으로 전투기 체계의 생존 확률과 임무효과를 판단할 수 있는 표적 파괴률을 산출할 수 있게 해준다. 민감성을 발생시키는 요소는 크게 **전파, 적외선, 시각, 음향 특징 (Signature)**으로 구분하여 발생시키는 특성 요소가 어떤 것인지에 대한 분석하며, 각 위협별로 특징에 따라 분석한다. 세부적으로는 민감성 분석 시 임무묘사도(고도, 속도, 상태 등)에 따라 노출이 예상되는 위협별로 위협의 종류(공대공, 지대공, 함대공 등), 타입, 성능(기동성, 가속성, 상승률 등), 특징(육안, 전파, 적외선, 음향), 위협행위, 특성, 위협단계(탐지단계, 추적단계, 발사단계), 대응방안(위협인식/경고, 전자대응, 적외선대응 등) 등을 분석한다.

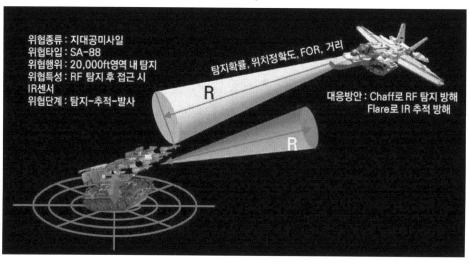

1. **전파에 대한 피탐성**을 결정하는 것이 레이다반사면적(RCS ; Radar Cross Section)이다. 레이다반사면적은 물체에 들어오는 전파를 반사시키는 크기를 말하는 것으로 일정한 값이 아니라 항공기의 자세에 따라 다른 값으로 나타난다. 따라서 전파에 대한 피탐성 목표는 위협 대상별로 고각(Elevation)과 방위각(Azimuth)별로 피탐성 목표형태로 수립된다. 추가로 전파에 대한 피탐성 목표 수립 시 전파의 의도치 않은 발생을 통제하기 위한 목표도 수립된다. 이는 전투기로 부터 일정한 거리에서 어떤 방향으로 얼마 이상의 전자기를 발생하지 않아야 한다는 식으로 정의된다. 적을 탐지하기 위해 전파를 이용해 탐지하는 것은 반대로 내가 탐지될 확률도 높게 되므로 능동적인 전파통제도 중요한 요소이다.

2. **음향에 의한 피탐성**은 일반적으로 음압수준(SPL, Sound Pressure Level)으로 지정되며, 발생원, 거리, 탐지기 수준에 따라 달라지나 고도별 일정 이격거리에서 탐지 가능성을 목표로 수립한다. 헬기와 같은 저속 항공기, 해상체계는 탐지 및 추적 특징으로 사용되고, 위협이 될 수 있으나, 고속의 전투기는 음속에 준하거나 그보다 빨리 날기 때문에 크게 위협이 되지는 않는다. 다만, 어느 지점을 지나갔음을 알려주는 특징으로도 사용될 수는 있다.

3. **적외선에 의한 피탐성**은 적외선 주파수 대역의 파장과 열원의 크기이다. 적외선에 대한 위협은 적성 미사일이 최신화 될수록 정밀한 스펙트럼과 시공간에 대응하는 대응책을 적용함에 따라 위협수준이 더욱 증가되고 있다. 전투기의 적외선 신호 발생은 태양의 반사, 뜨거운 부품들, 엔진 배기열 등으로 발생한다. 적외선에 대한 피탐성은 위협대상, 임무, 운용 시나리오, 교리, 전술에 따른 한계를 설정 후 적외선 주파수 대역별로 전투기 전방부터 후방까지 피탐성 목표를 수립한다.

최근 체계의 전파에 대한 대응이 강화되어 반대로 각종 무장은 종말단계 식별 및 추적수단으로 적외선을 사용해 적외선에 대한 민감성의 중요성이 높아지고 있다.

4. **시각에 의한 피탐성**은 대표적으로 항공기 형상과 도장(Painting)으로 결정된다. 시각에 의한 피탐성 목표는 피탐성 낮은 것이 좋다. 즉, 주요 임무 고도와 작전시간의 하늘에서 항공기가 최대한 안 보여야 한다. 각 국가의 하늘 색깔은 시간과 날짜, 계절, 고도에 따라 달라 이에 대한 분석을 추가로 수행하여 피탐성 분석에 사용된다. 시각에 대한 피탐성은 공중 요격기, 대공포, 지대공미사일과 같은 위협별로 전투기의 주요 임무 비행영역을 기준으로 임무묘사도에 따라 적의 탐지능력, 식별성, 시각적 감지 가능성을 고려하여 전투기의 전방부터 후방까지의 피탐성 목표를 수립한다. 참고로 훈련기는 전투기와 반대로 피탐성을 높게(가시성이 좋게) 하여야 하며, 이에 따라 흰색으로 많이 칠해 진다.

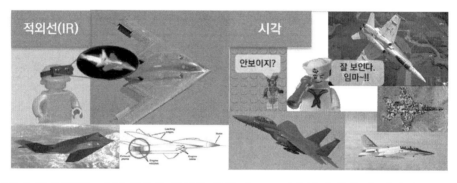

민감성 분석결과는 추후 생존성 분석을 위한 자료로 사용하기 위해 각 민감성 요소별로 적절한 달성 목표를 수립하고, 이를 달성함으로써 생존성을 높일 수 있는 있다. 민감성에 대한 분석결과와 함께 생존성 목표를 수립하고, 생존성을 확보할 수 있도록 하는 취약점을 식별하고, 이를 설계 개선 및 보완하거나 향후 복구성을 확충하기 위한 취약성 분석이 필요하다.

# 취약성 분석을 통한 개발목표 설정

취약성 분석(Vulnerability) 분석은 인간이 만든 위협인 미사일 파편 또는 탄환에 의한 구조물 및 계통의 파괴에 대한 저항성을 분석하고, 취약점을 보완하도록 하는데 목적이 있다. 취약성 분석의 결과는 전투기의 생존성을 분석하는데 활용된다. 취약성 분석결과는 민감성 분석결과를 바탕으로 산출되는 피격당 파괴확률($P_{K/H}$ ; Probability of Kill per Hit, 단일 위협 피격에 의한 항공기가 파괴될 확률)과 함께 피격수준(Kill Level ; 피격 이후 비행불능 상태까지 소요시간을 기반으로 설정한 항공기 파손상태)으로 산출되며, 이는 생존성 확보를 위한 구조보강, 이중화 등에 활용 된다. 취약성 분석결과에 따라 생존성을 높이기 위해 부품을 이중화(Redundancy)하거나, 부품의 위치 조정, 수동적/능동적 피해 제압(Suppression), 방탄과 같은 부품보호, 취약부품 제거 등의 조치를 취할 수 있다. 프로젝트 진행 간 취약성 분석결과는 지속적으로 갱신되어 설계보완요소로 활용된다. 다만, 취약성 분석을 수행하기 위해서는 위협 분석을 통해 적성 무기의 성능, 특성, 위력 등을 판단할 수 있는 정보 확보가 필요하다.

취약성 분석을 위해서는 피격선을 생성해주는 FASTGEN(Fast Shotline Generator)과 취약성을 분석해는 COVART(Computation of Vulnerable Area and Repair Time), AVAL (Assessment of Vulnerability And Lethality)과 같은 모델이 사용된다. AVAL은 스웨덴 국 방과학 연구소(Swedish Defense Research Agency) FOI에서 개발한 모델로 미사일 파편 또는 탄환에 의해 구조물 및 계통이 파괴되는 상태를 모의할 수 있다. 개발목표 설정 시 취약성분석과 달리 체계개발 단계의 취약성 분석을 위해서는 FMECA(Failure mode, effects and Criticality analysis, 결함이 발생하는 상황[모드]별 체계, 계통, 임무 등에 미치는 치명도를 분석하는 것)를 반영해야 설계개선이나 설계목표 충족성을 확인하기 위한 정확 한 취약성 분석을 수행할 수 있다.

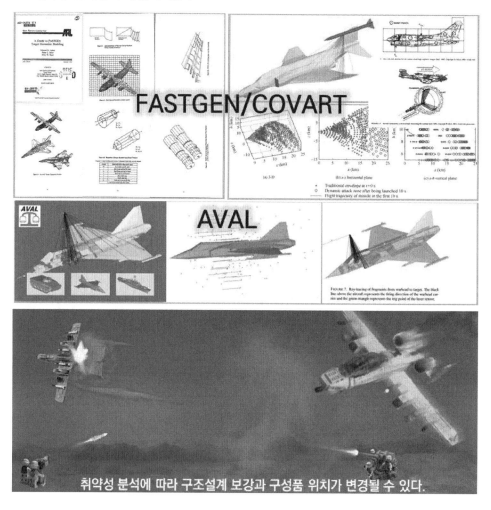

취약성 분석에 따라 구조설계 보강과 구성품 위치가 변경될 수 있다.

# TMI : 취약성 분석의 수행절차 및 기본원리

취약성 분석을 위해서는 우선 대상 체계가 위협에 노출되고, 피격되는 시나리오와 가정사항이 필요하다. 이러한 내용은 위험분석을 통해 제공된다. 위협에 노출되고, 피격된 후 생존성을 분석하기 위한 취약성 분석의 목적 상 아측 항공기에 대한 모델링과 기능적 분석이 요구된다. 취약성 분석에 적용되는 모델링을 세부적으로 수행하면 좋겠지만, 그럴 경우 분석에 소요되는 노력이 과대할 수 있기 때문에 분석을 위한 단순 모델을 생성한다. 취약성 분석 모델을 개발하기 위해서 CATIA 등으로 생성되어 있는 기본형상을 기준으로 구조와 구성품을 단순화한 모델을 생성한다. 구성품의 모델링 시에는 기능을 구현할 수 있는 단위로 생성하는 것이 중요하다.

위협에 의해 피격되는 시나리오와 가정사항을 기반으로 피격선(Shot Line)을 생성하기 위한 분석이 필요하다. 이는 위협의 특성과 성능에 따라 다양한 파괴가 가능하지만, 피격선에 따라 파괴가 일어나는 형태로 가정하는 것이다. 피격선에 포함되어 있는 구성품과 기능을 식별하여 기능의 불능상태에서도 운용이 가능한지를 판단하기 위해 고장모드영향 및 치명성 분석(FMECA) 등을 수행하며, 이를 위해 기능의 구조화와 구성품의 특성 설정이 필요하다. 이때 피격선에 포함되는 구성품과 전달하는 수단(유압라인, 전선 등)도 포함된다. 피격선을 생성한 후에는 피격선을 통과할 것으로 예상되는 위협의 종류와 제원에 따른 피해 정도를 산출한다. 예상되는 위협에는 공대공, 공대지 미사일, 대공포의 파편 및 기총탄 등이 포함된다. 피해 정도를 산정하는 것은 파편이나 총탄의 운동에너지가 구조 및 구성품을 통과하면서 얼마나 에너지가 줄어들지에 대한 공학적 판단에 따라 이루어 진다.

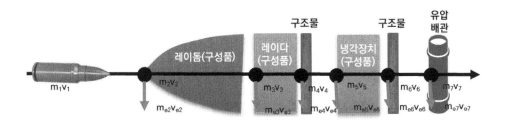

그 다음 피격 후 구조와 구성품, 전달 수단의 파손 영향에 따른 파손수준을 설정한다. 손상 후 폐기할 정도의 수준인 KK(즉시파괴), K(30초 지연파괴), A(5분 지연파괴),B(30분 지연파괴), C(조종불가) 등과 강제착륙/임무가능 등 사용자의 파괴수준 분류를 사용할 수 있다. 취약성 분석 모델(COVART, AVAL 등)을 통해 분석한 내용을 입력하여 취약성 분석결과를 산출한다. 산출된 취약성 분석 결과는 이중화(Redundancy) 하거나, 부품의 위치 조정 등 항공기 설계개선을 위해 사용된다.

# TMI : 취약성 분석의 수행절차

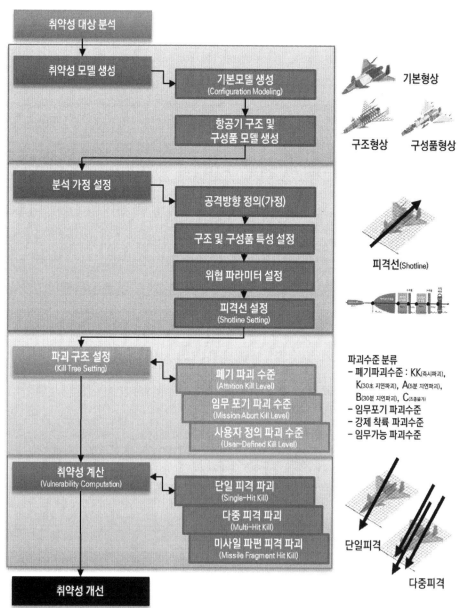

취약성 대상 분석

취약성 모델 생성
- 기본모델 생성 (Configuration Modeling)
- 항공기 구조 및 구성품 모델 생성

기본형상
구조형상  구성품형상

분석 가정 설정
- 공격방향 정의(가정)
- 구조 및 구성품 특성 설정
- 위협 파라미터 설정
- 피격선 설정 (Shotline Setting)

피격선(Shotline)

파괴 구조 설정 (Kill Tree Setting)
- 폐기 파괴 수준 (Attrition Kill Level)
- 임무 포기 파괴 수준 (Mission Abort Kill Level)
- 사용자 정의 파괴 수준 (User-Defined Kill Level)

파괴수준 분류
- 폐기파괴수준 : KK(즉시파괴),
  K(30초 지연파괴), A(5분 지연파괴),
  B(30분 지연파괴), C(조종불가)
- 임무포기 파괴수준
- 강제 착륙 파괴수준
- 임무가능 파괴수준

취약성 계산 (Vulnerability Computation)
- 단일 피격 파괴 (Single-Hit Kill)
- 다중 피격 파괴 (Multi-Hit Kill)
- 미사일 파편 피격 파괴 (Missile Fragment Hit Kill)

단일피격

다중피격

취약성 개선

* 출처 :
1. Aerospace systems survivability handbook series, JTCG/AS, Arlington, VA (2001)
2. Target Vulnerability To Air Defense Weapons, Naval Postgraduate School, Monterey, California, Bruce Edwardreinard(1985)
3. Fixed-Wing Aircraft Combat Survivability Analysis For Operation Enduring Freedom And Operation Iraqi Freedom(Christopher L. Jerome, Captain, Usaf, March 2011)
4. Aircraft Vulnerability Modeling And Computation Methods Based On Product Structure And Catia(Chinese Journal Of Aeronautics, Volume 26, Issue 2, April 2013, Pages 334-342)

# 생존성 분석을 통한 개발목표 설정

2-9

## 생존성(Survivability)과 생존성 분석(Survivability Analysis)의 정의 및 필요성

생존성이란 인간이 만든 적대적인 위협환경을 피하거나 견뎌내는(to avoid and withstand) 능력을 말한다. 흔히 무기체계에서는 임무능력, 무장능력이 중요하다고 생각될 수 있겠지만, 생존성은 전투기를 포함한 모든 무기체계의 능력평가와 분석에 가장 중요한 요소 중 하나이다. 생존성이 필요한 근본적 이유는 아측이 적을 탐지하고, 공격하기 위해서 우선 살아남아야 전투력을 발휘할 수 있기 때문이며, 생존을 해야 재공격을 하거나 전투력을 보존할 수 있기 때문이다. 생존성 분석은 임무묘사도를 기준으로 전투기에 요구되는 생존성 요구수준을 설정하고, 이를 검증하기 위한 분석이다. 생존성 분석이 임무묘사도를 기준으로 하는 것은 임무묘사도에 따라 노출되는 위협과 수준이 달라지기 때문이다. 생존성 분석은 전투기가 위협환경과 시나리오에서 위협요소를 탐지, 식별해서 어디에 위협이 있는지 지정 후 위협의 우선순위를 조종사에게 알려주고, 이 위협에 대응해서 탑재된 장비나 투발 하는 대응책을 통해서 전투기의 위협수준을 감소시키기 위한 목적의 활동이다. 또한, 공대공, 지대공 그리고 함대공 위협에 대한 위협수준을 감소시키면서 전투기의 전술 상황의 인식을 높여 생존 확률과 임무 성공률을 높이기 위한 목적도 있다. 이 과정에서 전투기가 임무 중 노출이 예상되는 위협별로 예측된 민감성을 기준으로 대응방안을 정의하고, 동시에 조종사에게 상황을 인식시키기 위한 개발목표도 수립한다. 다만, 위협에 대한 상황인식은 위협의 민감성에 따라 발생하는 상대적인 개념이기 때문에 절대적인 판단은 아니다.

적이 날 보지 못하게 하고, 적보다 먼저 때려야 생존성이 보장된다.

## ■ 생존성 분석을 위해 필요한 것들

생존성 분석에 영향을 주는 가장 큰 요소는 앞에서 살펴본 **민감성**(Susceptibility)과 **취약성**(Vulnerability)이다. 생존성을 높이기 위해서는 위협의 민감성 능력보다 우위에서 위협에 대응하여 위협을 제거하는 능력과 위협에 노출되지 않거나 노출되더라도 회피하여 피격되지 않고, 취약성을 보호하는 능력을 통합하여 구현되기 때문이다. 따라서 생존성은 민감성과 취약성에 의해서 결정되는 요소이다.

생존성 확률은 위협을 제거할 수 있는 확률 또는 위협 회피 및 취약성을 보완하여 생존할 확률로 표현할 수 있다. (Ps[생존확률]=1-$P_K$[파괴확률, Killability] = 1-$P_H$[피격 확률]× $P_{K/H}$[피파괴 확률]) 전투기 입장에서의 생존확률($P_S$)은 피격회피률($P^c_H$)과 피격확률($P_H$)에 파괴률($P^c_{K/H}$)의 곱에 의해서 산출된다. 전투기의 생존 시나리오와 파괴 시나리오를 기준으로 민감성 분석과 치명성 분석에서 산출되는 확률들에 대한 내용은 아래와 같다.

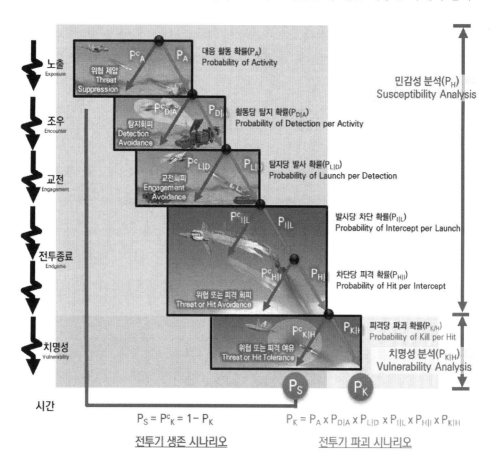

$$P_S = P^c_K = 1 - P_K \qquad P_K = P_A \times P_{D|A} \times P_{L|D} \times P_{I|L} \times P_{H|I} \times P_{K|H}$$

전투기 생존 시나리오 전투기 파괴 시나리오

생존성 분석에서는 위협 분석에서 수행한 위협을 정의하고, 우선순위를 결정하는 과정이 중요하다. 위협대상을 정의하면서 위협들에 대한 탐지확률, 위협이 취하는 행위에 따른 위협 정도, 위협의 위치정확도, FOR(Field of Regard, 센서로 포착할 수 있는 최대 면적[최대 방위각과 고도]), 거리, 적시성, 정보 갱신률, 운용 조건(날씨, 운용환경, 지형 등)과 같은 정보를 바탕으로 우선 순위를 결정한다. 이러한 정보를 바탕으로 위협의 종류와 타입, 위협대상의 행위, 위협특성, 위협단계를 파악하고, 이에 대한 대응방안을 선정한다. 예를 들어 위협대상이 우선순위가 높은 위협이더라도 위협이 취하는 행위가 탐지단계라면, 위협의 정도가 낮지만, 추적이나 발사단계라면 위협의 우선순위가 매우 높은 상태가 된다. 위협을 인식하는 능력 분석 시 위협의 탐지확률이 중요하며, 위협을 인식하는 능력에는 전투기 자체의 능력과 함께 조기경보통제기(AWACS)와 같은 지원체계에 의한 능력도 고려되어야 한다.

## ■ 생존성 확보를 위한 방법들

생존성 확보를 위한 대표적인 방법은 **적에 대한 취약성을 감소시키는 것**과 **민감성을 감소시키는 것**이다. 이러한 사례가 A-10과 F-117이라고 할 수 있다. 저고도 근접임무로 작전이 이루어지던 과거의 근접항공지원(CAS ; Close Air Support) 임무에 최적화하기 위해 A-10은 저속에 최적의 능력을 가졌으나, 반대로 적 대공포나 소형화기에 대한 대응을 하기 위해 소형화기에 견딜 수 있는 취약성을 보완하는 전략을 채택하였다. 하지만, 임무환경이 변하고 대공 위협이 발달함에 따라 A-10은 F-16에 임무의 자리를 내주게 되었다. 반대로 F-117은 민감성을 극도로 줄이는 전략을 선택했다. 민감성을 극도로 줄여 스텔스(Stealth)라는 새로운 생존성 향상 전략을 채택했고, 이후 개발되는 항공기인 F-22 등도 이러한 생존성 확보를 위한 개발목표를 채택하였다.

전투기의 생존성 확보를 위한 방안 중 최우선의 요구 능력은 민감성을 감소시켜 취약점을 제거하는 것이다. 이를 위해서는 적이 아측 전투기를 탐지하고, 식별하고, 추적하는 것을 대응하여 피탐성(Detectability) 감소 또는 대응활동당 탐지 확률($P_{D|A}$, Probability of Detection per Activity)을 높임으로써 구현될 수 있다. 왜냐하면 적이 전투기를 공격하기 위해서는 전투기를 탐지 후 추적해야 무장을 운용할 수 있고, 적이 공격해야 파괴될 확률이 발생하기 때문이다. 민감성 분석에서 설명한 것과 같이 피탐성(Detectability)의 대상은 민감성 분석과 같이 **전파, 적외선, 시각, 음향**으로 구분된다. 민감성 요소들 중 어느 하나가 중요하고, 다른 것은 덜 중요한 것이 아니라 요구되는 생존성과 노출되는 위협에 따라 균형적인 성능 요구가 필요하다. 예를 들어 전파에 과도하게 치중해서 대응하더라도 적외선 위협에 취약하다면 결국 적외선 위협에 의해 전투기의 생존성이 보장 받을 수 없기 때문이다. 아래에는 이라크전(Operation Iraqi Freedom)과 항구적 자유작전(Operation Enduring Freedom) 동안 피격된 전술항공기(F-15, F-16, F-18, A-10, AV-8, C-5, C-17, C-23, C-130)의 위협원인 분석한 것으로 다양한 위협원으로부터 피격된 것을 알 수 있다. 물론 이 자료에서 적 위협에 의해 피격된 55대 중 84%가 C-130, C-17과 같은 전술 수송기이고, F-15, F-16, F-18과 같은

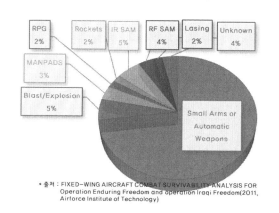

* 출처 : FIXED-WING AIRCRAFT COMBAT SURVIVABILITY ANALYSIS FOR Operation Enduring Freedom and operation Iraqi Freedom(2011, Airforce Institute of Technology)

전투기/공격기의 손실은 9대에 불과했다. 전투기 개발 목표 수립을 위한 생존성 분석결과로 위협의 인식과 위협에 대한 대응을 고려하여 위협에 대한 생존 확률($P_S$ ; Probability of Surviving Threat Encounters)이 산출된다. 또한, 전투기가 위협 목표를 공격 시 파괴를 일으키는 확률($P_H$ ; Probability of Hit, 피격 성공률 또는 $P_K$ ; Probability of Kill, 표적 파괴율)도 산출된다. 전투기 개발목표 설정이후 설계과정에서도 생존성 분석과 관련 위협, 민감성, 취약성 분석들은 지속적으로 갱신하여 최적화 된다. 생존성 분석을 통해 위협별로 대응을 위한 전투기의 성능, 특성 요구 수준을 설정한다.

위협에 대한 대응은 다음과 같은 방안을 고려할 수 있다.

1. 민감성 최소화(탐지/추적 가능성 최소화)
   - 레이다반사면적(RCS) 최소화
   - 적외선(IR) 발생 최소화
   - 시각적 피탐성 최소화
   - 음향소음 최소화

2. 수동적 임무 대응 강화
   - 이중화(Redundancy)/분리 배치(Separation)
   - 손상여부 확보(Damage Tolerance)
   - 고장 지연(Delayed Failure)
   - 누설 제압 및 통제(Leakage Suppression/Control)
   - 고장 안전 반응(Fail Safe Response)
   - 마스킹(Masking)/장갑(Armor)/기하학적 구조 설계
   - 생화학/핵무기 위협에 대한 대응

3. 능동적 임무 대응 강화
   - 기동성능 강화에 의한 탐지 및 추적을 회피하거나 위협지역을 이탈
   - 전자전대응(ECM ; Electronic Countermeasure) 및 위협탐지 능력 강화
   - 전자기, 레이저와 같은 지향성에너지 위협 대응
   - 채프(Chaff), 플래어(Flare), 미끼(Decoy), 연무(Aerosols)와 같은 대응체계 구비
   - 지형추적/지형회피 기능 구현
   - 전술 개발

이러한 생존성을 확보하기 위한 방안들은 개발목표를 수립한 후 개발단계에서 구체화되고, 절충연구(Trade-off Study)를 통해 비용-일정-성능 간의 최적화를 수행한다. 어떤 생존성을 확보하기 위한 방안을 적용하더라도 그것은 크게 두가지 방향으로 진행된다.

1. 전투임무효과를 증가시키기 위한 생존성을 강화방안을 조기 식별하여 체계통합 하는 것
2. 손상이 발생하여 항공기가 회복 불가능한 상황에서 체계의 성능이 천천히 저하되어 조종사가 탈출을 할 수 있는 기회를 제공하기 위한 내구성을 강화하는 것

생존성 확보방안의 체계통합　　　조종사 생존성 확보를 위한 내구성 강화

■ 생존성 분석결과의 활용

생존성 분석은 전투기 개발목표 수립 중 생존성 목표를 달성하기 위한 기반을 제공한다. 위협분석, 민감성 분석, 취약성 분석을 기반으로 수행되는 생존성 분석결과는 전투기 체계의 생존성 개발 목표를 설정되며, 각 설계요소별 요구도로 할당된다. 할당된 생존성 요구 목표는 민감성 및 취약성 요구 목표로 할당된다. 예를 들어 민감성 요구는 전투기 체계수준의 피탐률($P_D$ ; Probability of Detectability)을 목표를 형상 설계, 소재, 기동 및 비행성능, 저피탐 기술 적용 등으로 요소별 목표가 수립된다.

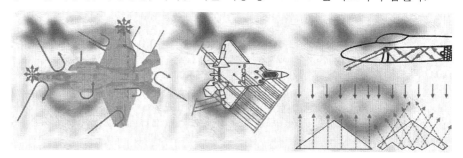

또한, 적의 위협으로 부터 피격 시 생존 가능성을 높이기 위해 구조의 보강, 이중화, 화재방지 및 소화체계, 관통탄에 의한 수압 램(HRAM ; Hydrodynamic Ram)을 고려한 연료 탱크 설계 등 취약성 보완 목표도 수립된다.

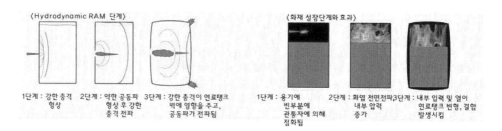

생존성 분석을 수행하는 절차는 임무, 위협 교전, 체계수준으로 계층적으로 수행되며 분석된 결과를 반복적으로 갱신하며 최적화한다. 체계수준에서는 전투기의 위협 대상, 민감성 특성, 기동성능, 임무묘사도, 대응체계, 기체구조, 재질 등을 산출하여 분석에 반영한다. 위협 교전 수준에서는 시스템수준의 분석결과를 바탕으로 위협노출 생존성, 탐지 가능성 분석, 공격 성공률 분석을 수행한다. 임무수준에서는 위협 교전 수준에서의 분석을 통해 쏘티 당 생존 가능성, 쏘티 당 위협노출을 분석한다.

또한, 생존성 분석결과를 통해 위협의 치명성과 위협에 대한 대응책 또는 회피전술을 사용자에게 제시한다. 생존성 분석의 결과는 가용성 분석(RAM 분석)과 전투임무효과분석, 소요분석에 다시 활용된다. 예를 들어 위협에 대한 생존율과 평시 사고로 인한 비전투 손실율을 고려하면 예상되는 전투효과를 얻기 위한 전투기 소요의 규모를 예측할 수 있다.

생존성 분석에 무엇보다도 중요한 것은 위협분석의 정확성이며, 이를 위해 위협에 대한 정확한 정보가 요구된다. 또한 생존성에 대한 개발목표를 설정할 때에는 위협에 대한 균형적인 목표를 설정하는 것이 중요한다. 예를 들어 밀집된 레이더망과 적외선 무기들 속에서 작전을 수행해야하는 스텔스 수준의 전투기 요구를 충족하기 위해서는 많은 비용, 일정, 기술이 요구된다. 하지만, 생존성 확보 가능한 임무지역 또는 위협이 낮아진 상태에서 작전을 수행하는 전투기를 대상으로 매우 높은 수준의 요구를 설정하는 것은 비용 대 효과 측면에서 불합리하다고 할 수 있다. 이러한 경우 요구 성능을 절충(Trade-off)하여 성능과 비용을 조정할 필요가 있다. 세부적인 생존성 분석과 관련된 절차는 MIL-HDBK-336을 참고하기 바란다. 항공기 생존성 관련 최신정보는 JAS(Joint Aircraft Survivability Program, http://jasp-online.org/) 홈페이지를 참고하길 추천한다.

※ TMI : MIL-HDBK-336 항공기 생존성 분석 핸드북
　　　　(Survivability, Aircraft, Nonnuclear General Criteria, 1982)
　항공기의 비핵에 대한 생존성 분석 관련 미국방부의 지침을 담고 있다. 매우 오래된 생존성 분석 관련 지침이지만, 현재도 활용되고 있으며, 기본적인 군용 항공기 생존성 설계 관련 요구도와 평가에 대한 방법론을 제시하고 있다. 총 4권으로 되어 있는데, 1~3권은 일반 공개되어 있지만, 4권은 생존성 분석에 필요한 비밀로 지정된 기준들이 포함되어 있기 때문에 비공개 되어 있다.

### ▒ 스텔스(Stealth)라고 하는 용어의 이해

일명 스텔스라고 부르는 저피탐(레이다반사면적 감소) 기술은 정성적인 카테고리를 가지고 있다. 항공기 레이다반사면적(RADAR Cross Section) 수준에 대한 공식적으로 기준은 없다. 일반적으로 대중에게 알려진 LO급 RCS가 0.01㎡ 수준이라는 것은 공식적인 정의가 아니다. 왜냐하면 각 국가는 RCS 관련 기술 및 표준은 기밀사항으로 취급하기 때문이며, RCS는 동일한 항공기 에서도 항공기 자세(정면, 측면, 배면, 후면 등등)에 적용 주파수 등에 따라 달라지는 값이기 때문이다.

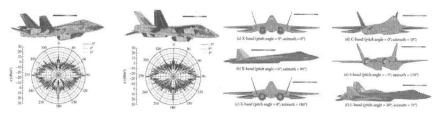

\* 출처 : Numerical Simulation of RCS for Carrier Electronic Warfare Airplanes(Chinese Journal of Aeronautics, 2015)

\* 출처 : Integration Analysis of Conceptual Design and Stealth-Aerodynamic Characteristics of Combat Aircraft(Journal of Aerospace Technology and Management, 2016)

항공기 체계수준에서는 각각의 저피탐 기술을 적용하여 종합한 수준이 일정 기준을 넘으면 해당 등급의 항공기로 취급하고 있다. 일반적인 정성적인 저피탐의 수준에 따라 아래와 같이 분류하고 있다.

| 구 분 | 해당기준으로 취급되는 기종 |
|---|---|
| VLO(Very Low Observable) | F-22, F-35 |
| LO(Low Observable) | F-117 |
| RO(Reduced Observable) | F/A-18E/F |
| MIN(Minimum Treatment) | F-16 |
| Untreated | F-4, F-5 |

**(당연하게도 정확한 분류가 아닐 수 있다.)** 항공기 체계 수준에서 종합적으로 판단되는 기준이 아닌 각각의 저피탐 기술을 RO급 기술, LO급 기술로 취급하고 분류하는 기준은 있다. 일반적으로 분류는 기술은 아래와 같다.

- RO급 기술 : 경사형 쌍수직미익, 평면화 동체, 반사각 정렬, S형 엔진덕트, 반매립무장, 전도성 외부등, 매립형 안테나, 전도성 캐노피 등

- LO급 기술 : 전파흡수구조(RAS ; Radar Absorbing structures), 전파흡수소재(RAM ; Radar Absorbing Material), 전이소재(Material Transition), RCS 감소 프로브(Probe), 톱니모양(Saw-Tooth) 점검창, 내부무장창 등

# 전투임무효과 분석을 통한 개발목표 설정

전투임무효과 분석(Combat Mission Effectiveness Analysis)은 전투기의 전투능력이 어느 정도이어야 하는가에 대한 평가를 정량적으로 수행하기 위해 수행하는 분석이다. 전투임무효과분석은 개발될 항공기의 운용능력을 정량적으로 산출하여 현용전투기 대비 전투능력을 상대적 지수로 비교하기 위한 목적으로 주로 수행된다. 전투임무효과 분석은 공대공 전투임무효과 분석과 공대지 전투임무효과 분석으로 구분된다. 공대공 전투임무효과 분석은 아군 전투기가 적 전투기를 몇 대 파괴할 수 있는지(Blue Pk)와 아군 전투기가 전투 중 격추되는 대수(Red Pk) 간의 비율인 손실교환비(LER ; Loss Exchange Ratio)를 산출하고, 공대지 전투임무효과 분석은 전체 표적 개수 대비 파괴된 표적 숫자의 비율인 표적파괴율(Pk : Probability of Kill)로 산출된다. 전투임무효과 분석은 물리적, 수학적 모델을 통해 해당 무기체계를 대표하는 효과와 운용능력을 평가하는 모델링&시뮬레이션(M&S, Modeling & Simulation)을 활용한다. 전투기의 전투임무효과 분석에는 M&S할 수 있는 범용의 모델이 존재하지만, 미국 등 외국 모델의 경우는 Export License에 따라 제한되거나, 사용자에 따라 접근권한이 통제될 수 있다. 분석에 사용되는 모델은 전구 및 전쟁수준, 임무수준, 교전수준으로 구분된다.

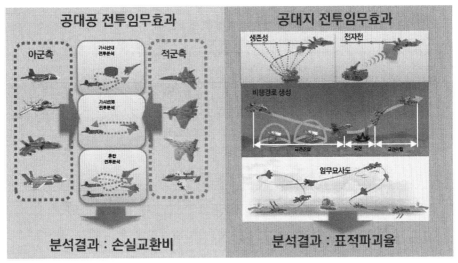

# 스텔스 항공기에 대한 인식의 전환

2-10

　우리가 흔히 스텔기(Stealth Aircraft)라고 부르는 것은 **전투기는 전파, 적외선, 시각, 음향의 민감성을 저감하여 피탐률을 낮게 요구하는 종합적인 관점의 수준(Level)**을 말한다. 전파에 대한 특징(Signature)에 대해서도 낮은 레이다반사면적(RCS)을 포함한 낮은 레이다 피탐률을 가진 수동적인 특성과 낮은 확률의 피탐지율을 가지는 레이다, 전파방사장비, 레이저와 같은 방사 통제를 능동적으로 수행하는 능력을 포함한 총체적인 성능을 모두 가져야 한다. 하지만, 스텔기를 흔히 낮은 레이다반사면적을 가진 전투기로 인식되는 경우가 많으며, 이에 따라 낮은 레이다반사면적을 가진 전투기가 최신이고, 최고의 전투기로 인식되는 경우가 많다. 레이다반사면적(RCS)은 물체에 입사된 전파와 반사되는 전파의 전기장 크기의 비로서 아래의 그림에서처럼 RCS가 클수록 반사되는 전력이 커져 레이다에 탐지될 확률이 커진다. RCS를 저감하는 기술은 형상설계부터 전파흡수물질 적용까지 매우 다양하며, 각각의 요소가 적용되면 일정 정도 효과가 있으며, 이 효과의 합이 요구되는 수준이상이 되어야 수동적인 스텔스 능력을 갖게 되었다고 이야기 할 수 있다. 반대로 RCS 저감 도료를 적용하는 것과 같은 하나의 RCS 저감기술을 적용했다고 스텔스 성능을 갖는 건 아니다.

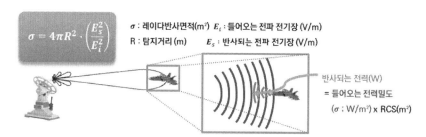

$$\sigma = 4\pi R^2 \cdot \left(\frac{E_s^2}{E_i^2}\right)$$

$\sigma$ : 레이다반사면적(m²)　$E_i$ : 들어오는 전파 전기장 (V/m)

R : 탐지거리 (m)　　　　$E_s$ : 반사되는 전파 전기장 (V/m)

반사되는 전력(W)

= 들어오는 전력밀도

($\sigma$ : W/m²) x RCS(m²)

　유로파이터(Eurofighter)에 RCS 저감기술이 상당히 많이 적용되었음에도 불구하고, 유로 파이터를 스텔스기로 분류하지 않는다. 단순 RCS 저감기술이 적용되는 것이 중요한 것이 아니라, 설계목표에 따른 민감성과 RCS 저감 목표를 할당하고, 항공기체계 설계 전반 에 각 요소가 RCS 저감능력에 기여하도록 해야 한다.

또한, 이를 위해서 RCS 저감 능력과 같은 수동적인 특성을 갖게 함과 동시에 레이더나 레이저 장비와 같은 임무장비들도 낮은 탐지율을 갖는 능동적인 특성을 갖도록 해야 진정한 스텔스기의 성능 수준을 충족할 수 있다.

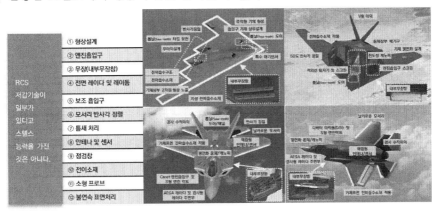

위의 스텔스기들은 모두 적외선(IR)에 대한 생존성 향상을 위해 각각 적외선 발생원을 저감하는 기술이 적용되었다는 사실에서 앞서 언급한 전투기체계 차원의 생존성 분석을 통해 체계 수준의 생존성을 확보하기 위한 목표를 설정하고, 하위 체계로 할당하고, 이를 달성 하기 위해 노력을 기울였다는 점을 이해해야 한다. 또한, 스텔스기 수준의 요구를 가지지 않는 전투기의 경우, RCS 저감기술을 많이 적용해서 최대한 RCS를 감소시키는 것이 생존성 측면에서 유리하겠으나, 한두가지의 기능을 더 구현한다는 것이 생존성 향상에 지대한 영향을 미치는 것은 아님도 이해해야 한다. 스텔스기를 탐지 및 추적하는 지상 레이다의 등장 등 새로운 위협이 생겨남에 따라 앞으로의 전파 관점의 민감성 및 생존성 확보 방안을 고민할 필요가 있다.

또한, 전투기는 종류와 목적에 따라 어느 수준의 레이다반사면적을 저감할 수 있는 기술을 적용해야 하는지 판단해볼 필요가 있다. 모든 항공기가 밀집된 전파망을 뚫고 임무를 수행할 필요는 없으며, 모든 전투기가 High급으로 구성할 필요는 더구나 없다. 스텔스 수준의 전투기 요구를 충족하기 위해서는 많은 비용, 일정, 기술이 소요된다. 전투기는 운용개념 및 임무묘사도, 노출가능한 위협수준을 고려하여 개발목표를 설정해야 하는 것이다. 따라서 전투기 개발 시 저피탐 기술 적용 및 수준결정은 각종 분석을 통해 균형 있고, 종합적인 관련에서 명확한 개발목표를 수립해는 것이 전투기 개발 프로젝트 관리의 핵심 중 하나라고 하겠다.

전구/전쟁수준 모델은 Thunder/Storm 모델이 대표적이다. 미 공군이 최초 개발한 모델로 공군 작전 및 지상전 모의가 가능하다. 임무수준 모델은 EADSIM(Extended Air Defense Simulation) 모델이 대표적이다. 방공체계, 전술미사일을 포함한 공중작전, C3I(Command, Control, Communication & Intelligence) 등의 대안평가와 분석을 위한 도구로 그래픽으로 묘사하여 효율적인 분석을 할 수 있다.

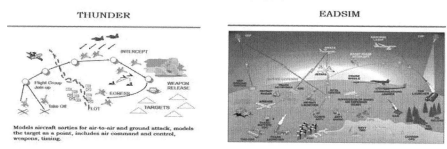

교전수준 모델은 Tac Brawler, COBRA, ESAM(Enhanced Surface-to-Air Missile), Suppressor, SILVE, JOUST, ARTEMIS, MSA, QE 등이 있다. 항공기간 교전 분석을 위한 모델들로 소수 편대 간의 교전 분석을 할 수 있다. 각각의 모델을 위해서 형상, 비행성능, 임무성능, 취약성정보 등의 입력데이터가 필요하다.

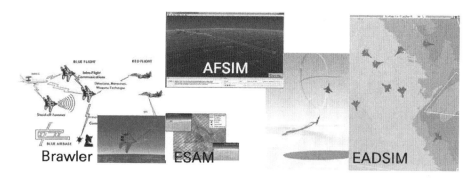

전투임무효과를 분석하려면, 임무묘사도를 근간으로 교전모의를 위한 시나리오를 생성해야 하며, 분석에 필요한 비교대상의 전투기, 센서, 위협, 표적, 무장 등의 정보가 필요하다. 전투임무효과 분석 시 가장 중요한 과정은 분석할 임무와 임무별 시나리오는 생성하고, 입력될 정보를 수집하는 과정이다. 당연하지만, 입력정보가 정확할수록 신뢰성 높은 결과를 얻게 된다. 동일한 데이터를 입력하더라도 교전규칙과 전투 시나리오에 따라 다른 결과를 얻게 된다. 입력 정보와 함께 입력되는 중요한 것이 교전규칙이다.

실제로 전투임무효과 분석의 소요시간 중 대부분은 교전규칙과 전투시나리오를 최적화하는데 소요된다. 가능한 많고, 다양한 교전규칙과 전투시나리오를 생성하여 비교분석 및 시험을 수행하고, 사용자가 참여하여 실제화 함으로서 분석결과의 신뢰성을 높일 수 있다. 교전규칙은 개별 전투기별로 사용하는 미사일 형식과 수량, 접근하는 항공기를 표적으로 인식하는 방식, 중거리/근거리 교전 전환, 조기경보기 등 지원체계 유무 등을 결정해야 한다.

전투임무효과 분석을 통해 전투기 체계에 대한 성능 비교는 물론이고, 무장체계, 임무체계, 생존성 체계 등의 성능요구와 효과를 비교할 수 있게 된다. 예를 들어 "개발될 항공기는 F-16보다 0.0배 좋다.", "무장 및 레이다 성능개량으로 공대공 능력이 0.0배 좋아졌다.", "전자전체계 성능을 00으로 높이면 생존성이 0.0배 좋아진다." 라는 식의 비교가 가능하다.

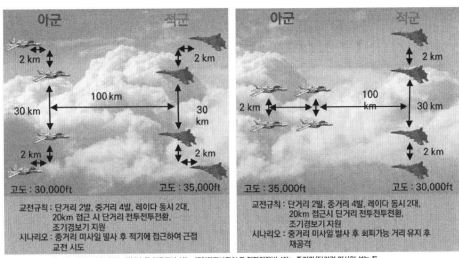

입력정보 : 비행성능 및 피탐성 관련 정보, 레이다 등 임무장비 성능, 레이다경보장치 등 전자전장비 성능, 중거리/단거리 미사일 성능 등
교전규칙 : 개별 전투기별로 사용하는 미사일 형식과 수량, 적 항공기를 표적으로 인식하는 방식, 중거리/근거리 교전 전환, 조기경보기 등 지원체계 유무 등
전투시나리오 : 제공/방공 등 임무별 접근, 교전, 이탈 등 시나리오 명시

| 교전시나리오 | 위협 | 분석결과(손실교환비 상대지수) | | |
|---|---|---|---|---|
| 시나리오1 | 적기A | 비교대상 전투기 | 분석대상 전투기 | |
| | 적기B | 비교대상 전투기 | 분석대상 전투기 | |
| 시나리오2 | 적기A | 비교대상 전투기 | 분석대상 전투기 | |
| | 적기B | 비교대상 전투기 | 분석대상 전투기 | |
| 종합 | | 비교대상 전투기 1 | 분석대상 전투기 1.8 | |

공대공 분석 시 비행성능 및 피탐성 관련 정보, 레이다 등 임무장비 성능, 레이다경보장치 등 전자전장비 성능, 중거리/단거리 미사일 성능과 같은 데이터가 입력되며, 교전규칙과 전투 시나리오 중요가 중요하다. 공대공 시나리오는 가시선내(Within Visual Range) 전투, 가시선외 (Beyond Visual Range) 전투, 혼합(Mixed) 전투 분석을 각각 수행한다. 분석대상 전투기와 비교대상 전투기를 동일한 시나리오로 시뮬레이션하여 결과 값을 비교할 수 있다. 시뮬레이션의 입력변수의 특정 값에 대한 영향성도 같이 분석한다. 예를 들어 아래의 예시의 경우 분석대상 전투기가 비교 대상 전투기보다 1.8배 우수한 손실교환비를 얻었다고 분석되면, 기동성, 무장 등 어떤 요인이 영향을 끼쳤는지 각 입력변수를 변경하면 영향성을 판단할 수 있다.

공대지 분석 시에도 유사하게 임무별 무장 및 센서 성능, 전자전 능력, 항법 능력 등 주요 정보를 반영하고, 임무묘사도와 함께 가상의 전장 정보를 구성하여 분석을 수행한다. 공대지 분석 시에도 사용하는 공대지 무장 형식 및 수량, 적기와 조우 시 처리방안, 공중통제기나 데이터링크 지원 여부 등 교전규칙을 명시한다. 분석결과는 다음의 예시와 같은 경우 비교대상 전투기 대비 분석대상의 전투기가 2배(4:2) 우수하다고 분석될 수 있다. 공대공 분석과 마찬가지로 어떤 능력이 표적 파괴률에 영향을 많이 끼치는지, 어떤 성능을 갖추어야 하는지도 분석될 수 있다.

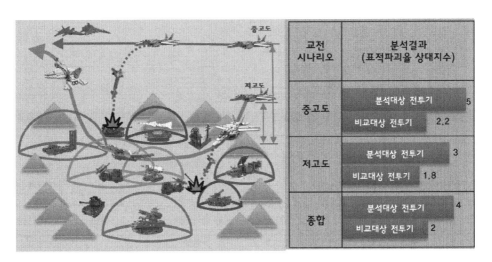

| 교전<br>시나리오 | 분석결과<br>(표적파괴율 상대지수) | |
|---|---|---|
| 중고도 | 분석대상 전투기 | 5 |
| | 비교대상 전투기 | 2.2 |
| 저고도 | 분석대상 전투기 | 3 |
| | 비교대상 전투기 | 1.8 |
| 종합 | 분석대상 전투기 | 4 |
| | 비교대상 전투기 | 2 |

전투임무효과 분석의 결과는 무장의 선정, 임무성능 목표를 선정하는데 사용된다. 전투 임무효과 분석 시 입력된 데이터는 개발할 항공기의 목표성능으로 설정하거나, 구매할 항공기, 무장, 임무장비의 성능을 입력하여 그 효과를 확인하거나, 목표성능을 조정하는데 활용할 수 있다. 전투임무효과 분석결과를 통해 무장의 선정하는 것은 매우 중요한 의미를 가진다. 전투기의 궁극적인 목적은 무장을 운용하는 것이며, 무장에 의해서 전투효과가 발휘되기 때문이다. 무장의 선정은 전투기의 전투능력을 결정짓는 요소이기도 하지만, 무장과 무장 조합의 증가는 비행시험 형상의 증가로 이어지며, 이는 개발기간의 증가로 연결되어 개발비 증가의 원인이 된다. 이에 따라 무장선정과 무장조합의 최적화가 필요하다.

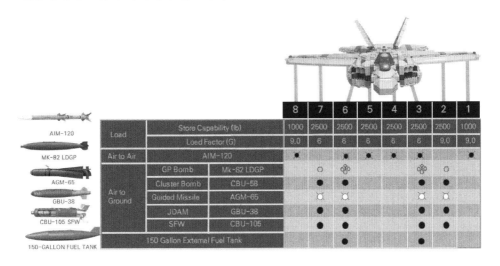

무장 선정과 무장조합의 최적화를 위해서는 객관적이고, 정략적인 분석을 통해서 임무별로 최적의 조합이 어떤 것인지에 대한 분석을 수행하여 어떤 임무에는 어떤 무장조합이 최적 인지 도출할 수 있게 된다. 예를 들어 아래와 같이 근접항공지원임무에서 **임무효과 지수**(EI ; Effectiveness Index)가 가장 높은 조합이 명확하다면, 무장조합을 결정해야 하는 프로젝트 관리자가 합리적 의사결정을 할 수 있도록 해준다.

| 근접항공지원(CAS) 임무 | | 임무 효과 지수(EI) |
|---|---|---|
| (2)AIM-9 + (6) MK-82 + (2)150G Tank | 170 NM | |
| (2)AIM-9 + (4) MK-82 + (2)150G Tank | 190 NM | |
| (2)AIM-9 + (2) AGM-65 + (3)150G Tank | 220 NM | |
| (2)AIM-9 + (2) AGM-65 + (1)300G Tank | 210 NM | |

또한, 전투 임무효과분석 결과는 적보다 우위를 가진 위치에서 무장을 운용하기 위한 탐지-식별-추적해야 하는 거리를 기준으로 센서들의 능력을 선정할 수 있도록 센서들의 목표성능을 설정하는데 활용될 수 있다. 이러한 방식으로 전투임무효과 분석의 결과는 전투기의 목표성능을 결정하는 요소들을 결정하는데 사용될 수 있으며, 목표성능 뿐만 아니라 임무 묘사도를 최적화하는데 활용될 수 있다. 이 분석결과는 시장분석(동일효과 대비 전력규모분석, 비용 대 효과분석), 생존성분석, 소요분석에 반영되며, 다른 분석결과와 함께 전투기 개발목표를 구체화하는 순환을 통해 최적화 과정에 활용된다. 전투임무효과 분석결과에 따라 전투기에 요구되는 전투능력에 대한 검토가 되었다면, 전투기가 실제로 얼마나 가용할 수 있는지에 대한 검토를 수행한다. 전투기는 단독으로 전투력을 발휘하기도 하지만, 기본적으로는 편대, 집단군과 같은 집단으로 전투력을 발휘하고, 전투임무효과 분석에서도 이러한 전투력을 분석한다. 전투임무효과는 앞에서 설명한 것과 같이 M&S를 통한 가상으로 일정한 규칙과 시나리오를 기반으로 전투시험을 수행한 것이다. 현실 세계에서는 전투나 전쟁이 반드시 미리 예고하고 발생하는 것이 아니기 때문에 실제로 얼마나 가용할 수 있는지를 검토하여 전투기가 얼마나 필요할지를 산출해야 한다. 이에 따라 전투기의 가용성(Availability)에 관한 검토가 필요하다.

# RAM분석을 통한 가용성 목표설정

가용성(Availability)을 산출하기 위해서는 **신뢰성**(Reliability), **정비성**(Maintainability)과 관련한 개념을 이해할 필요가 있다. 먼저, 전투기의 **가용성**은 기본적으로 전투기에 연료, 오일 등 소모되는 물자나 서비싱, 정비 등으로 인한 **군수지원요소**와 결함발생 등으로 인한 **비계획정비**, 결함을 예방하기 위한 **계획정비요소**를 종합하여 산출된다. 이때 **결함 발생** 등으로 인한 비계획 정비의 소요는 고장발생 빈도를 결정짓는 **신뢰성에 의해서 결정**된다. 그리고 결함을 사전에 방지하기 위한 예방정비개념인 계획정비와 불특정요소에 의해서 비계획적으로 발생하는 결함을 정상상태로 복원하기 위한 정비 행위를 얼마나 빨리 쉽게 정비할 수 있는지를 결정하는 것이 **정비성**이다. 이를 종합하면 전투력을 발휘하기 위한 가용성을 높이기 위해서는 결함이 나지 않게 하는 신뢰성이 높아야 하고, 결함이 나더라도 빠른 시간 내에 복구할 수 있는 정비성도 높아야 한다는 것을 알 수 있다. 일반적으로 **신뢰성**(Reliability), **가용성**(Availability), **정비성**(Maintainability)을 포함하여 RAM이라고 통칭해서 개념적으로 같이 가져가는 것은 이러한 이유이다. 다만, 신뢰성, 가용성, 정비성을 높이기 위해서 반드시 자원(예산, 돈)이 필요하다. 그래서 **할당된 자원에 따라 RAM은 적정한 목표 값을 산정하고, 이에 따라 적정한 수준으로 개발해야 할 필요**가 있다.

RAM 목표 값을 높이려고 하면 왜 자원이 추가로 소요되는지 알아보자. RAM에서 가장 중요한 요소는 신뢰성이다. 신뢰성이 높으면 결함이 발생할 가능성이 낮기 때문에 비계획 정비 필요성도 줄어든다. 정비행위의 필요성이 줄어들면서 가용성도 높아지게 된다. 다만, 높은 신뢰성을 얻기 위해서는 많은 비용이 수반된다. 예를 들어 흔히 접하는 PC나 스마트폰에 들어가는 부품 중 전원의 품질과 시스템의 수명을 좌우하는 요소가 축전기(Capacitor, 캐패시터 또는 Condenser, 콘덴서)이다. 거의 모든 전자제품이 들어간다고 해도 과언이 아니다. 축전기는 품질과 성능에 따라 10~100,000원까지 다양한 가격을 가지고 있으며, 당연하게도 품질과 성능이 뛰어날수록 가격이 높다. 결함이 나타나게 되는 빈도를 일반적으로 MTBF(Mean Time Between Failure)로 표현하는데 MTBF 100시간인 부품과 8,000시간인 부품이 각각 100원과 1,000원 이라고 가정해보자. 요구되는 수명이 16,000시간일 경우 총비용을 산출해보면, MTBF 100시간인 부품은 160번 결함이 발생하고, 수리하는 공임을 제외하고도 부품비용만 16,000원이 소요되며, MTBF 8,000시간인 부품은 2,000원이 소요된다. 신뢰성이 높으면 결함이 발생하지 않으면서 얻게 되는 이익이 매우 높음을 알 수 있다. 다만, 이러한 개념이 현실세계에서 이루어지지 않는 이유는 금액을 약간 수정해 보면 알 수 있다. 위의 예시의 비용이 각각 100억 원과 1,000억 원이라고 생각해보자. 100억 원인 부품의 총수명주기 비용(설계, 생산부터 폐기 시까지 비용)은 16,000억 원이 되고, 1,000억 원인 부품은 2,000억 원이 된다. 총수명주기 비용으로 보면 1,000억 원 짜리는 사야 하지만, 구매 시 동일 성능에 단순 구매비용만을 고려한다면, 100억 원 짜리를 구매하는 것이 타당해 보이기 때문이다.

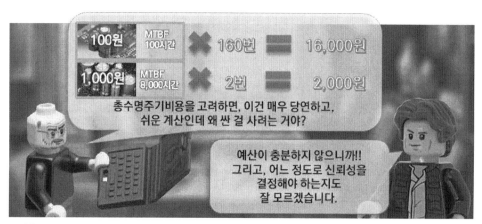

또한, 전투기를 비롯한 항공기는 작게는 수십만 개에서 크게는 수백만 개의 부품으로 구성된다. 이런 이유로 전체 체계(System) 차원에서 어느 정도의 신뢰성을 가지고, 어느 정도의 비용을 고려할 것인지에 대한 목표를 세우고, Top-Down 방식으로 요구도를 할당 후 검토 및 조정하는 순환 과정을 통해 적정한 수준을 수립하게 된다.

정비성을 높이기 위해서는 정비에 필요한 시간을 줄이기 위해 정비인력을 늘리거나, 체계설계에 정비성을 고려하는 요소를 많이 반영하느라 개발비가 올라가고, 필요한 시설, 정비 등 인프라를 구축하는데 비용이 증가할 수밖에 없다.

가용성을 높이기 위해서는 기본적으로 신뢰성과 정비성을 높이는 방식 외에 재고를 많이 가져가는 것을 고려할 수 있다. 다만, 재고 증가는 바로 비용으로 환산된다. 재고를 증가 시키기 위한 구매비용, 보관하기 위한 보관비용, 미사용에 대한 기회비용 등이 즉각적으로 발생하게 된다. 따라서 신뢰성, 가용성, 정비성은 비용과의 절충(Trade-off)를 통한 적정한 수준에서의 합의하는 과정이 필요하다. 이러한 과정에서 최종적으로 완성된 장비가 가지게 될 목표 신뢰성, 가용성, 정비성을 수립하고, 완성 장비를 구성하는 구성품들로 목표를 적절하게 분배하여 할당하는 것이 중요한 과정이다.

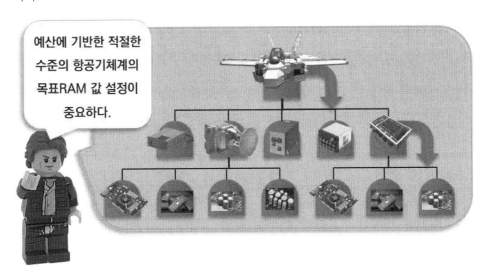

예산에 기반한 적절한 수준의 항공기체계의 목표RAM 값 설정이 중요하다.

# 시장 분석을 통한 비용효과비교 분석

시장분석(Market Analysis)은 방위산업 시장에서 개발될 항공기가 가격 경쟁력이 있는지를 분석 하는 과정이다. 전투기를 개발해서 내수용으로만 사용하고, 수출하지 않고도 운영유지비용이 적게 들도록 할 수 있으려면 엄청난 규모로 생산해야 한다. 항공기 운영 유지간 결함과 정비소요는 불가피하게 발생한다. 전투기와 같은 항공기는 일반적으로 도입 후 20~30년간 운영되고, 고장이 특정 부품만 발생하는 것이 아니기 때문에 다품종의 수리부품을 공급하는 공장설비를 유지하는 것이 어렵고 비용이 많이 소모된다. 이에 대한 최선의 대안이 시장의 확대이며, 가장 좋은 방법이 수출이다. 수출이 필요하다면, 그 첫 단계는 수출할 수 있는지 가능성을 판단하는 것이며, 이를 위해서는 어느 정도의 성능을 가진 항공기를 만들면 어느 정도 수출할 수 있는지를 판단하기 위한 분석이 필요하다. 즉, 시장분석은 방산시장 경쟁력을 분석하는 것이다. 시장분석을 위해서는 경쟁기종과 위협이 되는 전투기들을 식별하고, 이에 대한 정보를 수집하는 것부터 시작된다. 검토대상은 기 개발된 것은 물론 개발 중인 대상도 포함된다. 각 기종의 성능과 기능이 식별되면 각 항공기를 대상으로 전투임무효과 분석 등을 통해 임무 수행 시 산출되는 효과와 개발될 항공기가 동일한 효과를 발휘할 수 있는 상대적 전력규모를 분석한다. 동일효과 대비 전력 규모와 비용평가를 종합하면 각 기종별로 임무성능 대비 소요되는 총 비용을 산출할 수 있게 된다. 최종적으로 어느 정도의 비용과 성능을 가진 항공기를 만들어야 하는지 판단할 수 있다.

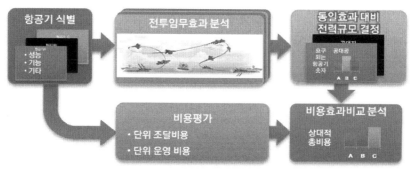

| 구분 | | Fighter A | Fighter B | Fighter C | Fighter D |
|---|---|---|---|---|---|
| 형상 | | | | | |
| 제작 시기 | 제조국 / 제작사 | 미국 / A사 | 미국 / B사 | 유럽 / C사 | 중국 / D사 |
| | 최초 양산시점 | 1999 | 2007 | 2003 | 2001 |
| 제원 | 길이/폭/높이 (ft) | 60 / 45 / 16 | 50 / 33 / 17 | 53 / 36 / 17 | 50 / 36 / 18 |
| 중량 | 내부연료량/유상하중 (lb) | 15,000 / 17,800 | 7,000 / 17,000 | 10,000 / 17,000 | 10,000 / 21,000 |
| | 최대이륙중량 (lb) | 66,000 | 52,000 | 52,000 | 54,000 |
| 면적 | 날개면적 (ft²) | 500 | 300 | 540 | 500 |
| 추력 | Maximum 추력 (lb) | 2x 22,000 (쌍발) | 32,500 (단발) | 2 x 20,000 (쌍발) | 2 x 17,000 (쌍발) |
| 성능 | 추력 대 중량비 (Air-to-Air / 60% 내부연료) | 1.1 | 1.3 | 1.1 | 1.15 |
| | 설계하중 (G) | -3 ~ +7.6 | -3 ~ +9 | -3 ~ +9 | -3 ~ +9 |
| | 최대속도 (Mach) | 1.6 | 2.0 | 2.0 | 1.8 |
| | 최대 상승률 (@해면고도, FPM) | 45,000 이상 | 50,000 이상 | 62,000 이상 | 60,000 이상 |
| 수출실적 | | • 2,500여대 | • 30여대 | • 40여대 | • 120여대 |
| 추정 구매가격 | | • 800억 | • 1,200억 | • 1,300억 | • 1,100억 |
| 추정 총수명비용 | | • 2,400억 | • 4,000억 | • 4,200억 | • 3,500억 |
| 공대공 임무효과분석 | | 1.6 | 2 | 1.2 | 1 |
| 공대지(CAS) 임무효과분석 | | 1.8 | 2 | 1.5 | 1.7 |
| 공대지(INT) 임무효과분석 | | 2 | 2.4 | 1.7 | 2 |
| 동일효과 대비 전력 | | 1 | 0.84 | 1.42 | 1.2 |
| 비용효과 분석 | | 3,200 | 6,163 | 3,870 | 3,833 |

예를 들어 위와 같이 시장분석이 된 경우 프로젝트 관리자는 성능은 낮지만 싸게 많이 만들어서 대응할지, 성능이 좋고 비싼 것을 적게 만들지, 또는 어떤 성능에 주목할지 등을 판단한다. 전투기 A는 전투기 B보다 성능 및 공대공/공대지 임무효과분석 상의 지표가 열세이지만, 동일효과 대비 전력상으로 보면 1 : 0.83(50대 vs 42대)의 비율로 전력을 맞추면 대응이 된다고 판단할 수 있다. 또한, 비용효과로 보면 전투기 A는 전투기 B에 비해 절반 정도의 비용 밖에 소요되지 않는다. 본 예시는 동일효과 대비 전력을 공대공과 공대지 임무를 단순하게 정규화 하여 적용하였으나, 공대공과 공대지 임무비중을 달리 산정하면 다른 결과를 얻게 되므로 어떤 목적으로 활용할지도 판단해야 한다. 본 예시는 개발된 전투기로 비교했으나, 개발항공기의 경우도 개발목표 성능을 기반으로 M&S 등을 통해 분석을 수행한다. 좋은 결과를 얻기 위해서 자료의 정확성과 신뢰성이 중요하며, 이는 국가의 정보와 분석능력을 기반으로 한다. 반대로 그 능력이 낮다면, 좋은 결과를 제시할 수 없어 올바른 판단을 저해할 수 있다.

# 소요분석을 통한 적정 요구전력규모 산출

2-14

소요분석(물량분석, Quantity Analysis)은 큰 틀에서 필요한 전력(전투기)을 어떻게 구축할지에 대한 계획을 수립하기 위한 분석이다. 이는 연도별 가용전력을 분석하고, 가용한 자원을 기반으로 어떠한 전력을 언제까지 구축할지를 결정하는 것이다. 미국과 같은 나라는 위협과 정세분석을 통해 어떤 정도로 전력을 구축할지를 수준을 정하는 체계적이고, 정량적으로 판단할 시스템을 갖추고 있는 것으로 알려져 있다. 중요한 것은 아래와 같이 정세 및 위협은 냉전시대와 현대의 그것이 다르고, 미래예측에 따라 체계적으로 전력을 조정해야 한다는 것이다. 위협 및 정세 분석을 하지 않더라도 가용 항공 전력의 적정수준을 파악하는 분석 만이라도 수행한다면, 요구되는 전력에 대한 충분한 판단은 가능하다. 가장 중요한 분석은 가용한 항공 전력을 어떻게 판단하고 있는지, 적정 수준이 어느 정도 규모인지를 판단해서 긴급히 보강이 요구되는 경우 적정한 전력을 구매하고, 장기적 관점에서 군사력 건설이 필요한 경우 연구개발을 통해 전력을 충당하도록 하는 큰 그림을 잘 그려야 한다는 것이다.

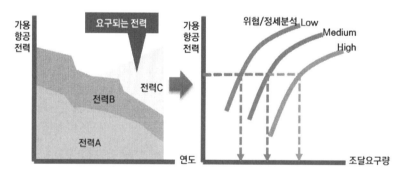

연구개발의 경우는 연구개발이 소요되는 시간과 비용, 개발 후 양산에 필요한 시간과 전력이 충원되는 규모를 판단할 수 있는 분석결과가 요구된다. 소요분석은 국가 차원의 정치적 목표를 위한 우선순위와 육군, 해군, 공군 간 합동 전력의 균형적인 판단과 군사력 건설 뿐만 아니라 사회 경제적인 파급효과, 방위산업 육성 측면을 종합적으로 판단되는 과정이므로 단순하게 이해하기는 어려운 부분이 있다.

# 각종 분석들 간의 관계를 알아보자

앞에서 운용개념과 시나리오 설정부터 시작되는 시장, 소요, 위협, 생존성, 민감성, 취약성, 전투임무효과, 가용성(RAM) 분석을 통해 항공기 개발목표를 어떻게 설정하는지를 살펴봤다. 이제부터는 개발목표가 어떻게 조정/통제되는지 전체적인 관점으로 과정을 이해할 필요가 있다. 앞에서 설명한 각 분석들 간에는 상호 관계가 있다. 주목할 점은 각 분석들의 결과는 정량적으로 산출된다는 것이다. 정량적으로 산출된다는 것은 다른 분석들과 정량적인 상관관계를 가지고 있다는 것을 의미한다. 다만, 많은 학자들은 정량적인 상관관계를 보다 정확하고, 정밀하게 수행하기 위한 많은 방법론을 제시하지만, 분석이라는 것은 태생적으로 추정한다는 점에서 완전한 정답을 가지기 어렵다. 따라서 여기에서는 **각 분석들의 관계는 단순모델을 통해서 쉽게 이해**해 볼 수 있다. 각종 분석들은 아래와 같은 관계를 가지고 있다. 큰 틀에서 전투기를 만드는 근본 원인인 위협이 무엇인지 분석하고, 위협에 대응하기 위한 적정 자원을 산출해 대응방안을 모색한다. 전투기가 무기체계로써 효과를 발휘하기 위해 전투기의 생존성이 확보되어야 하고, 필요한 시점에 가용해야 하며, 단독으로 효과를 발휘하는 것이 아니기 때문에 적정 규모를 산출해서 전투 임무효과를 어느 정도로 발휘할 수 있을지를 산출하는 분석과정을 순환하면서 요구되는 전투기의 개발목표를 최적화하는 것이다. 개발목표는 가용한 예산(돈)에 통제되며, 각각의 분석 과정에서도 적정한 소요자원 수준으로 결정된다.

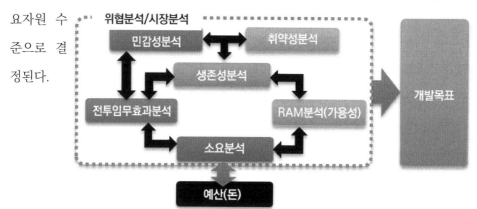

앞에서 설명한 분석들 간의 관계를 단순모델로 이해해보자. 초기 소요분석으로 40 대 규모의 전투기를 기준으로 가동률 80%, 생존율 75%, 공대공 손실대교환비 2를 목표로 설정했다고 가정해보자. 이 경우 전투에 사용한 전투기는 가동율에 따라 32 대를 사용할 수 있고, 전투에 임했을 때 75%가 생존해 24대가 전투력을 발휘할 수 있다. 24대가 전투 후 적기 48대를 격추했고, 아군측과 적군측의 해당 전투력을 유지하는 총수명주기비용의 상대비용이 0.7배라고 하면, 이를 통해 해당 전투효과를 발휘하는데 소요된 기회비용 또는 동일효과 대비 비용을 산출할 수 있다. 이 분석결과에 따라 상대적인 비용 대 효과를 비교할 수 있게 되며, 분석결과의 여유분은 다시 개발목표의 성능, 생존성, 가용성 등과 비용 간의 절충(Trade-off)를 통해 조정하는데 사용되며, 이 과정을 반복하면 최적화할 수 있게 된다.

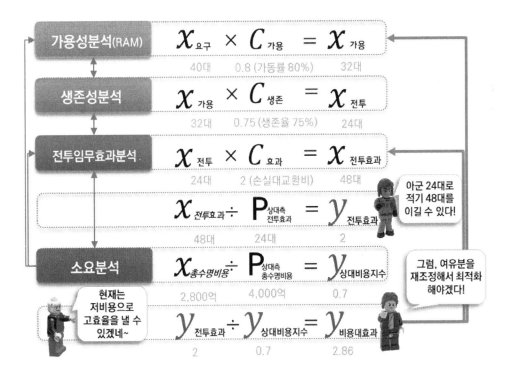

이런 반복적이고 순환적인 분석을 통해 어느 정도 성능에 어느 정도 규모의 전투기를 만들어야 하는지를 판단하게 된다. 위의 과정은 단순하기도 하고, 당연해 보이기도 하지만, 이는 현실적인 제약으로 많은 가정사항, 예측들이 사용되기 때문에 이러한 요소들을 고려하여 합리적인 판단의 도구 중 하나로만 활용되는 것이 타당하겠다.

여기에서는 초기의 항공기 개발목표를 어떻게 수립하는지는 설명하지 않았다. 왜냐하면 이러한 분석을 수행하기 위해서는 다양하고 정확한 적성(위협)정보, M&S 시 분석 능력, 다수의 다양한 체계개발 경험, 방산시장 및 세계시장 동향분석, 다양한 무기체계 정보가 필요하기 때문이다. 이러한 정보들은 대부분은 민감성 정보를 포함하고 있거나, 국가와 기관마다 능력이 차이가 나며, 정보의 유통이 원활하지 않기 때문이다. 이러한 제한사항이 있더라도 많은 분석을 통해 적정 수준의 전투기를 개발해야 하는 것은 국가의 많은 자원을 소모하기 때문에 신중을 기하기 위해서이다. 비용대효과 분석결과가 너무 높은 성능에 따른 높은 비용으로 나타난다면, 적정비용에 맞는 적정 개발목표의 성능을 만들기 위한 절충(Trade-off)을 해야 한다. 이는 전투기를 만드는 프로젝트와 같은 군사력 건설은 국가자원을 소모해서 국가와 국민 요구하는 국방서비스를 제공하는데 있다. 국방서비스는 평시에는 전쟁이나 도발이 발생하지 않도록 하는 '억제' 능력을 통해 안보를 유지하고, 전쟁이나 국지전과 같은 유사 시에는 전투효과를 통해 안보를 확보하는 것이다. 다만, 무력이 사용되는 유사 시점은 이벤트성으로 발생할 확률을 가진 행위이기 때문에 기회비용 형태로 존재한다. 또한, 평시가 유사시 보다 상대적 매우 길기 때문에 감항인증과 같은 평시 안전을 고려해야 하며, 비전투손실을 최소화하면서 유지 및 획득비용을 최소화해야 한다. 이런 이류로 전투효과 대비 비용의 균형이 필요하며, 최적화가 필요하다.

효과와 기회비용의 균형 필요/요구

74

미국도 냉전시대가 끝나고, 막대한 예산삭감과 기존 전투기의 노후화, 운영유지비용 증가 등으로 새로운 차원의 전투기 체계의 획득이 필요했다. 이러한 판단의 과정에서도 많은 분석들을 통해 비용-성능-규모(소요) 간의 조정을 통해 합리적 판단으로 전력의 감축과 새로운 개념의 전력 구축을 수행하였다. 대표적으로 다국적 공동개발하였던 F-35의 사례는 국가를 초월한 비용-성능-일정-규모 간의 조정의 산물이라고 하겠다.

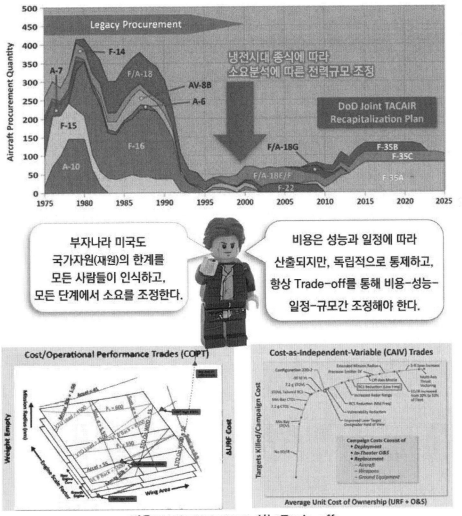

비용(개발/양산/총수명주기)-성능 Trade-off

* 출처 : F-35 Program History-From JAST to IOC(E. Sheridan, Robert Burnes, 2018, AIAA Aviation Forum)

# 2장 요약

전투기를 만드는 프로젝트의 개발목표를 설정하는 과정을 알아보자.

1. 전투기의 개발목표를 설정하는 것은 매우 복잡하고, 공학적이며, 정치적인 과정이다.

2. 전투기 개발목표 설정과정이 복잡한 것은 무기이기 때문이다.

3. 초기 요구를 식별하기 위해 운용개념과 시나리오의 설정이 필요하다.

4. 운용개념과 시나리오를 기반으로 각종 분석을 수행하여 최적의 개발목표를 수립한다.

5. 위협분석은 전투기가 노출될 환경의 위협을 분석하는 것이다.

6. 민감성 분석은 전투기가 인간이 만든 적대적인 위협에 대한 식별 및 회피하는 능력을 분석하는 것이다.

7. 취약성 분석은 위협에 노출되어도 생존성을 확보할 수 있는 능력을 분석하는 것이다.

8. 생존성 분석은 민감성, 취약성 분석결과에 따라 생존성을 확보할 수 있는 능력을 분석하는 것이다.

9. 전투임무효과 분석은 전투기의 능력이 어느 정도인지 분석하는 것이다.

10. 적정 비용을 고려한 적정 가용성 목표를 설정해야 한다.

11. 시장분석을 통해 비용효과 비교 분석을 통해 시장 경쟁력을 확인한다.

12. 소요분석을 통해 적정 요구전력규모를 산출한다.

13. 초기 개발목표를 수립하고 각종 분석을 통해 순환하여 갱신하는 과정으로 최적의 개발목표를 설정한다.

# Chapter 3

## 무기체계를 만드는 프로젝트 생애주기 과정과 기획단계 과업을 알아보자

앞에서 살펴본 전투기를 만드는 프로젝트 개발목표를 설정하는 과정은 국방 프로젝트 생애 주기(Lifecycle) 관점에서 보면, 새로운 위협의 등장이나 새로운 능력이 필요한 경우 새로운 솔루션(Solution)에 대한 요구를 검토할 때 수행되는 과정이다.

전투기를 만드는 프로젝트의 개발목표가 설정되었다면, 본격적으로 프로젝트 기획의 결과를 각종 계획으로 구체화하는 과정을 수행해야 한다.

다만, 프로젝트 관리에서의 기획단계에서 수행되는 과정을 설명하겠지만, 이를 이해하기 위해서는 먼저 프로젝트 관리(Project Management)에 대한 일반사항과 프로젝트를 만드는데 중요한 역할을 하는 체계공학(System Engineering), 국방 프로젝트 생애주기에 대한 이해가 필요하다.

먼저, 이에 대한 내용을 먼저 살펴보도록 하겠다.

앞의 과정을 통해 전투기 개발목표를 설정했다면, 이제부터는 프로젝트 기획하는 과정을 알아보자!!

# 프로젝트 관리와 거버넌스의 이해

3-1

## ▓ 프로젝트 관리(PM)란 무엇인가?

국제표준인 ISO 21500(Project Management)와 PM협회에서 발행하는 PMBoK (Project Management Body of Knowledge)에서 프로젝트를 '**유일한 제품, 서비스 또는 결과를 얻기 위해 취해지는 임시적인 활동**'으로 정의하고 있다. **프로젝트 관리**는 프로젝트 이해관계자의 요구(Needs)와 기대치를 충족하거나 초과하기 위해 프로젝트 활동에 대한 지식, 기술, 도구 및 기술을 적용하는 것을 말한다. 프로젝트 관리에 대한 잘못된 이해가 있을 수 있는 부분은 일상적으로 진행 중인 사업을 관리하는 조직적 활동을 프로젝트 관리라고 표현되기도 한다는 것이다. 프로젝트 정의에서 알 수 있듯이 프로젝트 관리는 '**특정 목적을 위한 한정적인 활동**'이라는 부분에서 일반적인 관리활동과는 차이가 있다. 즉, 프로젝트 관리는 지속적인 감독 역할을 수반하는 일반 조직의 행정적인 관리와는 다르다. 프로젝트 관리는 단일 목적의 한정적인 활동이지만, 조직이나 회사 차원에서는 여러 가지 프로젝트를 수행하는 경우가 많으며, 한 가지 목적을 위해 다수의 프로젝트를 수행하는 경우도 있다. 이런 프로젝트들을 관리하는 것을 **프로젝트 경영**이라고 한다. 즉, 프로젝트 경영은 **단일 프로젝트**를 관리하거나, 다수 프로젝트를 관리하는 **프로그램 관리**, 프로젝트와 프로그램을 조화롭게 관리하는 **포트폴리오(Portfolio)**에 대해 의사결정을 하고 운영하는 것이다.

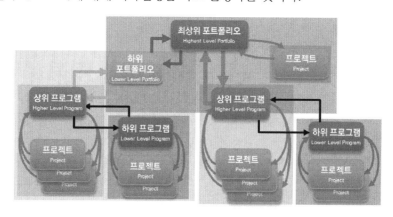

## ▨ 거버넌스(Governance)란 무엇인가?

프로젝트 경영 활동 중 조직 내에서 효과적이고, 경제적으로 프로젝트 관리 활동이 이루어 지도록 제도적 장치를 가지도록 하는 것이 **거버넌스**(Governance, 사전적으로는 국가나 조직 등의 정책, 활동 및 업무를 수행할 권한을 행사하는 활동이나 수단)이다. 이는 프로젝트 관리 활동이 제대로 이루어 질 수 있도록 조직의 구조, 절차, 방법, 도구와 기법, 책임과 권한 등을 총체적으로 표현한 것이다. 거버넌스는 최상위 경영진이나 의사결정자가 결정한 조직의 전략과 전략을 성취하기 위한 세부 방침으로 이루어지며, 각 단위별로 권한과 책임이 할당되고 제도화된다. 거버넌스는 최상위 경영진이나 의사결정자들, 조직별로 다르며, 기본 철학에 따라 다양한 내용이 포함될 수 있다.

## ▨ 획득 거버넌스(Acquisition Governance)의 이해

**획득 거버넌스**는 프로젝트의 시작부터 개발하는 활동과 개발결과를 활용하는 프로젝트 생애주기 관리를 포함하는 전체 과정의 조정통제 활동에 대한 가이드를 제공하는 것이다. 획득 거버넌스의 핵심가치는 성공적인 과업을 수행하기 위해 프로젝트와 제품 개발에 대한 위험요소를 얼마나 잘 관리하고, 완화할 수 있느냐에 달려있다. 위험요소 관리활동은 전체 획득 과정에서 **'예산을 위한 일정을 관리하는 활동'**과 **'요구도 개발 절차에서 능력(Capability)의 공백과 개념을 식별하는 활동'**을 수용가능한 수준으로 균형을 잡는 활동에 중점을 두고 있다.

## ▨ 미국 연방 획득 거버넌스(Federal Acquisition Governance) [출처 : FAI ; Federal Acquisition Institute]

획득 거버넌스에 대한 이해를 돕고, 대표 획득 거버넌스를 이해하기 위해 **미국 연방 획득 거버넌스**의 주요한 내용을 살펴보겠다. 미국 연방 획득 거버넌스는 국방부의 무기체계 획득 뿐만 아니라, NASA와 같은 획득 관련 일반 기관에도 적용되는 거버넌스이다. 미국 연방 획득 거버넌스는 프로젝트 생애주기 모델, 비즈니스 케이스, 프로젝트 생애주기 절차, 체계공학, 생애주기 후속지원, 시험평가, 작업분할구조, 일정, 품질, 프로젝트 기준선, 성과관리, 리스크관리, 변경관리, 계약으로 구성되어 있다. 이 책에서는 국방 프로젝트 생애주기를 중심으로 Project Manager's Guidebook (2015) 중 프로젝트 생애주기 모델과 절차에 대한 주요내용을 발췌하여 설명하겠다.

# 미국 연방 획득 거버넌스(프로젝트 생애주기)

국방 프로젝트의 생애주기의 이해를 돕기 위해 미국의 연방 획득 거버넌스 중 프로젝트 생애 주기 모델과 절차를 간략히 알아보도록 하겠다.

## ▦ 미국 연방 획득 거버넌스의 프로젝트 생애주기(Project Lifecycle)

프로젝트가 처음부터 끝까지 진행되는 과정을 **프로젝트 생애주기**라고 한다. 프로젝트 생애주기는 각 기관마다 다르지만, **대부분 아래의 그림과 같은 6단계 수명주기 모델을 채택**하고 있다. 프로젝트 생애주기에는 일련의 단계 또는 반복적인 과정으로 구성되며, 이는 기관별 특성에 따라 차이가 날 수 있지만, 모든 과정은 만들고자 하는 물자의 개념과 요구도를 기관의 능력 공백 또는 요구를 경제적으로 변환하는 것에 초점을 맞추게 된다. 물론 이런 과정의 목표는 최종 사용자에게 필요한 제품을 공급하는 것이다. 각 단계별 과정에는 **마일스톤 검토(Milestone Review)나 진입 검토(Gate Review)로 구분**되는데, 이는 프로젝트의 주요 이해관계자들이 모여 이전 단계의 프로젝트 진행상황을 검토하고, 프로젝트가 향후 단계로 진행될 준비가 되어 있는지 여부를 결정하는 것이다.

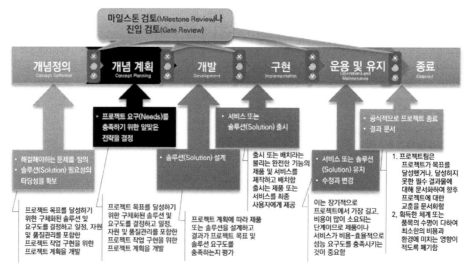

프로젝트 생애주기 과정에는 크게 2가지 분류된다. 하나는 연구개발 하는 것이고, 다른 하나는 구매하는 것이다. 다만, 구매 중에는 '현재 있는 그대로(As is)' 요구를 충족할 수 있는 상업구매가 있을 수 있으나, 요구를 충족할 수 없는 경우는 생애주기의 특정 단계부터 적용 될 수 있다. 이는 제품의 요구도 수준, 시장의 가용성, 성능 요구도 충족에 따라 생애 주기 단계와 주요 단계의 요구를 충족시킬 수 있는지에 따라 조정될 수 있다는 의미이다. 연구개발 주기가 개발단계에서 끝나는 것처럼 보일 수 있으나, 이는 연구개발을 수행하여 제품이나 서비스의 규격 개발이 완료되면, 이후에는 해당 규격으로 양산하는 개념이기 때문에 개발 이후단계에서는 구매와 유사한 개념으로 적용된다는 의미이다.

앞에서 언급한 생애주기의 특정 단계부터 적용될 수 있다는 것은 요구도에 따라 산업계에서 이미 개발된 개념연구나 탐색개발 수준의 연구결과는 '구매'하여 적용함으로써 특정 단계는 생략하고 바로 개발단계로 진입하여 추가 개발을 수행하여 최종 제품 개발을 완료할 수 있다는 의미이다. 예를 들어 '산악지형에 배치된 전투요원에게 탄약 보급품을 1회 200kg을 수송할 수 있어야 한다.'는 요구도가 있는데, 산업계에 1회 200kg을 수송할 수 있는 드론이 이미 개발되어 있다면, 해당 체계를 도입하여 지형추적 기술과 몇 가지 센서를 통합해 최종 제품을 개발할 수 있다는 것이다. 또 다른 예로, 1회 200kg을 수용할 수 있는 드론이 있고, 지형추적 기능이 있는 제품이 이미 산업계에 상용화되어 있다면, 기능이 충족함을 확인 후 바로 구매 절차를 수행하여 사용자에게 요구 하는 제품을 제공하고, 운용 및 유지하는 단계로 진행될 수 있다.

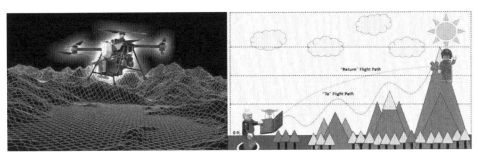

이제부터 프로젝트 생애주기 동안 단계별로 수행되는 작업들을 알아보도록 하겠다.

### ▓ 개념정의 단계(Concept Definition Phase)

개념정의 단계는 프로젝트의 필요성이 있는지, 필요성에 타당성이 있는지를 검토하여 타당성이 인정되는 경우 의사결정자들의 승인을 얻는 단계로 5 단계로 구성된다.

1. 조직의 요구를 정의하고, 해당 요구를 충족시키는 능력을 조사하며, 이러한 능력의 공백(Gap)을 해결하는 것이 프로젝트의 목적이 된다.
2. 프로젝트 목적을 달성하기 위해 필요한 것을 기술한다.
3. 식별된 능력 공백을 해결하기 위한 요구도를 충족하는 접근 방식 또는 개념을 선택한다.
4. 범위를 정의하고, 비용/효과, 예비 비용 및 필요 자원을 추정한다.
5. 프로젝트 시작의 타당성과 프로젝트 비즈니스 케이스*에 대한 타당성을 문서화한다.

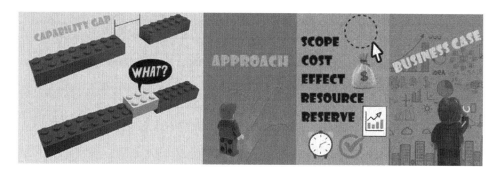

개념정의 단계에서 다음 단계로 진입을 판단할 때 중요한 물음은 '프로젝트 요구가 식별 되었고, 프로젝트의 타당성이 있습니까?'이다. 물론 이 물음에 대한 답은 현재 해결해야 하는 문제와 현재의 능력으로는 그것을 해결할 수 없어 새로운 솔루션이 필요하다는 문제 의식과 요구되는 능력과 현재 능력 간의 차이를 타당하도록 설명할 수 있다는 것이어야 한다.

---

* TMI – 비즈니스 케이스(Business Case) : 의사결정자를 교육하고, 그들이 어떤 종류의 조치를 하도록 설득하기 위한 서면이나 구두로 가치를 제안하는 하는 것이다. 예를 들어 복잡한 공학적인 분석을 기반한 문제를 쉬운 언어로 의사결정자에게 설명하고, 나아가야할 방향과 그 방향에서 얻게 될 이익과 소요되는 자원을 잘 설명하여 그러한 의사결정을 하도록 잘 작성된 문서를 만들거나 구두로 설명하는 것이다. 직관적인 예시로 식당매니저가 일요일 점심장사는 손님이 별로 없고, 저녁부터 손님이 온다는 사실일 깨닫고, 사장에게 일요일에는 오후 장사부터 하자고 제안하면서 이 때 얻는 기회 비용이 더 많다는 것을 사장에서 설명하는 행위가 이에 해당한다.

### ▨ 개념계획 단계(Concept Planning Phase)

**개념계획 단계는 프로젝트 수행을 위한 계획과 프로젝트 목표가 구체화된 솔루션 (Solution)과 그 솔루션의 요구도를 결정하는 단계**이다. 이를 위해 프로젝트의 요구도를 정의하고 구체화하며, 이 요구도를 충족할 수 있는 솔루션을 선택하고, 프로젝트 작업을 계획하게 된다. 이 과정에서 수립된 계획과 요구도는 한번에 완료되는 것이 아니라 프로젝트 생애주기에 걸쳐 지속적이고, 반복적으로 성숙화 시켜가는 개념이다. 요구도는 초기 정의 후 지속적으로 추가되거나 감소되고 개선된다. 다만, 요구도 중 반드시 가져야 하는 항목에 대한 성능 요구도는 더욱 견고하고, 일정하게 유지되어야 한다. 이는 요구도 변경이 바로 프로젝트의 비용과 일정에 영향을 주며, 프로젝트의 타당성을 훼손시킬 수 있기 때문이다. 요구도와 필요한 계획을 작성 후 프로젝트 기준선을 설정할 수 있으며, 요구도 및 계획과 유사하게 프로젝트 전반에 걸쳐 변경이 발생함에 따라 기준선도 지속적으로 갱신된다.

### ▨ 개발 단계(Development Phase)

**개발 단계에서는 설계를 완성하고, 프로젝트 솔루션을 만들거나, 개발하는 단계**이다. 개발 단계의 각 단계별로 검토가 마무리 되면 제작된 솔루션을 통해 요구도를 충족하는지 시험평가를 수행하게 된다. 개발 단계에는 일어날 수 있는 위험요소들이 많이 있어, 이에 대한 리스크 관리(Risk Management)를 수행하야 한다. 프로젝트를 수행 간에 가장 자원의 소모도 많고, 위험하며, 역동적으로 진행되는 단계이다. 개발 단계에 필요한 일정과 복잡성은 프로젝트 솔루션의 범위에 따라 상이하다.

개발의 접근방식은 완전히 처음부터 설계하는 방식, 기존의 설계를 활용하는 기성품(COTS ; Commercial Off-the-Shelf, 상업적으로 기존에 개발된 제품)을 개조 개발 또는 성능 개량하는 방식, 기성품(COTS)을 추가 개발이나 개조없이 구매하는 방식이 존재할 수 있다. 개발 단계에는 **설계 단계, 개발 단계, 납품 단계로 크게 3단계로 구성**된다.

**설계 단계**는 개념정의 및 개념계획 단계에서 수립된 개념 또는 예비 검토를 통해 설계하는 동안 선호되는 솔루션을 설계하고, 설계하는 방법을 결정하는 활동이 수행된다. 설계하는 동안에는 일련의 설계검토를 수행하는데 개념설계, 기본설계, 상세설계 순으로 구체화된다. 설계의 많은 부분은 체계공학 절차가 차지한다. 최종적으로 설계 검토 중 선호되는 솔루션의 세부 요구도를 구체화하고, 작업이 마무리하며, 솔루션 설계에 대한 승인을 받는다.

**개발 단계**는 완전한 기능을 갖춘 프로젝트 솔루션의 생성을 지원하기 위해 프로젝트 작업 및 계획 문서가 구현되는 활동이 수행된다. 개발활동 중 프로젝트 관리자는 체계공학자, 군수지원 전문가 및 시험평가 담당과 협력하여 요구도의 충족 여부를 확인하기 위해 프로젝트 솔루션에 대한 예비평가를 수행할 수 있다. 이러한 평가 분석 및 결과는 체계공학 계획을 갱신하거나, 추가적인 검토 및 조치를 위한 활동에 활용된다. 개발 단계의 결과로 완전한 기능을 갖춘 솔루션이 만들어지면, 최종 시험 및 검토를 위해 사용자에게 납품되거나, 제시된다.

**납품 단계**는 최종 검토를 통해 다음 단계를 넘어가는 진입검토를 수행한다. 프로젝트 관리자는 설계, 개발, 납품 단계 전반에 걸쳐 과업 수행 간 많은 프로젝트 관리 기능을 수행된다.

즉, 프로젝트 관리의 세 단계는 솔루션의 개발활동과 동시에 발생된다. 프로젝트 관리자는 솔루션을 개발하는 계약자, 체계공학자 및 후속군수지원 전문가와 상호관계를 담당하며, 전체 프로젝트 범위에 대한 위험요소를 줄이기 위한 활동을 수행한다.

■ **구현 단계**(Implementation Phase)

구현 단계에서 프로젝트 작업은 **제품에 대한 시험 평가**(Test & Evaluation)**, 시험 및 평가가 완료된 제품을 배치, 설치, 운송하는 구현**(Implement), 제품이 장기적인 관점에서 **운용 유지 능력이 있는지를 판단하는 전환 준비**(Prepare to transition)에 중점을 둔다. 이에 따라 제품 구현 단계는 시험평가, 구현, 전환준비의 세 단계의 작업이 수행된다.

1. **시험평가 단계** : 운용환경에서 시험 및 평가를 수행한다. 운용환경은 일반적인 사용자가 일반적인 작업을 수행할 때의 조건과 제품이 최대한 현실에 가깝게 사용될 수 있도록 설정한다. 운용시험 결과는 시험평가 결과보고서로 문서화된다. 이 보고서는 각종 준비검토(Readiness Review) 또는 제품 운용능력 검토(Product Operational Capability review)에서 논의된다. 준비검토는 제품이 문서화된 요구도를 충족하는지를 결정하기 위해 운용환경에서 수집된 제품의 시험 및 평가결과를 검토하는 것이다. 준비 검토는 능력 공백, 성능, 비용, 운용결과의 네가지 주요 요소에 대한 제품을 검토한다. 이에 대한 프로젝트 관리자는 체계공학자와 함께 제품을 평가하여 제품의 능력이 개념 정의 단계에서 요구한 능력 공백을 채울 수 있는지, 제품 성능 규격을 만족하는지, 예산 내에서 개발되었는지, 운용결과가 요구를 충족하는지를 확인한다.

2. **구현 단계** : 시험평가 결과에 따라 실행 계획은 제품을 언제, 어디서, 누구에게 배치, 설치 및 운용할 것인지 문서화하는 것이다. 이 계획은 프로젝트 관리자와 운용 관리자가 작성한다. 이 계획에는 배치 및 설치에 관련된 이해관계자, 배치의 일정, 단위, 위치, 대상 장비, 교육훈련 등에 대한 정보가 포함된다.

**3. 전환준비 단계** : 후속지원 담당자 또는 물류 전문가는 프로젝트 관리자와 체계공학자와 긴밀하게 협력하여 효과적이고 효율적인 운용유지 및 보수를 지원하기 위한 지원체계의 준비상태를 보장하도록 한다. 지원체계의 효과와 효율성을 보장하기 위해서는 이전 단계들에서 후속지원의 신뢰성과 유지 관리성을 계획하고 제품 설계에 반영해야 하며, 운용유지 단계 전환을 준비할 때 **제품지원계획**(Product Support Plan)이 갱신되며, 이는 제품을 운용유지 하는데 필요한 작업, 제안된 일정 및 제품 지원 작업과 관련된 비용이 포함된다. 프로젝트 관리자가 제품지원계획을 갱신하고, 구현하기 위해서는 필요한 후속지원 계획과 이해관계자, 필요한 제품 및 서비스를 식별하고, 제품 지원에 필요한 비용과 일정을 판단해야 한다.

프로젝트 관리자는 프로젝트 마무리를 위해 제품지원계획의 가용성 목표를 충족할 수 있는지를 평가하여 다음 단계로 진입할 수 있는지를 평가한다. 이 평가는 제품이 능력 공백을 채우기 위한 요구도를 충족하는지, 제품 성능이 기술성능표준을 충족하는지, 구현 단계의 예산사용이 목표를 충족했는지, 운용유지를 지원할 수 있는 예산을 확보할 수 있는지를 평가한다. 이 평가의 결과에 따라 다음 단계로 넘어간다.

### ■ 운용 및 유지 단계(Operation and Maintenance Phase)

**운용 및 유지 단계는 제품을 장기 또는 지속 환경으로 전환하는 것**이다. 성공적인 운용 및 유지환경은 예산 내에서 운용 작업을 충족하는 동시에 경제적이며, 효율적으로 요구를 충족시키는 환경으로 정의된다. 유지단계의 환경과 모든 운용작업은 운용관리자에 의해서 관리된다. 운용유지 단계에서는 솔루션이 유지 환경에서 얼마나 잘 임무를 수행하고 있으며, 여전히 요구도를 충족하는지를 평가한다. 당연하지만, 솔루션이 프로젝트 목표 달성을 유지하고, 운용 예산이 유지되는 경우 계속 운용유지 단계가 지속된다. 운용유지 단계에서 이루어지는 주요활동은 **전환, 관리, 종결 준비**이다.

1. **전환 단계** : 구현 단계의 프로젝트 관리자가 운용관리자로 전환되는 동안 프로젝트 관리의 주요 관심사항은 지속적인 변경통제와 품질 관리, 지속적인 제품의 배치에 있다. 전환하는 동안 제품지원 전문가 및 체계공학자는 프로젝트 관리자 및 운용 관리자와 협력하여 구현 단계 이전에 개발된 운용개념(CONOPS)를 구현한다. 운용 개념에는 운용환경에서의 제품 성능, 제품 개조, 제품 유지보수, 교육 목표와 같은 운용유지단계의 목표가 포함된다. 이 밖에도 프로젝트 관리자와 운용 관리자는 이전 단계의 개발된 문서들을 올바르게 구현하기 위해 조정 및 협업을 수행한다. 이전에 개발되어 전환되는 문서는 체계공학, 시험평가와 같은 프로젝트 기술계획, 의사소통 및 위험관리계획, 품질관리 및 품질보증계획, 변경관리계획 등이 있다.

2. **관리 단계** : 유지 환경에서는 제품의 성능을 평가하고, 운용분석 보고서를 작성하는 것은 운용 관리자의 책임이다. 운용분석 보고서를 통해 프로젝트 관리에서 개선할 사항이나, 프로젝트 결과물이나 제품이 개조되거나, 성능개량 되어야 함을 판단하는데 도움을 줄 수 있다. 관리의 중요한 활동 중 하나는 변경을 통제하는 것이다. 이는 변경통제위원회(Change Control Board)와 같은 통제 활동을 통해 변경 영향성을 판단하기 위한 활동이다.

3. **종결준비 단계** : 운용유지 단계의 최종 단계는 프로젝트 및 체계를 종결할 준비를 하는 것이다. 이 단계에서는 운용 관리자는 솔루션의 운용유지가 프로젝트 및 운용 요구도를 계속 충족하는지, 기관이나 최종 사용자의 요구를 충족하는지, 운용 유지 예산이 충분한지를 판단하여 다음 단계인 종료단계로 전환을 준비한다.

### ▨ 종료 단계(Closeout Phase)

제품의 수명이 다하거나 제품 솔루션이 더 이상 사용자와 관련 없거나, 운용을 계속 하기 위한 예산을 사용할 수 없는 경우 솔루션을 폐기하는 단계로 전환된다. 종료 단계에는 **제품의 처분 또는 폐기**와 **프로젝트 관리 활동의 종료**라는 두 가지의 주요 활동이 포함된다. 종료단계의 첫번째 목표는 제품, 부품 또는 소모품의 폐기를 올바르게 완료하는 것이다. 또다른 목표는 프로젝트에서 일반적인 프로젝트 관리 정보를 수집하여 향후 프로젝트 활동에 활용될 수 있도록 하는 것이다.

이 정보는 새로운 프로젝트 관리자에게 유용한 교육자원이 될 수 있다. 또한, 프로젝트 종료 시 남은 자원은 다른 프로젝트에 활용될 수도 있다. 이 단계의 주요한 활동은 프로젝트 기록을 보관하는 것이다. 이 기록에는 경쟁입찰이나 계약 등 다양한 프로젝트 계획 및 예측, 자료 등이 포함된다. 프로젝트 생애주기의 마지막 단계를 정리하는 것은 종결계획으로 정리된다. 종결계획에는 기관마다 다르지만, 일반적으로 프로젝트 성과, 프로젝트 자원목록, 이전에 종료한 활동 계획들, 종결 체크리스트 형식의 종결계획 활동 목록이 포함된다. 종결 단계의 활동은 프로젝트 전체를 종료하거나, 일부를 종료할 경우도 동일하게 적용된다. 종결단계는 3 부분으로 구성되어 있다.

1. **계약종결 단계** : 프로젝트에 획득 계약을 종결할 경우 계약에 대한 모든 작업이 완료되었는지 확인해야 한다. 프로젝트에 여러 계약이 있는 경우는 각각의 계약은 개발적으로 평가된다. 계약담당자는 계약자가 모든 대가를 지불 받았음을 확인 받고 계약을 종료할 책임이 있으며, 계약정보는 보관되어야 한다.

2. **관리종결 및 교훈 단계** : 프로젝트 전체에서 공유되어야 할 교훈을 문서화한다. 프로젝트 관리는 직면한 문제들을 문서화하고, 개선하는 활동을 정리하여 타 프로젝트에 활용될 수 있도록 교훈을 정리한다.

3. **제품폐기 단계** : 제품 폐기를 위해서는 예산이 소요될 수 있으며, 이는 프로젝트 계획 시 반영되어야 하지만, 반영되지 않았다면, 추가적으로 반영할 필요가 있다. 제품을 폐기할 때는 유해 물질을 사용하거나 물리적 환경에 악영향이 발생하지 않도록 조치하는 행위가 관련 법과 규정을 고려하여 포함된다.

이는 **제품지원계획**(Product Support Plan)에 포함된 환경, 안전 및 직업건강(ESOH : Environmental, Safety and Occupational Health)계획에 포함되어야 한다. 폐기에는 예상치 못한 많은 비용이 발생할 수도 있다.

지금까지 살펴본 것은 프로젝트 관리 중 미국 연방획득 거버넌스로 부터 프로젝트 생애 주기가 무엇인지에 대한 내용이었다. 이를 먼저 살펴본 것은 미국의 획득분야 프로젝트 생애 주기를 이해하기 위한 내용이기 때문에 이해가 되지 않았다고 하더라도 큰 걱정은 할 필요 없다. 이는 미국의 국방 프로젝트 생애주기가 어디에서 출발했는지에 대한 정보라고 인식 하면 좋을 것 같다. 이제부터 본격적으로 미국의 국방 프로젝트 생애주기와 그 생애주기에 따라 단계적으로 수행되는 프로젝트 관리에 대한 사항을 설명하도록 하겠다.

# ▌TMI : 프로젝트 관리 관련 배경지식(출처 : PMBoK)

1. **프로젝트**(Project) vs **프로그램**(Program) vs **포트폴리오**(Portfolios)
   - **프로젝트**는 유일한 제품, 서비스, 결과를 창출하기 위해 수행되는 한시적인 활동이다.
   - **프로그램**은 개별 프로젝트 관리를 통해 얻을 수 없는 이득과 통제를 하기 위해 조율하는 방식으로 관리되는 관련 프로젝트의 그룹. 즉, 프로그램은 여러 개의 프로젝트로 구성된 것을 말한다.
   - **포트폴리오**는 전략적 비즈니스 목표를 충족시키기 위한 작업을 효과적으로 관리하기 위해 프로젝트나 프로그램 및 기타 작업의 그룹. 즉, 포트폴리오는 프로젝트와 프로그램 등을 포함하는 그룹을 말한다.

2. **프로젝트 생애주기**(Project Life-Cycle)
   - 프로젝트 생애주기는 일반적으로 순차적이고 때로는 겹치는 프로젝트 단계들(활동 및 과업, Activity and Task)의 집합을 말한다. 프로젝트와 관련된 조직이나 조직의 관리, 통제 요구, 프로젝트의 특성 및 적용 영역에 따라 이름이나 숫자가 결정된다. 프로젝트 생애주기는 하나의 방법론(Methodology)이기 때문에 조직, 산업, 기술에 따라 결정된다.
   - 순차적인 **폭포수 모델**(Waterfall Model), 진화적 개발모델인 **나선형 모델**(Spiral Model)과 **증분형 모델**(Incremental Model), 고객과의 의사소통을 중시하는 **애자일 모델**(Agile Model) 등이 있다.

3. **프로젝트 관리**(Project Management)와 **운용 관리**(Operation Management)
   - **운용**(Operation)은 동일한 제품을 생산하거나 반복적인 서비스를 제공하는 활동의 지속적인 실행을 수행하는 조직적인 기능을 말한다.
   - 프로젝트의 결과물인 제품이나 서비스를 **납품**(Deliverables)함으로서 운용으로 **전환** 된다. 프로젝트 생애주기에서 프로젝트 관리와 운용 관리는 동일한 개념으로 전환 되지만, 자연스럽게 겹치게 되어 있다. 하나의 프로젝트가 끝나는 경우도 그렇지만, 납품된 제품을 개량하거나 성능 향상을 하는 경우는 다시 프로젝트가 시작되기 때문에 겹치는 영역이 발생한다.

4. **프로젝트 이해관계자**(Project Stakeholder)
   - 프로젝트 진행이나 성과에 대해 관심을 가지고 프로젝트에 영향력을 행사할 수 있는 개인이나 조직을 말하며, 상황에 따른 욕구를 가지고 프로젝트 환경에 따라 변경되기 때문에 지속적인 관리 대상이 된다.

앞의 내용은 다음의 국방 프로젝트의 생애주기와 미국 국방획득분야에 적용되는 생애주기를 이해하기 위한 선행 학습 내용이었다. 갑자기 모르는 영역에 대한 생소하고 어려운 이야기 일수 있지만, 획득 분야의 프로젝트 관리라는 새로운 세계에 대한 이해를 하기 위한 것으로 이해해주기 바란다.

앞에서 갑자기 모르는 세계에 대한
어려운 이야기를 했나요?
새로운 세계로 들어가기 위해서는
기존의 벽을 돌파해야 하죠

이제부터는 미국의 국방 프로젝트
생애주기와 단계별 프로젝트 관리
대한 이야기를 해 보겠습니다.

# 국방 프로젝트 생애주기의 이해

■ **국방 프로젝트 생애주기(Military Project Lifecycle)란?**

　일반 용어로 프로젝트 생애주기는 다양한 방법론에 따라 프로젝트를 수행하는 단계들이 순차적이거나, 때로는 겹치는 단계들의 모음을 말한다. **프로젝트 생애주기는 하나의 방법론 (Methodology)이므로 정답이 없으며, 매우 다양한 형태가 있다.** 프로젝트 생애주기의 다양한 이름들은 프로젝트와 관련된 조직 관리, 프로젝트 자체의 특성, 적용 영역에 따라 결정된다. 모든 프로젝트는 프로젝트의 시작과 끝이 분명하지만, 그 사이에 발생하는 구체적인 결과물(산출물, Deliverables)과 활동들(Activities)은 프로젝트에 따라 달라진다. 이로 인해 프로젝트 관리를 위한 기본적인 큰 틀을 제공하는 역할이 필요한데 이것이 프로젝트 생애주기이다. 국방분야에 적용되는 모델은 일반적인 경우는 **폭포수 모델(Waterfall Model)을 기반으로 순차적인 형태**를 취하고 있다. 프로젝트 생애주기 모델은 프로젝트의 성격에 따라 단일 단계(Single Step)에 적용되거나, 기술과 산업의 발전, 결과물의 조속한 획득, 다양한 위협의 등장 등의 필요성에 따라 **진화적 모델(Evolutionary Model), 애자일 모델(Agile Model)**과 같은 생애주기가 선택될 수 있다. 현재 국방 프로젝트에서 미국을 포함한 많은 나라들은 진화적 개발을 적용하는 경우가 많다. 대표적인 프로젝트 생애주기 모델은 아래와 같은 형태를 취하고 있다.(세부내용은 조직, 프로젝트, 학자마다 다를 수 있다.)

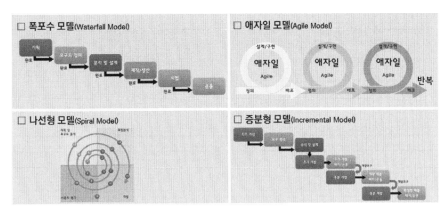

# 왜 진화적 개발을 채택하는가?

■ 진화적 개발(획득) 모델은 무엇인가?

 진화적 개발 또는 획득(EA ; Evolutionary Acquisition) 모델은 향후 개발되는 체계의 기능개
선의 필요사항을 인식하고, 점진적인 기능 향상을 제공할 수 있도록 개발하는 모델이다.
즉, 진화적 개발모델은 최초 제품 개발을 빠른 시간 내 완성하여 제품을 실제 운용하
거나 사용자 평가 등을 통해 개선사항이나 새로운 요구도를 도출하여 이후 개발되는
제품에 반영하는 반복적인 과정을 통해 제품의 완성도를 높여 사용자의 요구에 부합
되도록 개발하는 것이다.

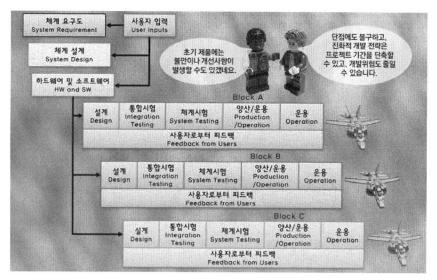

 이러한 방법은 일반적인 순차적인 개발방식(폭포수 모델)보다 개발 기간을 단축시킬
수 있는 장점이 있으며, 초기개발 후 추가 개발을 수행하기 때문에 개발위험이 줄어
드는 효과도 기대할 수 있다. 반대로 진화적 개발전략으로 개발된 초기 제품은 기술
적 개선사항이 발생할 수 있는 불완전성이 존재할 수 있다는 의미이며, 최종 완성형
수준의 제품을 만드는데 필요한 기간이 줄어든다는 것이지 단일 프로젝트 기간이 현
저히 줄어든다는 것은 아니다.

### ▓ 최근 무기체계 개발 시 왜 진화적 개발모델을 채택하게 되었는가?

진화적 개발모델의 단점에도 불구하고 미국 등 많은 나라에서 최근 무기체계 개발 시 진화적 개발(EA) 모델을 취하는 것은 **신속한 최신기술을 적용한 제품을 빨리 얻을 수 있기 때문**이다. 이는 미국 국방부(DoD)가 사용하던 일반적으로 사용한 순차적인 획득 접근 방식(폭포수 모델)이 개발 및 전력화 배치에 너무 오래 걸린다는 문제의식에서 출발하였다. **폭포수 모델**은 앞 단계의 결과가 완료된 후 다음단계로 넘어가는 방식으로 전체과정에 대한 이해가 쉽고, 관리가 용이하지만, 초기 요구도 정의가 어렵고, 개선사항과 문제점 식별이 늦어지며, 매우 느리게 진행되는 단점이 있기 때문에 요구도가 명확하거나, 기술적 위험이 적은 프로젝트에서 주로 채택되는 모델이다.

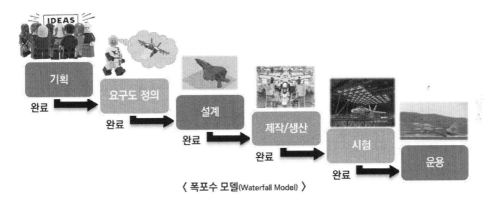

〈 폭포수 모델(Waterfall Model) 〉

일반 산업계에서는 미국 국방부보다 더 빠르게 진화적 개발모델을 적용하여 프로젝트를 보다 짧은 기간 내 프로젝트 목표를 달성하고, 기술발전을 이룰 수 있게 되었다. 미국 국방부는 진화적 개발모델을 체계개발이 시작 전에 작전/운용적인 능력 요구도를 구체화하기 어려운 특성을 가진 일부 국방의 분야나 체계에서만 적용하였다. 대표적으로 소프트웨어, 지휘통제통신 및 지식(C3I, Command, Control, Communication & Intelligence) 체계 개발에 적용되었다. 이후 산업계의 변화에 따라 미국 국방부는 2003년 DoDD 5000.1과 5000.2에서 공식적으로 진화적 개발(획득)을 "사용자를 위한 성숙한 기술의 신속한 획득을 우선적인 국방부의 전략(Evolutionary Acquisition is the preferred DoD strategy for rapid acquisition of mature technology for the user)"으로 승인하여 모든 국방획득 프로젝트로 적용을 확대시켰다.

### ■ 진화적 개발(획득) 전략을 통해 어떻게 개발하는 것인가?

진화적 개발전략에는 다양한 개발모델이 있는데, 대표적인 것이 **나선형 모델**과 증**분형 모델**이 있다. **나선형 모델**(Spiral Model)은 개발절차에 따라 초기 제품을 개발 후 추가적인 요구도를 반영하여 개선된 제품을 만드는 반복적이며, 누진적인 개발 모델이다. 이 모델은 개발자 및 사용자의 요구도에 대한 이해가 낮을 때 활용하기 용이한데, 이는 프로젝트 초기부터 시제품을 만들어 요구도 개발 및 위험분석에 활용이 가능하기 때문이다. 또한, 사용자나 시장의 요구도가 지속적으로 바뀌는 제품 개발이 유용하여 정보체계나 소프트웨어 개발에 많이 활용된다. 초기 계획 및 초기 요구도 분석을 통해 제품의 개발목표를 설정 후 위험분석을 통해 개발에 발생할 수 있는 위험 요소를 분석한 후 이에 대한 솔루션을 수립하고, 해결하면서 시제품을 개발하여 사용자 및 시장평가에 따라 제품의 개선사항을 찾아 추가적인 요구도에 반영하여 개

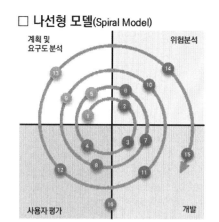

□ **나선형 모델**(Spiral Model)

선된 제품을 만드는 반복적인 과정을 수행하게 된다. 제품의 초기 요구도를 조속히 찾아 개발위험을 최소화하기 용이하고, 사용자의 요구를 수용하기 쉽지만, 프로젝트 기간이 길어질 수 있고, 반복횟수가 많아질수록 프로젝트 관리가 어렵고, 위험 분석의 질(시제품 수준과 관련 전문가에 따라 좌우됨)에 따라 위험요소 식별 및 대안수립 수준이 유동적일 수 있다.

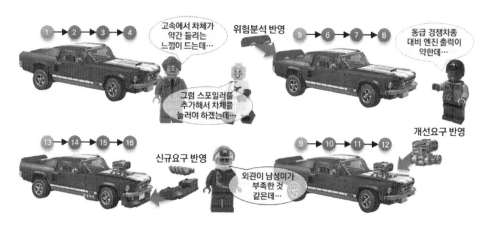

94

## □ 증분형 모델(Incremental Model, 점증적 형태)

증분형 모델은 단계적 개발을 통해 초기 제품을 개발 후 사용자에게 제공하여 추가적인 요구도를 식별하고, 이를 추가적인 요구도로 반영하여 다음 개발(증분 개발)에 반영한 제품을 개발하는 반복적인 과정의 개발모델이다. 이 모델은 여러가지 기능을 가져 개발의 불확실성이 큰 대형 제품 개발과 장기 프로젝트에 유리하다. 이 모델의 핵심요소는 추가적인 증분 개발 시 이전의 개발요소를 활용하면서 개발 범위를 점차 늘려가는 것이다. 이를 위해 증분 개발 시 추가적인 요구도를 수용할 수 있도록 프로젝트 요구도를 초기부터 반영해야 한다. 증분형 모델은 초기제품 개발결과를 활용하여 추가 요구도를 수용할 수 있도록 개발되기 때문에 명확한 요구도를 반영할 수 있으며, 동시에 무리한 추가 요구도를 통제할 수 있고, 한 번에 많은 비용이 소요되지 않는다는 장점이 있다. 반면, 후속 개발을 고려한 초기 개발을 하기 때문에 단일 프로젝트로 개발하는 방법에 비해서는 초기 개발비용이 더 소요될 수 있고, 초기 개발 요구도나 여건에 따라 추가 요구도나 인터페이스 반영에 태생적인 한계를 가질 수 있으며, 초기 제품에 대한 개선요구나 결함으로 인한 사용자의 불만이 발생할 수 있는 단점이 있다.

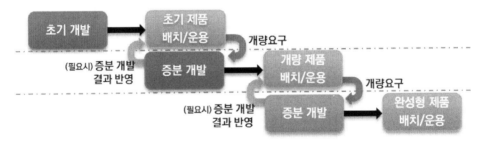

예를 들어 최종적으로 3층 건물을 건설할 경우 1층을 먼저 지은 후 1층을 실제로 사용 하면서 2층을 증축하여 완성 후 사용하는 방식으로 최종 3층 건물 건축을 완성하는 방식으로 진행하는 것이다. 먼저 지어진 1층을 사용하면서 발생하는 실질적인 추가 요구도를 2층과 3층으로 추가 증축 시 반영한다. 처음부터 3층 건물을 건설하고, 이후 발생되는 추가요구도를 반영하기 위해 개조하는 비용보다 결과적으로 저렴하고, 빠르게 최종 결과를 얻을 수 있는 장점이 있다. 다만, 이를 위해서는 1층 건물을 지을 때부터 기초공사를 3층 건물 증축을 고려하여 설계해야 하기 때문에 1층 건물을 지을 때보다 높은 초기 비용이 소요될 수 있다.

또한, 2층과 3층 증축 시 1층이 불편할 수 있고, 1층을 지을 때의 기초공사의 수준에 따라 2, 3층을 지을 수 있는 요구도의 한계를 가질 수 있다.

■ 무기체계 개발 시 진화적 개발(획득) 모델 적용의 예시

진화적 개발(획득) 모델을 적용하여 개발하는 대표적인 무기체계는 JSOW(AGM-154) 이다. JSOW 프로그램은 공통의 운반체 부분의 기체 설계를 바탕으로 초기 모델을 개 발 후 동시에 새로운 센서와 탑재물에 적합하도록 개조하여 총 세 가지 유형의 유도 무기로 개발했다. 초기 AGM-154 A버전은 소프트 타깃(Soft Target, 차량과 같은 장갑이 약한 표적)에 대상으로 145개의 소형 확산탄으로 구성된 운반체들(BLU-97/B)을 가진 미 사일이었고, AGM-154 B버전은 탱크와 같은 장갑을 가진 표적을 대상으로 보다 큰 확산탄으로 구성된 운반체들(BLU-108)을 가진 미사일이었다. AGM-154 C버전은 화 력을 높여 단단하고 고정된 표적에 단일 탄두를 사용하며, 보다 정밀한 최종 단계 유 도를 위한 탐색기(Seeker)를 추가했다.

출처 : Defense Systems Management College, 1995

# 미국의 **국방 프로그램 생애주기** 이해

**3-5**

### ▦ 왜 미국의 국방 프로그램 생애주기를 이해해야 하나?

 일반적으로 **프로젝트 관리**를 '**성공한 프로젝트의 모음**'이라고 표현하는 것처럼 **프로젝트 관리에는 정답이 없다.** 가장 정답에 가까운 것은 성공한 프로젝트에서 찾을 수 있다는 의미이기도 하다. 프로젝트 생애주기는 조직, 산업, 기술에 따라 달라지지만, 국방분야의 무기체계 획득에 관한 프로젝트 생애주기는 우리나라를 포함한 많은 나라에서 미국의 획득체계를 기반으로 구축되어 있다. 이러한 개념의 연장선에서 국방 프로젝트의 선진국이며, 시장의 주도국인 미국의 국방 프로젝트를 이해하는 것이 중요하다고 하겠다. 특히, 전투기를 만드는 프로젝트를 다루는 이 책에서는 미국의 하드웨어 중심 국방 프로그램 생애주기에 대한 설명을 하도록 하겠다. 미국의 국방 프로그램 생애주기는 아래와 같이 구성되어 있다.

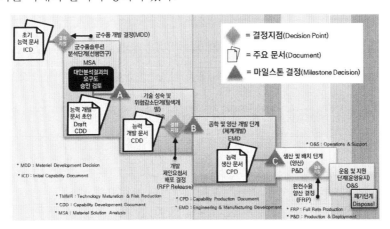

### ▦ 미국의 국방 프로그램 생애주기의 이해

 미국의 국방 프로그램 생애주기는 각 단계별로 수행해야 하는 정형화된 틀(Framework)을 가지고 있으며, 획득 거버넌스에서 살펴본 것과 같이 각 단계별로 진입하는 조건을 검토하고, 의사결정 하는 결정하는 지점과 각 지점별 필요한 주요 문서를 명확한 체계를 가지고 있다.

국방 프로그램 생애주기는 '미래에 새로운 무기체계가 필요한가?'에 대한 질문에서 시작한다. 이 질문이 생기는 것은 새로운 무기체계에 대한 요구(Needs)가 생겼기 때문인데, 일반적으로 새로운 무기체계에 대한 요구는 각 군(공군, 육군, 해군, 해병대)이 미래에 요구되는 능력을 예상하여 판단한 결과가 있거나, 새로운 위협이 등장함으로써 발생한다. 미국에서는 이를 **미래의 요구(Needs)와 현재의 능력(Capability) 간의 공백(Gap)이 발생했고, 이 공백을 채우기 위한 무엇인가가 필요하게 되었다는 의미로 사용**한다. 예를 들어 현재 공군에서 운용하고 있는 공중급유기 전력A가 700,000lbs, 공중급유기 전력B가 800,000lbs의 급유능력을 가지고 있는데, 미래에는 장거리 위협 증가와 공군 전력의 작전지속능력을 확대하기 위해 3,000,000lbs의 급유 능력이 요구될 것이라고 판단 했다면, 미래의 요구와 현재의 능력 간에는 공백이 발생하게 된다.

이러한 **능력 공백**(Capability Gap)에 대한 요구(Needs)의 타당성 검토를 수행하고, 잠재적인 솔루션을 검토해야 하는데 이를 **능력기반평가**(CBA ; Capability Based Assessment)라고 한다. 능력기반평가의 결과에 따라 교리(Doctrine)나 전술개발, 부대배치 이동, 훈련강화 등과 같은 비군수품(Non-Materiel) 솔루션으로 공백을 채울 수 있다고 판단되거나, 새로운 군수품 (Materiel)을 만들어 공백을 채울 필요가 있다고 판단될 수 있다. 신규 군수품 개발의 필요 여부에 대한 결정지점을 **군수품개발결정**(MDD ; Materiel Development Decision)이라 한다. 새로운 군수품이 필요하다고 판단한 경우는 **초기능력문서**(ICD ; Initial Capabilities Document)을 통해 능력 공백 관련 운용성능속성(Operational Performance Attributes)을 식별하게 된다. 초기능력문서에는 운용개념(CONOPS), 능력 요구 지역, 요구 능력, 능력 공백 및 중첩, 위협 및 운용환경, 비군수품 솔루션적인 접근방식, 최종 추천이 포함된다. 이 단계의 많은 활동이 앞 장에서 설명한 전투기의 개발목표를 설정하는 과정이라고 이해하면 좋겠다. 이러한 분석을 통해 최종적인 의사결정이 군수품 개발이 타당하다고 의사결정 되었다면 다음단계로 넘어간다.

■ **군수품 솔루션 분석 단계**(MSA ; Materiel Solution Analysis Phase)

새로운 군수품 개발을 결정한 경우 획득 예정인 제품에 대한 개념 설정을 위한 분석과 기타 활동을 수행하는데 이를 **군수품솔루션분석(MSA)단계**라고 한다. 이 단계에서는 프로젝트 관리자와 관리 부서를 수립하고, 대안 분석(AoA : Analysis of Alternatives)을 통해 사용자가 능력개발문서 초안(Draft CDD[Capability Development Document])을 작성하며, 획득전략, 시험평가기본계획(TEMP ; Test & Evaluation Master Plan), 체계공학계획(SEP ; Systems Engineer-ing Plan), 수명주기지속 계획(LCSP ; Life Cycle Sustainment Plan) 등도 수립한다. 군수품 솔루션 분석결과를 통해 다음 단계로 넘어가기 위해 '**마일스톤 A(Milestone A)**'을 거친다. 마일스톤 A는 획득전략, 비즈니스 접근방식, 프로그램 위험관리, 비용관리, 경제성 분석, 비용추정 등이 검토 된다.

■ **기술성숙 및 위험감소 단계**(TMMR ; Technology Maturation & Risk Reduction Phase)

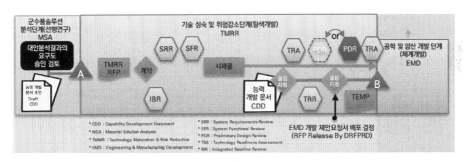

군수품솔루션분석(MSA) 단계까지 '무엇이 필요한 것인가?'에 대한 결정의 과정이었다면, 다음 단계인 **기술성숙 및 위험감소(TMMR)단계**에서는 '무엇을 어떻게 잘 만들지'를 고민하는 단계이다. 이 단계는 무기체계 개발을 위한 기술 위험을 평가하고, 개발에 필요한 공학들을 통합하며, 총수명주기비용 위험과 최종 체계에 통합될 적절한 기술들을 결정하는 단계이다. 이 단계의 모든 활동은 본격적인 체계개발에 필요한 요구도를 적절한 수준으로 성숙시키는 일련의 과정으로 구성된다. 최근 **미국 획득체계의 기본 철학은 '적정한 비용에 적정한 성능'**이라는 개념으로 축약될 수 있으며, 이 개념 구현을 위해 TMMR단계에서는 시제품 및 기술 개발, 기술성숙도 평가, 기술성능측정(TPM), 목표비용관리(CAIV) 등의 분석과정을 통해 비용과 성능 간 절충(Trade-off)하는 반복적인 과정(Iteration)을 수행한다.

■ **공학 및 양산 개발 단계**(EMD ; Engineering & Manufacturing Development)

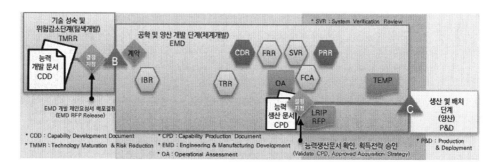

　　**공학 및 양산 개발**(EMD)**단계**는 '**마일스톤 B**(Milestone B)'를 통해 본격적으로 '**무기체계를 개발하고, 양산을 준비**'하는 **단계**이다. 이 단계에서는 제품 자체를 개발하는 것과 개발 결과를 기반으로 양산을 준비하는 과정을 포함하고 있다. 이 단계에서는 무기체계를 개발하고 설계한 후 제작한 제품을 시험 평가를 통해 검증하는 일련의 과정을 거쳐 개발을 완료한다. 개발이 완료된 제품은 생산에 들어가기 전에 여러가지 검토를 통해 양산계획을 결정하게 된다. 제품 개발을 위해서는 이전 단계의 개발목표를 달성할 수 있도록 요구도를 구체화하여 요구도를 충족하도록 제품을 설계 및 제작을 수행한다. 제작된 시제품으로 요구도를 검증하는 **시험평가**(T&E ; Test & Evaluation)의 과정을 수행한다. 참고로 시험평가는 검증하기 위한 **시험**(Test)을 수행하는 것과 시험결과를 바탕으로 적합성을 판단하는 **평가**(Evaluation)를 함께 부르는 것이기 때문에 명확한 의미의 분할이 필요하다. **운용평가**(OA ; Operational Assessment)는 운용적인 효과 및 운용 적합성에 대한 평가를 수행하는 것으로 독립적인 운용시험평가기관에 의해서 수행되며, 필요에 따라 실제 사용자의 지원이 요구된다. 프로젝트 관리자는 개발된 무기체계가 체계개발의 종결기준을 충족하는지를 판단하고, 체계 성능을 평가하며, 기술적 위험을 평가하기 위해 운용평가를 요청하게 된다. 운용평가를 통해 개발 노력, 프로그램의 부족 부분, 위험 영역, 요구도의 적절성 및 적절한 운용시험 수행을 위한 지원 능력을 평가하게 된다. 개발결과가 요구도를 충족했는지는 일련의 시험평가 과정을 통해 판단했다면, 이를 바탕으로 양산단계로 진입할 준비가 되었는지 판단 받는다. 양산단계로 진입하기 위해 '어느 정도 생산해야 하나?'에 대한 판단을 받아야 한다. 이를 위해 **능력생산문서**(CPD ; Capability Production Document)가 필요하다.

**능력생산문서**에는 **획득전략**(Acquisition Strategy) 내 경제적이며, 적절한 증분(Increment)의 양산, 시험, 배치에 필요한 정보가 담기며, 가장 중요한 정보인 초기생산물량이 포함된다. 능력생산문서는 진화적 획득전략의 단일 증분에 대한 생산을 다루며, 이로 인해 능력개발 문서(CDD)와 능력생산문서 간의 핵심성능지표(KPP) 등 성능특성에 차이가 있을 수 있다. 이로 인해 다수의 증분이 있는 경우 각각 능력생산문서가 존재하게 된다.(이전 운용요구문서(ORD ; Operational Requirement Document)는 능력생산문서로 대체됨.)

승인되는 **획득전략**에 따라 결정되는 양산에 대한 결정에는 **저율초기양산**(LRIP ; Low-Rate Initial Production)을 어느 정도 규모로 할 것인지, 어디에 어떻게 배치할지 등이 포함된다. 양산은 **저율초기양산**(LRIP)과 **완전가동양산**(FRP ; Full-Rate Production)으로 구분되는데, 이렇게 구분하여 단계적으로 양산하는 것은 공학 및 양산 개발(EMD)단계에 개발된 제품은 한정된 기간과 장소에서 검증된 제품이기 때문에 실제 환경에서의 능력 확인이 필요하며, 이 과정을 통해 보완사항을 도출할 필요가 있기 때문이다. 다만, 저율초기양산의 제품을 가지고 수행되는 초기운용 시험평가(IOT&E ; Initial Operational Test & Evaluation), 실무장시험 평가(LFT&E ; Live Fire Test & Evaluation) 등의 보완 과정에는 비용과 일정이 소요되며, 보완사항을 수정 반영과정에도 비용이 소모되기 때문에 적정한 규모의 양산이 필요하다. 저율초기양산 후에는 **초기운용 능력**(IOC ; Initial Operational Capability)에 대한 평가를 통해 다음 단계인 **양산 및 배치단계**로 진입이 결정된다. 다만, 이 단계로 넘어가는 결정은 양산의 행위인 저율초기양산과 능력의 확보와 확인에 대한 판단이 다양한 분야의 영역에서 병행적으로 발생하기 때문에 칼로 가르는 것처럼 구분되는지 않고 겹쳐지는 부분이 발생한다. 참고로 미국 국방단계부분은 마일스톤 단위로 판단하며, 아래와 같이 구분된다.

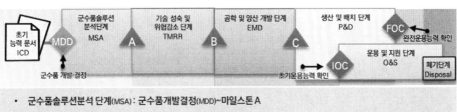

- 군수품솔루션분석 단계(MSA) : 군수품개발결정(MDD)~마일스톤 A
- 기술성숙 및 위험감소 단계(TMMR) : 마일스톤 A~마일스톤 B
- 공학 및 양산 개발 단계(EMD) : 마일스톤 B~마일스톤 C
- 양산 및 배치 단계(P&D) : 마일스톤 C~ 완전운용능력(FOC)
- 운용 및 지원 단계(O&S) : 초기운용능력(IOC)~폐기(Disposal)

### ■ 양산 및 배치 단계(P&D : Production and Deployment)

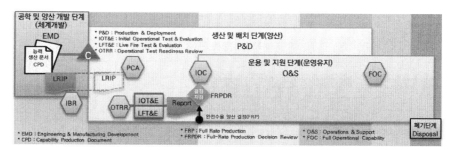

양산 및 배치 단계(P&D Phase)에서는 운용 기능을 충족하는 무기체계를 생산하여 최종 사용자에게 배치하는 단계이다. 이 단계로 넘어가기 위한 권장사항을 작성하거나 승인하는 것이 '**마일스톤C(Milestone C)**'이다. 마일스톤C의 획득전략에는 통계적인 공정통제 데이터를 수집하며, 수용가능한 신뢰성과 제조공정의 통제를 시연하고, 성공적인 초기운용 시험평가와 같은 다른 중요한 절차의 통제 및 능력을 보여주기 위한 계획이 반영된다. 즉, 마일스톤 C에서는 **공학 및 양산 개발**(EMD)단계가 성공적으로 완료되고 저율초기양산(LRIP)이 목표한 획득전략에 따라 수행되어졌을 때 **완전가동양산**(FRP ; Full-Rate Production)을 통해 양산 및 배치 단계로 넘어가는 것을 결정하는 것이다. 획득전략에는 **능력생산문서**(CPD)의 요구 능력을 평가하기 위한 목표가 포함되는데 이는 **초기운용시험평가**(IOT&E ; Initial Operational Test & Evaluation)를 통해 달성되었는지를 평가 한다.(필요 시 수행되는 **실무장발사시험평가[LFT&E ; Live Fire Test & Evaluation]**가 수행될 수 있다.) 초기 운용시험평가를 수행하기 위해서는 **운용시험준비검토(OTRR ; Operational Test Readiness Review)**를 통해 시험수행에 대한 계획, 자원 또는 시험 방법 등에 대한 평가를 수행한다. 초기 운용시험평가는 운용시험평가기관에 의해서 독립적으로 수행되며, 그 결과는 **완전가동양산 결정검토**(FRPDR : Full-Rate Production Decision Review)의 주요한 판단자료로 활용된다. 이 단계에서 시험평가 절차에서는 종종 개선 또는 재설계가 필요한 문제가 나타날 수 있다. 시험 환경이 사용자의 요구에 더 근접할수록 필요한 개선사항이 복잡하거나 감지하기 힘들 수 있다. 초기 양산 공정에서도 예상하지 못한 문제가 나타날 수 있으며, 이를 개선하기 위해 제품을 약간 수정하면 제조공정 또는 지원체계가 변경될 수 있다. 획득 전략에 따라 완전가동양산 및 배치를 통해 양산된 제품이 운용부대로 배치되어 운용되는 단계이다.

### ■ 운용 및 지원(O&S : Operations and Support)

운용 및 지원(O&S) 단계는 운용 현장에서 사용자가 무기체계를 사용하고, 이에 대한 군수 지원을 하는 단계이다. 이 단계의 핵심은 가장 경제적인 방식으로 무기체계를 유지하는 군수지원 체계를 운용하는 것이다. 그리고 이 단계에서는 지속적인 노력을 통해 안전하게 운용하면서도 가용성이 저하되지 않도록 원인 분석과 해결책을 수립하고 시행하는 활동이다. 이러한 노력에는 체계 및 군수지원체계의 변경, 절차 개선, 개조, 성능개량 등이 포함된다. 이 모든 변경 시에는 운용 상의 요구와 무기체계의 잔여수명, 상호운용성, 기술 발전, 부품 단종, 체계 노후화, 조기 고장발생, 사용 연료 또는 윤활유의 변경 등을 고려해야 한다. 그 다음으로 중요한 것은 체계의 내용연수가 도달했을 때 무기체계를 폐기하는 것이다.

### ■ 폐기(Disposal)

폐기 또는 폐기 및 비무장화 단계(Disposal and Demilitarization Phase)는 무기체계 및 지원 장비 중 일부가 수명, 경제적 효과, 신기술 등장 등으로 인해 수명이 다한 경우 폐기하는 것으로 환경, 인력 등의 위험을 고려하여 폐기를 진행하게 된다.

### ▥ 국방 프로그램 생애주기에서 이해해야 할 사항

프로젝트 관리자로서 미국의 국방 프로그램 생애주기에서 이해해야 할 사항은 무기체계의 개발목표를 수립하고 개발 프로젝트를 추진을 승인 받으면서 프로젝트는 시작되며, 프로젝트 결과물을 납품하는 함으로써 개발 프로젝트가 종료되는데, 이는 종료되는 의미가 아니라, 운용단계로 전환되는 것이다. 또한, **프로젝트 생애주기에서 납품(Deliverables)이라는 행위를 통해 프로젝트 관리에서 운용관리로 전환되지만, 이는 자연스럽게 겹치도록 되어 있다.** 최근 추진되는 무기체계 개발에는 진화적 개발전략을 취하는 프로젝트나 프로그램이 주류를 이루면서 하나의 프로젝트가 끝나고 이어지는 프로젝트와 프로그램들이 많아지면서 더욱 많은 영역과 범위에서 겹쳐지는 부분이 많아지고 있다. 이는 프로젝트 관리자 입장에서는 매우 복잡하고, 어려운 영역이 늘어나고 있음을 의미하기 때문에 앞으로는 보다 높은 수준의 프로젝트 관리 능력이 필요함을 인식할 필요가 있다.

앞에서는 일반적인 무기체계 개발을 위한 미국 획득체계의 프로젝트 생애주기와 단계별 수행 업무에 대한 개략적인 내용을 살펴보았다. 이제부터는 전투기와 같은 무기체계 개발을 위해 각 단계별로 수행되는 세부적인 내용을 설명하도록 하겠다.

다만, 무기체계 개발을 과정을 중심으로 설명하기 위해 요구 결정 과정과 군수품 솔루션 분석 단계는 생략하도록 하겠다.

무기체계 개발의 전체과정 중 기술성숙 및 위험감소 단계와 공학 및 양산 개발단계를 중심으로 설명하도록 하겠다.

# 무기 체계개발의 **전체 과정**의 요약

**3-6**

전투기 개발도 다른 무기체계와 마찬가지로 **사용자의 요구**(User Needs)를 바탕으로 **초기능력**(Initial Capabilities) **요구도**를 기준으로 대안분석을 통해 전술개발 등 비무기체계(Non-Material)에 의한 방안을 고려 후 **새로운 무기체계 개발**이 필요한지를 결정한다. **초기능력 요구서**에 명시된 운용 능력을 제공할 무기체계의 운용요구도는 **능력개발문서**(CDD ; Capability Development Document)로 구체화된다. **능력개발문서**(CDD)는 무기체계의 속성 및 목표값(Target)과 임계값(Threshold)을 사용하여 군사적 능력을 제시하는데, 모든 요구도는 정량화되고, 측정가능한 목표형태로 제시되어야 하며, 미 달성 시 전투력이 발휘되지 않을 정도의 **핵심성능지표**(KPP ; Key Performance Parameters)를 포함하여 명확화 하여야 한다. 프로젝트를 결정하는 최상위 의사결정자들은 주어진 임무를 수행할 수 있는 여러가지 무기체계의 솔루션(탱크, 미사일, 전투기 등) 중 대안 분석을 통해 합리적인 대안이 도출한다. 전투기와 같은 새로운 무기체계 개발에 대한 소요가 결정되었다면, 구체화된 제품이나 설계 개념을 명확히 해야 한다. 요구도목표를 구체화하는 과정에서 성능과 비용은 절충(Trade-off) 되는 개념이 적용된다. **기술성숙 및 위험감소**(Technology Maturation & Risk Reduction)**단계**에서는 요구된 성능과 비용간 절충(Trade-off)하면서 적절한 가격에 따른 합리적인 요구성능을 결정함으로써 구현 가능한 개발과 생산 프로그램이 될 가능성을 높인다. 이러한 과정은 한번에 완료되는 것이 아니라 요구도의 성숙과 검증, 절충을 반복하는 일련의 과정을 거치게 된다.

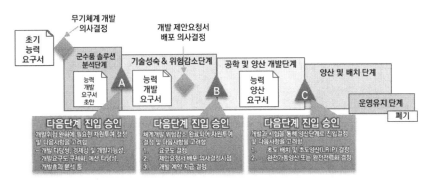

105

전투기와 같은 무기체계 개발에는 대규모의 국가자원이 투입되기 때문에 개발 실패에 대한 위험을 낮추고, 필요 기술 성숙도를 높이는데 소요되는 자원을 투입하기 전에 개발위험 완화계획에 대한 의사결정이 필요하다. 이 단계에서는 **기본설계검토**까지의 예비 설계 활동과 **기술 성숙도를** 높이기 위한 경쟁적인 시제기 기술시범 등을 포함한 활동을 수행한다. F-22, F-35와 같은 복수 경쟁시범을 하지 못한다면, 단일 기술 실증이라도 반드시 수행하도록 하고 있다. 개발위험을 객관적으로 평가하기 위해 **기술성숙도 평가**를 수행하며, 이를 위한 기술요소에 대한 분석과 평가가 수행된다. 이 평가결과는 프로젝트관리자로 하여금 위험완화계획을 수립하는데 참조(Rough Benchmark)를 활용된다. 이 단계에서는 기술, 공학, 통합 및 총수명주기 비용에 대한 위험을 줄이고, 다음 단계로 진입의 의사결정을 위해 개발 타당성, 경제성, 개발가능성, 개발요구도 구체화, 예산 타당성, 개발효과 등에 대한 분석을 포함한다. 이러한 분석과 필요 기술개발을 바탕으로 다음 단계로의 진입을 검토한다.

**공학 및 양산 개발**(EMD ; Engineering & Manufacturing Development)**단계**에서는 이전 단계 수립된 요구도를 기반으로 구체화된 상세 요구도를 규격서로 정리하고, 규격서를 충족 하는 제품을 개발해 도면화 하여 제품을 만든다. 만들어진 시제품으로 요구되었던 규격서와 요구도를 검증하는 일련의 과정을 수행한다. 개발은 개발 자체가 목표가 아니라 체계개발결과를 양산하기 위해 검증된 규격서와 도면을 만드는 것이다. 따라서 체계개발 과정의 가장 중요하고, 최종적인 산출물은 검증된 **규격서**(Specification)**와 도면**(Drawing)이다. 무기체계 개발기간 동안 양산단계로 진입준비를 수행한다. 체계개발이 일정 정도 종료되면, 가장 큰 결정은 **저율초기양산**(LRIP ; Low-Rate Initial Production)을 어느 정도 규모로 할 것인지, 어디에 어떻게 배치할지를 결정하는 것이다. 한정된 개발기간과 장소에서 검증된 개발품이 실제 전장이나 유사환경에서 재검증을 통해 보완사항을 도출할 필요가 있는지 판단에 따라 **운용시험**(Operational Test)를 수행하여 보완과정을 거치는데, 이 과정에서는 비용,일정이 소요되기 때문에 실패비용을 최소화할 수 있는 적정한 규모로 양산한다. 저율초기양산 후에는 개선 과정과 요구된 전력화 일정을 고려 다음 양산이나 **완전가동양산**(FRP ; Full Rate Production)을 결정한다.

# 기술성숙 및 위험감소 단계(탐색개발) 수행하기

3-7

전투기와 같은 무기체계를 개발하는데 많은 자원이 소모되기 때문에 개발실패에 대한 위험을 감소시키는 업무를 하는 단계가 필요하다. **기술성숙 및 위험감소 단계**(TMRR ; Technology Maturation & Risk Reduction 또는 이전의 TD[Technology Development])에서는 이러한 목적을 이루기 위해 다음과 같은 과제에 대한 답을 찾아야 한다.

1. 기능/성능 요구도(Requirement)의 성숙
2. 성능과 비용의 절충에 따른 요구도와 목표 비용의 설정과 조정
3. 요구되는 성능을 구현하기 위한 기술을 사전 확보 또는 개발가능성 확인
4. 현재의 기술수준 분석을 통한 체계개발 위험분석 및 완화계획 수립
5. 체계개발 프로그램의 비용과 일정 산정
6. 개발전략과 품질목표 설정

다만, 미국과 한국의 기술성숙 및 위험감소단계에서 요구하는 내용은 유사하나, 국가간 조직 및 제도가 다르기 때문에 다음부터 설명하는 내용의 세부적인 단계는 미국을 기준으로 설명하고 있음을 참고하기 바란다.

※ TMI : 미국은 TMMR단계에서 SRR, SFR, PDR 수행 후 EMD단계에서 CDR, FFR, SVR, FCA, PCA를 수행하지만, 한국은 탐색개발단계에서 SRR을 수행 후 체계개발단계에서 SFR, PDR, CDR, 시험평가, FCA, PCA를 수행한다.

**기능/성능 요구도의 성숙**은 앞 단계에서 설정한 초기 요구도를 기반으로 각종 분석을 통해 요구도에 대한 불확실성을 제거하고, 구체화(Tailoring)하는 과정임과 동시에 사용자의 요구도와 개발자의 이해 차이를 줄이는 일련의 과정이다. 이러한 과정이 필요한 근본적인 이유는 초기에 설정된 요구도가 너무 두리뭉실하기(Rough) 때문이다. 또한, 전투기와 같이 만드는 과정은 공학적인 과정이기 때문에 정량화가 필요하지만, 정량화 시 조건에 따른 범위 형태로 나타내기 때문이다.

예를 들어 지형추적 기능의 초기 요구도가 있었다면, 다음과 같은 요구도 구체화 과정을 거친다.

| 기술 성숙 및 위험 감소 단계 (TMRR 또는 TD단계, 탐색개발) | 초기 요구에 따라 초기단계 요구도분석(SRR/SFR)단계에서는 지형추적/지형회피 기능에 대한 진입 기동 묘사도를 작성하고, 필요한 상황들(기동조건, 각 임무장비의 자체점검 요구도, 체계 시험요구도, 세부계통 요구도 등), 작동 순서(Sequence), 각 순서 별 소요시간(Timeline), 진입 시 조종사의 필요 행동 및 제한환경들을 구체화한다. 또한, 지형추적 작전 지형 예측과 운용 환경 제한사항(자연 환경, 지형, 건물, 전자기환경 등)도 분석한다. 비상 시 상승회피 기동에 대한 묘사도와 상승회피를 발생시킬 수 있는 이벤트(불안전한 조건, 체계결함, 운용적인 환경제한 등), 작동 순서와 소요시간, 요구되는 조종사의 행동 등을 분석한다. 생리적이고, 심리적인 조종사 성능자료와 임무/위협 분석을 통해 구체화적으로 설정된 오인지율이 적절한지 확인한다. 이때 지형추적 기능 상실률과 요구된 오인지율은 일치한다.

기본설계(PDR)단계에서는 순항단계에서 지형 추적 고도까지의 변화를 보여줄 수 있는 초기 분석과 시뮬레이션을 수행해서 모든 필요한 단계와 각 단계별 소요시간들에 필요한 요구도를 분석한다. 분석을 통해 지형추적 수행 중 센서와 피드백 되는 정보에 요구되는 수용가능한 기준을 설정한다. 핵심 센서와 피드백 되는 정보의 매개변수는 항공기 고도, 속도, 위치, 가속, 지형 정보 등이 포함되며, 정확도, 해상도, 빈도, 탐지범위도 설정한다. 분석을 통해 지형추적 기능 수행 시 요구되는 조종사의 조종성(Handing Quality) 요구수준도 설정한다. 지형추적에 대한 설계 아키텍처를 설정 시 결함의 보고 실패의 지연이 최소화될 수 있도록 하고, 고장 조건 하에서도 상승회피 기동이 계속 작동할 수 있도록 보장하며, 비행제어 계통의 결함이 거의 발생하지 않도록 해야 한다. 상승회피기동은 자동 또는 수동으로 해제하는데 필요한 로직과 제어조치를 하도록 요구도를 설정한다. 구성된 시뮬레이션을 활용하여 상승회피기동 시 조종사의 작업부하를 분석하여 요구수준을 설정하고, 조종사의 제어와 시현체계의 요구도를 설정한다. 탐지 범위와 반응속도, 연산과 데이터 속도에 대한 요구도도 설정한다. 예비설계를 통해 오인지율에 대한 예측분석을 수행한다. |

| 체계 개발 단계 (EMD) | 이러한 과정으로 성숙된 요구도를 기반으로 체계개발 시 상세설계(CDR)단계에서는 설계를 구체화하여 시뮬레이션 인프라를 구축하여 순항고도에서 지형추적 고도로 진입을 모사할 수 있는 Pilot-in-the Loop 시뮬레이션과 같은 조종사가 참여하는 시뮬레이션과 데모를 수행해 설계를 피드백 하여 성숙도를 높인다. 실제 하드웨어를 사용하는 아이언 버드(Iron Bird)와 같은 지상 인프라와 시험 비행기(Flying Test Bed) 시험을 거쳐 설계의 성숙도를 지속적으로 높인다. 높아진 설계 성숙도를 바탕으로 전투기 비행시험을 통해 이를 최종 검증한다. 지상 및 비행시험 시 조종사의 평가에 따라 조종성(Handing Quality)을 평가 받아 설계 성숙도를 보완하는데 사용한다. 임무 묘사도별 구체화된 운용 환경 하에 최소 안전고도로 전환하는 요구도, 정상적인 지형추적 성능, 비상 시 기능적으로 상승회피 하는 성능과, 비상 시를 감지하는 성능, 결함을 오인지 할 수 있는 비율들을 최종 확인 및 검증한다. |

앞의 과정에서 알 수 있듯이 기능과 성능 요구도를 성숙시키는 과정에서는 많은 분석을 통해 요구도를 구체화를 시킨다. 이 분석에서는 많은 M&S방법들이 동원되며, 이에 대한 원천 자료와 방법론들의 개발이 필요하다.

이 과정에서 가장 어려운 부분은 수용 가능한 기준, 요구도 수준, 기준을 설정하는 것이다. 이는 이후 수행되는 공학적인 과정에서 요구되는 자료들이 모두 정량적이어야 하며, 정량적인 수치들은 정확한 판단을 위한 가정 조건, 설정조건들이 현실적이어야 하기 때문이다. 현실적인 기능과 성능 요구도는 체계개발 시 시행착오를 줄이면서 성공적인 개발을 가능하게 한다. 이 단계에 많은 시간이 필요로 하는 이유가 여기에 있으며, 국가 기술력의 수준 차이는 이 부분에서 나타나게 된다.

**성능과 비용의 절충에 따른 요구도와 목표 비용의 설정과 조정**에서는 성능-비용 간의 절충(Trade-off)라는 개념으로 목표비용을 설정하는 과정이다. 기술성숙 및 위험감소 단계와 체계개발단계에서 모두 **CAIV**(Cost as Independent Variable)를 통해서 목표비용과 총수명 주기비용을 관리하지만, CAIV를 수행하기 위해서는 목표비용을 설정해야 한다. CAIV의 기본 철학은 비용이 독립적인 변수(Independent Variable)라는 것이며, 비용이 설계의 결과값이 아닌 주요한 입력으로 통제되고, 관리되어야 하는 대상으로 봐야 한다는 것이다. 미국은 국방개혁과 국방예산감소에 따라 1995년 획득기술군수실(AT&L)에서 CAIV개념을 제시하여 적용되고 있으며, 개발 및 양산 비용이 큰 주요 사업(ACAT I, IA)에 적용하고 있다. 다만, 어떤 기능과 성능 요구도의 선택 여부가 어느 정도의 개발비용, 양산비용, 총수명 주기 비용이 변경될 것인지를 산출하고, 예측하기 위해서는 많은 선행 프로그램의 경험과 자료의 분석이 요구된다. 동시에 어떤 기능과 성능 적용 여부에 따라 전투력이 어느 정도 상승 또는 하강할지에 대한 분석도 요구된다. 최종적으로 아래와 같은 분석결과 도출이 필요한다.

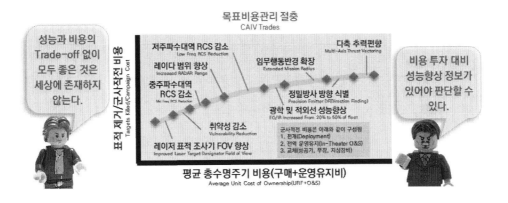

**요구되는 성능을 구현하기 위한 기술을 사전 확보**(기술개발, 시연을 통한 확인)에서는 기능/성능 요구도에 따른 기술을 사전에 개발하거나, 시연(Demonstration)을 통해 기술개발 가능성을 확인하는 것이다. 특히 미국에서는 획득비용이나 총수명주기 비용이 매우 크고, 장기간에 걸친 프로그램을 진행하기 때문에 경쟁적인 시제품 시연을 요구하고 있으며, 경쟁적인 시제품 시연이 가능하지 않는 경우에도 체계 또는 부체계 수준의 단일 시제품 시연을 수행하도록 하고 있다. 결국 이 방식이 시연에 소요되는 비용이 소모되더라도 획득프로그램 전체 비용을 줄일 수 있는 위험감소 방안이기 때문이다.

현재의 **기술수준 분석**을 통한 체계개발 위험분석 및 완화계획 수립은 체계개발 시 높은 요구도의 기술수준 및 시행착오를 통한 체계개발의 비용과 일정이 증가하는 것을 최소화하기 위해 위험관리 일환으로 수행된다. 기술성숙도평가(TRA)는 무기체계에 적용되는 핵심기술요소들(CTEs ; Critical Technology Elements)이 어느 정도 성숙되어 있는지 정략적인 지표로 평가하는 방법론이다. 기술성숙도 평가는 나사(NASA)에서 시작되어 1990년대 본격적으로 도입한 제도이며, 2000년대 미국 국방성에서 도입하여 획득 프로그램에서 기술개발로 인해 비용, 일정에 영향을 미치는 특정기술을 객관적으로 평가한다. 기술성숙도 평가는 핵심기술요소들을 각각 TRL 수준(Level)으로 평가한다. TRL은 1~9수준으로 평가된다. TRL 9수준으로 갈수록 기술수준이 높아 개발 위험이 낮다는 의미이다. 이는 NASA의 28개 프로그램을 분석한 결과를 바탕으로 TRL 수준별 사업 영향성은 TRL 4 수준인 경우 계획대비 사업비용은 2배 이상, 일정도 2배 이상 소요될 수 있다는 의미이며, TRL 6 수준인 경우는 계획된 사업비용 수준으로 수행되고, 일정은 약간 증가 할 수 있는 정도를 의미한다. 다만, 기술성숙도 평가는 획득 프로그램에서 개발위험 관리 중 하나의 방법이며, 두루뭉실한(Rough)한 분석이고, 경험과 일부 전문가 평가이므로 개발 위험을 결정하는 요소는 아니다.

110

실제로 선호하는 설계 및 권장되는 위험완화와 관련된 실제 위험의 심도있는 분석은 별도로 수행되어야 한다. 즉, 프로젝트 관리자는 TRL 수준을 개발위험을 사전 식별하고, 위험을 완화하거나 회피할 수 있는 계획을 수립하고, 대안을 마련하기 위한 목적으로만 사용되어야 한다는 의미이다. 세부내용은 뒤에서 설명하도록 하겠다.

**체계개발 프로그램의 비용과 일정 산정**은 앞의 과정에서 성숙된 요구도와 그에 따른 기술개발의 위험성 판단 후 체계개발 시 소요되는 요소들을 식별하고, 이 요소들을 획득하고 개발하는데 소요되는 일정을 산출한다. 큰 틀에서의 개발 비용과 일정의 산출은 기 수행된 체계개발의 사례를 참조하여 산출될 수 있으나, 이러한 분석을 수행하기 위해서는 많은 프로그램 사례와 세부적인 분석결과를 기반으로 수행되어야 한다. 개발 비용산정을 위해서 범용으로 사용되는 M&S 도구를 사용하여 산출할 수 있으나, 개별 프로그램의 특성은 별도로 고려하여야 한다. 개발일정은 업무분할구조 (WBS ; Work Breakdown Structure)의 각 구성요소별 요구되는 일정을 고려하되 구성요소간 상호관계, 자원, 제약사항들을 고려하여 전체 체계개발 일정을 산정한다.

**개발전략과 품질목표 설정**은 체계개발의 프로젝트별 특성에 따른 국제공동개발, 진화적 개발전략, 시험평가 전략 등과 같은 개발을 추진하는 큰 틀의 전략과 목표 RAM 값, 품질 목표 등과 같은 품질목표를 설정하는 것이다. 전투기 체계개발과 같이 대규모 국가자원이 소요되는 프로젝트는 공동 개발을 통해 자원의 분배, 개발위험의 분산, 시장의 개척을 동시에 취할 필요가 있다. 특히, 국제공동개발은 부족한 자원과 기술을 공유하고, 공동안보를 추구할 수 있는 훌륭한 수단이다. 전투기와 같은 첨단 무기체계는 기반기술의 진화속도가 빨라 총수명주기간 단종과 성능개량 소요가 지속적으로 발생함은 물론 개발위험을 완화하기 위해 진화적 개발전략을 취할 필요성을 타진해야 한다. 시험평가는 많은 시간과 자원이 소모되는 과정이다. 가급적 실제 환경에서의 시험이 필요하지만, 자원과 시간이 한정적이기 때문에 최적의 시험평가 전략을 수립할 필요가 있다. 목표 RAM값의 설정은 앞에서 설명했던 바와 같이 예산(돈)과 매우 밀접하기 때문에 적정 수준의 목표를 고려한 적정한 정비개념의 수립으로 절충되어야 한다. 품질 목표도 자원을 고려하여 적정수준의 절충점을 마련한다.

# 공학 및 제조 개발 단계(체계개발) 수행하기

기술성숙 및 위험감소 단계를 거쳐 요구도의 성숙, 목표비용 설정, 기술확보 및 위험완화 계획 수립, 체계개발 비용 및 일정 산정, 개발전략과 품질목표가 수립되었다면, 체계개발로 진입할 준비가 되었다. 체계개발 단계에서는 사용자의 요구도를 보다 구체화 하면서 설계를 수행하여 이를 규격서(Specification)에 반영한다. 규격서의 요구도를 만족하는 설계를 수행하여 확정된 설계, 도면(Drawing)을 기반으로 제품을 제작하여 요구도들을 만족하는지 검증하는 시험평가 과정을 거쳐 최종적으로 검증된 규격서와 도면을 산출하는 일련의 과정이다.

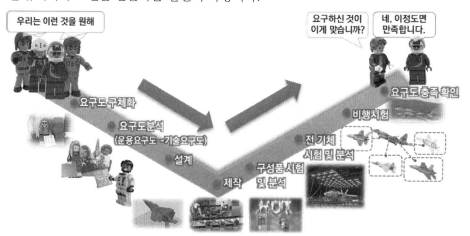

다만, 이러한 일련의 과정은 말보다는 매우 복잡한 과정을 거치게 된다. 매우 복잡한 과정을 거치게 되는 이유는 각 과정은 유기적으로 연동되어 있으며, 상호 보완적인 성격의 모든 업무가 사람에 의해 수행되기 때문이다. 이는 모든 구성원이 하나의 목표를 위해서 업무를 수행하지만, 모두가 다른 방식으로 업무를 수행하기 때문이며, 때로는 일부가 다른 목표를 위해 업무를 수행하기 때문이다. 다른 방식들을 한 가지 방법론이나 이론으로 묶는 것은 매우 어려운 일이다. 왜냐하면 현재 현실 세계에는 너무 많은 방법론이 존재하며, 프로젝트마다 중요한 과정, 상황, 자원, 과정, 프로세스, 결과들이 다르기 때문이다.

전투기와 같은 복잡한 프로젝트에서 효율적인 수행을 위해 체계공학을 사용한다. 체계공학 관리는 근본적으로 **동시공학의 철학**을 담고 있다. 동시공학은 1980년대 DARPA(Defense Advanced Research Projects Agency)에서 시작된 방법론이다. 동시공학 (CE ; Concurrent engineering)은 제품 설계단계에서 제조 및 총수명주기까지도 함께 통합적으로 감안하여 설계하는 시스템적 접근방법이다. 이 방법은 설계 초기부터 요구도, 생산, 품질, 원가, 일정 등을 감안하여 개발하도록 하는 것이다. 이를 통해 개발의 리드타임(Lead Time)을 최소화할 수 있으며, 설계 수정을 최소하고, 품질향상 및 소요 자원을 최소화를 기대할 수 있다. 다만, 이를 위해서는 몇 가지 전제사항이 충족되어야 한다. 그 전제사항은 설계단계에서 다음 수행할 공정(제조, 시험단계 등)이나, 해당 설계에 대한 다양한 분야의 전문가에 의한 검토 수행, 컴퓨터 기반 M&S 활용, 자료의 공유 확대, 수행조직의 지원이다.

따라서 미 국방획득 가이드 북에서 제시하고 있는 체계공학 방법론은 **각 단계를 나누고 각 단계별로 수행해야 할 일과 다음 단계를 위한 준비를 동시에 수행**한다. **각 단계별 다양한 분야 전문가들을 참여시켜 검토하여 다음단계로 전환을 용이하게 하고, 재설계 등의 실패비용을 줄임으로서 최적의 비용과 일정으로 개발이 가능**하도록 하고 있다.

국가별로 획득체계에서 요구하는 체계공학관리 방법론은 상이하지만, 요구도와 설계를 확정하고, 시제품의 제작 단계로 진입을 검토하는 것은 동일하다. 확정된 요구도를 기준으로 설계된 형상은 시험에 들어가기 전에 M&S를 통해 실제와 유사한 수준으로 분석하여 시험의 실패 가능성을 줄이는 일을 병행하며, 이 과정에서 요구도를 다시 수정한다. M&S를 수행하는 근본적인 이유는 비용을 줄이면서, 시험실패로 인한 매몰비용을 최소화하기 위해서이다.

확정된 설계에 따라 **시제품 제작 단계**에서는 제조기반 기술로 설계에서 요구한 제품을 생산한다. 이 과정에서 설계단계에서는 고려하지 못한 사항에 대한 수정사항이 발생할 수 있으며, 이러한 사항에 대한 보완작업을 수행한다. 다만, 이러한 과정에서의 보완은 비용이 수반된다. 예를 들어 설계에서는 복잡한 형상으로 설계할 수 있으나, 제작 시 제작기구가 접근이 안되거나, 요구 품질 또는 공차가 나오지 않아 제작이 가능한 수준으로 설계를 수정해야 할 수 있다. 동시공학 철학에 따라 설계 검토 시 생산 전문가를 참여시켜야 하는 이유가 여기에 있다. **시험단계**에서는 검증의 방법에 따른 계측과 시험할 수 있는 준비를 수행해야 한다. 이 과정에서는 다양한 계측장비와 센서가 필요하다. 때로는 원격계측을 위한 장비, 센서, 주파수, 인프라 등이 필요할 수 있다. 시험은 구성품(Component) 단위의 시험부터 부체계(Sub-Assembly), 체계(System) 단위로 수행되며, 요구도를 충족하는지에 대한 검증 관점에서 수행된다. 검증과정에서 요구도의 불충분성, 불명확성 등에 대해서는 요구도 설정의 근본적인 목적을 충족시키는 기준으로 조정할 수 있다. **확인단계**에서는 요구도에 따른 검증결과를 대조하여 요구도 충족여부를 판단하고, 검증된 형상을 기준으로 설계자료를 정리하여 양산단계로 진입을 준비한다. 체계개발 동안 요구도를 지속적으로 추적관리를 하고, 제작 및 시험 등의 과정에서 발생하는 설계변경을 반영 하였다면, 이러한 과정은 순탄하게 진행할 수 있지만, 그렇지 않은 경우 많은 시행착오를 겪을 수 있다.

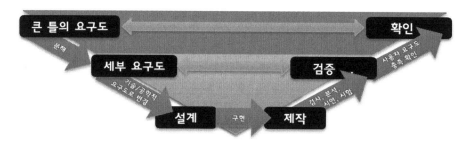

위에 제시되어 있는 **V모델**을 포함한 프로젝트의 결과물을 만드는 과정에 대해서는 프로젝트 관리영역에서 다루는 부분이 불명확하지만, 전체적인 관리를 위해 이를 이해해야 한다. 다만, 전투기 개발과 같은 복잡한 무기체계의 개발에는 다양한 개발의 영역이 존재하기 때문에, 이를 통합하여 관리하는 방법론인 체계공학을 통해 관리를 수행한다. 체계공학에서 관리되는 많은 영역에 대해서는 추후에 설명하도록 한다.

# 프로젝트 관리는 어떻게 하는 것인가?

`3-9`

### ■ 프로젝트 관리는 어떻게 수행하나?

프로젝트 관리에 대한 설명은 국제표준(ISO)와 PMBoK를 기반으로 국방 프로젝트에 적합하도록 설명하도록 하겠다. 프로젝트 관리는 프로젝트 관리자가 단계별로 각 영역에서 필요한 지식과 활동을 체계적이고, 통합적인 관점에서 수행할 수 있도록 방법론과 도구들을 제공한다. 프로젝트 관리자는 방법론이 제공하는 절차에 따라 착수-기획-구현-통제-종료단계를 거치며, 각 영역의 활동을 관리하면서 자원과 가용시간을 통제하여 제약조건 내에서 목표를 달성하도록 해야 한다. 프로젝트 목표 달성을 위해 프로젝트 관리에서 가장 중요한 활동은 이해관계자의 요구와 기대치를 충족하기 위해서는 상충될 수 있는 다음과 같은 영역에 대한 균형을 맞추는 것이다.

- 범위(Scope), 일정(Schedule), 비용(Cost), 품질(Quality)
- 요구(Needs)와 기대(Expectations) 또는 원하는 것(Wants)이 다른 이해관계자
- 요구(또는 요구도)를 식별하거나, 요구도(또는 기대)를 식별하지 않는 것

프로젝트 관리자는 **착수단계**에서 주어진 책임과 권한 내에서 프로젝트를 목표를 선정하고, 최종 산출물, 범위, 가치 등이 명시된 목표를 설정하고, 이를 헌장(Charter) 형태로 문서화 한다. **기획단계**에서는 프로젝트의 초기 과정에서 설정한 프로젝트 전체의 요구도와 제약 조건을 충족하기 위해 계획을 수립한다. 기획 단계에서는 요구도 분석, 설계 솔루션(Solution)의 조사, 기술-비용-일정 절충을 통한 최적의 솔루션을 수립 등을 통해 **"획득전략"**이라고 불리는 총괄적인 획득계획을 수립한다.

획득계획에는 프로젝트의 특정 단계별로 구체화한 계약이나 기술, 일정 및 재무 측면의 계획을 상세히 기술하도록 한다. 획득계획에는 프로젝트 내의 다양한 기능(즉, 체계공학, 시험평가, 군수지원, 소프트웨어 개발 등)과 관련하여 획득전략이 어떻게 수행될 것인지를 상세히 기술된다. 계획 수립 시 목표 달성을 위한 일정은 지속적으로 최신화 하며 이 일정에는 다양한 마일스톤(Milestone)이 포함된다. 프로젝트 기획단계에서 중요한 다른 측면은 예산이다. 예산은 수행될 작업(Tasks)에는 초기 비용의 추정치를 개발하는 것, 예산을 확보하는 것, 필요한 자금을 지출하는 것이 포함된다. **구현 단계**에서는 계획에 따라 수행되는지를 관리조직에 의해서 관리하며, 품질, 구매, 이해관계자 관리 등을 수행한다. **통제 단계**에서는 구현되는 활동을 감시 (Monitoring)하고 평가하여 프로젝트 목표와 일치되는 방향으로 진행되고 있는지 확인한다. 통제 활동에는 프로젝트 단계별 검토회의, 계획 대비 실제 비용 측정 등의 활동이 포함된다. 또한, 프로젝트의 내부적 측면(예를 들어 계약 관리, 조직관리 등)을 관리하고, 프로젝트의 결과를 흔들 수 있는 외부 기관(예를 들어 국회 또는 감사부서 등)을 모니터링 하는 활동도 포함된다. 통제 활동에는 요구도가 명확히 정의되고 구체화되어 있는지, 충분한 자금이 확보되고 있는지, 리스크가 관리되고 있는지, 초기 획득전략이 건전한지 등을 판단하기 위한 프로젝트 평가를 수시로 수행할 수 있다. **종료 단계**에는 프로젝트를 평가하고, 실적 및 자산을 정리하여 차기 프로젝트에 활용하도록 하는 활동을 수행한다.

프로젝트 관리 활동은 프로젝트 관리자 단독으로 수행될 수 없기 때문에 조직이 필요하다. 이에 따라 프로젝트 관리자는 자원을 조직화하고, 프로젝트에 필요한 활동을 수행할 수 있는 적절한 관리자들을 확보해야 한다. 프로젝트 관리자는 관리 인력에 대한 인력 양성과 훈련, 동기 부여 및 필요한 작업을 수행하도록 조직을 구조화해야 한다. 최근에는 통합프로젝트팀(IPT ; Integrated Project Team)의 형태로 프로젝트를 중심으로 권한과 책임을 가진 다양한 분야의 관리자로 구성된 인력을 조직하고 있다.

## ▒ 프로젝트 관리의 구체적인 작업들(Tasks)과 도구들(Tools)

　무기체계를 개발하는 프로젝트에서는 정부기관을 대신하여 개발 및 생산 작업을 수행하는 무기체계 개발기관이 필요하며, 이 기관은 통상 계약적으로 종속되기 때문에 계약자로 지정된다. 프로젝트 관리에서는 계약자로 하여금 여러 가지 작업을 수행하도록 하는데 이 작업은 작업분할구조(WBS)형태로 각각 요소들을 공식적으로 정의한다. WBS는 계약자/개발자가 단독인 프로젝트에만 적용하는 것이 아니라, 복수 이상인 프로그램에서도 적용되며, 복수 이상의 프로젝트를 가진 프로그램에서는 하나 또는 복수의 WBS를 분할하는 형태로 수행될 수 있다. 이렇게 상위-하위 형태의 프로젝트나 복수 이상의 프로젝트가 수행되더라도 아래와 같은 작업은 공통으로 수행된다.

1. 계획 및 통제
2. 형상관리
3. 기술자료(데이터) 관리
4. 공급망 관리

▒ **계획 및 통제 작업**은 프로젝트 계약자 작업분할구조(CWBS ; Contractor WBS) 관리, 일정 관리, 예산 관리, 경영진 및 정부기관 보고 등을 수행하는 것이다. 계약자 작업분할구조는 계약에서 수행되는 활동(Activities)을 상세히 기술하고, 작업내용을 변경시 합의를 통해 갱신하는 것이다. 일정 관리는 계약자가 수행할 구체화된 작업 활동을 상세히 기술하고 계약 내 다른 활동들과 어떻게 관련되어 있는지를 통합일정(IMS ; Integrated Master Schedule)을 통해 관리하는 것이다. 예산관리는 계약 일정 및 경과에 따라 비용정보를 수집하고, 예산 및 비용을 통제하는 것이며, 발생하는 비용은 비용성과보고서 형태로 정부 및 관련부서에 보고하여 예산 관리하는데 활용된다.

▒ **형상관리(Configuration Management)**는 초기 형상에서 최종 제품까지의 변경사항에 대해 문서화하여 추적, 유지, 관리하도록 하는 것으로 이를 위해서 식별, 통제, 확인하는 활동이 포함된다. 형상 변경을 추적관리하기 위해서 필요한 모든 하드웨어 및 소프트웨어 기술자료를 식별하고, 문서화하여야 한다. 형상관리에는 주체계나 상위체계만을 대상으로 하는 것이 아니며, 하위 체계 및 협력업체의 형상관리 까지를 포함되어야 한다.

118

■ **기술자료(데이터) 관리**는 사용자가 필요한 모든 프로젝트 기술자료를 관리하고 통제하는 활동이다. 기술자료를 관리하기 위해서는 제공되는 정보를 식별해야 하며, 이에 따라 정부는 제공될 기술자료에 대해 계약자와 협상하여 계약자 기술자료 요구 목록(CDRL ; Contractor Data Requirements List) 또는 공급자 기술자료 요구 목록(SDRL ; Supplier Data Requirements List) 형태로 구체화 후 이를 계약의 일부로 공식화한다. 여기에는 계약자의 의무사항으로 기술관리 계획 수립, 유지, 구현하는 것이 포함한다.

■ **공급망 관리**는 하위 협력업체의 대상 품목 및 정부가 공급하는 관급품목(GFE ; Government Furnished Equipment)이 주계약자에게 전달되도록 하는 활동이다. 주계약자는 프로젝트에 필요한 정부 관급품목을 제공하는 기관이나 하위 협력업체 사이의 연결고리 역할을 담당한다. 이 활동에는 대상 품목의 상태가 프로젝트의 목표에 부합되는지를 확인하기 위해 대상품목을 관리하고 통제하는 작업도 포함된다.

**프로젝트 관리활동**은 사용자의 요구를 충족하기 위해 제품 설계 및 계획, 통제 및 개선하는 기본적인 작업을 중심으로 이루어지며 균형 있는 개발을 위해 여러 가지 도구를 활용한다. 기획단계의 주요 관리도구는 **계약(Contract)**과 **작업분할구조(WBS)**, **통합기본일정(IMS ; Integrated Master Schedule)**, **비용분석도구(Cost Analysis Tools)**이다.

• **계약(Contract)** : 계약은 기획단계에서는 무기체계 획득 시 고려중인 체계와 관련된 산업계의 계약자와 정부 간의 동의를 제공하는 도구이다. 계약은 제안요청서(RFP ; Request of Proposal), 작업명세서(SOW ; Statement of Work) 또는 목표명세서(SOO ; Statement of Objecticve), 규격서(Specification), 기술자료요구목록(CDRL 또는 SDRL) 등과 같은 문서들의 결과이자, 이들을 통해 구속하는 도구이다. 제안요청서(RFP)는 요구를 설정하고, 그 요구를 충족시킬 수 있는 가능한 공급업체로부터 제안되는 솔루션(Solution)을 공개적으로 요청 하는 문서이다. 작업명세서(SOW)는 계약자에게 공식적으로 요구되는 것을 기술한 것이며, 규격서(Specification)는 기술적인 체계 요구도를 수립한 것이고, 계약자 기술자료요구 목록(CDRL 또는 SDRL)은 계약에 의해서 전달될 기술자료를 정의하는 것이다.

- **작업분할구조(WBS)** : WBS는 계약에 따라 수행될 작업에 대한 공식적으로 정의한 것이며, 이는 각종 계획 문서들과 연계된다. SOW 또는 SOO를 수행하면서 산출하는 모든 하드웨어, 소프트웨어, 서비스 및 데이터를 자세히 기술하는 제품 중심의 계층구조 형태(하위 수준의 요소가 합쳐져 상위 수준의 요소를 충족시킴)로 작성된다. 정부와 계약자 모두 WBS를 공통된 도구로 활용하여 작업을 관리하는 도구로 사용한다. MIL-HDBK-881(구 MIL-STD-881)은 관심 프로젝트에 특정한 WBS를 개발 하기 위한 지침으로 다양한 일반 군사 제품 범주에 대해 몇 가지 WBS를 제공하고 있다. 이러한 일반적인 WBS는 프로젝트의 특정 요구에 맞게 조정할 수 있다.

- **통합기본일정(IMS)** : WBS에서 구체화된 활동(Activity)을 완료하는데 필요한 작업들과 작업들 간의 네트워크를 구조화한 일정이다. 프로젝트 관리자는 모든 이해관계자로부터 필요한 작업, 자원, 산출물 등을 포함하는 범위로 일정을 구성해야 한다.

- **비용분석도구(Cost Analysis Tools)** : 국방분야의 비용분석 도구의 주요 수단은 2가지가 있다. EVM(Earned Value Management)은 계획된 작업 일정과 비교하여 계약자의 비용 및 진행률을 측정할 수 있는 수단을 제공한다. 설계에 따른 결과물의 비용추정을 위해 DTC(Design to Cost) 도구를 사용하여 평균 단위 생산원가를 최소화하는 동시에 필요한 성능을 달성한다는 목표를 가지고 생산원가를 추적하는데 활용하였으나, 이 방법은 CAIV(Cost as an Independent Variable) 도구에 의해서 대체되었다. CAIV는 프로젝트에 대한 목표비용을 설정하고, 관리하는 목적으로 사용하지만, 총 수명주기 비용을 고려하며, 성과와 일정을 비용 대비 효과로 비교 분석하여 프로젝트의 결과물의 적정 비용 목표가 달성될 수 있도록 활용하고 있다. EVM과 CAIV를 기획단계 도구로 소개했지만, 각 단계별로 지속적으로 활용된다.

프로젝트 관리에서는 기획단계에 수립된 계획에 따라 구현하고, 통제/감시를 통해 적절히 통제 및 조정하는 행위를 제시하고 있지만, 구체적인 개발행위를 위한 방법론이나 도구를 제공하고 있지 않다. 제품을 만드는 설계 단계부터 대부분 업무는 체계공학이 차지한다. **이제부터는 체계공학(System Engineering)이 무엇인지에 대해 알아보도록 하자.**

# 체계공학(System Engineering)은 무엇인가?

## 체계공학(SE)는 무엇인가?

체계공학은 1950년대에 미국의 대륙간 탄도 미사일(ICBM) 프로그램을 통해 별도의 공학 분야로 처음 등장했다(Przemienieki, J.S. 1993). 미 군사규격인 MIL-STD-499에서는 **체계 공학은 여러 학문분야가 관련된 접근방식(Approach)**이라고 설명한다. 이 접근방식을 통해 프로젝트 요구(Needs)를 충족하는 체계의 개발이 수명주기적으로 균형 있는 일련의 제품 및 프로세스 개발이 되도록 하고, 이를 검증하기 위해 사용된다. 이러한 접근방식이 필요한 것은 체계 수명주기 동안 주어진 문제들을 설계 요구도로 전환하고, 사람들과 제품, 프로세스를 구성하는 통합된 체계적인 솔루션(Solution)을 제공해야 하는데, 이것이 매우 어렵고 복잡하기 때문이다. 체계공학에서는 다음과 같은 주요활동을 하게 된다.

1. **체계 제품 및 프로세스의 개발, 제조, 검증, 배치, 운용, 지원 및 폐기와 관련된 과학 및 공학 활동을 일정한 방향으로 조정(포함)하도록 하는 활동을 수행한다.**
2. **사용자의 훈련에 필요한 장비, 절차 및 데이터 개발한다.**
3. **체계의 형상 정의, 변경 및 유지 등 형상관리를 수행한다.**
4. **작업분할구조(WBS) 및 작업명세서(SOW)를 작성한다.**
5. **프로젝트 관리자에게 의사결정에 필요한 정보를 제공한다.**

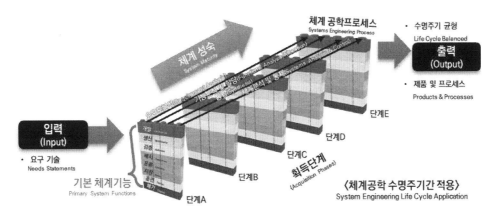

〈체계공학 수명주기간 적용〉
System Engineering Life Cycle Application

### ▦ 체계공학(SE)은 여러 학문분야를 어떻게 조합하나?

체계공학의 정의와 같이 체계공학은 다양한 배경의 많은 사람들을 하나의 방향으로 조정(포함)하기 위해 **반복적인 과정**(Iteration)이 필요하다. 체계공학에서는 설계 공학자뿐만 아니라 군수지원담당, 형상관리 및 데이터 관리자, 시험평가담당, 제조 인력, 품질 관리 인력, 비용분석가, 최종사용자 및 프로젝트관리자도 포함한다. 프로젝트 프로세스에서 공통적으로 적용되는 기능이 **신뢰성**(Reliability), **정비성**(Maintainability), **생산성**(Producibility), **생존성/취약성**(Survivability/Vulnerability) 등의 이른바 '**~능성**(-bility)'을 접미어로 사용하는 기능들이다. 이러한 기능들을 담당하는 사람들의 관점사항은 아래와 같다. 체계공학에서는 각 분야의 다양한 배경의 요구도 간의 상충하는 사항들을 종합하여 프로젝트 목표달성의 효율성을 기준으로 **절충**(Trade-off)**하는 형태**로 수행된다.

- 신뢰성공학자들은 체계가 임무상 고장없이 특정기간 동안 의도한대로 작동하는지 확인하는 것에 관심이 있다.
- 정비성공학자들은 고장이 발생한 경우 항목을 수리하는 데 필요한 자원(시간, 기술 및 재료)에 관심이 있다.
- 생산성공학자들은 기존/신규 생산공정을 통해 얼마나 잘 제조될 수 있도록 설계되었는지 관심이 있다.
- 생존성/취약성공학자들은 인간이 만든 적대 환경을 회피하거나 견디는 체계성능을 갖추는 것에 관심이 있다.
- 인간공학자들은 인간과 체계의 상호작용과 성능에 관심이 있다.
- 안전공학자들은 위험 또는 잠재적 사고에 대한 설계를 평가하기 위해 기술적 분석에 관심이 있다.
- 비용공학자들은 필요한 기능을 최저의 프로젝트 비용으로 달성하는 것에 관심이 있다.
- 체계공학의 품질공학자들은 전체 프로세스(설계, 개발, 제작, 가공, 조립, 검사, 시험, 유지보수, 납품 및 현장 설치)의 절차를 평가하여 적절한 품질을 보장하는 것에 관심이 있다.
- 부식방지공학자들은 설계(주계약자 및 협력업체)를 분석하여 체계의 부식 예방 및 제어하는데 관심이 있다.
- 총수명주기 비용분석가들은 프로젝트의 시작부터 폐기까지의 프로젝트 비용 추정치를 개발에 관심이 있다.
- 목표비용관리(CAIV)와 총수명주기 비용분석가들은 종종 원하는 단위 생산비용 목표 달성을 위해 설계 솔루션 (Solution)별 대안에 대한의 비용 영향성에 관심이 있다.
- 표준화 관리담당은 기존 산업능력 내에서 고유한 부품, 재료 및 공정의 수를 최소화하는데 관심이 있다.
- 통합군수지원(ILS) 담당자는 체계를 효과적으로 작동하도록 하면서 최적의 비용과 효과를 고려하여 계속적으로 지원하도록 하는데 관심이 있다. 통합군수지원은 주 체계와 별개의 체계이지만, 총수명주기의 관점에서는 주 체계를 효율적으로 운용하기 위한 군수지원분석(LSA ; Logistics Support Analysis) 활동 등의 반복적인 활동을 통해 체계의 모든 요소를 분석하여 계속적인 지원활동의 효과적인 방안을 모색한다.

■ **체계공학(SE)의 기본 프로세스**

  체계공학의 기본 프로세스는 요구(Needs), 요구도(Requirements)를 성공적으로 제품
이나 프로세스로 변환하는 것이다. 이 과정은 주어진 요구나 요구도, 기술적 기반으
로 여러 분야의 기술적 관리방안을 통해 효과적인 체계를 만들기 위한 조정되며, 갱
신되는 반복적인 형태로 수행된다. 체계를 만들기 위한 설계 솔루션(Solution)의 선택
은 기술, 예산 및 일정에 의해 부과되는 제약사항과 주어진 요구에 따라 균형을 찾아
가게 된다. 이 과정은 아래와 같다.

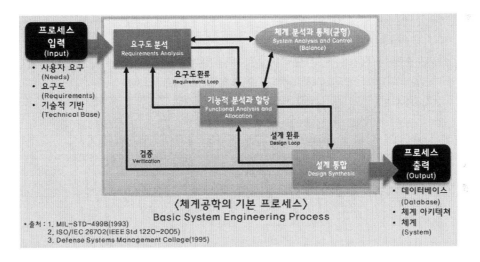

■ **프로세스 입력** : 프로세스는 사용자의 요구 및 요구도의 입력으로 시작하며, 입력
  에는 체계에 요구되는 임무 또는 성능에 대한 정보와 사용할 기술에 대한 정보가
  포함되어야 한다.

■ **1단계-요구도 분석** : 이 단계에서는 사용자의 요구를 더욱 명확히 도출하며, 요구
  도를 정의하고 구체화한다. 이 과정에서는 체계 개발에 필요한 정량적 특성을 결정
  하는 것은 물론이고, 요구도 간의 관계, 요구도의 우선순위 및 요구도의 유연성 등
  도 결정하게 된다. 또한 임무, 위협, 환경, 제약사항, 조치의 효과성을 지속적으로
  검토하여 요구도 분석에 활용한다. 검토 시 고려되는 일부 제약조건(가정사항)은 기
  술적인 가용성, 물리적이고 인적 자원, 비용/예산 및 주어진 일정을 충족하지 못할
  위험요소가 될 수 있다. 이 과정의 결과는 체계의 기능이 '어떤(What)' 것이고, '어느
  정도(How well)'의 성능을 가져야 하는지를 요구도로 정의하는 것이다.

이 과정을 담당하는 체계 공학자의 요구도 분석결과는 다음과 같은 질문에 답을 할 수 있어야 하며, 질문에 답을 할 준비가 되었다면 다음단계로 넘어가게 된다. (미국 방위획득대학[DAU], 2003)

- 체계 개발의 배경은 무엇인가?
- 사용자의 기대치는 무엇인가?
- 체계의 성능을 어떻게 측정할 것인가?
- 사용자는 누구이고 제품을 어떻게 사용하고자 하는가?
- 사용자가 제품에 대해 기대하는 것은 무엇인가?
- 사용자의 전문 지식 수준은 어느 수준인가?
- 체계는 어떤 환경적 특성(예: 항공모함에서 작동, 염분 부식, 강한 전자기장)을 고려해야 하는가?
- 기존 인터페이스와 계획되어 있는 인터페이스는 무엇인가?
- 체계가 수행할 어떤 기능이 사용자가 사용하는 언어로 표현되었는가?
- 체계가 준수해야 하는 제약 조건(하드웨어, 소프트웨어, 경제 및 절차)은 무엇인가?
- 모델, 시제품 또는 대량 생산 등 제품의 최종 형태는 무언인가?

■ **2단계-기능 분석 및 할당** : 이 단계의 목표는 체계수준의 요구도를 하위 수준인 하위 체계 요구도로 할당하는 것이다. 체계수준의 요구도는 체계의 기능으로 구현되는 이유로 이 단계에서는 요구도를 기반으로 체계의 기능을 분해하고, 분해된 기능을 하위 기능으로 할당한다. 체계의 기능에는 임무, 시험, 생산, 배치 및 후속지원 등을 포괄하는 기능이 해당된다. 체계의 기능을 구현하기 위한 하위 기능들은 다시 하위 요구도로 할당된다. 이 과정에서 하위 수준의 요구도의 충족이 상위 요구도를 충족할 수 있도록 할당하고, 추적관리가 되도록 해야 한다. 또한, 이 과정에서 체계의 내부와 외부의 인터페이스도 다뤄져야 한다. 기능적 분석과 할당을 통해 분해되고, 구체화된 요구도는 환류과정(Feedback Loop)을 통해 하위 기능이 명확화 되었는지, 상위 요구도를 충족할 수 있는지를 확인해야 한다.

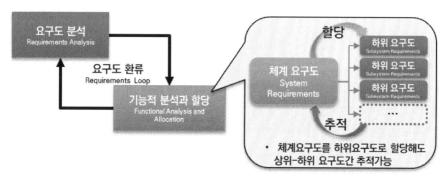

■ **3단계-통합** : 이 단계는 하위 수준의 요구도에 따라 설계 솔루션(Solution)을 선택하고, 이 결과에 따른 설계가 할당된 요구도를 충족하는지 확인하는 과정이다. 설계 솔루션은 설계 요구도를 최신화하고, 일련의 반복 설계와 절충 분석을 통해 선정된다. 이러한 설계 요구도는 문서화되며 제품 및 프로세스 규격, 인터페이스 통제 문서, 도면 패키지, 시설 요구도, 절차 및 교육 자료, 작업인력 소요(각 작업에 필요한 인원수에 기반한 예산)의 형태를 취할 수 있다. 설계 환류 과정(Feedback Loop)을 통해 하위 수준의 솔루션은 요구되는 모든 기능을 구현할 수 있는지, 할당된 기능을 충족할 수 있는지를 계속적으로 검토하고, 동시에 요구도가 유효한 것인지도 확인하게 된다. 또한 이 단계에서 검증방법에 대한 환류과정(Feedback Loop)도 거치는데, 설계 솔루션이 요구도를 충족하는지 확인하는 검증방법을 확인하는 것으로 검증에는 일반적으로 검사, 시연, 분석, 시험의 네 가지 유형이 사용된다.

■ **프로세스 출력** : 전체 프로세스의 최종 산출물은 사용자가 설정한 초기 요구에서 식별된 요구도를 충족하는 설계이다. 이 설계에는 일반적으로 데이터베이스, 체계 아키텍처, 체계(System)가 포함되며, 형상관리 또는 규격서에 의해서 문서화된다.

■ **체계 분석 및 제어** : 체계공학 프로세스의 전 단계에서 체계 분석 및 통제는 요구도 분석, 기능 분석/할당 및 통합, 비용-일정-성능 간 균형을 유지하여 결과적으로 체계가 사용자에게 적절하고 효율적이며 적합한 솔루션인지를 확인하는데 사용된다. 이 목표를 위해 절충연구(Trade-off Study), 효과분석 및 리스크 관리를 수행한다. 형상통제, 인터페이스 및 데이터 관리는 전체 프로세스를 수행되도록 하는데 중요한 역할을 수행한다. 사용자과 외부/내부 이해관계자에게 설계 솔루션을 제공하기 위해 기술 검토(Technical Review)를 수행한다. 이 과정이 적절히 수행되었는지 확인할 수 있는 질문과 영역별 관리도구는 다음과 같다.

• 어떻게 의사결정을 내릴까? (절충 분석[Trade-off Study Analysis])
• 그 일을 할 수 있을까? 비용 가치가 있는가? (효과 분석)
• 제대로 하고 있는 거야? (리스크 관리[Risk Management])
• 체계의 작동이 잘 되는지 어떻게 알 수 있는가? (기술 성능 측정[TPM])
• 체계가 요구하는 성능 기준에 부합할까? (모델링 및 시뮬레이션[M&S])
• 체계 성능의 요소가 조화롭게 달성될까?(기술 성능 측정[TPM])
• 우리는 우리가 가진 것이 무엇인지 알고 있나? (형상관리)
• 다음 단계로 계속 진행할 준비가 되었는가? (기술 검토)
• 이 프로젝트를 실행하려면 어떻게 해야 하는가? (통합 계획)

※ 체계 분석 및 통제에 관한 질문과
그에 따른 관리 도구
(출처 : DAU, 2000, p. 70.)

# 체계공학 프로세스 적용 예시

프로젝트 관리와 체계공학에서 공통적으로 다루는 핵심적인 요소가 요구도이다. 이 요구도가 무엇인지에 대해서 알아보자.

# 요구도(Requirement)는 무엇인가?

■ 요구도(Requirement)와 관계된 용어들을 이해할 필요가 있다.

어떤 프로젝트를 수행할 경우 가장 많이 사용하는 용어 중 하나는 'Requirement'이다. Requirement는 우리말로 **요구도**로 많이 해석되며, 요구/필요조건/요건/자격 상태 등으로도 사용되는 일반적인 용어이다. Requirement는 사전적인 의미로도 단순한 '요구'가 아니라 '**어떤 일을 할 수 있도록 허용되거나 어떤 일에 적합하기 위해 반드시 갖추어야 할 자질이나 자격**'을 말한다. 프로젝트 관리자로서 알아야할 것들을 설명한다면서 요구도에 대한 용어 해석에 대해서 먼저 설명하는 것은 프로젝트 수행 간에 유사한 의미의 여러가지 단어를 접하게 되면 시작부터 혼란이 발생할 수 있기 때문이다. 여러분이 **원하는 것(Wants), 요구(Needs), 요구도(Requirements)**를 명확히 구분해서 누군가에게 설명할 수 있는지 생각해보면 설명하기 어려운 개념이라는 것을 알 수 있다. 이 단어를 명확히 구분하는 것이 프로젝트를 수행하는데 큰 도움을 주지는 못하겠지만, 프로젝트 진행 간 발생하는 수많은 요구도 변화가 무엇때문에 발생하는지, 요구도 변화를 어떻게 통제해야 하는지를 이해하는데 도움을 줄 수 있다.

## ■ 원하는 것(Wants)과 요구(Needs)

무언가를 만드는 프로젝트가 존재하는 것은 누군가가 **원하는 것**(Wants)이 있기 때문이다. 원하는 것은 상품이나 서비스에 대한 **욕구**(Desire)에 의해 생긴다. 원하는 것은 욕구에 기반으로 생겨나기 때문에 태생적으로 제한이 없고, 시간에 따라 변하며, 매우 다양하다. 이 욕구는 사람들이 살아가는 상황이나 경험에 의해 조건화(Conditioned) 된다. 현실세계에서의 가용한 자원은 항상 제한되기 때문에 원하는 것들 중에서 반드시 '**선택**'을 해야 한다. 선택을 위해서 기준이 필요한데, 이 선택을 위해 만들어지는 최소한의 기준과 조건이 **요구**(Needs)이다. 즉, 요구는 한정된 조건과 필요에 의해서 만들어진다. 한정된 조건과 필요에 대한 생각은 사람들마다 다르기 때문에 선택을 위한 우선순위가 필요하다. 이 우선순위는 선택을 위한 요구를 만들 때의 상황과 참여하는 이해관계자들의 구성에 따라 매번 달라진다. 요구는 사람들의 부족(Lack)에 대한 욕구를 기반으로 하는데, 사람들은 어떤 부족을 경험하면 잠재의식 속에 이전의 부족을 채우기 위한 욕구를 만들어 내며, 이 욕구는 새로운 요구를 만들 때 채우려하기 때문에 요구의 우선순위는 매번 달라진다. 다만, 우선순위에 따라 요구가 결정되면 제한성이 유지되는 동안은 시간이 지나도 변함없이 유지되려고 한다.

### 프로젝트에서의 요구(Needs)

무언가를 만드는 프로젝트에서의 원하는 것(Wants)과 요구(Needs)도 다르지 않다. 프로젝트에서도 원하는 것들 중에서 주어진 상황을 바탕으로 요구를 기반하여 최적의 솔루션(Solution)이나 대안(Alternative)을 선택하게 된다. 즉, 프로젝트에서의 요구는 한정된 조건과 필요에 의해서 만들어진다. 이로 인해 프로젝트에서의 요구 역시 태생적으로 제한성을 가진다. 제한성이 유지되는 동안에는 시간이 지나도 변하지 않고 유지되려고 한다.

### 프로젝트에서의 요구(Needs) 성숙과정

프로젝트에서의 요구는 단계적으로 구체화 및 성숙화 된다. 학자들마다 단계별 요구에 이름을 붙이기도 한다. 여기에서는 개념적으로 요구가 구체화되면서 성숙되어 가는 과정만을 다루기로 한다. 초기 요구는 만들려고 하는 대상의 사용 환경의 분석으로부터 기대되는 사항들의 조합으로 표현된다. 이 단계의 요구는 명확하게 표현되지 않기 때문에 명확한 솔루션(Solution)을 제시하지는 못하지만, 잠재적인 솔루션을 선정하기 위한 기초로 사용된다.

초기 요구는 상황이나 활동에 대한 제약을 고려한 우선순위를 기반으로 조정된다. 운용개념 설정 시 우선순위 결정을 돕기 위해 시나리오의 관점에서 예상되는 임무나 서비스에 대한 분석을 수행하게 된다. 운용개념과 시나리오를 사용하는 것은 이해관계자들의 조직적 의도와 만들어진 체계 운용개념의 일관성을 유지하는데 도움을 주기 위해서이다. 우선순위에 따라 선택되어진 요구들은 프로젝트의 범위, 분석, 실현 가능성, 일관성 등을 고려하여 다시 한 번 성숙된다. 이 과정에서는 각 이해관계자의 요구와 요구설정의 근거를 제시하여 그 타당성을 검증하는 과정이 포함되며, 이해관계자의 요구에 의해 발생할 수 있는 잠재적인 위험을 식별하고, 기록 및 관리해야 한다. 이 단계부터는 잠재적인 솔루션을 모색하는 것도 시작된다. 잠재적이고, 선호되며, 실현가능한 솔루션을 고려한 요구를 만들 때에는 이해관계자가 향후 선정될 공급자(개발자)의 견해를 대신해서 요구(Needs)로 변형해야 한다. 요구의 성숙화 과정을 거친 프로젝트의 성숙된 요구는 이해관계자의 초기 의도를 구조화하고, 공식화함은 물론이고, 향후 진행될 요구도(Requirements)를 만드는 과정의 시작점을 제공한다.

### ▒ 프로젝트의 요구도(Requirements) 정의

**프로젝트의 요구도(Requirements)는 요구(Needs)로 부터 변환되고, 파생**된다. 프로젝트 요구도는 사전적 의미와 유사하게 제품이나 서비스를 만드는데 필요한 특성이나 조건을 말한다. 체계공학 국제표준(ISO/IEC 26702)에는 아래와 같이 정의를 하고 있다.

> **요구도(Requirement)의 국제표준 정의**
> 제품 또는 프로세스의 설계적이거나, 운용적이고 기능적인 특성이나 제약조건을 식별하여 기술한 것으로 요구도는 모호하지 않고, 시험 가능하거나, 계측 가능하며, 제품이나 프로세스 를 수행할 수 있어야 함.
> Statement that identifies a product or process operational, functional, or design characteristic or constraint, which is unambiguous, testable or measurable, and necessary for product or process acceptability.
> (출처 : ISO/IEC 26702 Standard for Systems Engineering, 2007)

체계공학에서 정의하는 요구도의 정의에서 알 수 있는 것은 아래와 같다.

1. 요구도는 설계를 하는데 사용된다.
2. 요구도는 사용자의 운용적, 기능적 요구도를 정의하고 있다.
3. 요구도는 명확해야 한다.
4. 요구도는 제한을 갖는 환경에서 만족하는 솔루션(Solution)을 제공할 수 있어야 한다.

프로젝트의 요구(Needs)에 따라 무언가를 만들기 위한 설계를 하기 위해서는 우선적으로 사용자(User)의 운용적, 기능적 요구도를 정의해야 한다. 사용자의 요구도는 명확하게 정의 하고, 설계를 위한 요구도로 변환하는 체계적인 과정을 통해 체계 또는 개발 요구도로 설정된다. 개발자들은 요구도를 충족하는 제품이나 서비스를 개발하여 체계(개발)/사용자 요구도와 프로젝트의 요구(Needs)를 만족시키도록 해야 한다.

### 사용자(User)의 요구도(Requirements) 정의 과정

제품이나 서비스의 설계를 위해서는 **사용자 요구도(User Requirements)**를 식별하고, 사용자 요구도를 기반으로 구체화된 **체계 요구도(System Requirements)**가 필요하다. 사용자 요구도를 식별하는 방법은 만드는 제품의 특성에 따라 다르다. 일반적으로 시장에 의해서 선택되는 제품을 개발하는 경우는 개발자가 사용자 요구도를 추정하여 예상하거나, 고객조사(User Research), 설문조사 등의 조사 및 연구를 통해 만들어낸다. 주문생산으로 제품을 개발하는 경우는 개발자가 사용자와 함께 요구도를 구체화하는 과정을 통해 요구도를 만들어낸다. 여기에서는 무기체계 개발에서 주로 사용하는 주문생산 방식의 제품개발에서의 요구도 정의 과정을 중심으로 설명하겠다. 사용자 요구도는 프로젝트의 요구를 기반으로 구체화된다. 사용자 요구도는 프로젝트의 요구를 판단하는 과정에서 프로젝트를 수행하기 위한 자원과 산출물, 기대효과, 환경, 위험요소 등을 식별하고, 이를 구체화하는 과정에서 만들어진다. 이 과정은 프로젝트의 요구를 기반으로 사용자 요구와 체계 요구도로 변환되는 것으로 이 변환은 반복적인 과정과 엄격한 문서화 과정, 요구도 분석 프로세스에 의해 수행된다.

## ■ 체계 요구도(System Requirement) 정의과정

체계 요구도를 정의하는 과정의 세부사항은 '4장의 체계 요구도 관리하기'에서 설명하도록 한다. 간략히는 체계요구도를 기반으로 체계 아키텍쳐를 구성하고, 기능/논리적 아키텍쳐를 통해 물리적 아키텍쳐를 구성하여 상위 요구도부터 하위 요구도까지 구조화 하여 구체화한다.

요구도는 상위 요구도를 분석해 하위 요구도로 점진적으로 구체화하며, 이 활동을 지속적으로 환류(Loop) 시키며 성숙도를 향상시켜 가는 과정을 거친다. 상위요구도는 다양한 분석을 통해 하위 요구도로 할당한 후 세부적인 분석을 수행한 후 이를 다시 갱신하는 것이다. 예를 들어 최상위 요구도가 '항공기는 자연환경을 견뎌야 한다'라고 되어 있다면, 수많은 자원환경 중 항공기가 경험하게 될 자연환경을 운용환경 분석을 통해서 구체화하는 것이다. 운용환경 분석을 통해 항공기는 고온, 저온, 강우, 모래 및 먼지, 일사 등의 환경조건을 경험할 것이라고 판단되면, 이를 견디기 위해 항공기 기체 및 내부 구성품(부품)도 이러한 환경을 견디도록 요구도를 할당하는 것이다. 할당된 요구를 기준으로 구성품을 설계하는 과정에 요구도를 더욱 구체화하거나, 조정(Tailoring)이 필요한 경우 환류과정을 통해 갱신된다.

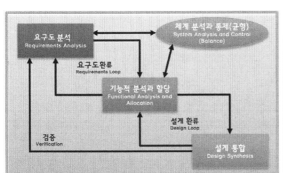
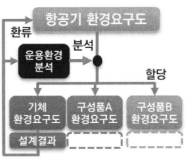

### ■ 요구도(Requirements)들 간에 상충하는 개념들의 절충(Trade-off)

체계 요구도는 구조화를 통해 구체화되기 때문에 종종 여러가지 문제를 유발하기도 한다. 그 중 하나가 **요구도(Requirement)는 간에 상충하는 요소와 개념들이 발생한다**는 것이다. 예를 들어 '항공기 중량은 가벼워야 한다.'와 '항공기는 튼튼해야 한다.'와 같은 요구도가 있다고 가정해보자. 두 가지 요구도를 모두 충족하면 아주 좋은 항공기가 될 수 있겠지만, 항공기를 만드는 재료의 능력은 한계가 있다. 각 재료는 재료의 중량 대비 강한 정도의 한계를 가지기 때문에 가벼운 항공기를 만들기 위해서는 적은 재료를 사용해야 하지만, 적은 재료를 사용하면 튼튼한 항공기를 만드는 것이 제한된다. 즉, 두 가지 요구도는 서로 상충되는 요구도가 된다. **요구도 간의 상충되는 사항은 절충 (Trade-off)를 통해 선택을 해야 한다.** 개발 중 발생하는 요구도의 절충은 0 또는 1, 흰색 아니면 검은색과 같은 흑백론으로 의사결정 하는 것은 아니며, 절충은 기술성능측정 (TPM)와 같은 방법으로 프로젝트의 요구와 사용자의 요구도를 달성이라는 목표를 위해 적절한 수준으로 결정된다.

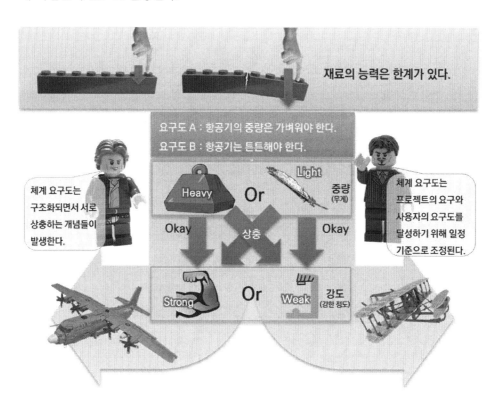

 요구도가 자꾸 변하는 것은 여러가지 이유로 발생하기 때문에 어떻게 생각하면 매우 자연스러운 과정이라고 할 수 있다. 요구도가 변하는 주요한 이유는 아래와 같다.

1. 사람의 욕구가 변한다.

2. 이해관계자와 이해관계자의 구성원인 사람이 바뀐다.

3. 사람의 경험을 기반한 욕구가 반영된다.

4. 문서화가 불충분하다.

5. 사용자 요구는 직관적이고, 솔루션을 지향한다.

6. 요구가 실제 능력보다 매우 희망적이다.

7. 운용 시나리오가 변할 수 있다.

8. 추구하는 가치의 우선순위가 다르다.

9. 분석은 한계와 오류를 가질 수 있다.

10. 사용자 요구 수집이 불충분할 수 있다.

### ▨ 요구도(Requirements)는 어떻게 통제해야 하는가?

요구도가 사람의 욕구, 시간, 감정, 가치 등의 변화, 이해관계자의 구성 변화 및 불완전한 분석과 평가 등으로 변경된다면, 프로젝트 입장에서는 매우 위험한 일이다. 요구도의 변화는 결국 비용, 일정, 성능에 모두 영향을 주어 프로젝트 목표를 달성하지 못하도록 할 수 있기 때문에 요구도를 적절히 통제해야 한다. 요구도의 통제는 요구도 변화의 원인을 제거하는 형태로 수행되어야 한다. 요구도 변화의 주요 원인은 사람의 감정, 이해관계자의 변화, 분석의 제한으로 발생한다. 이러한 원인들은 다음의 방법들을 통해 통제할 수 있다.

1. 프로젝트 범위 통제를 통해 새로운 요구도를 적절히 조정하거나, 제한한다.
2. 요구도를 구조화하고, 문서화를 통해 공식화한다.
3. 요구도 설정 사유 및 의사결정의 사유를 명확히 하여 변경하고, 변경사항이 추적되도록 한다.

## ■ 요구도(Requirements)는 프로젝트에서 어떻게 관리되나?

프로젝트 관리에서 요구도 관리는 핵심 중에 핵심이다. 프로젝트에서 요구도 관리 방법론은 체계공학(SE ; System Engineering)과 프로젝트 관리(PM ; Project Management)에서 하나의 영역으로 다루고 있다. 체계공학과 프로젝트 관리는 복잡한 군사 무기체계의 개발과 생산에 중요한 요소로 사용되고 있다. 체계공학의 주요 관점은 초기 설계목표부터 최종 제품생산까지 각 분야 공학 전문가의 작업을 통합하고 균형을 맞추는 것이다. 프로젝트 관리는 체계를 획득하는 과정을 진행하면서 프로젝트의 일상적인 활동에 대한 관리(기획, 조직, 지시, 조정, 통제, 승인)하는 것으로 구성되어 있다. 두 가지 방법론에서 요구도를 다루는 이름과 영역은 다르지만, 요구도를 관리하기 위한 계획 수립, 요구도 정의, 요구도 수집, 구체화 및 문서화하는 것 등에 대해서 다루고 있다. 방법론의 특성 상 프로젝트 목표를 달성하기 위한 요구도를 구체화하는 것은 체계공학에서 좀더 자세히 다루고 있으며, 프로젝트 관리에서는 프로젝트 수준의 요구(Needs), 요구도(Requirements)를 다루고 있다.

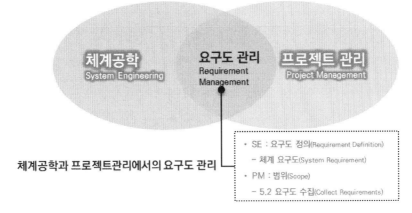

체계공학과 프로젝트관리에서의 요구도 관리

- SE : 요구도 정의(Requirement Definition)
  - 체계 요구도(System Requirement)
- PM : 범위(Scope)
  - 5.2 요구도 수집(Collect Requirements)

# 요구도(Requirement)를 만들 때 미국 군사 규격과 표준들을 어떻게 적용해야 하나?

3-12

## ▨ 미국 군사 규격과 표준들의 적용 시 주의사항

미국은 국방물자를 개발하고, 조달하는 과정에는 요구도를 만들면서 많은 군사규격과 표준(MIL Spec., MIL-STD, HDBK 등)들을 사용한다. 미국의 국방 프로젝트에서도 다양한 요구들이 존재하기 때문에 이 요구를 요구도로 전환하거나, 표준화하기 위해 많은 군사 규격과 표준들을 제정하여 적용되었다. 우리나라를 포함한 많은 나라에서도 미국 군사규격을 참조하여 적용하고 있다. 다만, 미국 군사 규격과 표준들을 적용할 때에는 주의할 사항이 있다. 이들을 적용하기 전 반드시 해당 프로젝트에 적용 가능성, 필요성, 적용범위 등을 면밀히 검토한 후 적용해야 한다는 것이다. 이런 검토가 필요한 것은 미국의 조직, 제도, 인프라 등이 각 국가별 여건과 차이가 있을 뿐만 아니라, 규격과 표준 등은 특정 프로젝트를 위한 것이 아니기 때문에 특정 프로젝트에 그대로 적용 시 불완전성이 발생할 수 있다. 이를 미국 군사 규격들의 개발과 국방개혁의 역사를 통해 설명하고자 한다. **(국방획득대학[DAU], 미국방부[DoD], RAND연구소 논문 참조)**

## ▨ 미국 군사규격과 표준의 역사

2차 세계대전 이후, 미국 국방부는 국방 군수품을 조달할 때 부품, 재료, 공정, 시험절차, 품질관리 기법을 정의하기 위한 각종 규격과 표준들을 구축하였다. 이 규격과 표준들의 개발 목표는 복잡한 아이디어에 관한 공학자들 간의 의사소통을 용이하게 하기 위해 공통적인 용어를 개발하는 것이었다. 미국 정부는 이러한 규격과 표준들을 사용하여 정부 입찰에 참여하는 계약자들에게 정부가 요구하는 것에 대한 이해를 높이고, 각 계약자가 제공하는 것들이 계약 요구도를 준수하는지 여부를 판단할 수 있는 검증하는데 사용하였다.

이러한 의도는 시대변화 기술의 발전에 따라 변화를 맞이하게 되었다. 더 명확하게는 1990년대 초 냉전이 종식되면서 국방 전력을 감축할 필요가 있었고, 진행 중인 프로젝트의 타당성 재검토, 국방성 인력의 감소 등에 따라 새로운 변화를 직면하게 되었다. 이러한 국방획득 환경의 변화는 결국 군사 규격과 표준에 대한 의존성에도 변화를 촉발시켰다.

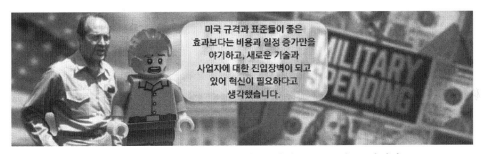

1994년 7월에는 약 4만 5천개의 미국 군사 규격과 표준들이 존재했다.(출처 : Acqui-sition, Technology & Logistics, 2001). 이 정도로 구체화된 군사 규격과 표준들은 요구도로 적용되어 원래의 의도와는 달리 새로운 상업 계약자의 진입과 국방획득 과정에 수행하는데 장애를 발생시켰고, 심지어 프로젝트의 기간과 비용을 증가시키는 주요 원인을 발생시켰다. 또한, 미국 국방부는 산업계에 더 이상 최고수준의 군사기술을 요구하는 것이 아니라, 오히려 국방 획득비용 및 유지비용에 효과적인 방법으로 최신 기술개발을 하기 원하게 되었다. 이에 따라 미국 국방부는 국방개혁을 추진하게 된다. 1994년 6월, 국방 획득개혁에 대한 노력의 일환으로 성능형 규격 이외에는 군사 표준을 폐기하는 것을 결정하였다. 윌리엄 페리 국방장관이 작성한 "**규격서와 표준–새로운 업무 방식(Specifications and Standards—A New Way of Doing Business)**"이라는 제목의 보고서에서 미국 국방부가 잠재적인 군사 장비 및 서비스를 상업 기반을 확장하기 위한 방법과 목표를 제시하였다. 주요한 내용은 다음과 같다.

1. 상업분야의 첨단 기술에 대한 접근방식 적용을 늘리고, 군사와 상업분야에 이중사용이 가능한 프로세스와 제품을 허용함으로써 저렴한 비용으로 국방의 요구를 충족시킨다.
2. 상업적 요소를 군사체계로 통합하는데 방해가 되는 요소를 제거한다.
3. 이러한 방법을 통한 최종 목표는 무기체계 개발 속도를 높이는 것이다.

당시 새로운 무기체계 개발에는 12년~15년이 걸렸으며, 이를 상업분야와 같이 진화적 획득 전략을 적용하여 첨단 기술을 빠르게 도입/반영하기를 희망하였다. 이 보고서 후속조치로 국방부 부차관보는 획득개혁(Acquisition Reform) 작업을 진행하였다. 획득개혁의 일환으로 군사 규격과 표준들에 대한 의존도를 줄이기 위한 전략을 개발하기 위한 전담팀을 인가했다. 1994년, 페리 장관은 전담팀의 권고에 따라 "사용자의 요구에 부합하는 실질적인 대안이 존재하지 않는 한, 군사 규격과 표준 대신에 성능 및 상업적 규격과 표준을 사용하라"는 지시를 승인한다.(출처 : Perry, 1994).

■ 미국 군사규격과 표준의 축소 예시(체계공학 변화의 시작)

미국 군사규격과 표준서의 의존성 축소 지시에 따라 다양한 분야에서 변화가 시작되었다. 체계공학 분야의 변화가 대표적인 사례이다. 이 방침(1994)으로 체계공학(SE) 프로세스를 확립을 위한 군사 표준서인 MIL-STD-499(A버전, 1974년 승인)가 취소되었고, 개정 승인 예정이었던 MIL-STD-499(B버전, Draft, 1993년)의 최종 버전은 공개되지 않았다. 이를 대체하기 위해 미국 국방부 장관실(OSD ; Office of Secretary of Defense) 내의 체계공학 책임자는 군사규격인 체계공학 표준을 대체할 상업적 체계공학 표준을 개발하는 것에 협력할 것을 요청했다. 실무단은 전자공학회(EIA ; Electronic Industries Alliance)라는 이름으로 불렸고, 미국방부(DOD), 항공기산업 협회(AIA), 국가안보산업협회, 전기전자공학연구소(IEEE), 국제체계공학협의회(INCOSE)의 회원들로 구성되었다. MIL-STD-499를 대체하는 결과, 체계공학(SE) 표준은 EIA-632라고 불렸다. 동시에 IEEE는 국제전기기술위원회(IEC)와 함께 IEEE1220, 국제표준화기구(ISO)를 공동으로 개발하였다.

상업적으로 도출된 이 세 가지 표준은 각각 다양한 수준에서 체계공학 프로세스를 다루고 있으며, 조직 내에서 체계공학을 완벽하게 수행하려면 모든 수준에서의 체계공학 체계를 갖추어야 한다.

1990년대 초반에는 체계공학 표준과 절차 뿐만 아니라 체계공학 능력을 평가하는 모델이 등장하기도 했다. 체계공학 표준과 능력 모델의 차이는 그 목적에 있다. 체계공학 표준은 적절히 사용할 경우 체계공학에 효과적이고 효율적인 수단을 제공하는 절차를 조직에 제공하기 위한 것이다. 반면 체계공학 능력모델은 절차(Process)의 개선사항을 찾아내고, 체계공학 표준을 얼마나 잘 구현할 수 있는지를 파악하기 위해 사용된다. 또한, 1990년대 초반에 소프트웨어분야에서도 소프트웨어공학연구소(SEI)는 후에 체계공학 프로세스까지 확장된 다양한 버전의 CMM(Capability Maturity Model)을 개발하기도 했다.

이러한 흐름들은 모두 미국 국방부의 획득개혁의 일환으로 군사규격과 표준을 축소하고 민간 규격을 확대하는 활동의 결과물들인 것이다. 이러한 획득개혁으로 인해 특정 군사규격과 표준의 취소가 무기체계 개발 및 조달 비용에 어떤 영향을 미쳤는지 정확히 판단하기는 어렵다. 미국 정부는 산업계에 군사 규격과 표준을 대체할 수 있는 비정부 규격과 표준을 만들 것을 요구했지만, 산업단계들은 수백 개의 정부의 규격과 표준의 취소 속도를 예상하지 못해 그 속도를 따라가지 못하고, 몇몇 사례에서 이전의 군사 규격과 표준을 단지 이름만 바꾸는 수준으로 제정하기도 하였다.

### ▨ 미국 획득개혁의 시범사례

미국 획득개혁에 대한 새로운 아이디어를 적용하기 위해 몇몇 프로젝트를 선정하여 시범 적용을 하게 되었다. 이러한 프로젝트 중 주요한 것이 합동직격공격탄약(JDAM, Joint Direct Attack Munition)과 합동공대지미사일(JASSM, Joint Air-to-Surface Standoff Missile) 프로젝트는 모두 새로운 획득 철학을 이용하려 시도했다. JDAM은 기본적으로 "Dumb(멍텅구리, 유도능력이 없는)" 폭탄에 사용되는 부착 유도 테일 키트로, 비행 중 제어 핀을 통해 폭탄의 낙하 코스 보정을 위해 위성위치확인시스템(GPS)과 관성 측정 장치(IMU)를 사용하여 훨씬 향상된 정확도를 제공한다.

　JASSM은 성능 부족과 비용 증가로 실패한 TSAM(Tri-Service Standoff Attack Muni-tion)의 후속 프로그램으로 훨씬 복잡한 군수품이었다. 이러한 프로그램은 몇 가지 최상위 성능 요구도만 정의하도록 해 계약업체가 비용을 절감할 수 있도록 하고, 적용 규격 수를 줄이는 것을 가장 먼저 시도한 대표적인 프로그램이었다. JDAM의 경우, 개발 전 프로그램 RFP에는 87개의 MIL-SPEC이 있었는데, 개발 단계에 의해 대부분 제거되었다.(Lorell and Graser, 2001). JASSM의 경우, 사거리, 비산물 효과, 항공기 탑재 적합성 등 3개의 포괄적인 핵심성능지표(KPP, Key Performance Parameters)만 지정하고, 이 KPP만 협상이나 조정(Tailoring)이 불가한 항목으로 규정하고, 다른 규격이나 제약없이 개발하였다.

### ■ 군사규격 및 표준서의 변화와 JSSG(Joint Service Specification Guides)의 등장

　미국 국방부의 획득개혁에 따라 많은 군사 규격과 표준서들이 폐기되었다. 현재 살아남은 규격과 표준서들은 대부분의 기본철학이 특정 프로젝트에 맞도록 조정(Tailoring)한다는 개념이 포함된 것들이다. 프로젝트에 맞도록 조정한다는 개념에 따라 앞서 이야기한 규격과 표준서의 부작용을 최소화하고 있는 것이다. 이러한 규격과 표준서들에 대한 변화에도 불구하고, 현재에도 많은 군사규격이 존재한다. 또한, 각 규격과 표준서들은 상호간의 관계를 가지고 있기 때문에 특정 프로젝트에 적용될 사항들을 결정하는 것은 매우 어렵고, 시간이 많이 소요된다. 이에 따라 공중 체계와 항공기 체계에 대한 프로젝트의 특정 프로젝트에 적합하도록 요구도를 개발할 때 사용할 수 있는 뼈대(프레임워크, Framework)를 제공하기 위한 합동서비스규격가이드(JSSG)가 2000년부터 등장하였다.

1970년대 미국 획득 프로그램의 비용조사 결과, **주요한 비용 발생원인이 개발 규격과 표준서들의 일괄적용(Blanket Application)과 무한한 하층계층화(Unbounded subtiering)**이라고 국방차관의 1975년 보고서(Memorandum)에서 결론을 내렸다. 특정한 개발 프로젝트에서 요구도와 규격을 설정하는 과정에서 군사 규격과 표준서들의 내용을 특정 개발 프로젝트에 맞도록 조정하지 않고 일괄 적용하거나, 끝없이 규격서와 규격서, 표준서와 표준서들을 연결하는 방식으로 설정하는 요구도와 규격은 프로젝트의 불완전성을 발생시킨다는 것이다. 이러한 요구도와 규격의 불완전성을 가진 수많은 프로젝트는 사용자의 요구도를 제대로 반영하지 못하거나, 불필요한 비용과 일정을 증가시키며, 심지어 산업계의 기술성장을 방해하는 결과를 초래했다는 것이다.

JSSG는 군사 규격과 표준서들을 정부관리, 이해관계자, 개발자들이 개발 프로젝트에 일괄 적용과 무한한 하층계층화로 인해 발생하는 부작용을 최소화하기 위해 요구도와 규격을 구체화하는 과정을 가이드 형태로 제공한다. JSSG는 다양한 개발방안들을 결정하기 위한 **규격을 구체화(Tailoring)하는 최선의 시작점을 제공하는 의도로 만들어졌다.** 또한, 육군, 해군, 공군 공동사용으로 합동 프로그램을 촉진하면서 요구도를 정의하는 일에 단일 또는 일관된 접근을 산업계(개발기관 및 업체)에 제공하도록 하고 있다. 다만 JSSG 자체는 계약적 조건으로 사용하지 않아야 하며, 이는 말 그대로 '가이드'라는 것을 주지해야 한다. 이 점이 JSSG가 이전의 군사 규격과 표준들을 정부와 산업계간 계약조건으로 사용했던 것과 크게 차이 나는 부분이다. JSSG는 정부와 계약자들(개발기관)이 공중 및 항공체계의 규격을 구체화하는 것을 보조하며, 적용가능한 요구도들이 선택하도록 하기 위해 해당 체계의 요구도들을 빈칸 형태로 제시하고 있으며, 특정 체계에 맞도록 요구도와 규격의 빈칸을 채울 수 있게 되어있다. 설정된 요구도와 규격들은 각각의 요구도와 조합된 검증방법으로 입증하도록 하고 있다.

JSSG의 근본적인 목적은 공중 및 항공기 체계에 대한 유효한 요구도로부터 구체화하여 변환된 체계 요구도가 일관된 구조와 가이드를 갖도록 하는 것이다. 이 과정에서 체계공학적 접근은 사용자 요구도에 대한 체계가 복합적이고, 통합적이며, 균형적인 솔루션을 보장하는 것이라는 것을 강조하고 있다. 또한, 요구도를 구체화하는데 필요한 모든 입력과 출력을 설명하도록 하고 있다. 평시/전시 작전을 모두 체계성능요구도에 정의된 조건, 시나리오, 임무묘사들로 구체화 하고, 사용자 지향적인 조건들과 정량적이고 기술적인 기반으로 체계 성능요구도를 표현하도록 하고 있다. 외부와의 인터페이스를 정의하고, 체계공학의 진행과정 (Milestone, 마일스톤)에 따라 요구도에 대한 점진적인 수락과 확인을 하는데 도움을 주는 검증방안도 제공하고 있다. JSSG는 미 정부의 체계개발팀에 의해 사용되는 공통 프레임 워크를 수립하고, 이론적 설명, 안내, 교훈 및 일반적으로 기술된 요구도들, 참고사항들을 포함하고 있다. JSSG는 현재도 지속 개발되고 있으며, 현재는 유인 전투기, 공격기 뿐만 아니라 무인기, 고정익/회전익 항공기도 통합하여 가이드를 제시하고 있다.

JSSG는 시리즈별로 문서 체계를 구성하고 있으며, 각 문서는 상호관계를 정리한 매트릭스를 포함하고 있다. JSSG는 1장[소개 및 적용범위], 2장[일반 및 관련 정부/민간 규격], 3장[요구도], 4장[검증방안]으로 구성되어 있으며, 첨부로 상위 요구도와 하위 요구도의 연결 및 참

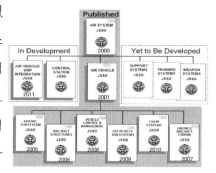

조 매트릭스를 포함하여 구성된다. JSSG의 문서 체계 구조는 아래를 참고 바라며, 관련 내용은 공개문서로 인터넷에서 쉽게 찾아 활용할 수 있다. (JSSG 2008과 JSSG 2010 시리즈의 일부는 비공개이다. 세부사항은 http://everyspec.com을 참조바랍니다.)

# 명확한 요구도 정의하기

■ 프로젝트 관리자가 명확한 요구도를 정의하는 방법(NASA SE Guide 참조)

요구(Needs)의 수준을 결정하는 것은 프로젝트의 목표에 따라 결정되지만, 요구도를 명확히 만드는 것은 요구도를 만드는 사람들의 질과 수준에 따라 결정된다. 요구도 관리의 핵심은 상위 요구도부터 하위 요구도까지 일관된 관점으로 정리하고, 동일 개념을 유지하는 것이다. 이를 위해서는 추상적이고, 개념적인 사용자의 요구도를 문서화하여 체계적으로 작성하는 것이 중요하다. 프로젝트 관리자 입장에서 가장 큰 문제는 정의된 요구도가 프로젝트의 목표에 부합되는지, 적정한 수준인지 판단하는 것이 매우 전문적이고, 배경지식과 정보가 필요한 영역이라는 것이다.

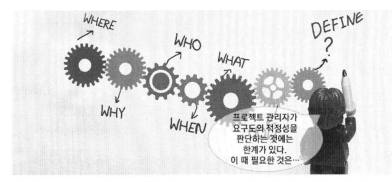

이러한 이유로 프로젝트 관리자가 요구도의 적정성을 판단하는 것에는 한계가 있다. 이에 따라 프로젝트 관리자는 두 가지 장치가 필요하다. 하나는 관리자로서 해당 분야의 전문가가 요구도의 적정한 수준을 판단하도록 하는 것이다. 프로젝트 관리자는 해당 분야의 전문가로 하여금 요구도가 잘 작성되었는지를 아래와 같은 판단기준으로 판단하도록 한다.

1. 요구도는 체계의 성능을 명확히 정의하고 있다.
2. 요구도는 측정수단에 의해 검증되고, 평가될 수 있다.
3. 요구도는 사용자, 이해관계자의 요구를 충족하면서 목적달성에 적합하다.
4. 요구도는 품질이나 성능에 대한 허용오차를 명확히 하고 있다.

다른 하나는 편집자로서 요구도가 일관성 있는 용어로 작성되도록 하는 것이다. 편집자로서 요구사항을 일관성이 있도록 작성되었는지 판단하는 기준은 아래와 같다.

1. 요구도는 목적대상이 발휘해야 하는 성능을 의무적이고 구속적으로 작성해야 한다.
2. 요구도는 일관성 있는 용어를 사용해야 한다.
3. 요구도는 무엇(What)인지 관점으로 정의하고, 어떻게(How)라는 관점으로 정의되는 것을 지양해야 한다.
4. 요구도는 문법적으로 정확해야 하고, 긍정적(Positively)으로 작성되어야 한다.
5. 요구도 설정 시 추후 결정이 필요한 TBD(To be determined)의 사용은 최소화하고, 대신 최상의 예상치를 사용하며, 의사결정이 필요한 시점을 명확히 해야 한다.
6. 요구도 설정 시 가정을 사용하는 경우 명확한 사유가 있어야 한다.

특히 사용자의 요구(Needs)를 개발자의 요구도(Requirements)로 변경 시 사용자의 일반적인 요구를 개발자의 수학적이고 공학적인 요구도로 변경하면서도 동등 수준을 유지하는 것이 요구도 구체화의 핵심이다. 요구는 어느 경우에도 명확성, 완전성, 적합성, 일관성, 무결성, 추적성, 인터페이스, 기능성, 성능, 정비성, 신뢰성, 검증 및 시험가능성이 있어야 한다.

**1. 명확성(Clarity)**은 요구도가 분명하고 모호하지 않아야 한다는 것이다.

(1) 요구도가 모든 측면에서 이해되고 해석에 오해가 될 수 있지 않아야 한다. 특히 대명사를 사용하는 경우 지칭하는 대상이 명확해야 하며, "적절하게, ~ 등, ~에 국한되지 않고, 제한없이, 항상, 늘, 언제나 등" 모호한 용어는 지양해야 한다.
(2) 하나의 요구도 문장은 하나의 요구를 표현하도록 해야 하며, 하나의 문장은 다중적인 요구도가 담기지 않도록 독립적이어야 한다. 또는 하나의 단락에 요구도와 합리적 근거를 모두 포함하고 있어야 한다.
(3) 요구도 문장은 하나의 주어와 하나의 서술어로 표현되어야 한다.

**2. 완전성(Completeness)**은 가능한 확정되고 미확정사항을 최소화해야 한다는 것이다.

(1) 연구개발의 특성에 따라 점진적으로 구체화됨에 따라 요구도를 TBD(To Be Determined), TBR(To Be Resolved), TBS(To Be Specified), TBC(To Be Confirmed) 등의 형태로 추후 확정해야 하는 사항이 발생하지만, 미확정 요구도는 최소화하여야 하며, 최소한 어느 시점이나 조건에 확정해야 하는지를 명확화해야 한다.
(2) 요구도 설정 시 가정사항을 반영하는 경우 가정사항을 명확히 기술되어 있어야 한다.
(3) 기능, 성능, 인터페이스, 환경 등 요구설정 시 누락된 것이 없는지 확인되어야 한다.

3. **적합성(Compliance)**은 사용자와 이해관계자의 요구에 적합하고, 체계/부체계/구성품 등 대상 체계의 수준에 따라 알맞은 수준의 요구도로 정의되어야 한다는 것이다. 또한, 요구도는 "**무엇(What)**"이 필요한지를 중심으로 기술해야 하고, "**어떻게(How)**" 제공해야 하는지를 기술하는 것은 지양해야 한다. 어떤 방식으로 제공해야 하는지 형태로 요구도를 명시하는 것은 많은 창의적인 방식과 기술 및 산업의 발전을 저해할 수 있다. 다만, 사용자와 이해관계자의 요구는 운용적이고, 작전적인 내용을 담을 수 있기 때문에 요구도는 이를 제외하고, 통제해야 한다.

명확성(Clarity) 완전성(Completeness) 적합성(Compliance)

4. **일관성(Consistency)**은 연관된 체계 요구도나 요구도 자체가 모순되지 않아야 하며, 사용자나 이해관계자의 용어 및 프로젝트의 용어와 이해차이가 없어야 한다.

5. **무결성(Correctness)**은 각 요구가 올바른 것인지를 판단하는데, 요구도 설정 시 가정이 옳은 것이며 가정했던 것들이 설계확정 시까지 확정될 수 있는지를 판단되어야 하고 요구도가 기술적으로 실현가능한 것인지를 판단되어야 한다는 것이다.

6. **추적가능성(Traceability)**은 모든 요구도가 필요한 것인지, 각 요구도는 상위요구도를 충족하는지, 각 요구도는 필요한 기능 또는 성능인지, 요구(Needs)와 원하는 것(Wants)을 식별할 수 있어야 한다는 것이다. 요구도는 상위요구도와의 양방향 추적성을 가져야 하며, 사용자 요구, 임무 요구, 체계요구도와 하위 요구도 간에 추적성을 유지해야 한다. 각 요구도는 하위 문서에 고유하게 참고될 수 있도록 하는 수단으로 기술되어야 한다.

일관성(Consistency) 무결성(Correctness) 추적가능성(Traceability)

7. **성능(Performance)**은 타이밍(Timing), 처리량, 저장공간, 크기, 지연시간(Latency), 정확도 등의 성능 규격과 여유 또는 허용오차를 명확히 하여야 한다. 각 성능이 현실적인지, 여유 또는 허용오차가 엄격(Tight)한지, 준수할 수 있는지, 비용 효과적인지, 허용오차가 두 배나 세 배가 되면 어떤 일이 발생할 수 있는지 등을 판단할 수 있어야 한다는 것이다.

8. **시험가능성(Testability)/검증가능성(Verifiability)**은 요구도가 검사, 분석, 시연, 시험을 통해 만족될 수 있는지 확인되어야 한다는 것이다. 요구도 검증은 하위 단위부터 최상위 단위까지 시험과 검증이 되어야 한다. 검증이 가능하도록 기준이 설정되었는지 확인되어야 한다. 검증에 적합하지 않을 용어(유연성 있는, 쉬운, 중요한, 안전한, 알맞은, 사용자 친화적으로, 수용되는, 사용 가능한, 요구될 때, 요구된다면, 적절하게, 빠른, 휴대가 쉬운, 가벼운, 작은, 큰, 최대화되는, 최소화되는, 튼튼한, 신속히, 쉽게, 명확하게, 등)가 사용되지 않아야 한다.

9. **기능성(Functionality)**은 임무와 체계의 목표를 달성하기 위한 기능이 충분한지 확인해야 한다는 것이다.

10. **인터페이스(Interface)**는 외부와 내부 인터페이스 정의가 명확한지에 대한 것으로 인터페이스 간에 필요하고, 충분하며, 일관되어야 한다는 것이다.

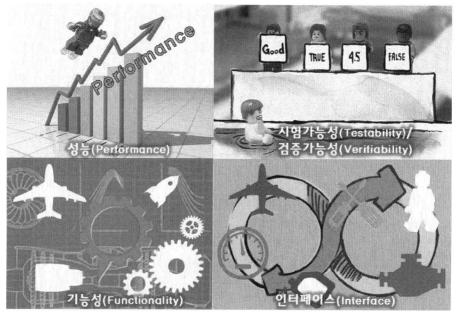

11. **정비성(Maintainability)**은 측정 가능하고 검증가능한 수단으로 구체화된 체계 정비
성을 위한 요구도가 있는지를 판단하도록 한다는 것이다. 요구도의 설정은 변경
을 최소화할 수 있도록 파급효과를 고려하고 있는지를 고려해야 한다. 즉, 가능한
한 요구도가 약하게 연결되도록 해야 복잡하고 많은 변경을 방지할 수 있다.

12. **신뢰성(Reliability)**은 명확하게 정의되고, 측정 가능하며, 검증 가능한 신뢰성 요구
가 구체화되었는지를 확인해야 한다는 것이다. 결함을 탐지, 보고, 취급 및 회복
에 대한 요구도가 있는지 확인해야 한다. 기대되지 않는 상황(SEU[Single Event
Upset], 데이터 상실, 조작자 실수 등)을 고려하고 있고, 요구되는 반응을 구체화하고 있
는지 확인해야 한다. 의도된 기능의 순서를 기술할 때는 가정을 가지고 있는지 확
인한다. 하드웨어, 소프트웨어, 작동, 사람, 절차의 참조점에서 체계의 소프트웨
어와 하드웨어의 결함 후 생존성을 적절하게 다루고 있는지 확인한다.

# 프로젝트 관리의 **기획단계**에 수행되는 과업

일반적인 프로젝트 관리의 이론적 배경은 국제표준인 ISO 21500(Project Management)와 PM 협회에서 발행하는 PMBoK(Project Management Body of Knowledge)를 근간으로 한다. 프로젝트 관리의 기획단계에서는 **프로젝트 관리 계획서**를 개발한다. 프로젝트 관리계획서는 프로젝트 관리에 대해 왜, 무엇을, 어떻게, 얼마나, 누가, 언제, 어디서 해야 하는지를 문서화한 것이다. 또한, 프로젝트 관리 계획서에는 프로젝트에 대한 정책과 지침이 포함되며, 프로젝트 관리의 범위/일정/원가 기준선이 포함된다. 이 계획서에는 범위관리 계획, 일정관리 계획, 원가관리 계획, 품질관리 계획, 인적자원관리 계획, 의사소통관리 계획, 리스크 관리 계획, 조달관리 계획, 이해관계자 관리계획이 기술된다.

| 감시 및 통제 | | | |
|---|---|---|---|
| 착수 · 프로젝트 헌장개발 | 기획 | 구현 | 종료 |

**프로젝트 관리계획서 개발**

| 5.1 범위관리 계획 | 5.2 요구도 수집 | 5.3 범위정의 | 5.4 WBS 작성 |
|---|---|---|---|
| 6.1 일정관리 계획 | 6.2 활동정의 | 6.3 활동순서 배열 | |
| | 6.4 활동자원 산정 | 6.5 활동기간 산정 | 6.6 일정 개발 |
| 7.4 원가관리 계획 | 7.5 원가산정 | 7.6 예산결정 | |
| 8.1 품질관리 계획 | | | |
| 9.1 인적자원관리 계획 | | | |
| 10.1 의사소통관리 계획 | | | |
| 11.1 리스크 관리 계획 | 11.2 리스크 식별 | 11.4 정량적 리스크 분석 | |
| | 11.3 정성적 리스크 분석 | 11.5 리스크 대응 계획 | |
| 12.1 조달관리 계획 | | | |
| 13.2 이해관계자관리 계획 | | | |

국방 프로젝트의 경우는 각 국가의 거버넌스와 프로젝트 생애주기가 다르기 때문에 기획 단계에 수행되는 내용이 전형적인 프로젝트 관리의 구성과 내용과는 차이가 있을 수 있다는 점을 이해하기 바란다. 또한, 국방 프로젝트는 요구(Needs) 중심의 프로젝트이기 때문이며, 이 요구를 충족하기 위한 제품이나 서비스를 만드는 체계공학의 영향이 크게 작용되며, 일반적인 프로젝트 관리의 각 영역의 활동 외에도 운영유지를 위한 개념, 시험평가, 계약관리, 비용추정, 예산관리, 인력관리 등에서 일반적인 프로젝트와는 차이가 있다.

여기에서는 일반적인 프로젝트 관리에서 설명하는 각 계획들에 대한 개략적인 내용을 설명하고, 전투기 개발과 같은 국방 프로젝트의 각 영역에 대한 관리방안은 4장에서 체계공학의 공통적인 영역에서 설명하도록 한다.

- 범위관리 계획 : 프로젝트에서 해야 할 일을 체계적으로 관리하는 계획으로 프로젝트 목표를 달성하기 위한 프로젝트 요구도(가정, 제약사항 포함)와 작업분할구조(WBS ; Work Breakdown Structure)를 수립한다. 작업분할구조에는 수행되는 활동(Activity) 계획과 그 활동의 결과물(Deliverable)이 정의하는 계획을 수립한다.
- 일정관리 계획 : 각 작업분할구조의 활동 계획을 수행하기 위해 각 활동의 소요기간을 산정하고, 각 활동을 배치하며, 이 일정에 필요한 자원과 자원의 필요 일정을 구체화한 계획을 수립한다.
- 원가관리 계획 : 작업분할구조의 활동에 소요되는 자원을 원가로 추정(Estimating)하고, 원가를 산정하여 예산을 결정하는 계획을 수립한다.
- 품질관리 계획 : 프로젝트에 요구되는 품질 요구도를 만족시키기 위한 계획을 수립한다.
- 인적자원관리 계획 : 프로젝트를 수행하는 사람을 관리하기 위한 계획을 수립하는 것으로 프로젝트 팀을 구성하고, 충원, 조직, 관리하는 일련의 활동계획을 수립한다.
- 리스크 관리 계획 : 프로젝트를 수행하는 동안 발생할 수 있는 위험요소들을 식별하고, 관리하는 리스크 관리 활동의 절차를 수립한다.
- 조달관리 계획 : 프로젝트 관리 영역 외에서 제품, 서비스, 결과를 구매하거나 획득하는 계획하는 활동을 관리하는 계획을 수립한다.
- 이해관계자 관리계획 : 이해관계자를 식별하고, 관리하기 위한 계획을 수립한다.
- 의사소통관리 계획 : 이해관계자를 식별하고, 이해관계자의 요구를 충족하기 위한 정보와 자료를 적기에 공유 하기 위한 제반 활동을 위한 계획을 수립한다.

프로젝트 관리의 기획단계에서 수행되는 과정을 통해 프로젝트 관리계획서가 수립되었다면, 이제 구현단계로 넘어가서 요구도를 구체화하고, 각 영역별로 활동을 관리하게 된다. 프로젝트 관리에서는 요구도를 구체화하고 각 영역별로 수행되는 활동에 대해서는 구체적인 내용이 명확하지 않기 때문에 이 부분부터는 체계공학의 영역에서 설명되고 있는 내용을 중심으로 4장에서 설명하도록 하겠다.

# 프로젝트 관리 의사결정의 도구들

프로젝트 관리 및 체계공학을 수행하는 과정에서 의사결정이 필요한 사항이 지속적으로 발생한다. 프로젝트 관리자는 의사결정의 과정에서 체계공학자와 협력하여 체계공학의 산출물과 다양한 의사결정을 도와주는 도구들과 각 도구들의 결과물을 활용하게 된다. 다만, 누구도 미래를 알 수 없기 때문에 미래에 예상되는 합리적인 결정을 보조하는 것이지 정답을 제시한다는 것은 아니다. 여기에서는 현재 시점에서 가용한 대안 중 프로젝트의 전략 수립을 위한 **SWOT분석**, 대립되는 가치간 합리적 판단을 도와주는 **AHP기법**, 합리적인 품질 및 비용판단을 위한 **비용편익분석**, 합리적 의사결정을 위한 **비교연구 분석**, 체계개발 중 주요한 일정을 식별해주는 **주공정법**, 일정/비용 추정 시 사용하는 **3점 상정** 등을 소개하겠다.

SWOT(Strengths, Weaknesses, Opportunities, and Threats) **분석**은 기업 및 기관의 환경 및 내부의 강점, 약점을 분석하여 비전 및 전략 수립의 방향성을 설정하기 위한 방법으로 환경에 관련 이슈를 크게 기회(Opportunities), 위협(Threats), 강점(Strengths), 약점(Weakness) 으로 구분하여 파악하는 방법론이다. 프로젝트 경영 관점에서 프로젝트 추진에 대한 의사결정을 수행 시 방향성을 설정하기 위한 요소로 활용될 수 있으며, SO전략/WO전략/ST전략/WT전략 중 조직과 의사결정자, 이해관계자 등을 고려하여 비전 및 방향성을 설정하는데 유용한 도구이다.

AHP(Analytic Hierarchy Process)기법은 '계층적 분석 과정/방법' 또는 '분석적 계측화 과정'이라고 한다. 의사결정의 전 과정을 여러 단계로 나눈 후 이를 단계별로 분석 해결함으로써 합리적인 최종적인 의사결정을 이를 수 있도록 지원해 주는 방법으로 현존하는 의사결정방법 중 가장 과학적이고, 강력한 의사결정방법 중 하나이다. 의사결정에 영향을 미치는 요소들을 계층으로 세분화하고 그 요소 간 쌍대 비교(Pairwise Comparison)에 의한 판단을 통하여 의사결정을 하는 방법론이다. 앞에서 체계개발의 많은 과정은 Trade-off의 연속이라고 지속적으로 설명했다. 이러한 Trade-off 수행 간에는 서로 양보할 수 없는 것 같은 가치들 간의 상충성을 합리적으로 판단할 수 있는 결과를 제시할 수 있으며, 참자가들의 판단의 합리성과 적합성도 평가할 수 있는 사후검증 방안도 제시된다.

〈 AHP 기법 예시 – 휴대전화 선택기준 〉

| 기준 | 매우<br>중요<br>1/9 | 중요<br>1/6 | 약간<br>중요<br>1/3 | 비슷함 | 약간<br>중요<br>3 | 중요<br>6 | 매우<br>중요<br>9 | 기준 |
|---|---|---|---|---|---|---|---|---|
| 디자인 | | | | | | | ✔ | 성능 |
| 가격 | | | | ✔ | | | | 성능 |
| 가격 | | ✔ | | | | | | 디자인 |

비용편익분석(Cost Benefit Analysis)은 투입되는 비용 대비 편익 간의 상관관계를 통해 상쇄(Trade-off)하여 판단하는 방법론이다. 이 때 중요한 요소는 비용의 산정이다. 비용편익분석만을 위해 비용을 별도로 산정하지 않기 때문에 추정하는 것이 매우 어렵지만, 매우 직관적이므로 주요 의사결정 과정에서 방안이나 대안들의 비교분석을 위한 평가방법으로 유용하다. 대안별 비용을 분석할 때는 적합 비용과 부적합 비용으로 구분된다. 적합비용은 결함을 사전에 예방하기 위해 사용하는 예방비용과 검사, 시험, 외부 검토 등에 사용하는 평가비용으로 구성된다. 부적합 비용은 사용자에게 인도되기 전에 재작업, 수리, 기술변경 등에 소요되는 내부 실패 비용이며, 사용자에게 인도된 후 발생한 결함을 수리, 교환하는 외부 실패비용으로 구성된다.

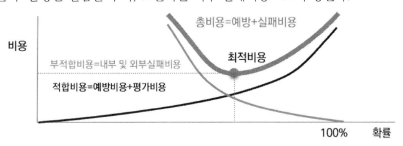

153

비교연구 분석(Trade-off Study Analysis)은 개발단계의 모든 영역에서 요구도 결정 및 조정, 형상선정 및 시험방법의 결정 등 주요한 사안에 대한 합리적 의사결정을 위해 대안들을 마련 하고, 대안들 중 최적의 대안을 찾기 위한 방안 중 하나이다. 비교연구 분석은 문제의 인식에서 시작하여 문제를 해결하기 위한 정확한 목표와 대상을 선정하며, 대안을 마련하기 위한 제약조건 등을 식별하는 것으로 시작된다. 이를 기반으로 타당한 대안을 발굴하고, 수립된 기준에 따라 대안을 비교하여 최적의 대안을 선정한다. 다만, 각 대안은 개발단계별 체계의 상황에 따라 요구되는 성능, 비용, 일정, 신뢰성, 안전성, 생산성, 중량 등의 영향성을 고려 하여 우선순위를 조정해야 한다. **대안들은 모든 면에서 우수한 대안이 있는 경우는 매우 드물다.** 이런 이유로 각 대안별 평가기준을 수립하고, 평가기준에 현재 상황에서의 가중치를 부여하여 정량적인 비교가 되도록 하는 것이 추천되고 가장 효과적이며 직관적인 방법은 비용효과로 환산하는 것이다. 최적의 대안 선정과정을 포함한 비교연구 분석결과는 의사결정이 가능한 회의체를 통해서 객관성과 타당성을 부여 받는 과정을 통해서 의사결정을 수행 한다. 의사결정 시에는 권한과 역할에 따른 의견을 제시하여 의사결정과정에서의 다양한 관점을 수용하도록 해야 한다. 예를 들어 기술적으로는 A(안)보다 B(안)이 다소 우수할 수 있다고 기술적 실무 회의체에서 판단할 수 있으나, 사업적 비용/일정 관점의 의사결정 회의체에서는 B(안)이 더 우수하다 판단될 수 있다는 것이다.

**비교연구에 대한 의사결정 시에 주의할 사항은 완벽한 대안은 없다는 것을 인정하는 것이다.** 의사결정은 상황에 따라 달라지며, 이로 인해 지난 시점에서 바라본 앞의 시점의 결정을 '이상한 결정이었다.'라고 직관적으로 판단하는 주요한 이유이다.

이런 걱정들은 의사결정에 참여하는 이해관계자의 결정이 머뭇거리려는 이유를 제공한다. 이런 이유들로 프로젝트 관리자는 현재 시점에서 최선의 대안을 수립하고 의사결정을 하는 대신에 의사결정의 사유와 근거를 명확히 하는 것이 중요하다.

**3점 상정(3 Point Estimates)**은 3가지 형태의 산정치의 평균값을 활용하는 방법론이다. 삼점 상정은 추정(Estimating) 시 불확실성과 리스크를 고려하면서 단일점(Single Point) 산정의 정확도를 개선하고자 낙관치(Optimistic), 비관치(Pessimistic), 보통치(Most Likely)를 통계적으로 처리하는 방법을 사용한다. 적용하는 분포에 따라 삼각분포와 베타분포로 구분된다. 삼각 분포는 낙관/비관/근사가 각 1:1:1로 판단하는 것이고, 베타는 낙관/비관/근사가 각 1:1:4로 판단하는 것이다. 이는 통계적인 방법으로 전문가에 의한 판단 시 낙관론자 1명, 비관론자 1명, 중간론자 4명의 비율로 결과값이 나온다는 경험에 기반을 둔 방법이다. 이를 근간으로 평균치를 추정할 경우 '평균치=(낙관치+비관치+4x보통치)÷6' 으로 산정할 수 있다[단, 베타분포 가정]. 표준편차는 (낙관치-비관치)÷6으로 산정할 수 있다.

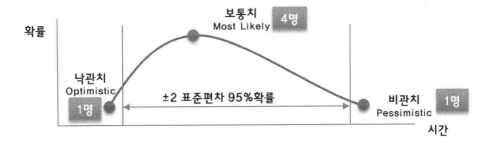

**주공정법(CPM ; Critical Path Method)**은 프로젝트 일련의 활동 일정계획을 수립하는 방법으로 1950년대 듀퐁사와 레밍턴랜드사에 의해 개발되었다. 주공정법을 사용하면, 주공정경로(Critical Path)와 주요 활동(Critical Activity)이 어떤 것인지 식별할 수 있으며, 공정 간 상관관계를 시각적으로 표현할 수 있을 뿐만 아니라, 공정 여유를 산출할 수 있게 된다. 주공정법을 적용하기 위해서는 프로젝트를 완료하는데 필요한 모든 활동의 목록을 식별하고, 각 활동이 완료되는데 소요되는 시간(기간)을 확인 후 활동들 간의 의존성을 연결하여 마일스톤이나 납품물 같은 논리적 종료지점에 이르도록 해야 한다.

주공정경로를 산출하기 위해 시작시점을 기준으로 계산하는 전진계산(Forward Pass) 과 종료시점을 기준으로 계산하는 후진계산(Backward Pass)을 해야 한다. 전진계산은 시작 활동으로부터 오른쪽으로 진행하면서 활동별 소요기간을 더해서 종료활동까지 연결하되, 2개 이상의 활동이 필요한 활동이 있는 지점에서는 여러 경로 중 가장 큰 값을 가진 경로를 선택한다. 후진계산은 종료활동을 기준으로 왼쪽으로 진행하면서 활동별 소요기간을 빼면서 시작활동까지 연결하되, 2개 이상의 활동이 필요한 활동 이 있는 지점에서는 여러 경로 중 가장 작은 값을 가진 경로를 선택한다. 이 방법은 글로 표현하면 어렵게 느껴지겠지만, 시각적으로는 매우 쉬운 개념이며, 이는 아래의 예시 그림을 참조한다. 이 활동을 통해 공정의 시작부터 종결까지 가장 빠르거나, 가 장 느린 공정을 식별해서 어떤 활동이 최소 일정 여유기간(Total Float)을 가지는지 계 산을 통해 결정할 수 있게 된다.

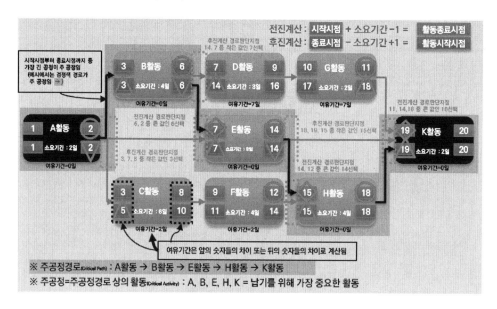

# 3장 요약

무기체계를 만드는 프로젝트 생애주기 과정과 기획단계 과업을 알아보자.

1. 프로젝트 관리는 유일한 제품, 서비스 또는 결과를 얻기 위한 임시적인 활동이다.

2. 거버넌스는 효과적, 경제적 PM 활동이 이루어 지도록 하는 제도적 장치이다.

3. 미국의 획득 거버넌스와 프로젝트 생애주기를 통해 국방분야의 프로젝트 생애주기에 대해 이해할 수 있다.

4. 국방 프로젝트의 요구는 현재 능력의 공백을 채우기 위한 필요에 의해서 발생한다.

5. 프로젝트 생애주기는 각 단계로 구분되며, 각 단계로 진입은 마일스톤이나 진입 검토를 통해 수행되는데, 이는 이전 단계의 진행상황을 검토하고, 향후 단계의 준비상태를 점검하기 위해 수행된다.

6. 최근 많은 무기체계 개발이 진화적 개발모델을 선택하는 것은 빠른 결과물을 얻을 수 있고, 점진적으로 완성도를 높일 수 있기 때문이다.

7. 기술성숙 및 위험감소 단계에서는 적정한 수준으로 요구를 성숙시키고, 체계개발의 위험을 감소하기 위한 활동을 수행한다.

8. 공학 및 양산 개발단계에서는 요구도를 구체화하여 설계 후 제품을 제작하여 요구도를 검증하는 일련의 활동을 수행한다.

9. 프로젝트 관리와 체계공학은 상호보완적으로 활용된다.

10. 요구도에 대한 이해를 통해 요구도가 왜 변화되는지, 요구도 통제를 어떻게 해야 하는지를 알 수 있으며, 명확한 요구도를 만들기 위해 노력해야 한다.

11. 일반적인 프로젝트 관리와 달리 국방 프로젝트는 요구 중심의 프로젝트이며, 체계공학의 영향이 크게 적용된다.

12. 항공기 등 복잡체계를 만드는 프로젝트에서는 미국 군사규격과 표준들을 적용할 경우 명확한 적용기준과 철학에 따라 선별적으로 적용해야 한다.

# Chapter 4

전투기 요구도를 구체화하는 과정과 구현, 통제(감시)하는 과정을 알아보자

이제부터는 구체적인 전투기 개발 요구도를 설정하고, 개발 관리활동을 어떻게 하는지 살펴보자.

앞에서 전투기를 만드는 프로젝트의 개발목표를 설정하는 과정을 알아보았고, 무기체계를 만드는 프로젝트 생애주기와 기획단계의 과업을 알아보았다.

이 과정들을 통해 큰 틀의 개발계획이 구체화되었다면, 이제부터는 전투기 개발 요구도를 구체화하여 요구도를 설정하는 과정을 이해하고, 개발의 각 영역별로 이루어지는 활동을 체계공학의 영역을 중심으로 설명하도록 하겠다.

# 이제 전투기 개발 요구도를 결정해보자

**4-1**

앞에서 전투기의 개발목표를 설정하는 방법과 절차를 살펴보았다면, 이제부터는 세부적인 개발 요구도를 어떻게 결정하는지를 알아보자. 초기의 전투기 개발목표는 사용자(각 군)의 운용개념(CONOPS) 설정을 시작으로 임무묘사도와 임무사용도를 기반으로 비행, 생존성, 임무 능력(성능)으로 구체화된다. **비행성능, 생존성 성능, 임무성능은 위협, 생존성, 민감성, 취약성, 전투임무효과, 가용성(RAM분석) 분석 등을 통한 목표 성능을 기반으로 구체화**한다.

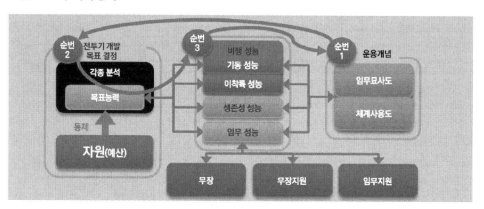

목표성능을 설정하는 과정의 많은 분석 중 비행성능 및 임무성능을 결정하는 핵심 분석은 위협분석, 생존성분석, 민감성분석, 취약성분석, 전투임무효과분석이다. 먼저, 운용개념 및 임무묘사도에 따라 임무 수행 중 노출이 예상되는 위협을 식별하고, 그 위협의 능력과 특성을 분석하여 위협의 탐지, 추적, 식별 및 대응방안을 선정한다. 이를 기반으로 민감성, 취약성, 생존성 분석을 수행한다. 민감성 분석을 통해 위협보다 먼저 위협을 탐지할 수 있는 능력을 선정하며, 적의 민감성 능력을 저하시키거나 회피할 수 있는 능력을 할당한다.

민감성 분석결과를 바탕으로 생존성 분석을 통해 위협의 우선순위를 결정하고, 위협의 치사성과 위협에 대한 대응책 또는 회피전술을 제시한다. 이 과정에서 생존성을 높일 수 있는 기동능력, 지형추적, 대응투발체계 등의 위협에 대한 대응방안을 설정한다. 위협에 대한 회피가 불가능 할 경우를 고려하여 취약성 분석을 통해 생존성을 확보할 수 있는 능력도 할당된다. 또한, 위협에 대한 대응으로 공격하여 위협을 제거하는 행위와 그 능력의 할당도 필요하다. 위협을 효과적으로 제압하는 능력은 전투효과분석을 통해 할당된다. 예를 들어 보면 쉽게 이해될 수 있다. 전투기A가 저고도 임무를 주요 임무를 수행하는데, 주요 위협이 지대공 기총이나, 휴대용 방공무기이며, 지대공 기총 및 휴대용 방공무기는 탐지 및 추적능력을 저대역 주파수와 적외선에 의해서 제공받는다고 설정되었고, 이에 대한 생존성 목표로 설정했다고 하자. 이러한 최상위 목표를 달성하기 위해서 전투기A는 위협 무기체계의 탐지 및 추적 능력보다 멀리서 적의 위협을 탐지함과 동시에 위협 무기체계에게 탐지되지 않으며, 위협을 회피하는 기동능력을 가지도록 하고, 위협을 회피하지 못할 경우 대응하거나, 피격되었을 때 생존하여 귀환하도록 해야 한다. 이를 달성하기 위해서는 탐지 및 추적 능력은 적 위협 무기체계보다 높도록 설정하고, 동시에 피탐지확률이나 피추적 확률을 낮추도록 충분히 낮은 RCS와 열원발생 통제, 지형추적 능력 등을 가지고, 위협 무기를 회피 가능할 정도의 빠른 기동능력을 할당한다.

또한, Chaff/Flare와 같은 방어적 대응능력을 갖추고, 위협의 무장 위력을 견딜 수 있는 장갑을 보유하도록 하는 것이다. 앞의 예시와 같이 비행, 생존성, 임무성능은 위협, 생존성, 민감성, 취약성, 전투임무효과, 가용성 분석 등을 기반으로 설정하되, 정량적이고, 계측가능 하도록 설정한다. 목표성능을 설정하는 과정에서는 정량적이고, 계측 가능하도록 표현하는 것은 이 방법이 사용자의 운용적 요구도와 설계자 간의 요구도 이해의 간극을 최소화할 수 있는 수단이기 때문이다.

이러한 목표 성능을 결정하는 과정에서 전투기의 임무에 치명적인 특성이나 가장 중요한 성능으로 발휘되지 않으면 전투력이나 생존성에 심대한 영향을 주는 요구도는 **핵심성능지표**(KPP ; Key Performance Parameter)로 지정한다. 다만, 핵심요구성능을 결정할 때는 체계개발의 유연성과 절충(Trade-off) 할 수 있는 여유(Space)를 제공하기 위해 임계치(Threshold)와 목표치(Objective) 형태로 설정한다. 이러한 임계치와 목표치 사이의 여유는 생존성, 민감성, 취약성, 전투임무효과 등의 목표성능을 결정하는 과정과 기술 성숙도, 비용(개발비 및 양산단가, 총수명주기비용), 일정 간 절충(Trade-off) 과정에 사용된다. 또한, 핵심성능지표(KPP)를 설정하는 과정에서 가용성이나 신뢰성, 총수명주기비용과 같이 특성(Attribute)이 중요하지만, 체계목표 달성에 중요하지 않는 경우는 **핵심체계특성**(KSA ; Key System Attribute)으로 분류할 수 있다. 목표성능 및 특성의 임계치는 비용, 일정, 기술을 고려하여 최소한 허용가능한 수준으로 설정해야 함과 동시에 목표치 이상의 성과는 추가 소요 비용을 정당화될 수 없다는 것을 명심해야 한다. 비행성능은 기동성능과 이착륙성능으로 구성되며, 임무성능은 무장과 무장을 지원하기 위한 센서 종류 등의 무장지원, 항법, 통신과 같은 임무지원으로 구성된다. (성능이라고 표현했지만, 이는 기능과 성능이라는 의미로 이해 바란다.)

목표성능은 항공기의 형상, 크기, 복잡성, 비용 등을 결정하는 요소이다. 앞에서 설명한 과정에 따라 초기의 목표성능을 결정된다. 다만, 현실 세계에서는 초기의 요구도를 초과하는 성능목표 요구들이 지속적으로 부과되는 경향으로 나타난다. 이에 따라 프로젝트 관리자는 지속적으로 최소의 목표성능을 명확히 하면서, 이를 만족하기 위한 최소능력을 보장하도록 노력해야 한다.

목표성능 중 비행성능을 명시하기 위해서는 **비행영역(Flight Envelope)이라는 수단을 사용**한다. 비행영역은 항공기의 형상별 속도, 고도, 하중배수 등을 고려한 비행능력 범위를 나타낸 것이다. 항공기의 비행성능은 비행특성, 무게 및 균형, 구조적인 한계 등을 고려하여 제한되는 체계(System)의 물리적인 능력의 조합으로 나타나게 된다. 당연하지만 비행영역은 항공기의 공기역학적인 능력보다 클 수 없다. 초기 설정한 비행영역을 기반으로 초기 항공기 형상과 엔진을 통해 예상되는 성능은 풍동 시험을 통해 확인된다. 또한, 구조적 손상을 방지하기 위해 구조설계와 비행제어 능력을 고려하여 기동성능이 제한되며, 이러한 한계를 기준으로 비행영역을 설정된다. 항공기 형상과 엔진의 결정과정을 통해 확정된 최종 형상과 엔진을 기준으로 풍동 시험, 분석, 비행 시험을 통해 비행영역에 대한 운용성이 확인되고 검증된다. 최종적인 비행영역에 대한 검증은 보정된 엔진성능, 양항곡선(양력과 항력을 모두 볼 수 있는 그래프), 항공기 최종 중량, 연료량, 흡입구 효과 등을 기반으로 검증된다.

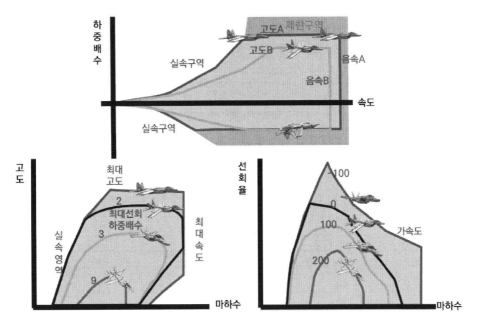

**비행영역은 항공기의 형상에 따라 정의된다.** 항공기의 형상은 Clean(외부에 장착된 것이 아무것도 없는 상태) 상태인지, 연료탱크를 달았는지 등 외부에 장착된 형상을 기준으로 정의된다. 이는 항공기 형상에 따라 항공기가 공기 중에 노출되어 공기역학적인 영향성이 달라지기 때문이다. 예를 들어 같은 모양의 무장이더라도 장착되는 무장의 위치가 다르다면, 공기 역학적인 특성이 달라지므로 다른 형상으로 취급해야 한다는 것이다.

**하중배수(Load Factor)는 항공기에 작용하는 중력과 양력 간의 비율**(하중배수 = 양력 ÷ 중력)이다. 비행기

이 형상(Clean)과

이 형상(무장 장착)은 다른 형상이다.

가 수평 비행하게 되는 경우 중력과 양력이 같기 때문에 하중배수는 1이 된다. 일반적으로 항공기가 선회하는 경우 중력 대비 양력이 커져서 하중배수가 증가하게 된다. 항공기가 기동 시 노출되는 하중배수를 고려하여 구조물이 이를 버티도록 설계하는데, 구조물이 큰 하중배수를 버틸 수 있다면 기동 제한은 최소화될 수 있다. 다만, 하중배수가 증가하면 구조물이 버티어야 할 하중이 커지기 때문에 구조물을 더 강하게 설계하거나, 두껍게 설계해야 하기 때문에 중량증가로 이어질 수 있다. 이에 따라 항공기의 목적에 따라 적정한 수준을 정해 구조물을 설계하고, 그 한계 내로 비행이 되도록 제어 및 통제하게 된다.

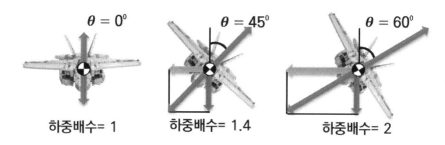

$$\theta = 0^0 \qquad \theta = 45^0 \qquad \theta = 60^0$$

하중배수= 1    하중배수= 1.4    하중배수= 2

비행영역은 항공기 형상과 엔진에 의해서 항공기가 발휘할 수 있는 공기역학적 능력을 기준으로 해당 항공기가 가질 수 있는 구조적 강도, 이 강도를 발휘하기 위한 형상의 중량, 항공기 비행을 제어하는 비행제어 능력에 따라 결정된다.

예를 들어 9G(중력의 9배)의 기동이 가능한 항공기가 50,000ft에서 마하 1.8까지 날 수 있는 형상과 엔진을 가졌더라도 해당영역에서는 구조물의 강도를 고려하여 특정 고도와 속도 영역에서는 9G보다 낮은 기동조건으로 제한될 수 있다(예를 들어 마하 1.8에서는 3G/마하1.5에서는 5G로 제한). 이때 특정조건에 대한 기동제한은 비행제어 컴퓨터에 의해 제한된다. 동시에 비행 영역별 제한 이상의 기동을 할 경우 구조물이 손상될 수 있다는 의미이다. 만약, 모든 비행영역에서 9G이상을 버틸 수 있게 구조를 보강해야 한다면, 중량이 증가해서 해당영역의 최대속도, 선회능력 등 다른 비행능력에 제한이나 영향을 줄 수 있는 사항이 발생할 수 있다. 즉, 비행영역을 결정하는 요소들 간에는 밀접한 상관관계를 가지고 있으며, 성능 간 절충(Trade-off)를 통해 조정되어야 한다. 비행영역은 공기역학적 능력을 기초로 선정되지만, 공기역학적 능력을 초과하여 선정될 수 없으며, 비행제어와 구조 강도에 의해서 제한된다.

비행성능에 영향을 미치는 큰 요소 중 하나는 **중량특성**이다. 항공기 중량 특성은 모든 정의된 임무와 형상에 따라 유지되고 관리되어져야 한다. 개발 시 고려된 운용 조건을 만족하면서 미래에 새로운 역할과 임무를 수행할 수 있도록 항공기 중량특성은 초기 목표와 총수명주기 동안 개량을 고려하여 관리되어져야 한다. 항공기 중량은 개념설계, 예비설계, 상세설계를 거쳐 항공기의 설계 및 개발 프로세스를 진행하는 동안 구성요소와 하위 시스템의 무게, 크기 및 위치는 측정 가능한 값으로 구체화되지만, 개발 중 및 항공기의 총수명주기 간에 걸쳐 항공기의 중량과 평형의 경계 범위 이내로 유지하기 위한 중량관리 계획 수립이 필요하다.(중량관리는 뒤에서 별도로 설명한다.)

# TMI : 핵심성능지표(KPP)와 핵심체계속성(KSA) [출처 : DAU]

▨ 미국 획득체계는 몇 번의 획득개혁과정을 통해 능력요구에 대한 체계를 수정하였다. 무기체계의 개발 타당성을 승인 받은 구체적인 능력의 요구는 능력개발문서(CDD ; Capability Development Document)를 통해 구체화된다. 능력개발문서는 개발되는 체계에 요구되는 능력달성을 위한 성능 요구도를 정의하는 것이다. 여기에는 핵심성능지표(KPPs ; Key Performance Parameters), 핵심성능속성(KSAs ; Key System Attributes), 추가 성능 특성이 포함되는데, 이것들은 모두 측정 가능하며, 시험가능한 특성이어야 한다. 진화적 개발에서는 이러한 성능 및 특성은 하나 또는 복수의 증분(Increments)의 능력으로 설정할 수 있다.

▨ 핵심성능지표(KPP)는 충족 못할 경우 무기체계로써 군사적 용도로 사용되는데 문제가 발생할 수 있는 성능지표이다. 의무적인(Mandatory) KPP는 전력 방호(Force Protection), 생존성(Survivability), 지속성(Sustainment), 가용성(Net Ready), 훈련(Training), 에너지(Energy) 등이 있다. KPP는 군사적 능력개발에 필요한 무기체계의 성능 속성으로 효율적 이면서도 적시에 측정 가능하고, 시험 가능하며, 정량화된 수 있도록 설정되어야 한다.

▨ 핵심체계속성(KSAs ; Key System Attributes)은 균형적인 솔루션을 위해 중요하다고 생각 되는 속성 또는 특성들로 KPP보다 중요도가 떨어지는 것으로 대표적으로 신뢰성 (Reliability)과 같은 것이 설정된다.

▨ 핵심성능지표 및 핵심체계속성 설정 예시(무인 공격항공기)

| 핵심성능지표(KPP) | 개발 임계치(Threshold) | 개발목표(Development Objective) |
|---|---|---|
| 작전반경(Range) | 250km | 300km |
| 생존성(Survivability) | 동일 | 적외선대인화기 단일교전 시 90%생존 |
| 임무시간(Loiter) | 동일 | 3시간 |
| 폭발력(Explosive Force) | 200lb TNT | 500lb TNT |
| 정확도(Accuracy) | 10m CEP | 5m CEP |
| 지속성(Sustainment) | 80% 가용성(가동율) | 85% 가용성(가동율) |

| 핵심체계속성(KSA) | 개발 임계치(Threshold) | 개발목표(Development Objective) |
|---|---|---|
| 이동발사거리(Mobile Launch Distance) | 30 ft | 25 ft |
| 순항 속도(Cruising Speed) | 40 kts | 80 kts |
| 표적획득체계(Target Acquisition Sys') | 동일 | 주간 광학식 표적획득체계 |
| 신뢰성(Reliability) | 고장간평균시간 150시간 | 고장간평균시간(MTBF) 200시간 |
| 정비성(Maintainability) | 정비시간(MTTR) 3시간 | 정비시간(MTTR) 2.5시간 |
| 운영유지비용(Operations&Support Cost) | 20년간 주장비의 3배 이하 | 20년간 주장비의 2배 이하 |

166

# 비행성능 목표 결정하기

비행성능은 기동성능과 이착륙성능으로 구성되어 있다. 기동 성능이란 속도(최고 속도/음속), 고도, 기동(지속선회율/선회G, 순간선회/선회G, 최대상승율), 가속도(고도 속도별), 추력대중량비 등 항공기가 비행 중 날기 위한 목표성능이다.

| Performance Parameter | | | | |
|---|---|---|---|---|
| Max Speed | | M1.8 | M1.5 | M2.0 |
| Rate of Climb – (fpm) | | 45,000 | 38,000 | 55,000 |
| Instantaneous Turn Rate – (deg/sec) | Opt.M/10kft | 18.0 | 19.0 | 20.0 |
| Sustained Turn Rate – (deg/sec) | Opt.M/10kft | 11.0 | 15.0 | 15.5 |
| Sustained Turn G – (g) | Opt.M/15kft | 5.0 | 6.5 | 6.8 |
| Accel M0.4–M0.95/15Kft – (sec) | | 50.0 | 30.0 | 25.0 |
| Service Ceiling – (ft) | | 50,000 | 55,000 | 59,000 |

이착륙 성능은 항공기가 운용하게 될 환경을 분석하여 이에 따라 이착륙비행 시 필요한 착륙속도(접근속도, 접지속도), 이륙거리, 착륙거리 등의 목표성능을 말한다. 이착륙 목표성능은 크게 지상에서의 성능과 비행단계에 진입하거나, 공중에서 지상 단계로 전환하는 비행 성능으로 구성된다.

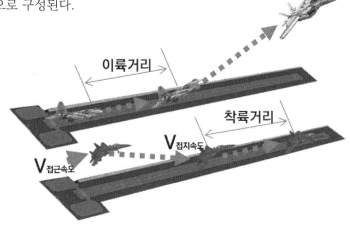

**기동성능**의 목표는 위협 대상에 대한 상대적 우위를 점유하는 하는 것이다. 전투기 운용 개념에 따라 빠른 가속, 선회 능력으로 상대를 제압할지, 압도적인 속도로 상대를 제압할지 등 운용개념에 맞도록 세부 목표성능을 결정한다. 중요한 점은 위협에 대한 상대적 우위를 점하는 것은 운용개념에 따라 구현된다는 것이다. 스텔스기와 같은 5세대 항공기는 기동을 통한 상대적 우위를 점하는 것이 아닌 원거리에서 공격 후 이탈(Stand-off)하는 방식

으로 운용하기 때문에 상대 전투기를 기동성능으로도 우위를 점하도록 하는 것은 불필요한 선택일 수 있다.

예를 들어 미국에서 유출된 비공개 전투실험을 통해 알려진 바와 같이 F-16과 F-35의 Dogfight결과, F-16의 기수상승율(Pitch-up Rate)이 F-35를 압도하여 F-16이 상대적인 우위를 점했다는 것은 많이 알려진 사실이다. 다만, F-35, F-16 각각의 운용개념에 따라 전투를 하게 되면, 그 결과를 정반대로 나온다. 이는 F-35가 Dog-fight를 위해 설계된 항공기가 아니며, 원거리 공격 능력을 발휘하기 위한 저피탐 기술 및 형상을 적용하면서 기동성능을 발휘하기 위한 공기역학적으로 유리한 형상과 절충(Trade-off)한 결과일 것이라 생각할 수 있다.

세부적인 기동성능 목표를 결정하는 과정은 운용개념으로 요구되는 초기 목표성능을 기준으로 형상과 엔진 설계를 통해 만들어진 초기 모델을 활용하여 풍동 시험 및 M&S를 통한 상대적 우위를 평가하고, 목표성능을 갱신하는 과정을 통해 최적화 할 수 있다.

**이착륙 목표성능**은 지상에서의 성능과 비행단계에 진입하거나, 지상단계로 전환하는 비행성능으로 구성된다. 이착륙 목표성능을 결정하기 위해서는 운용환경 분석이 중요하다. 운용분석을 통해 **항공기가 운용될 시설**(활주로의 고도, 길이, 재질, 운송시설, 보관시설 등), **자연환경**(측풍, 강우, 강설 등), **유도환경**(충격, 진동, 소음, 전자기환경 등), **조종사 특성** 등을 분석한다.

**시설**은 운용하게 될 활주로의 길이가 짧을지, 길지에 따라 요구되는 이착륙거리를 정의하는데 사용된다. 예를 들어 짧은 착륙거리가 필요한 경우 필요로 하는 저속에서의 높은 양력, 튼튼한 착륙장치, 강한 제동력의 브레이크 시스템 등을 구현하기 위해서는 형상과 구성품 설계가 강화되거나, 제동 낙하산(Drag Chute)과 같은 장치의 추가가 필요할 수 있다. 항공기는 활주로, 유도로 등에서의 일정 경사(일반적으로 3도)에서도 뒤로 넘어지지(Tip back) 않아야 한다. 이를 위해 항공기가 안정성을 가질 수 있도록 착륙장치를 위치시켜야 한다. 또한, 활주로나 유도로의 노면상태에 대한 정의를 통해 활주로의 부드러운 정도(CBR ; California bearing ratio)나, 활주로의 표면상태 마찰력/상태(RCR ; Runway Condition Reading −마찰력이 0~25로 정의되며, 일반적으로 마르고 거친 활주로 23, 젖은 활주로 9, 결빙 활주로 4정도로 판단됨) 등이 정의되어야 한다. 특히 군용항공기는 적의 공격으로 활주로의 피해를 복구하기 위한 작업 후 활주로 상태가 어느 정도의 굴곡과 간격, 턱이 있을지를 결정하여야 한다. 이러한 시설의 요구도 정의는 이착륙 거리 및 착륙장치의 설계 요구도로 이어지게 된다.

**자연환경**은 MIL-HDBK-310(Global Climatic Data for Developing Military Products)과 같은 자료를 통해 운용될 지역의 자연환경 특성을 반영한다. 항공기가 운용될 자연환경 분석을 통해 운용될 지역의 고온, 저온, 습도, 강우, 강설, 결빙, 우박, 대기환경 등을 가늠하고, 체계에 적합하게 요구사항을 추출할 수 있게 된다. 다만, MIL-HDBK-310은 요구도가 아니며, 요구도를 산출하기 위한 기초자료라는 점을 이해해야 한다.

**유도(Induced) 환경**은 항공기가 노출될 인위적인 환경을 정의하는 것으로 충격, 진동, 소음, 전자기환경 등이 이에 해당한다. 이는 항공기가 스스로 만들어 내는 특성과 외부에 의한 특성이 모두 포함되는 개념이다. 이 중 항공기가 만드는 유도환경은 개념적으로 제시 후 체계개발 간 구체화가 필요하다. 외부에 의한 환경특성은 임무를 수행하게 될 지역을 기반으로 명확하게 선정해야 한다. 예를 들어 이착륙 시 진입하는 경로에 고출력의 기상 레이다가 있는지, 고압전선, 민간 통신장비 등이 많은 지 등의 외부 요소가 명확해야 이를 차단하거나, 무시하는 필터를 설계하는 등 해당 환경에 최적화한 설계가 가능하다.

**조종사의 특성**은 교육체계와 관련되어 초등-고등-전술 등의 교육을 받는 동안 어떤 과정을 통해 이착륙교육이 이루어지는지를 분석하는 것이다. 예를 들어 초등-고등 교육과정을 통해 저속 접근속도를 기반으로 훈련, 숙달되었다면, 고속 접근속도를 기

170

반으로 항공기를 설계 시 교육훈련 요소가 증가되거나, 비행제어 설계가 과도해지고, 운항 안전에 영향을 줄 수 있기 때문이다. 분석이 안되었다고 물론 안되는 건 없다. 다만, 불필요한 노력을 줄일 수는 있다.

공중급유를 위한 비행영역은 비행영역 설정 시 별도로 산정한다. 공중급유를 위한 비행 영역은 급유기(Tanker)와 수유기(Receiver)의 조합에 의해서 결정되며, 넓은 비행 영역을 검증 하기 위한 비용-일정 간의 최적화를 통해 필요한 최소 영역으로 제한할 필요가 있으며, 프로젝트 조기에 확정되어야 한다. 공중 급유 관련해서는 뒤에서 별도로 설명하도록 하겠다.

# 비행제어 성능목표 결정하기

비행제어는 항공기의 조종안정성, 비행성능 및 안전성을 향상시키기 위한 목적을 가
진 체계이다. 비행제어 체계는 각종 센서 정보를 이용하여 현재의 비행상태를 확인하
고, 조종사 등의 조종의도에 따라 조종면을 적절히 통제함으로써 원하는 비행을 할
수 있도록 한다. 비행제어의 성능목표를 결정하기 위해서는 먼저 안정성이라는 개념
을 이해해야 한다.

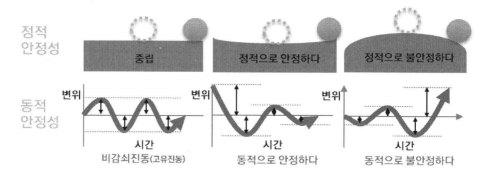

**안정성(Stability)은 시스템이 평행상태를 유지하거나 원래 상태로의 복원 정도**를 말한다.
이때 안정성은 물체의 상태에 따라 두 가지 측면, 즉 멈추어 있는 정적 상태와 움직이
고 있는 동적 상태에 따라 평행을 유지하고 복원되는 개념으로 분류된다. **정적 안정성**
은 외부 교란에 대해 원래의 평형상태로 복원되려는 경향이 있는지 없는지에 따라
'안정'과 '불안정'을 판단한다. **동적 안정성**은 외부 교란에 대해 시간이 지나면서 원래
의 평형상태로 수렴하는 복원이 발생하는지 여부로 '안정'과 '불안정'을 판단한다. 이
를 제어분야에서 흔히 사용하는 개념이며, 비행제어에서도 뉴턴 역학에 따라 발생하
는 물체의 움직임을 컴퓨터가 제어할 수 있는 수치로 변환하여 원하는 대로 제어하는
데 사용된다. 다만, 우리의 정성적인 단어의 느낌과는 다르게 안정은 좋은 것이고, 불
안정은 나쁜 것을 의미하는 것은 아니다. 단순히 상태가 그렇다고 판단하는 것이다.
전투기와 같은 빠른 움직임과 반응을 위해서는 비행제어는 불안정을 의도적으로 활
용하기도 한다. **비행제어 성능목표는 어느 정도의 비행품질(Flying Qualities)을 가질 것인지**

를 결정하는 것이

다. 비행품질은 임

무묘사도를 기반

으로 주어진 항공

기의 상태에 대해

서 충족시킬 조건을 명확히 하여야 한다. 세부적인 요구도 설정과 검증은 MIL-HDBK-1797에 설명되어 있다. 일반적으로는 사용자(조종사)의 요구도를 구체화하는 데, 임무수행에 필요한 단계별로 항공기의 상태(정상인지 결함이 있는지, 무게중심, 대칭/비대칭, 내/외부 무장상태)와 비행영역에서의 제한사항, 기상이나 대기상태를 고려하여 결정한다. 비행품질은 정량적이고 측정가능한 기준으로 존재하지만, 조종사의 정성적인 부분으로 적합성이 결정될 수 있는 측면이 있다. 이에 따라 비행제어 성능은 정성적인 평가를 정량화해주는 **쿠퍼-하퍼 스케일**(Cooper-Harper Rating Scale)이 사용된다. 쿠퍼-하퍼 스케일은 시험비행 조종사나 비행시험 엔지니어의 평가에 의해서 비행품질을 평가하는데 사용하는 방법이다. 쿠퍼-하퍼 스케일에서는 조종 등급(Pilot Rating)을 1부터 10까지로 분류한다. 일반적으로 안정적인 대기 하 비행에서 1~3등급은 만족, 4~6등급은 수용가능, 7~9등급은 조종가능한 수준을 말하며, 10등급은 최악의 비행 수준으로 조종상실이 될 수 있어 반드시 개선해야 하는 수준이다. 비행제어 성능목표는 항공기별 특성을 고려하여 비행영역, 임무, 항공기의 상태 등에 따라 구체적으로 요구도를 명시하여야 한다. 다만, 항공기 형상이 확정되는 과정에서는 개념적인 요구 수준으로 명시하고, 설계 진행 간에라 목표성능을 구체화 하여야 한다.

어떤 마우스? 어떤 느낌으로 평가할까?

난 보통    나한텐 느린데    나한텐 딱이요    이 마우스 감이 나에겐 너무 빠른데…    이래서 표준화/정량화가 필요하다.

※ TMI : 쿠퍼-하퍼 스케일은 미국에서 2차 대전 후 많은 형상의 항공기 비행시험 평가를 위해 시험비행조종사인 조지 쿠퍼(George Copper)가 제안한 표준화 시스템으로 조종사의 판단을 정량화(1957년)한 것이며, 이후 코넬 항공연구소의 로버트 하퍼(Robert Harper)와 협력하여 보완해 쿠퍼-하퍼 스케일(1969년)로 지금까지 통용되고 있다.

# 엔진 장착 적합성(Compatibility) 확인하기

**항공기 비행성능에 대한 엔진의 역할은 절대적이다.** 목표하는 비행성능에 필요한 엔진이 결정되었다면, 엔진들이 항공기 형상에 어떻게 장착 되어야 할지, 안전성과 적합성을 어떻게 확보할지에 대한 목표를 설정한다. 엔진은 흡입구(Intake) 등 항공기의 형상에 설치되면서 서지(Surge), 실속(Stall)와 같은 불안정한 공기 흐름 상태가 발생하지 않고, 발전기, 펌프와 같은 세부계통과의 인터페이스, 항공기 기동, 추력 조절 전이구간이나 무장 운용 간에서 발생할 수 있는 기계적이고 기구학적인 손상으로 부터 안전해야 하고, 공기흡입과 배출에 영향을 최소화하는 **적합성(Compatibility)**을 가져야 한다.

엔진은 항공기에 요구되는 지상 및 비행영역 전체에서 요구성능을 만족해야 한다. 당연한 이야기 같지만, 일반적으로 흡입구와 항공기 모든 비행영역에서 불균일한 압력과 온도때문에 발생되는 엔진작동에 유해한 환경이 조성되기 때문에 쉬운 문제는 아니다. 또한, 엔진은 항공기 장착 시 **적절한 간격(Clearance), 냉각(Cooling), 배출(Drainage)에 대한 적합성**을 가져야 한다. 엔진은 항공기 기체에 장착될 경우 특별한 경우를 제외하고는 열 팽창이나 열 축소 등 엔진의 크기와 나셀(Nacelle), 변속기(Transmission) 등 동력전달구조 등과 1인치 이상의 물리적 간격을 유지해야 한다. 물론 정비를 위한 접근성과 운영유지를 위한 부분도 같이 고려되어야 한다.

엔진과 나셀 장착 구역에는 지상 및 비행 중, 엔진 정지 후에 허용 운용온도 내로 제

어하기 위한 **냉각 및 환기 능력**을 갖추어야 한다. 동시에 최소 작동온도 한계보다 낮은 온도에서는 온도를 높이기 위한 방안도 강구되어야 한다. 일반적으로 엔진과 나셀 구역에 설치되는 구성품은 높은 온도에서의 작동의 신뢰성을 보장해야 하기 때문에 구성품 수준에서 충분한 온도, 먼지, 염무(Salt spray) 등에 대한 환경에 대한 영향 검증이 이루어져야 한다. 엔진과 나셀 구역의 온도 범위는 엔진 업체가 제공하는 정보와 공기역학적 공력 가열효과의 영향, 항공기 내부 공기순환 능력 등을 고려하여 설정된다. 또한, 엔진과 나셀 구역의 고온 등에 의한 화재를 방지하기 위해 **화재방지 및 소화장치**를 갖추어야 한다. 엔진을 항공기에 장착 시 화재에 대한 안전성 확보를 위해서는 탈 수 있는 유체를 적절하게 통제하는 것이 매우 중요하다. 왜냐하면 발화원은 적절히 통제할 수 있으나, 발화물질인 유체는 누출, 배유, 마모, 부식 등에 의해서 발생할 가능성이 항상 존재하기 때문이다. 물론 유체를 적절하게 통제하기 위해서는 적절한 배출 시스템을 구비해야 하며, 발화원과는 적절한 간격 유지 등 배치에도 유의해야 한다. **냉각시스템**은 가급적 엔진 흡입구에서 공기를 빼내지 않아야 하지만, 만약 그럴 수 없다면 엔진 실속을 발생시킬 수 있는 압력손실을 방지하고 FOD(Foreign Object Damage)를 발생 시키지 않아야 한다. 엔진 구역을 환기하는데 사용 되는 공기 흐름은 밖으로 배출되어야 하며, 배기 노즐(Nozzle)을 제외하고는 다른 냉각 및 환기 시스템에 사용되어서는 안되고, 화재 시 손상 가능성을 최소화하기 위해 항공기 구조와 적절한 가격을 유지 해야 한다. 엔진 구역 또는 나셀은 하나 이상의 액체와 기체 보호벽으로 분리된 경우 각각 냉각 및 환기가 제공되어야 한다. 엔진 흡입구의 위치는 착빙에 취약하지 않아야 하며, 착빙으로 인해 공기 흐름에 악영향을 미칠 경우 적절한 **방빙(Ice Protection) 능력**을 갖추어야 한다.

**엔진 장착과 적합성에 관한 요구도들은 인터페이스 통제 문서**(ICD ; Interface Control Document)**에 정의**되며, 체계개발 단계에서 구체화되며 보완된다. 일반적으로 엔진과 인터페이스 되는 구성품과 기능은 기어박스, 엔진시동, 보조동력장치, 변속기, 구동기, 유압, 발전기, 비행제어, 연료, 공기조화계통, 상태감시체계, 추력조절기, 엔진 장착 및 지지부가 포함된다.

# 임무비행반경(Mission Flight Radius) 목표 결정하기

비행거리(Flight Range)는 항공기가 정의된 장착물과 허용된 연료량을 가지고 단방향으로 비행해서 달성할 수 있는 거리이며, **비행반경(Flight Radius)**은 항공기가 이륙해서 목표 까지 이동 후 복귀하는 거리의 중간지점으로 정의된다. **임무비행반경(Mission Flight Radius)**은 임무별로 정의된 시나리오에 따른 비행반경을 산정한다. 임무비행반경은 동일한 이륙과 착륙지점에서 동일한 길이의 진출거리와 복귀거리로 산정된다. 임무에 따라 특별히 명시된 경우 이륙위치와 착륙위치가 상이할 수 있다. 특별히 명시되지 않은 경우를 제외하고는 공중급유 제공조건은 제외되며, 외부 장착물의 분리는 임무별로 구체화한 방안에 따라 결정한다. 임무묘사도에 따라 지상운용조건 및 항공모함의 캐터펄트(Catapult)와 같은 이륙보조장치 등도 반영된다. 다만, **임무비행반경 선정 시 전투, 기동, 초계 등은 포함되지 않는다.** 이 행위들은 특정한 방향으로 산출되지 않기 때문에 임무비행반경 산정 시 제외된다. 임무별 비행반경은 임무묘사도를 기반으로 결정한다. 임무비행반경은 실제 전투기로서의 능력을 보여주는 지표라고 할 수 있지만, 앞에서도 언급한 것처럼 임무 묘사도를 언급하지 않고 단순 비교하는 것은 많은 오류를 포함하고 있다고 할 수 있다. 둘 이상의 항공기를 비교하기 위해서는 동일한 임무 묘사도를 기반으로 비교해야 한다. 비교에 다른 종류의 항공기(수직이착륙기 등)가 포함된 경우 적합한 임무규칙을 포함하여야 한다. 또한, 임무묘사도의 주요 매개변수에 따라 임무비행반경이 결정되며, 반대로 주요 매개변수를 변경 하게 되면 임무비행반경에 영향을 받는다는 점을 이해해야 한다.

예시 : 임무비행(행동)반경 - 150km

CAS임무 : (2)AIM-9 + (2) CBU-109 + (2)150G Tank
* 전투 진입 전 연료탱크 절리, 공중급유 미지원

* 참고 : CAS임무 - 아군과 근접한 적을 공격하여 아측 지상군의 임무를 직접 지원하는 임무
The close air support mission is a radius mission where the primary role is to direct support of ground troops.

# 임무성능
## (또는 임무 치명성, Mission Lethality) 결정하기

4-6

임무성능의 목표는 임무묘사도에 따른 임무비행반경 산출을 통해 최대비행거리(또는 반경), 비행시간 등 비행 관련 임무성능의 목표를 결정한다. 이러한 임무성능의 목표는 임무별 형상을 기준으로 결정한다. 따라서 전투기의 성능은 임무와 형상에 따라 구체화되어야 한다. 하지만, 단지 비행하는 행위만으로 임무를 수행할 수 없기 때문에 임무를 수행하기 위한 목표 성능을 결정해야한다. **임무를 수행하기 위한 임무성능의 목표**는 **무장의 기능/성능**과 **무장을 지원하기 위한 기능/성능, 임무지원을 위한 기능/성능**으로 구분될 수 있다. 임무 성능을 다른 말로 **임무 치명성(Lethality)**라고 한다. 무장의 기능과 성능의 목표를 결정하기 위해서는 전투기가 수행하게 될 임무에 적합한 무장을 선정하는 것부터 시작된다. 무장이 선정되면 이를 전투기에 어떻게 장착할지를 결정하고, 내부와 외부 배치 시 어떻게 조합할지를 결정한다. 그리고 장착되는 무장 외에 최후의 전투수단인 기총(Gun)을 결정한다.

무장을 사용하기 위해서는 표적을 식별하고, 추적해야 한다. 이러한 표적의 추적정보를 바탕으로 무장을 운용하게 된다. 표적의 추적정보를 제공하는 것은 센서의 능력이며, 센서는 전파, 적외선, 가시광선, 음향 등이 다양한 발생원을 식별, 추적하는 능력을 결정한다. 또한, 무장을 항공기에 부착하고, 무장의 안전한 분리를 위한 현수장치나 발사대가 필요하다. 무장과 센서를 운용하기 위해서는 표적이 있는 곳까지 정확히 이동하고 돌아올 수 있는 항법능력, 집단으로 행동하고 통제하기 위한 통신능력, 조종사에게 각종 정보를 제공하기 위한 시현능력, 정보를 바탕으로 전투기를 통제하기 위한 제어 능력의 결정이 필요하다.

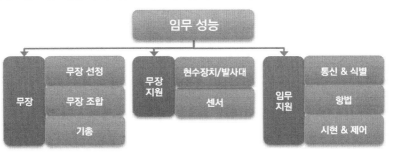

# 무장(Weapon) 결정하기

4-7

나는 누구인가?

전투기를 전투기로 만드는 건 무장이다.

**무장(Weapon)은 전투기가 운용되고, 존재하는 궁극적인 의미**이다. 전투기는 무장을 투사 하기 위한 플랫폼(Platform)이다. 무장은 임무묘사도와 각종 성능을 설정할 때 영향력이 큰 항목이기 때문에 전투기 개발목표 수립 시 조기에 확정해야 하는 사항 중 하나이다. 이는 무장의 운용개념에 따라 항공기의 운용개념이 영향을 받기 때문이며, 무장이 항공기 내부 또는 외부에 장착되는 경우 장착될 위치, 해당 위치에 걸리는 하중을 결정하는 요소가 되기 때문이다. 무장이 외부에 장착되는 경우 공기의 흐름에 영향을 주게 되어 항공기의 형상 설계에 직접적인 영향을 주며, 특히 조종면의 크기를 결정하거나, 비행제어 범위를 결정하는 주요 요소가 된다. 무장을 운용하기 위해서 대상(표적)을 식별하고, 선정하고, 추적하는 능력이 필요하며, 이는 각종 센서의 성능(정확도, 거리, 동시추적숫자 등)과 기능에 의해서 결정된다. 즉, 무장과 센서는 항공전자 시스템 전체의 구조(아키텍쳐, Architecture)에 영향을 주며, 소프트웨어, 시현 및 제어등에도 영향을 준다. 이러한 이유로 무장선정은 항공기의 형상설계, 비행성능, 임무성능에 모두 영향을 주는 요소이다. 무장을 선정 시에는 위협분석 등을 통한 표적별 무장의 종류, 타입, 수량, 임무 등을 파악해야 한다. 또한 무장의 기술발달에 따라 다중 표적에 대한 추적과 공격이 가능함에 따라 이에 대한 고려도 필요하다. 과거처럼 재래식 무장만을 운용한다면, 무장은 단순히 구조적으로 항공기에 달려 표적이나 임무지역에서 던져지는 단순한 체계일 것이다.

하지만, 현대의 전장에서의 무장은 공중과 지상의 표적을 정밀하게 제거하는 것이

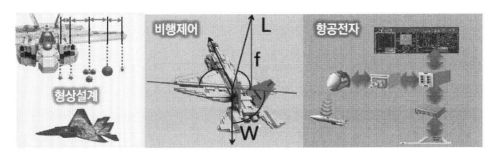

현대전에서 요구되는 능력이다. 따라서 무장이 정밀 공격 능력을 가짐과 동시에 정밀 무장을 지원하기 위한 기능과 성능이 필요하게 되었다. 다만, 전투기 개발 시 전투기 입장에서 무장의 정확도는 주요 관심사항이 아니다. 무장의 정확도는 무장 자체의 능력이지 전투기의 능력이 아니다. 전투기는 무장이 능력을 발휘할 수 있도록 요구되는 방식으로 항공기에서 안전하게 분리되도록 하는 것이 주요 관심사항이다.

물론 미사일 기술의 향상으로 미사일데이터링크(MDL ; Missile Data Link)를 사용하는 미사일은 정확도와 사거리를 향상시키기 위해서는 전투기의 도움도 필요로 한다. 미사일 데이터링크를 사용하는 미사일은 항공기 레이다 등을 통한 미사일과의 통신을 통해 표적의 정보를 미사일에 제공함으로써 정확도와 사거리를 늘릴 수 있다. 이는 미사일이 지속적으로 제공되는 표적의 움직임 정보(추적정보)를 통해 표적의 움직임을 예측하고, 동시에 미사일이 가진 에너지를 최적으로 사용하며, 불필요한 에너지소모를 최소화할 수 있기 때문이다. 미사일데이터링크 구현을 위해서는 지상에서 레이다와 미사일간의 무선통신을 모의 시험하고, 전투기에서 실제 시험을 수행하여 기능과 성능을 확인할 수 있다.

무장선정 시 확인할 사항은 무장의 물리적인 특성(무게, 크기, 관성모멘트 등)과 인터페이스(Interface)이다. 물리적인 특성과 물리적 인터페이스는 항공기 형상설계 및 비행제어, 무장의 정확도 등에 영향을 미치기 때문이며, 전기 및 항공전자 인터페이스는 기능적인 설계에 영향을 미치기 때문이다. 과거에는 미국, 영국, 러시아 등 각 나라별로 무장에 따라 전기 및 항공전자 인터페이스를 다양하게 사용했기 때문에 무장 통합에는 많은 노력과 시간이 필요했다. 현재는 전기 및 항공전자 인터페이스를 MIL-STD-1760(Interface Standard for Aircraft/Store Electrical Interface)을 통해 표준화하고 있어 상대적인 노력이 줄어들고 있다. 다만, MIL-STD-1760으로 통신하는 방식이 표준화되어 있어도 무장별로 유통하는 정보와 메시지가 정의되기 때문에 무장 체계 통합 시 각 무장의 인터페이스통제문서(ICD ; Interface Control Document)와 같은 특성 정보가 필요하다.

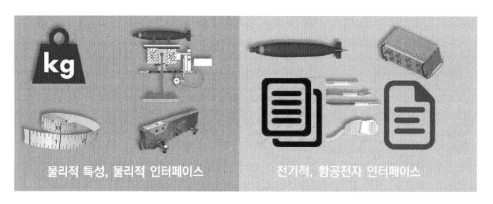

물리적 특성, 물리적 인터페이스          전기적, 항공전자 인터페이스

무장 선정 시 중요한 문제 중 하나는 상대국의 수출허가(Export License)이다. 무기라는 특성은 국가의 안보와 정치적인 문제에 직결되는 사항으로 국가 간의 거래는 상호 민감한 문제이다. 상업적으로 물건을 주고 받는 수준의 문제가 아니다. 아무리 좋은 무장이라도 살 수 없다면, 아무런 의미가 없기 때문에 무장선정시에는 동급의 대안 무장을 선정하여 한정된 개발기간에 영향이 최소화 되도록 해야 한다. 현대의 정밀 무장일수록 자국의 기술보호를 위해 제한된 최소의 범위에서 체계통합에 필요한 자료만 엄격한 통제 속에서 유통되고 있다. 이러한 이유로 마케팅용으로 제공되는 성능, 기능 정보와 세부 정보 간의 차이가 있음을 항상 인식할 필요가 있다.

※ TMI : 항공기와 무장 간의 적합성(Compatibility)에 관한 사항은 MIL-HDBK-1763(AIRCRAFT/STORES COMPATIBILITY)을 통해 체계공학 요구와 시험절차, 인증이 관한 사항이 명시되어 있다.

# 무장조합 결정하기

**4-8**

 무장의 선정과 동시에 중요한 것은 무장의 조합이다. 앞에서 설명한 것과 같이 항공기를 개발 시 항공기 비행영역을 기준으로 검증하게 되는데, **비행영역은 항공기 형상별로 정의**된다. **무장 조합에 따라 공기역학적으로 다른 형상이 되기 때문이다.** 이로 인해 무장 조합의 증가는 검증대상의 증가로 이어져 개발기간, 비용에 큰 영향을 준다. 따라서 임무별 최적의 무장조합 선정이 중요하며, 앞에서 설명했던 전투임무효과분석을 통해 합리적인 선정이 필요하다.

 일반적으로 많이 하는 오해와 착각 중 하나는 기 검증된 무장이더라도 장착되는 위치가 변경될 경우 이에 대한 영향성을 재검토해야 한다는 것이다. 아래의 그림의 A와 B에서 사용하는 무장은 동일하지만, 장착위치가 변경되면, 공기와 항공기간의 상호작용이 달라지게 되어 이에 대한 공기역학적 특성의 변화, 공기와 무장이 부딪치며 발생하는 진동특성이 달라 비행제어 시 사용하는 센서에 잘못된 정보로 인식할 수 있는지 등 적합성을 확인해야 한다.

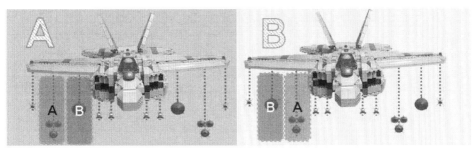

무장조합이 중요한 이유는 **항공기 운반(Delivery 또는 Carriage) 형상을 결정**하기 때문이다. 무장은 발사하면 투발체가 되지만, 발사하지 않은 상태에서는 항공기와 하나의 형상으로 운반되게 된다. 전투기의 운반요구도 결정을 위해서 공대공과 공대지 무장능력을 각각 명시적으로 결정해야 한다. 이러한 무장의 운반 요구도를 명확히 하는 이유는 전투기의 형상 및 구조, 비행제어 능력 및 컴퓨터의 처리능력, 시현계통 및 무장통합, 센서 선택, 데이터 처리용량 및 정확성 등에 영향을 미치기 때문이다.

공대공 미사일의 타입(AMRAAM 등 특정무장으로 명시하되 개량과 임무의 변화를 고려해야 함), 미사일 발사를 위해 준비해야할 미사일의 수(장착된 미사일 수를 식별하는 목적은 아님), 비행 중 지원되는 미사일의 숫자, 동시 발사할 미사일의 숫자, 점화 시퀀스가 발생하는 시간 간격, 공격할 표적의 숫자, 미사일의 특성에 따른 교리나 추가 정보가 명시되어야 한다. 공대지 무장은 표적의 유형(탱크, 건물 등의 대상과 주차/이동/순항 등의 상태), 공격할 표적의 숫자, 무장의 타입("GBU-10" 형태가 아닌 "레이저유도폭탄" 형태로 명시)과 숫자, 점화 시퀀스가 발생하는 시간 간격, 무장의 특성에 따른 추가정보(예를 들어 전투기 A가 레이저를 지향해주면, 전투기B가 공격 또는 동시에 6대 공격 가능)가 명시되어 한다. 또한, 공대공 미사일 및 공대지 무장의 장착위치가 전투기 내부인지, 외부인지 결정한다. 이를 통해 최대속도, 최대 G, 3축 방향(Pitch, Roll, Yaw)의 속도, 고도 범위 등 무장 운반 및 발사 또는 투발 시의 전투기 운용조건을 명시한다. 무장은 운반 되면서 경험하게 될 진동, 온도, 음향, 전자기, 로켓과 기총 가스 충돌 등의 환경 영향성이 없도록 하여야 하며, 전투기는 무장의 신뢰성 또는 기능을 저하시키지 않아야 한다. 무장조합이 중요한 다른 이유는 **항공기에서 무장을 안전 분리하는데 영향**을 주기 때문이다. 장착되어 있던 무장

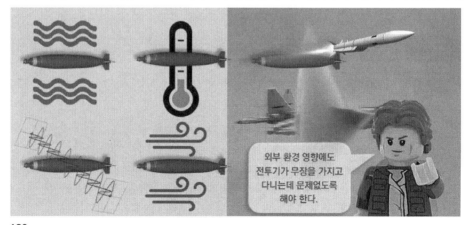

이 분리된 경우 형상이 변경되며, 좌우의 균형이 달라지게 되기 때문에 이에 대한 영향성을 확인하고, 제어할 수 있도록 해야 하기 때문이다. 항공기 외부장착물의 분리 순서가 중요한 것도 이러한 이유이다.

무장의 분리능력은 무장 자체의 형상과 항공기와 지지구조(Rack)의 영향, 분리 시 사용하는 폭발물(Cartridge)의 압력 등에 영향을 받는다. 무장을 안전하게 항공기에서 분리하는 능력은 외장형상, 무장의 요구특성과 사용자의 요구도에 따라 정상, 비정상 시 분리가능 비행영역(속도, 고도)으로 정의하고, 풍동 시험을 통해 예측하고, 비행시험으로 검증한다. 무장을 포함한 외부장착물의 안전분리 능력은 무장조합별로 장착위치별 분리순서에 따라 항공기에 미치는 영향성을 미치는지를 확인하는 것이다. 안전분리 능력은 풍동 시험을 기반한 전산유체(CFD ; Computational Fluid Dynamics) 해석을 통해 영향성을 예측하고, 비행시험을 통해 이를 확인하는 형태로 수행한다. 요구되는 무장 조합이 많을수록 해석, 풍동 시험, 비행시험의 소요가 증가하기 때문에 적절한 수준의 무장조합 선정이 중요하다.

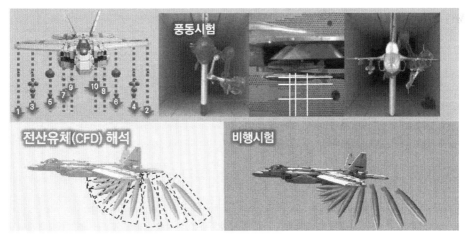

현장에서 많이 듣는 혼란 가운데 하나는 F-16, F-15, F-4 등과 같은 월드베스트 전투기의 경우는 무장조합이 많아 신규 전투기에도 동일한 다양한 조합을 요구하는 경향이 있다. 이러한 전투기는 개발 시 검증한 무장조합도 많지만, 성능개량 및 무장의 개발과 수출활동 등을 통해 새로운 조합을 지속적으로 검증했기 때문이지 공짜로 단기간에 다양한 무장조합을 검증한 것이 아니며, 때문에 적절한 수준의 무장조합 선정이 필요하다.

# 기총 결정하기

**기총(Gun)은 전투기 최후의 공격수단**이다. 전투기 무장의 역사로 보면, '기총의 시대'에서 '미사일의 시대'로 진입해서 미사일 만능주의가 팽배했으나, F-4 전투기의 실패를 교훈삼아 현대의 전투기에서도 기총을 지속적으로 장착하고 있다. 생각해볼 문제는 있다. 부피문제는 제외하더라도 무게 대비 효과적인지는 생각해 보자. 전투기에 많이 사용하는 M61기총을 예로 들어보자. 기총 시스템의 총 중량 290~330kg에서 나올 수 있는 화력(화약량)은 4.2kg이며, 이는 135kg인 AIM-9 미사일시스템의 절반 정도(9kg)이다. 하지만 이는 단순 계산상의 문제이고, 전쟁사의 경험을 무시할 수 없으며, 기술발전과 신뢰성 기준이 변경되지 까지는 기총의 필요성은 지속될 것으로 보인다. 또는 새로운 전투기 개발(F-35B/C 등) 시 기총을 미장착하고도 성공한 사례를 보여주기 전까지는 이전시대의 경험으로 기총은 지속적으로 장착될 것으로 보인다. 다만, 기총의 사용빈도와 사용방법 등을 고려하여 기총의 요구 성능과 탄환 수 등을 최적화할 필요가 있다.

\* 기총 시스템 : 기총 112kg(경량모델 92kg), 탄공급기 140~180kg,
탄 40kg(1발당 약0.1kg, 400발 기준)
\* 미사일 시스템 : AIM-9 미사일 85kg, 발사대 40kg

기총의 목표성능은 기총의 숫자, 발사속도, 발사시간, 지향점 등에 의해서 결정된다. 기총의 정확도는 항공기의 항공전자, 소프트웨어, 시현, 기구학적 움직임, 데이터, 조종사의 조합의 산물이다. 다시 말해 기총의 정확도는 기총의 요구도가 아니라 전투기 전체의 요구도라는 것이다. 따라서 기총 정확도에 대한 요구도는 각 구성품들의 요구도들이 기총 정확도라는 최종 값에 각각의 매개변수로 사용되어 통제된다. 이에 따라 새로운 전투기에 기존의 검증된 기총을 장착한 경우라도 새로운 검증을 해야한다는 것이다.

새로운 전투기 개발 시 기존의 검증된 기총 일지라도 모든 부품을 그대로 사용하는 것이 아니라 일부 개조가 되기 때문에 새로운 검증을 수행해야 한다. 또한, 전투기와 기총 간의 관계 뿐만 아니라 사용되는 기총탄에 대해서도 영향성을 확인해야 한다. 이러한 특성 때문에 기총을 제작하고, 검증하는 업체가 인증기관화 되고, 독점적 지위를 누릴 수밖에 없다.

새로운 전투기 개발 시 기총은 기총 자체의 정확도 목표를 충족시킨 후 전투기에 탑재하여 지상 및 공중에서 발사시험을 통해 최종적으로 정확도를 검증한다. 기총의 정확도 검증에는 최대한 많은 실제 기총 발사 시험을 수행하는 것이 좋다. 다만, 공중에서 실제 발사시험을 많이 수행하는 것이 비용 및 일정 상 제한되기 때문에 많은 부분은 M&S를 통해 정확도 측정 및 계산을 통해 통계적으로 신뢰도를 확인하게 된다.

기총의 정확도 목표는 기총을 발사하는 전투기의 각속도 변화율과 상대의 각속도 변화율을 고려한 원형오차확률(CEP : circular error probable)과 같은 개념으로 요구도가 설정된다. 원형오차확률은 목표한 곳으로 발사된 기총탄이 어느 정도 오차를 가졌는지를 측정하는 방법으로 발사된 탄환의 50%가 포함된 원의 반경을 의미한다. 예를 들어 CEP 10m가 요구도인 경우, 100발의 탄환 중 50발만 10m의 반경에 들어오면 CEP 10m을 만족 한다는 의미이다.

# 현수장치(발사대) 결정하기

**현수장치(Suspension, Rack) 또는 발사대(Launcher)는 무장을 전투기에 장착하기 위해 필요한 장비**이며, 발사나 투하 시 전투기에서 분리하는 역할을 한다. 전투기에 무장의 특성에 따라 랙(Rack, 걸이)를 사용하거나, 레일 또는 궤도 형태로 무장을 지지하고, 발사시 보조한다. 현수장치 또는 발사대의 형태 및 발사압력, 폭발충격 등으로 인해 무장의 정확도에 영향을 줄 수 있다. 또한 전투기와 무장은 현수장치 또는 발사대를 통해 전기를 공급받고, 항공전자적인 신호를 주고 받는 통로 역할도 수행한다.

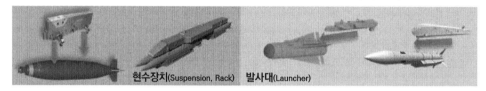

현수장치(Suspension, Rack)    발사대(Launcher)

이에 따라 각 무장은 사용하게 되는 인터페이스(전기, 항공전자)와 현수장치나 발사대의 종류를 명시하여야 한다. 현수장치와 발사대는 전투기가 무장을 운반 시 지지하는 역할을 수행하기 위해 강한 하중을 견디어야 한다. 예를 들어 헬파이어 미사일 임무 시 발사대와 이를 지지하는 구조물은 동적 지지하중 및 강한 착륙 충격(Hard Landing) 하중, 미사일 발사 전 추력 등을 견디어야 한다. 또한 무장을 지지하는 구조물은 강한 착륙충격하중을 견디기 위해 전방 20g, 우발적인 무장 발사에도 무장을 발사/분리시키지 않고 견디어야 한다. 또한, 많은 무기의 정확도는 탄도 및 표적의 계산에서 무장 현수장치 또는 발사대에 영향을 받기 때문에 반복적인 상황에서도 동일한 성능을 발휘할 수 있어야 한다. 예를 들어 랙(Rack)형태로 폭탄을 지지하고 있다가 발사 시에는 전기 신호를 받아 작은 폭발물의 압력으로 랙이 풀게 된다. 이때 현수장치는 폭발물의 반복적인 하중을 견디어야 하며, 걸이가 풀리는 시간과 힘이 폭탄의 정확도에 영향을 주게 된다. 현수장치와 발사대는 지상 요원이 무장의 활성화되었는지 확인 할 수 있도록 정보를 제공하는 수단을 가져야 한다. 전투기가 전투 시 투하되는 무장은 활성화 되어야 하지만, 우발적인 무장의 투하는 군과 민간의 커다란 손실을 야기할 수 있기 때문에 결코 허용되어서는 안된다. 현수장치와 발사대가 무장을 발사 시키지 않으면 전투기는 전체 무기시스템의 기능을 저하시키게 된다. 따라서, 필요에 따라 무장을 발사하는 능력이 매우 중요하며, 신뢰성이 요구되는 장비이다.

# 센서(Sensor) 성능목표 결정하기

**4-11**

센서의 목표성능은 전투기의 민감성 요구수준에 따라 종합적인 관점에서 센서별로 할당한다. 센서의 역할은 탐지, 추적, 식별 및 지정/조사(Designation)하는 것이다. 센서들의 목표성능은 공대공, 공대지, 공대해별로 위협/표적 대상체계에 따라 지정된다. 위협/표적 대상체계의 활동(Activity), 특성(Signature), 대응체계(Countermeasures) 등을 명확화해야 한다. 센서의 목표성능을 결정하기 위해서는 대상표적을 선정하고, 표적의 우선순위를 설정하며, 특정 임무나 상황에 따라 필터링(Filtering)하거나 우선순위(Prioritizing)에 대한 규칙을 결정하도록 하여야 한다. 이러한 필터링과 우선순위 결정은 전투기의 생존성을 확보하고, 임무성공률을 높이기 위해 매우 중요하다.

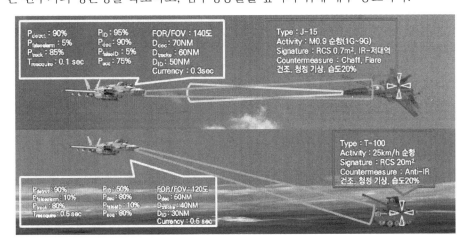

센서의 목표성능은 대표 표적별로 탐지 확률, 오탐지율, 추적형성 확률, 재탐지시간, 식별 확률, 식별정확도, 식별부정확률, 공격가능확률(또는 지정/조사확률), FOR(관찰영역, Field of Regard), FOV(시야영역, Field of View), 거리, 표적상태, 표적획득주기를 고려하여 선정한다. FOR는 움직이는 센서가 획득할 수 있는 전체 영역이며, FOV은 센서가 특정 시간 동시에 획득할 수 있는 영역이다. 일반적으로 FOR이 FOV보다 크며, 고정식 센서는 FOR과 FOV가 일치한다. 탐지거리, 추적거리, 식별거리, 지정/조사거리는 각각 가능한 거리를 결정하되, 이전 프로그램 또는 개발 간 절충(Trade-off)하여 최종 결정한다. 표적 획득 주기(Currency)는 FOR과 FOV 내 표적 정보를 갱신하는 주기이다. 센서의 목표 설정 시 중요한 것 중 하나는 표적의 상태를 명시하는 것이다. 표적의 상태에 따라 센서의 성능이 달라지기 때문이다. 표적의 상태는 표적의 기동,

기상(강우, 강설, 안개, 모래/먼지 등), 작전환경(전 자기 환경, 연기 등), 지형 및 대 기상태(표적 배 경, 해수상태 등) 을 명확히 해야 조정(Tailoring),

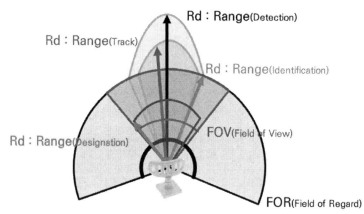

절충(Trade-off) 또는 시험평가 시 모호성을 제거할 수 있다. 전투기의 센서 기술 발전에 따라 다중 표적에 대한 추적을 지원하고 있으며, 이에 따라 목표성능도 동시에 설정해야 한다. 다중 표적은 다중 표적 간의 최소간격, 다중표적 거리, 다중표적 숫자 등을 종합적으로 고려하여 설정해야 한다. 다중표적 숫자와 거리를 구분하는 것은 AESA 레이다와 같은 전자식 센서도 레이다의 자원이 한정적이므로 단일표적 추적 시보다 다중 추적시에는 성능저하가 있을 수 있다. 또한 센서 특성에 따라 다중표적 집단에서 표적을 분해하는 능력이 차이가 나기 때문에 센서 및 표적별로 최소간격을 x, y, z축 거리 또는 각도/거리 분해능으로 설정한다. **센서의 성능목표를 결정하는 방안은 3가지가 있다.** 첫째는 **지정된 탐지 및 추적범위에 매개변수 값을 지정**하는 것이다(예를 들어 90NM에서 99%탐지). 두번째는 **지정된 FOV와 탐지 및 추적범위 정보를 활용하고, 매개변수 값을 백분율로 입력**하는 것이다. (예를 들어 FOV와 범위별로 표적의 특성[RCS 등]의 99%확률 탐지) 세번째는 **매개변수 값을 탐지 및 추적범위 함수로 묘사**하는 방법이다. 이러한 능력은 자주적(Autonomous) 능력과 협력적(Cooperative) 능력을 모두 묘사해야 하며, 확률은 이전 연구와 경험, 분석을 통해 결정한다. 성능 목표의 최종 값은 성능 요소간 절충(Trade-off)로 결정된다. (예를 들어 식별 확률 vs 시야각, 탐지확률 vs 탐지거리)

# 센서 퓨전(Sensor Fusion) 수준 결정하기

4-12

센서 퓨전(융합, Fusion)은 불확실성을 줄이고, 유용한 정보 창출을 목적으로 여러가지 소스, 여기에서는 센서의 정보와 지식을 조합(Association)하는 것이다. 센서 퓨전 시 가장 큰 문제는 퓨전정보가 잘못 생성되는 경우 불확실성을 줄이기 보다 혼란을 줄 수 있다는 것이다. 왜냐하면 조합되는 각 센서의 정보들의 정확도가 다르며, 정보는 확률을 가진 정보이고, 정보의 갱신주기가 각기 다르기 때문이다. 예를 들어 AESA 레이다는 아주 훌륭하고, 빠른 표적 정보를 제공할 수 있는 센서이지만, 탐지각도와 각도분해 능에 제한사항이 있다. IRST와 같은 IR 센서는 수동적(Passive)으로 상대의 적외선 소스를 탐지하는 좋은 각도 성능을 가지는 센서이지만, 단독으로는 거리측정에 제한사항이 있다. 데이터링크는 전장에서의 많은 정보자산으로 부터 받는 많은 정보를 가질 수 있지만, 정보 갱신율이 상대적으로 느리다.

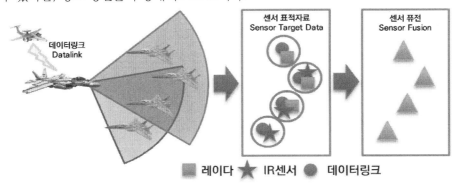

레이다 ★ IR센서 ● 데이터링크

학문적으로 센서 퓨전은 데이터 퓨전의 한 분야로 데이터 퓨전 수준을 정의하는 DFIG(Data Fusion Information Group) 모델의 7가지(0~6) 레벨로 나누거나, JDL(Joint Directors of Laboratories) 모델의 5가지(0~4) 레벨로 분류한다. 두 모델이 조금 차이가 있지만, 근본적으로는 유사하다. 여기에서는 JDL 모델을 기준으로 설명한다.

JDL 모델은 퓨전 레벨(Fusion Level)에 따라 센서로 부터 들어오는 정보를 어떤 수준으로 상호관계(Correlation) 시키고, 데이터 퓨전(융합)하는 과정에서 대상(objects), 상황(situations), 위협(threats), 프로세스(processes)를 구분하기 위해 사용된다.

JDL 레벨은 체계 내 분할 기능을 대한 표준지침으로 사용되며, 레벨 1 융합을 먼저 수행한 다음 레벨 2, 3, 4 순으로 수행한다. 초기개념의 JDL은 표적(Target) 관점으로 집중 하였으나, 현재는 위협(Threat) 재정의(Refinement)하고 자원을 관리하는 개념으로 확장되고 있다. 레벨 0은 다양한 센서로부터의 신호에서 상태의 연관성 (Association)을 추정하는 과정이다. 레벨 1은 추정된 가설들을 연결해서 추적(Track)들을 만드는 과정이다. 레벨2는 추적들을 연결해서 집합(Aggregation)들을 만드는 과정으로 이러한 관계에서 상황(Situation)이라는 개념을 사용한다. 레벨 3은 레벨2의 연관성을 통해 추론을 통해 평가된 영향(Impact)을 추정하는 과정이며, 타겟의 위협요소/위협능력/운용목적 등을 파악한다. 영향 추정과정에서는 계획된 임무를 통해 잠재적으로 발생할 결과와 관련된 가능성, 비용 및 유용한 조치가 포함될 수 있다. 레벨 4는 레벨 3까지의 추정(Estimation)을 통해 본질(실체, Entities) 정보에서 가치를 판단하여 계획하고, 통제하며, 자원을 할당하는 과정이다.

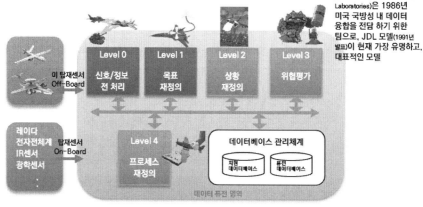

센서 퓨전의 목표성능은 JDL 레벨로 선정하며, 사용목적과 센서능력, 데이터 연산 능력을 고려하여 설정한다. 일반적으로 4세대 전투기는 하나의 전투 플랫폼(Platform)이며, 표적(물체, Object)에 대한 탐지/식별에 대한 정보를 융합하는 것으로 Level 1 수준으로 평가된다. 센서 퓨전 시 센서들의 특성을 고려하여 레이다, IR센서와 같은 탑재(On-board)된 센서간 정보, 데이터링크와 같은 미 탑재(Off-board)된 센서와 정보 조합을 종합해서 최종적으로 확률이 높고 신뢰성 있는 정보를 만들어낸다. 센서 퓨전에는 Kalman filter, Convolutional neural network 등의 알고리즘이 사용된다. 이 알고리즘은 센서 간의 특성을 고려하여 거리/각도의 정확도, 확률을 정보연산의 효율성을 고려하여 적용된다.

190

# 통신 & 식별 성능목표 결정하기

**4-13**

전투기와 같은 항공기에서의 **통신과 식별(Communication & Identification)은 무선통신의 능력을 통해 구현**된다. 흔히 임무 및 요구분석 시 표적에 대한 레이다 성능 등은 강조되지만, 통신과 식별요구에 대해서는 중요성이 강조되지 않는다. 통신과 식별 기능은 홀로 사용하기 위해 존재하지 않는다. 통신과 식별기능은 레이더 지형 정보 공유, 데이터 릴레이, 지휘통제 노드(Node)로 전투손상식별(Bomb Damage Indication) 정보 전송과 같이 전장에서 무기체계 기능의 상위 수준에서 통합측면을 지원하는 역할을 수행하므로 중요한 요구도 중 하나이다. 통신능력은 크게 아날로그 및 디지털 통신능력으로 구분되며, 항공기에서 통신은 항공기 내부 통신과 외부 통신으로 구분된다. 일반적으로 통신 목표성능은 외부통신을 주로 다루며, 외부통신의 목표성능을 구체화하기 위해서는 통신하는 대상을 명확히 하고, 대상과 사용하게 될 통신방식과 성능을 구체화하는 **정보교환요구(IER, Information Exchange Requirements)를 사용**한다. 때로는 정보교환요구를 통해 다양한 대역 또는 특정 수신자에게 정보 전달을 하기 위한 설계구현 방식도 구체화될 수 있다. 통신

기능 요구도를 식별할 때에는 통신기능이 보안성 여부, 방해(Jamming) 저항능력, 낮은 간섭/탐지확률, 아날로그 음성, 비디오, 또는 디지털 데이터 등이 포함된다. 각 통신기능이 대해 요구되는 거리에서의 표준 외부 인터페이스와의 통신에 기초한 연결 신뢰성 측정이 필요하다. 예를 들어 데이터링크에서는 최대 비트 에러률 또는 신뢰성을 요구하고 있다. 통신 목표성능 역시 다른 요구도와 마찬가지로 임무 시나리오에 기초하여 산정되어야 한다.

# 상호운용성(Interoperability) 요구수준 결정하기

4-14

통신기능 및 성능을 기반으로 타 체계와 정보 교환을 통해 통합능력을 발휘하게 함으로써 효과적으로 운용되도록 하는 능력이 상호운용성이다. 체계개발의 성공적인 수행을 위해서는 상호운용성 대상을 명확히 하고, 상호운용성 요구수준을 정하는 것이 필요하다.

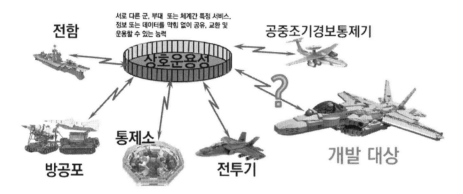

상호운용성의 대상이 많으면 좋고, 통신방식이 다양하면 좋겠지만, 상호운용성의 대상이 증가하면 할수록 시스템의 복잡도가 증가하여 시험해야 하는 소요는 기하급수적으로 증가되기 때문이다. 개발에는 요구되는 기간과 예산이 제한되기 때문에 전투기 임무 수행에 요구되는 능력과 대상체계, 능력 등을 고려하여 상호운용성 대상을 선정해야 한다. 상호운용성 수준은 일반적인 수준과 특정 대상과의 수준으로 구분하여 명확화 한다.

# 항법(Navigation) 성능목표 결정하기

4-15

　항법은 현재 위치에서 가고 싶은 목적지로 안전하고 정확하게 이동하는 방법이나 기술을 말한다. 전투기를 포함한 항공기에서 항법기능 및 성능을 구현하기 위해서는 항공기 스스로의 위치를 아는 것부터 시작된다. 관성항법장치(INS ; Inertial Navigation System)가 개발되기 전에는 특정위치에서 발생하는 무선전파를 기준으로 위치를 파악하는 장치를 통해 가고 싶은 곳으로 이동했다. 현재는 관성항법장치, 가속도계, 위성항법장치 등을 사용하여 자동으로 특정위치로 비행을 할 수 있게 되었다.

　항법의 성능목표 설정을 위해서는 두 가지 관점에서 목표를 설정할 필요가 있다. 첫번째는 스스로 위치를 파악하기 위한 장

비들을 통합하는 성능 목표이며, 두번째는 항공기 외의 항법 장비들과 통신을 통한 상호운용성 목표를 수립하는 것이다. 현대의 항공기는 항법에 필요한 데이터를 산출하기 위해 여러가지 센서와 장비의 정보를 통합하여 사용한다. 따라서 통합되는 장비들의 정보를 통해 요구되는 위치, 고도, 속도, 가속도, 자세(피치-Pitch, 롤-Roll, 요-Yaw)에 대한 정확도를 설정해야 한다. 이때 지원되는 장비의 여부에 대한 조건별로 정확도를 설정한다. 예를 들어 GPS 재밍(Jamming) 등으로 GPS 지원없이 생성되는 조건, INS 결함 등으로 관성정보 부재 시 조건 등으로 구체화한다. 항공기 외의 항법 장비들과 통신을 통한 상호운용성 목표를 수립하기 위해서는 통신 및 식별 성능목표 설정하기에서 살펴본 것과 같이 정보교환요구(IER)를 통해 대상과 정보를 명확히 하여 대상 장비의 특성에 따른 요구도를 구체화한다.

# 제어 및 시현 목표성능 결정하기

항공기는 **비행 중 발생하는 모든 조건에서 조종사를 포함한 승무원의 상황인식을 유지할 수 있는 항공기 작동을 위한 제어와 시현**(Control & Display) **능력을 구비**해야 한다. 제어 및 시현 목표성능 결정에 가장 중요한 것은 임무 수행을 위해 제어 및 시현계통과 인터페이스가 효율적으로 이루어져야 한다는 것이며, 그 기준은 **조종사의 작업부하 수준**이다. 작업부하 수준은 항공기별 임무특성에 따라 구체화되어야 한다. 우선순위가 높은 비행 데이터(PFR ; Primary Flight Reference)는 항상 시현되어야 하며, 이때 우선순위가 높은 비행 데이터에 대해서는 MIL-STD-1787을 참조한다. 항공기 제어장치와 시현장치는 조종사의 인지 지각 및 물리적 능력과 제한에 최적화된 사용자 중심 설계철학을 준수해야 한다. 항공기와 조종사간 인터페이스는 조종사가 예상 운용환경 내 임무목표를 달성하는데 필요한 모든 기능을 효율적으로 수행할 수 있도록 해야 한다.

이에 따라 제어장치와 시현장치는 다음과 같아야 한다.

1. 다변화되는 임무환경에 대응해 조종사의 현재 요구(Current needs)에 적응할 수 있어야 한다.

2. 조종사에게 다중 작업을 관리할 수 있는 능력과 하나의 작업에서 또다른 작업으로 효율적으로 전환할 수 있는 능력을 제공해야 한다.

3. 조종사에게 탑재 및 미 탑재된 센서, 데이터 소스 정보를 관리할 수 있는 능력을 제공해야 한다.

4. 조종사가 자동화된 시스템의 활동을 감시하고, 자동화된 시스템의 상태를 평가하고, 필요한 경우 개입할 수 있어야 한다.

5. 조종사의 상황인식을 용이하게 해야 한다.

6. 조종사에게 위험하고, 비정상적인 상황 및 상태를 알릴 수 있어야 한다.

필요한 경우 제어장치와 시현장치, 야간시현체계(NVIS ; Night Vision Imaging System), 헬멧 디스플레이체계(HMD ; Helmet Mounted Display)의 호환성을 다루는 언어 및 음성인식 요구도 등을 추가할 수 있다.

제어장치와 시현장치의 수와 크기는 정보 및 제어장치와 시현장치 분석을 통해 결정해야 하며, 필요한 기호와 텍스트 크기는 설계상 '눈(Eye)'으로 부터의 시현장치 간 거리에 의해서 결정된다. 기호와 텍스트 크기를 결정하는 방법론은 MIL-HDBK-87213에 설명되어져 있다. 시현장치가 클수록 더 많은 정보를 통합하여 상황인식을 극대화 할 수 있다. 모든 항공기 세부계통, 위협, 아군 정보가 항공전자 체계와 승무원 체계에서 통합되면서 상황인식을 좋게 하는 것은 체계개발 시 최대 스트레스 요인으로 다루어 진다. 제어와 시현의 목표성능을 설정하기 위해서는 인간과 상호작용을 하는 모델(MITL ; Man-in-the Loop or HITL ; Human-in-the Loop)을 사용하여 분석을 통해 요구도를 도출하게 된다. 분석의 주요 관점은 상황인식을 평가하는 것과 타임라인 분석을 통해 개념적인 제어와 시현장치의 설계를 통한 승무원인 작업량(가용한 시간 내 완료될 작업)을 가늠하는 것이다. 승무원에게 항공기 상태에 대한 경고, 주의 및 조언에 관한 사항은 MIL-STD-411 등에 따르며, 이 요구도는 주요한 기능 저하 또는 완전한 상실을 제어 하고, 적절하고 시의적절한 정보를 제공하도록 하는 것이 목적이다.

모든 시현장치 및 제어장치는 주간/야간 등 예상되는 주변 조건의 전체 범위에서 읽어질 수 있어야 하며, 이는 승무원이 임무수행을 위한 적절한 내부 시현 기능을 갖추도록 하기 위함이다. 필요한 경우 외부와 내부 시각적인 시현 능력은 NVIS(Night Vision Imaging System) 및 HMD(HMD ; Helmet Mounted Display)와 완벽하게 호환되어야 한다.

내부 시현능력을 유지하는 것은 매우 중요하지만, 조종간과 추력조절장치는 이러한 시현 능력을 제한하기 때문에 설계와 배치가 매우 중요하다. 사이드 스틱(Side Stick)은 이러한 제한사항이 상대적으로 적다. 내부 조명은 시현능력에 많은 영향을 끼치므로 매우 중요한 설계 고려사항이다. 왜냐하면 항공기가 높은 고도에서도 볼 수 있을 만큼 충분히 밝아야 함과 동시에 야간에 사용할 수 있을 만큼 충분히 어두워져야 하기 때문이다.

외부 시현능력은 항공기별 임무 특성에 따라 특화되어야 하며, 지상운용과 비행운용을 모두 고려해야 한다. 착륙 가시성을 위해서는 가시성이 높아야 하지만, 임무운용 중 가시성은 낮아야 하고, 공중 급유 등 비행사고 방지를 위해서는 가시성이 높아야 하는 양날의 검으로 요구도 목표를 명확히 해야 한다. 공중급유를 할 경우 안전한 임무 수행을 위해서는 외부 시각 신호(마킹-Marking, 조명 등)이 필요할 수 있다. 또한, 반사 투과 물질 또는 코팅을 사용하는 경우 내부 색상, 표면처리, 조명원들을 주의 깊게 선택해야 한다.

# 지형추적/회피 성능목표 결정하기

지형추적/회피(Terrain Following/Avoidance) 기능은 임무수행 중 전투기의 생존성을 향상시키기 위해 저고도로 침투하면서 발생하는 조종사의 부하를 감소시키면서도 안전성을 향상시키기 위한 것이다. 지형추적/회피 요구도 설정은 항공기 성능요구도와 더불어 조종사의 의사와 심리에 따른 선호도에 따라 결정된다. 지형추적 요구도는 우선 자동 또는 수동으로 구현할 것인지, 주요한 비행성능은 어떻게 할지 어떤 경로로 어느 정도의 정확도로 날아가면서 기능/성능 구현 실패나 결함을 어느 정도로 허용할지를 결정해야 한다. 지형추적을 자동 또는 수동으로 할지는 항공기 성능과 조종사의 선호도에 따라 결정된다. 초기 지형추적시스템 설계에서는 성능 저하 또는 설계 편의성(자동 기능을 구현하기 너무 어려웠음)으로 수동 지형추적방식이 구현되었다. 대신 자동 지형추적 기능은 특정 시스템 고장으로 인해 손실될 수 있지만, 수동 기능은 손실되지 않는다. 현대의 디지털 비행 제어 장치가 보편화되어 이제는 자동으로 구현되는 경우가 많았지만, B-2 폭격기 시스템의 경우는 그렇지 않았다. 이와 같이 사용자의 요구도를 설정하기 전에 수동 또는 자동 지형추적의 작동 필요성을 판단해야 한다. 자동 지형추적과 수동 지형추적 사이의 설계 차이는 크지 않지만, 둘 다에 대한 비행 시험 요구도는 비용이 많이 들 수 있다.

지형추적/회피는 생존성 확보의 한 가지 방법이지만, 매우 위험한 기능이다.

주요한 비행성능은 전투기의 형상(무장, 연료탱크, 총 중량, 무게 중심 등)에 따라 비행성능이 차이가 발생하기 때문에 **형상을 기준으로 요구성능을 결정**해야 한다. 이러한 요구성능은 비행영역을 결정하는데 활용된다. 지형추적 시 고도, 속도 및 기동 한계와 같은

197

지형추적 비행성능 요구도는 항공기 임무/생존 가능성 요건에서 구체화되어져야 한다. 이러한 요구도는 이전의 개발 사례를 참고하여 구체화한다.  지형추적 시 항공기 안전을 위한 안전고도라는 개념으로 실제 지상과 항공기간 거리를 설정하여 운용한다. 지형추적 안전고도 설정에 따른 생존성 분석 시 지형 유형(평탄, 롤링 및 산악)도 고려해야 한다. 실제로 안전고도 설정은 산악 지형에서는 더 높게 설정해야 한다. 지형추적 경로에 뚜렷한 높은 지점을 통과할 경우 설정된 범위 내로 유지해야 한다. 이는 높은 봉우리를 넘을 경우 지형보다 항공기가 상당히 높이 노출될 경우 적으로 부터 탐지될 가능성이 높아져 생존성을 저하 시킬 수 있기 때문이다. 이로 인해 안전고도 설정 후 허용 가능한 편차는 임무/생존성 고려사항들로 부터 유도된다. 안전고도 설정에 편차요구도는 일반적으로 안전고도의 퍼센트(%) 형태로 구체화한다. B-2 전폭기의 경우 지상과 거리가 안전고도 설정의 최소 80%이상이어야 한다고 요구되었다.

지형추적 시 경로에서 최고점을 지나는 각도를 설정하는데, 비행경로 각도 편차는 최소화되어야 한다. 지형추적 경로의 최고점을 지나는 각도의 최대값은 항공기의 상승 비행성능에 의해서 산출되며, 최소값은 고지대 존재 여부나 첫번째 최고점 뒤에 또 다른 최고점이 있는 항공기 위험을 고려하여 산출된다. 최고점을 지나는 비행 경로 각도는 성능을 지정할 때 고려해야 할 가장 중요한 매개변수 중 하나이다. 왜냐하면, 너무 공격적으로 최대치를 설정하면, 최대치의 뒤에 있을 수 있는 지형에 따라 항공기가 복구 불가능한 잠재적 상황에 놓일 수 있기 때문이다. 이 요구도 조건을 설정

198

할 때는 0 +/- 5도 이하를 고려한다.

**지형추적 설계의 핵심과제는 악기상과 전자기 환경, 조종사의 심리상태**이다. 지형추적은 센서로 부터 전방의 지형정보를 얻어서 조종명령을 생성하는데, 이 센서는 기상요소(비와 눈, 모래/먼지)에 취약하며, 전기선, 적의 전자전 등과 같은 외부 전자기로 인해 영향을 받을 수 있다. 특히 야간 저고도 비행 시 항공기의 결함을 인지하고, 안전을 위한 회피를 수행하는데, 아주 짧은 시간이 소요되기 때문에 결함을 인지하고, 자동회복을 시작하는 강건한 자체모니터링 능력을 가져야 한다.

센서에 대한 규격을 구체화 시 정상 성능 및 성능 저하에 대한 강하율에 대한 세부사항을 상세히 구체화해야 하며, 타워 탐지, 분류, 측정요구도를 구체화 해야 하는데 측정요구도는 과도하게 지정하지 않아야 한다. 예를 들어 최소 200ft 이상의 고도설정 간격을 가진 지형추적 체계인 경우, 안전을 보장하기 위해 예상 경로에 있는 타워의 높이보다 ± 100ft의 측정요구도가 적절하다. 센서가 비 구름의 영향으로 인해 지형 감지를 무시하지 않도록 체계 설계에 주의를 기울여야 한다. 이러한 알고리즘은 높은 신뢰도를 필요로 하며 개발이 어려울 수 있다. 전자기 환경 영향에서 정의된 전자전 환경은 다른 항공기 체계 요구도와 일치해야 하며, 적의 전자전 활동으로 인한 잘못된 다이빙 명령의 발생을 금지해야 한다.

지형추적 기능/성능이 요구되는 수준으로 나오지 않으면, 안전성 확보를 위해 고도를 상승시켜 회피(Fly-up)하는데, 이때 기능/성능 구현 실패나 결함을 어느 정도로 허용할지를 결정해야 한다. 허위 경보를 포함한 상승회피율(Fly-up Rate)은 비행당 00회 또는 비행시간당 00회 형태로 설정한다. 목표 상승회피율은 두 가지 종류의 분석 중 더 낮은 수치로 선정된다. 첫 번째는 센서의 허위경보율과 조종사의 생리적/심리적인 상태를 고려하여 피로와 심리적 불편함, 자신감 감소에 의해 나타나는 비율로 부터 산출되는 수치이다. 두 번째는 항공기 무장이나 무장 투발을 위한 임무장비의 이상에 의한 임무수행 저하, 항공기 기동으로 인한 적에 대한 탐지확률 증가, 이로 인한 생존성 감소 등 임무/생존성 분석으로 부터 예측된 수치이다. 상승회피기동은 일반적 으로 가장 공격적인 기동으로 기체 하중배수의 최대치가 발생하는 최대기동을 사용할 수 있다.

**지형추적/회피 기능은 비행안전에 치명적일 수 있다.** 지형추적/회피 기능 중 지형 또는 기후조건, 항공기 기능/성능의 감소를 탐지하는 능력은 재난적인 손실(Catastrophic, 인명의 손실이나 항공기의 손실 정도의 위험)이 일어날 수 있는 위험 수준을 가지고 있으며, 탐지 및 기능구현 실패 위험이 발생할 확률수준은 1억 분의 1($10^{-8}$)의 확률 이하가 되도록 요구된다. 참고로 체계설계의 위험발생 수준 중 최대 기준인 불가능(Impossible) 수준이 1백만 분의 1($10^{-6}$)이다. 이 정도의 성능수준을 얻기 위해 센서들(자체 진단체계를 포함)로부터 극도의 민감성(탐지능력), 매우 빠른 계산과 데이터처리를 요구한다. 고장으로 인한 안전 요구도에 대해서는 정량적인 요구도로 설정하는 것이 권장된다. 이는 항공기 손실률 중 지형추적에 의한 내용을 할당한다. 예를 들어 B-2 전폭기의 요구조건은 항공기 손실률이 10시간 임무에 대해 2시간 동안 지형추적 시 5 x $10^{-6}$ 확률을 초과하지 않아야 한다고 정의했다. 전형적인 지형회피 정보는 항공기 고도보다 높거나 낮은 지형, 계획된 항공기 비행 경로 및 항공기 선회 한계를 표시한 음영 처리된 지형 지도를 포함한다. 지형추적 하는 동안 항공기에서 지원하는 다른 상황인식 기능과 지형 회피 시현을 결합하는 것을 고려해야 한다. 지형추적 기능을 사용할 때에는 순항 시에서 저고도로 진입하는 것이 유리한데, 이는 조종사가 낮은 고도로 비행한 다음 지형추적을 시작하는 것보다 안전하며, 자체진단 및 지형추적 모드를 완전하게 점검 후 기능을 수행하기 때문이다.

# 방어적 대응조치 성능목표 결정하기

　방어적 대응조치(Defensive Countermeasures)의 핵심은 위협환경에 대한 정보를 수집하고, 우선순위가 있는 위협을 결정한 후 조종사의 결정과 입력을 기반하여 위협에 대응하여 방어하는 기능을 제공하는 것이다. 방어적 대응조치를 하기 위해서는 우선 위협을 감지하는 센서가 있어야 하고, 이 센서의 수신기 민감도, 대역폭, 정확도 등 적절한 능력이 요구된다. 성능목표를 결정하기 위해서는 위협에 대응하여 방어적으로 조치를 하는 수단, 대응수준, 효과, 조건을 구체화해야 한다. 이를 위해서는 위협분석을 통해 산출되는 위협의 종류, 위협의 교전 모드(레이다 또는 전자식공학 센서를 이용한 교전), 위협 무기체계의 발사 전 효과(발사 전 탐지 방해 90%, 추적 방해 80% 등) 및 발사 후 효과(미사일 추적 방해, 투발체에 의한 위협 제거 등), 조건(날씨, 운용환경 등) 등을 구체화해야 한다. 대응수단의 특징에 따라 발사 전에만 효과가 있는 것만 존재할 수도 있다. 대응조치는 항공기가 임무를 수행하면서 생존성을 높이기 위한 기능의 일부이며, 항공기 속도, 고도, 기동, 이동경로 등의 능력과 함께 사용되어 임무 수행에 필요한 높은 생존성을 제공하고, 위협에 대항하여 지속적인 작전을 수행할 수 있는 생존성을 유지하도록 해 준다. 방어적 대응조치 기능의 효과와 생존성을 높이기 위해서는 주의 깊고, 균형을 있는 조율과정이 필요하다. 임무 치명성(Mission Lethality)을 제공하는 기능 및 성능들과 적절한 절충(Trade-off)를 수행해야 한다. 방어적 대응조치에 대한 요구도에 대한 검증은 주로 M&S를 활용하며, 요구도를 통계적으로 처리해야 할 경우(예를 들어 탐지 확률, RMS [Root Mean Square] 추적 정확도 등) 더욱더 M&S를 통해 검증된다. 다만, M&S 검증은 레이다 방해와 같은 위협환경을 인위적으로 조성하거나, 편대기와 탑재 레이다 등의 간섭 등을 구현하는 것이 매우 어렵기 때문에 전적으로 M&S에 의존해서는 안된다.

앞에서는 비행성능, 임무성능(임무 치명성), 생존성 성능을 중심으로 전투기의 임무에 주요한 특성이나 가장 중요한 성능목표를 설정하는 것에 대해서 설명했다. 하지만, 전투기 개발에 필요한 목표는 전투와 생존 성능 관점의 것만 존재하는 것은 아니다. 무기체계를 안전하게, 경제적으로, 편안하게 운용하기 위한 개발목표로 설정해야 한 지금부터는 전투기의 운용에 필요한 많은 목표성능과 기능, 특성을 구체화하는 과정 필요하며, 이제부터 그 부분에 대해서 설명하도록 하겠다.

전투기의 운용에 필요한 많은 목표성능과 기능, 특성 요구도를 구체화해 보자.

# 체계안전(System Safety) 목표 설정하기

안전(Safety)이라는 것을 다루는 것은 매우 어렵다. 왜냐하면, 모두가 매우 중요하다고 생각하지만, 안전의 가치를 얻기 위해서는 그에 상응하는 대가를 치루어야 하기 때문이다. 이런 이유로 체계 공학에서는 항공기 자체에 대한 안전을 다루면서 제약사항을 명기하고, 어떠한 방식으로 다룰지를 합리적으로 판단하고자 한다. 따라서 체계안전은 항공기 수명주기 동안에 작전적 효율성과 적합성, 시간 및 비용 제약 내에서 허용가능한 위험을 달성하기 위한 공학 및 관리 원칙, 기준 및 기술을 적용하며, 이에 따라 인간, 물질, 환경측면을 포괄해서 다룬다. 체계안전에서 하는 일은 항공기 자체에 대한 위험요소를 식별해서 위험으로 전이되는 것을 막거나, 완화시키는 일련의 활동이다. 체계 안전의 목표설정은 위험요소(Hazard)에 대한 허용가능한 최대치를 지정하며, 이 요구도에 대한 성능기준을 제시하면서도 동시에 개발자가 비용적으로 효과적인 안전관점에 대한 합리적인 결정을 할 수 있도록 절충(Trade-off) 할 수 있는 여지(Space)를 제공할 수 있다.

체계안전 요구도(System Safety Requirements)는 지정된 임무를 수행하는 동안 구체화된 상황 에서 누적된 위험이나 위험요소 지수가 일정 값보다 크지 않게 하거나, 개별적인 위험요소가 일정 값보다 낮도록 설정한다. JSSG에서는 위험평가(Risk Assessment)를 RHI(Risk Hazard Index)로 정량화 하여 목표를 제시하고, MIL-STD-882에서는 RAC(Risk Assessment Code)로 등급코드 형태로 제시하고 있다. 근본적으로 위험의 심각도/중요도(Severity/Consequence)와 발생빈도/확률(Frequency/Probability)에 따라 식별된 위험요소를 합리적으로 평가하는 개념은 동일하고, 심각도/중요도와 발생빈도/확률의 정량적인 판단기준은 약간 상이한데, 이는 프로젝트 특성에 따라 설정 가능하기 때문이다.    체계안전의 요구도는 위험 지수 범위 내에서 위험을 통제하도록 구성하고, 개발자는 주어진 수준을 초과하는 모든 위험에 대한 누적 위험지수를 초과하지 않도록 함으로서 충족시킬 수 있다. 위험 지수는 항공기의 모든 위험요소별 발생 결과가 발생시킬 수 있는 자산, 인명, 환경 파괴 등에 중요도/심각도와 그러한 위험요소가 발생할 수 있는 발생빈도/확률의 조합으로 표현된다.

| 위험요소 중요도/심각도 (Severity/Consequence) | 위험요소 발생빈도(Frequency/Probability) | | | | | |
|---|---|---|---|---|---|---|
| | (6) 자주 (Frequent) $\sim 10^{-1}$ | (5) 발생가능한 (Probable) $10^{-1} \sim 10^{-2}$ | (4) 가끔 (Occasional) $10^{-2} \sim 10^{-3}$ | (3) 가능성 낮은 (Unlikely) $10^{-3} \sim 10^{-4}$ | (2) 매우 낮은 (Remote) $10^{-4} \sim 10^{-6}$ | (1) 불가능한 (Improbable) $10^{-6} \sim$ |
| (5) 재난적 (Catastrophic) 자산 : 100만$~ 피해 인명 : 사망/영구장애 환경 : 복구불가 피해 | 6 × 5 = 30 | 25 | 20 | 15 | 10 | 5 |
| (4) 치명적인 (Critical) 자산 : 26만$~ 피해 인명 : 1명이상 상해 환경 : 복구가능 피해 | 24 | 20 | 16 | 12 | 8 | 4 |
| (3) 중요한 (Significant) 자산 : 10만$~ 피해 인명 : 15일이상 치료상해 환경 : 법/규정이상 피해 | 18 | 15 | 12 | | 6 | 3 |
| (2) 중요하지 않은 (Marginal) 자산 : 1만$~ 피해 인명 : 1일 이상 치료상해 환경 : 법/규정 이내 피해 | 12 | | | | | |
| (1) 무시가능 정도 (Negligible) 자산 : ~1만$ 피해 인명 : 1일미만 치료상해 환경 : 법/규정 내 최소피해 | 6 | | | | | |

일반적으로 중요도/심각도의 범주간 간격보다 발생빈도의 간격의 차이가 더 크다.

JSSG 2001과 MIL-STS-882의 범주와 정량 값이 차이가 있다. 프로젝트에 따라 가중치를 줄 수도 있고, 범주를 조정할 수도 있다.

전체 체계안전 요구도와 개별 체계안전 요구도를 설정하려면, 허용 가능한 항공기의 평시 운용과 관련된 위험요소로 인한 손실 비용을 평가하여 허용 가능한 항공기 손실을 결정해야 한다. 그러한 항공기 손실은 반드시 항공기가 대응하는 위협에 대응하는 것과 관련하여 항공기 효율성이 고려되어야 한다. 이러한 평가에서 총 수용가능한 손실이 식별되었거나 식별되지 않는 모든 위험요소의 산정은 주관적이고, 비정량적인 여유를 반영한다. 이러한 요구도로 항공기 비전투 손실률, 조종기능 상실률과 같은 체계 안전요구가 설정된다. 체계안전에서 **항공기의 손실은 재양적인**(Catastrophic) 사건이다. 이러한 **항공기 손실에 대한 요구도는 무한대의 가능성으로 발생하지 않도록 할 수 없고, 일정 수준을 결정**해야 한다. 일반적인 전투기는 10만 비행시간당 1대의 손실로 산정한다. 전투기나 항공기를 개발하고, 기획하는 사람들이 해당 항공기의 총 비행시간을 산출하고, 이를 기반으로 목표 비행시간당 손실을 산정한다. 예를 들어 목표 비행시간당 손실을 1대/100,000시간($1 \times 10^{-5}$)로 산정 하면서 항공기 한 대당 예상되는 총수명주기 동안 비행시간을 7,200시간(임무를 수행하기 위한 출격횟수(쏘티, Sortie) 당 1시간의 평균 비행시간, 월간 20개의 임무를 수행, 항공기 수명시간 30년 가정)으로 하고, 해당 비행기가 200대 운용한다면, 예상된 항공기 손실은 약 0.06대이다.

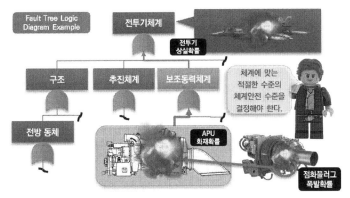

전투기와 같은 항공기의 운영자를 위해 설계자는 매우 까다로운 환경에서도 효과적으로 임무를 수행할 수 있도록 해야 한다. 이상적으로는 개발자는 허용가능한 수준의 체계안전을 확보하기 위해 경고, 지시 또는 추가적인 훈련을 필요로 하지 않은 본질적으로 안전한 체계로 개발해야 한다. 하지만, 현실에서 위험요소를 완벽하게 제거하는 것은 어렵지만, 사용자의 개입이 최소화하는 수준까지는 이루어야 한다. 이를 위해 설계자와 개발 프로젝트 관리자는 다음과 같은 우선 순위를 가지고 프로젝트를 관리해야 한다.

**1. 설계를 통해 위험요소를 제거**

**2. 위험을 제거할 수 없는 경우, 보호 기능 및 장비를 통해 사고 위험 감소**

**3. 위험 요소를 경고하기 위한 감지 및 경고 기능 통합**

**4. 개인 보호 장비 및 훈련을 포함한 특수 절차 통합**

전체 체계안전 요구도와 개별 체계안전 요구도를 설정하려면, 허용 가능한 항공기의 평시 운용과 관련된 위험요소로 인한 손실 비용을 평가하여 허용 가능한 항공기 손실을 결정해야 한다. 그러한 항공기 손실은 반드시 항공기가 대응하는 위협에 대응하는 것과 관련하여 항공기 효율성이 고려되어야 한다. 이러한 평가에서 총 수용가능한 손실이 식별되었거나 식별되지 않는 모든 위험요소의 산정은 주관적이고, 비정량적인 여유를 반영한다. 이러한 요구도로 항공기 비전투 손실률, 조종기능 상실률과 같은 체계 안전요구가 설정된다.

항공기 비전투 손실률은 총비행시간 당 손실률 형태로 설정하며, 이전 사업 등으로 축적된 데이터 등을 기반으로 다양한 원인을 고려하여 선정하며, 이는 항공기의 각 임무의 유형 및 조종사 훈련 임무 등과도 관련되어 있다. 또한, 요구도 설정에는 엔진 숫자와 임무를 반영하며, 전력 확충계획, 재료 및 설계와도 관계가 있다. 항공기 비전투 손실률은 체계 수명주기의 단계별로 다른 요인에 의해서 도출되며, 일반적으로 체계개발 동안 성숙도와 재질, 설계와 관련된 요인들이 손실에 지배적인 영향을 미친다. 체계의 성숙도가 갖춰진 후에는 지상과 비행 운용 중 주요한 재난에 대한 일상적인 요인에 의해서 발생한다. 체계안전 업무는 체계개발 동안 체계에 적용되는 재료와 설계를 통제하면서 분석과정을 통해 적시에 솔루션과 대안을 제시하여 요구되는 체계의 손실률을 만족시키도록 한다.

항공기 비전투
손실률은 체계안전의
최상위 요구로 활용될
수 있다.

설정된 항공기 손실률은 체계안전분석 및 고장유형 영향 치명도 분석(FMECA : Failure Modes Effects and Criticality Analysis)를 이용하여 주요한 장비, 기능, 소프트웨어에 대한 적절한 분석을 통해 예상되는 손실률을 산출할 수 있다. FMECA 데이터는 유사한 유형의 항공기에서 발생한 이전의 사고보고서와 엔지니어의 판단을 토대로 작성된다. 인간의 실수와 관련된 재난들도 항공기 손실률에 영향을 미치는 주요한 요인이다. 따라서 인간에 의한 요인에 대한 해결 노력도 검증과정에서도 반드시 해야 하는 일이다. 손실률은 조종사와 항공기간 인터페이스(PVI; Pilot Vehicle Interface) 문제는 설계변경을 통해 최소화되고 설계 성숙도와 체계 위험요소들이 변경됨에 따라 영향을 받는다. **체계 안전업무나 FMECA를 통해 재앙적인 결과를 유도하는 단일 고장으로 인한 가능성을 제거하는 설계를 통해 체계안전을 도모할 수 있다.** 고기동 항공기는 지형에 대한 제어된 비행때문에 역사적으로 높은 재앙적인 수준의 손실을 초래하였다. 이 손실은 전형적으로 중력가속에 의한 의식상실, 공간 착각, 부주의 및 일시적 장애에 의해 야기된다. 자동회복 지상충돌 방지 체계(GCAS : Ground Collision Avoidance System)는 이러한 손실을 최소화할 수 있다. 이러한 기능은 경험적으로는 항공기 배치 후 개조하는 것보다는 설계 초기부터 설계에 반영하는 것이 더 유리하다.

# 체계안전
## - 화재 및 폭발 방지(Fire & Explosion Protection)

 화재 및 폭발 방지에 대한 목표 설정은 비행시간당 발생확률이 일정 수준을 초과하지 않는 수준 형태로 선정하다. 군용 항공기나 민간 항공기 모두의 목표 중 하나는 **인원과 항공기에 대한 화재와 폭발을 방지하는 것**이다. 일반적으로 평시 운용기간 동안 화재와 폭발로 인한 항공기 손실은 극히 희박하게 발생할 것으로 기대된다. 반대로 항공기에서 화재와 폭발은 매우 위험한 안전 위험요소이다. 항공기는 단일 결함으로 인한 화재와 폭발할 수 있는 잠재적인 위험요소가 있는 모든 위치에 화재 및 폭발을 방지하는 설계, 통제 체계를 갖추어야 한다.

항공기에서 화재 및 폭발은 치명적이다.

화재 및 폭발방지 목표는 항공기 비전투손실률보다 낮게 설정해야 한다.

 **화재 또는 폭발로 인한 전투기 비전투 손실 확률은 항공기 손실률보다 낮아야 한다.** 모든 항공기 세부계통(예: 유압, 전기, 추진, 항전, 제어 및 디스플레이, 센서, 연료 및 착륙 장치)을 고려하여 이 확률을 결정한다. 예를 들어 항공기 손실 가능성이 $10^{-6}$인 경우 화재에 의한 항공기 손실 확률은 $10^{-7}$이어야 한다. 결함 트리 분석(FTA ; Fault Tree Analysis)을 사용해서 화재나 폭발로 인한 항공기 손실을 예측할 수 있다. 화재나 폭발가능성 예측은 인화성 물질과 점화원이 함께 모일 확률의 평가 함으로서 산출할 수 있으며, 반대로 위험요소를 최소화하기 위해서 인화성 물질과 점화원을 분리, 격리하는 예방기술을 적용하여 화재 및 폭발방지 설계를 수행할 수 있다. 화재 및 폭발에 대한 대응을 하기 위해서는 적절한 감지(Detection) 기법 및 제어 기법을 항공기 설계 시 반영한다. 항공기 전체적으로는 항공기 특성을 고려하여 잠재적인 위험과 그 위치를 확인 후 위험구역을 분류하여 그 구역에 따라 대응방안을 차등화 하여 관리할 수 있다. 화재 및 폭발 방지 구역은 일반적으로 화재 구역(Fire Zones), 인화성 누출 구역(Flammable Leakage Zones), 인화성 구역(Flammable Zones), 점화구역(Ignition Zones)으로 구분한다. 구분된 구역별 위험요소 유형에 따라 적절한 보호방안을 고려하게 된다.

예를 들어 화재구역은 연소 물질, 산소, 점화원이 모두 있는 구역에 있으면, 화재 및 폭발에 취약하여 설계 강화는 물론이고 화재 구역으로부터 인접한 구역으로 화재가 확산되는 것을 방지하기 위해 방화벽을 갖추어야 한다. 인화성 누출 구역에 있는 구성품들은 MIL-STD-810의 폭발성 대기에 대한 내성 요구도를 충족히 만족해야 하며, 이러한 구성품의 요구도 만족을 통해 해당 구역의 화재 및 폭발방지 목표를 이룰 수 있다.

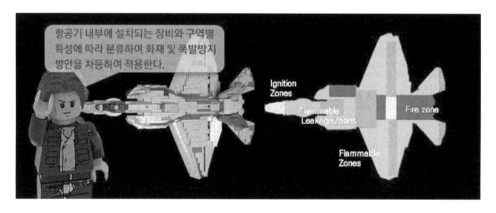

과열 및 폭발 위험을 감지하는 기능도 필요하다. 과열 및 폭발위험 감지 기능은 항공기나 승무원에게 유해한 화재, 과열 또는 폭발할 수 있는 통제되지 않은 에너지 또는 인화성 물질 방출할 수 있는 구역과 동력을 생산하는 모든 구역에 설치된다.

소화장치 체계는 발생한 화재나 폭발을 통제할 수 없고, 다른 하위 수단에 의해 화재나 폭발이 억제될 수 없는 경우 화재 통제와 진압하는 것이다. 지상에서 화재가 발생 시 화재 진압을 위한 접근이 가능하도록 접근창과 관통되어 있는 지정구역은 설정하며, 표준소화기와 호환되어야 한다. 또한, 화재나 폭발 발생 시 내부 재료가 가연성 연기를 생성하거나, 독성 가스를 방출하는 것을 방지하기 위한 설계 요구도를 설정하고, 해당 사항은 분석, 시험 등을 통해 검증한다.

# 체계안전
## - 운용 안전(Operational Safety)

항공기 운용안전은 항공기 운영 중에서도 조종사의 생존성을 유지하고, 안전에 치명적인 특성을 총수명주기 동안 유지하기 위한 관리방안을 포함한다. 구체적으로는 **추락 내구성(Crash worthiness)**과 **주요안전품목(CSI ; Critical Safety Item) 식별**로 항공기가 운영 상 안전성을 유지할 수 있도록 하는 내용을 목표로 설정한다.

1. **추락 내구성** : 항공기 기체와 조종석 내부 장착 조립체들이 특정 하중 부하에 노출되었을 때 조종사에게 부상을 입히거나 출구를 막아서는 안된다. 항공기 기체 및 조종석 내부에 설치된 장비가 조종사의 부상이나 출입을 방해를 하지 못하도록 특정 하중 수준으로 요구도 설정이 필요하다. 항공기 승무원/조종사 좌석은 특정 하중 조건에서도 승무원/조종사를 결박하고, 제 위치를 유지할 수 있도록 해야 한다. 특정 수준의 하중배수는 MIL-STD-1807 및 FAR Part 25에는 다양한 유형의 고정익 항공기 및 좌석타입에 대한 여러가지 추락 내구성 값을 제시하고 있다. 각각의 설계 기준에 따라 요구도 수준을 확정한다.

2. **주요안전품목(CSI) 식별** : 주요안전품목은 총수명주기 동안 적절한 품목 관리를 통해 운영자의 안전과 생명을 보장 하도록 주요 특성을 가진 품목을 식별, 관리, 공급되도록 한다. 주요안전품목은 항공기나 무기체계의 심각한 손상, 수용될 수 없는 부상과 사망, 안전에 저해되는 의도되지 않는 엔진 정지에 영향을 주는 특성을 가진 고장, 오작동, 기능상실로 치명적이거나 재앙적인 고장을 야기할 수 있는 중요한 특성을 포함하고 있는 품목을 말한다. (미국 국방성이 채택한 표준 용어이다. ) 항공기

부품, 조립체, 설치 또는 생산 체계에서 주요안전품목(CSI)으로 식별된 품목은 결함의 잠재적인 영향에 기초한 총수명주기간 조달 및 공급관리가 가능하며, 그러한 목적을 달성하기 위해 관리되어야 한다. 주요안전품목 관리와 같은 위험 기반 관리기법은 부적합 제품의 사용 가능성을 최소화 하는데 자원을 집중할 수 있게 해준다.

합동항공사령부(JACG ; The Joint Aeronautical Commanders' Group)는 관련 지침(Aviation Critical Safety Item Management Handbook)을 제공시하고 있으며, 미국은 공공법(Public Law)으로 조달활동 시 승인된 생산자에게만 주요안전품목을 조달하게 한다. 주요안전품목의 선정은 FMECA를 통해 항공기 설계단계에서 수행되며, 일반적으로 수명제한 품목, 피로 치명품목 등이 포함되며, 소프트웨어는 포함되지 않는다(SW는 별도의 관리지침을 따름). FMECA는 설계 시 예측된 데이터를 기반으로 하기 때문에 수명주기 동안 갱신되며, 공급되는 치명안전품목의 관리와 자격 유지, 추적을 위해 많은 노력이 필요하다.

그 예로 해군 함재기는 항공기 주 구조물에 테일 후크(Tail Hook)를 연결하는 핀의 고장을 경험했다. 항공모함 착륙 후 롤아웃 시 핀이 파손되어 후크가 항공기에서 분리되어 항공기가 거의 손실될 뻔하였다. 조사 결과, 해당 핀이 치명안전품목으로 제대로 식별되지 않았으며, 핀 제작에 필요한 중요 공정에 대한 불완전한 지식이 있는 대체 공급자에 의해 부적절하게 제조된 것으로 밝혀졌다. 또 다른 예로, 항공기 나셀에 신속한 엔진 교체 어셈블리를 고정하는 데 사용되는 배럴 너트가 심하게 변형된 것으로 확인되었으며 필요한 하중을 지탱하지 못했다. 이 부적합한 너트는 너트에 필요한 중요한 특성을 제공하지 않은 무자격 공급업체에 의해 제조되었다. 따라서 잠재적으로 영향을 받을 수 있는 모든 항공기는 검사를 거쳤으며 의심스러운 너트는 공급망에서 제거되었다.

# 체계환경(System Environmental) 요구도 결정하기

체계환경 요구도는 전투기와 같은 항공기가 주로 사용되는 지역요구를 기반으로 지구기후 자료를 기반으로 항공기가 노출될 것으로 판단되는 **자연 환경**을 결정하는 것부터 시작된다. 자연환경의 요구도와 다른 성능적 요구도들을 포함한 설계를 구현할 경우 항공기 자체에서 발생하는 진동, 발사충격과 같은 **유도(Induced) 환경**에 대한 요구도를 결정한다. **전자기 환경**(E3 ; Electromagnetic Environmental Effects)은 자연계, 인프라, 작전지역, 항공기 자체 에서 발생하는 외부 전자기 영향과 내부 전자기 영향을 고려하여 요구도를 결정하게 된다.

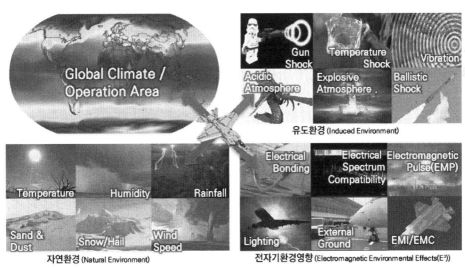

Global Climate / Operation Area

Gun Shock · Temperature Shock · Vibration
Acidic Atmosphere · Explosive Atmosphere · Ballistic Shock

유도환경 (Induced Environment)

Temperature · Humidity · Rainfall
Sand & Dust · Snow/Hail · Wind Speed

자연환경 (Natural Environment)

Electrical Bonding · Electrical Spectrum Compatibility · Electromagnetic Pulse(EMP)
Lighting · External Ground · EMI/EMC

전자기환경영향 (Electromagnetic Environmental Effects(E³))

**자연환경**에 대한 요구도는 MIL-HDBK-310(GLOBAL CLIMATIC DATA FOR DEVELOPING MILITARY PRODUCTS, 군수품의 환경설계 기준을 도출하기 위해 공학적인 분석 절차에서 시작점을 제공하기 위한 목적으로 작성되었으며, 군수품의 시험환경 개발을 위한 가이드로 사용됨)을 참조하여 작성하되, 항공기 운용고도가 최대 80km 이내인 경우로 한정된다. 자연환경 요구도는 항공기 운용 예상지역을 기반으로 각 항목별로 어느 정도를 견뎌야 하는지, 총 수명주기 동안 어느 정도의 빈도로 해당 조건에 노출되는지에 따라 결정해야 한다. 자연환경 요구도에는 온도(고온, 저온), 습도, 바람세기, 강우, 강설, 눈보라, 우박, 기압, 공기밀도, 냉동-해동 주기, 염수, 곰팡이, 일사, 착빙, 조류 충돌 등이 포함된다.

예를 들어 고온(High Temperature) 요구도를 결정한다고 하면 다음과 같은 과정을 통해 결정되며, 체계개발 간 할당과 조정을 통해 전기체와 구성품이 개발된다.

1. 항공기의 주요 운용지역을 결정 후 이에 따라 MIL-HDBK-310에서 특정지역(예시 Basic Regional Type)을 선정한다. (참고, Basic Regional Type은 최고 +43.3℃~최저-31.7℃의 온도가 발생하는 빈도가 1%인 월(Month)을 포함한 지역이다.)

2. 항공기의 운용, 저장, 수송 요구도에 따라 각각의 요구조건을 결정한다. 수송 요구도는 항공기를 지상, 해상, 공중 운송에 대한 온도 범위와 발생 빈도를 결정하는 것이며, 저장 요구도는 운용, 비운용 상태별로 정의되는 형상에서 저장되는 온도 범위와 빈도를 결정하는 것이고, 운용요구도는 지상, 공중에서 노출되는 온도범위와 빈도를 결정 한다.(예시 미군과 같이 전세계로 전개가 많은 경우 수송요구도가 많을 수 있으나, 다른 국가는 적을 수 있음)

3. 자연환경에 노출되더라도 장기간 사막에 보관하는 것처럼 유도(Induced)되는 조건은 차이가 발생할 수 있어 이에 대한 조정도 수행한다. 예를 들어 Hot Dry지역은 사하라 사막과 같은 지역으로 일반적인 고온 조건은 +32~49℃이고, 세계기록은 58℃ 이지만, 이러한 지역에서 보관시설 없이 장기간 보관한다면 +33~+71 ℃로 유도될 수 있어 이를 반영하여 조정(Tailoring)될 수 있다. 또한, 온도는 습도와 일사효과에 따라 상관관계를 가지고 있어 복합적인 요구조건과 시험조건으로 결정한다.

4. 온도 조건은 어느 정도 이러한 환경에 노출되는 지에 따라서도 조정된다. 예를 들어 사하라 사막과 같은 북아프리카 지역에서 수명주기간 1%, 5%, 10% 빈도로 최악의 고온 조건에 노출되는 경우 각각 +49 ℃, +46 ℃, +45℃로 조정된다.

5. 항공기가 고도 상승 시 공기의 온도가 내려가지만, 속도가 빨라지면 공력 가열효과에 따라 항공기 표면이 뜨거워지며, 일사 효과는 지상과 공중 환경에서도 지속적으로 발생하며, 지상에서는 지면효과도 반영하여 온도 조건을 조정한다.

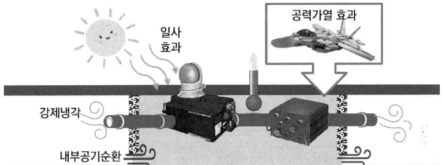

6. 초기의 요구조건은 설계의 기준점을 제공하는 것으로 설계과정에서 운용, 저장, 수송 요구도가 변경되거나, 보관 및 수송에 필요한 인프라의 구축 등으로 초기 설정된 요구조건을 변경하는 경우 그에 대한 영향성을 고려하여 조정(Tailoring)한다.

7. 요구되는 항공기 고온조건을 기반으로 항공기와 그 구성품이 고온 조건에 노출되거나 노출된 후 정상 작동하기 위해서는 외부공기, 태양의 일사(Solar radiation), 환경제어 (냉각장치 류) 성능, 항공기 내부 공기순환 등을 고려하여 전기체와 구성품의 요구도를 할당한다. 구성품은 장착되는 공간(Bay)를 기준으로 요구도를 할당할 수 있다.

8. 개발 중 환경요구도를 조정할 경우에는 기존에 설정된 조건에서의 조정 후 항공기 체계 에서의 영향성을 고려하여 마진(Margin) 내에서 조정할 수 있다.

9. 구성품은 요구된 고온 조건에 대한 환경시험을 통해서 요구도에 대한 검증 후 항공기에 장착되어 항공기 전 기체 단위에서 다시 한번 검증한다.

다만, MIL-HDBK-310은 전 세계의 지표면과 대기온도 조건을 제시하고 있으며, 모든 고온 조건을 설정하는 것은 무리가 있어 15,000ft까지 고도까지 사용하는 것이 추천되며, 그 이상의 고도에서의 고온조건은 항공기 사용지역의 기후정보를 사용할 수 있다. 앞의 고온 예시와 같이 항공기가 영향 받는 자연환경 요구도는 전 기체와 구성품으로 할당하고, 검증하는 과정을 거치며, 나머지 온도(저온), 습도, 바람세기, 강우, 강설, 눈보라, 우박, 기압, 공기밀도, 냉동-해동 주기, 염수, 곰팡이, 일사, 착빙, 조류 충돌 등도 유사한 과정으로 요구도를 설정한다.

**바람세기**는 모든 기상요소 중 표준화하기 어려운 요소이다. MIL-HDBK-310, JSSG 2001 등에도 고도별 바람세기와 발생확률 관련 정보는 제시되어 있으며, 이 중

운용환경에 적합한 요구도로 설정한다. 다만, 바람세기는 지면에 가까운 풍속은 높이에 따라 매우 변동성이 크다. 그리고 나라마다 평균 풍속의 기준이 상이하지만, 현재는 미국에서는 평균 1분 동안의 '평균 또는 일정한 바람'을 기준으로 하고 있다.

**눈보라의 영향은 단위시간에 단위면적을 이동하는 눈덩어리로 정의되는 질량 흐름과 눈입자의 형태, 크기 및 경도에 따라 결정**된다. 고도가 높을 수로 질량흐름은 감소하지만, 지면에서 큰 영향을 발생할 수 있으며, 특히 지상 약 10m 위에서 크게 발생할 수 있다. 이런 이유로 항공기의 고도에 따른 설계요구도 수준을 적절히 설정해야 한다.

**항공기에 쌓인 눈은 항공기의 구조적 하중에 영향**을 미친다. 하중의 크기는 강설량 및 밀도, 항공기 형상과 특성에 따라 적설이 허용되는지에 따라 결정된다. 항공기에 대한 적절 하중측정은 일반적으로 용이하지 않기 때문에 지면 적설을 기준으로 추정하지만, 일반적으로 지면의 적설 하중보다 항공기에서의 하중이 훨씬 적다. 적설에 따른 하중은 MIL-HDBK-310에서 제시된 10년에 한 번 일어날 수 있는 최악의 조건으로 선정되어 있으나 이는 미국과 캐나다 지역에서 수집된 정보임을 고려해야 한다.

**착빙(Ice Accretion)은 항공기에 주요한 위협적인 하중**이 될 수 있다. 착빙은 얼음이 형성되고, 성장되는 것을 예측하는 과정에서 정의되며, 이때 착빙의 형태와 바람의 세기 등에 영향을 받는다. 이에 따라 고속항공기의 경우는 공력가열 효과로 인해 착빙에 대한 공중영향성은 적으나, 항공기 지상운용에 대한 성능 영향성을 검토 시 착빙으로 인해 가중되는 하중을 고려해야 한다.

**밀도는 높은 고도에서 저밀도상태에서의 항공기 기능영향성을 확인**하기 위한 것으로 항공기의 공기역학적 성능과 엔진 성능에 큰 영향을 미친다.

**냉동-해동 주기는 항공기 재질에 대한 팽창 및 수축효과에 대한 효과를 고려하기 위한 중요한 요소**이다. 냉동-해동은 온도가 빙점을 넘나드는 날에 특정한 지역에서 발생한다. 이러한 주기는 24시간 동안 2회 이상 발생하기 어렵기 때문에 냉동-해동 주기가 발생하는 날로 요구도가 결정된다.

**우박의 크기와 해당 크기의 발생확률을 추정**하는 것은 제한된 데이터에 기반한 상당한 추론이 필요하다. 모든 고도에서 우박과 조우할 가능성이 매우 낮은 것으로 확인되었고, 생명이 위험에 처하지 않는 한 항공기 수직상승에 대한 우려는 하지 않아도 된다. 하지만, 수평상태에서는 우박과 조우할 확률이 상당히 높다. 이러한 일이 발생하는 주기는 우박이 발생하는 기후 조건의 공간적이고, 선형적인 조우 확률을 통계 모델을 사용하여 추정한다.

**조류 충돌은 OOlbs 미만의 조류가 OOO속도에서 부딪혔을 경우 무사히 귀환할 수 있도록 하는 요구도**이다. 조류 충돌은 예상할 수 없기 때문에 **항공기 종류와 이착륙 특성, 이전의 운용사례를 통해 요구도를 결정**하지만, 통상적인 수준은 정의되어 있다. 조류 충돌은 항공기 종류 중에는 이착륙 속도가 빠른 전투기, 공격기가 가장 많이 발생한다. 조류 충돌의 통계에서 20.4%는 윈드쉴드/캐노피(Windshield/Canopy), 19.8%는 엔진, 7.3%는 레이돔, 11.4%는 날개 등에 부딪혔다. 또한, 전체 항공기 조류충돌 중 60% 이상이 1.8km이하에서 이착륙, 저속 접근 시 발생한다. 2002년 워싱턴 포스트는 해군 안전 센터가 1980년부터 기록을 시작한 이후 조류 충돌로 2명이 사망하고, 25대 항공기가 파괴되었고, 3억 1000만 불이 넘는 피해가 발생했다고 보도했다. 매 100만시간 마다 평균적으로 230회의 조류의 엔진 흡입이 발생하며, 평균 새의 무게는 0.7kg이다. 3% 미만 확률로 1.7kg(3.8lb)의 조류가 흡입되며, 조류 흡입 중 10%는 여러 마리의 새가 단일엔진으로 흡입되었다. 모든 조류 흡입의 5%만이 엔진 고장을 초래 했다. 이륙 후 첫 500ft의 고도에서 조류충격은 가장 큰 위험요소가 될 수 있다.

**유도 환경**은 항공기가 운용되면서 자체적으로 만들어 낸 유도(Induced)된 환경요구도를 설정한다. 항공기체계의 요구도는 충격, 진동(자체 생성 진동, 엔진, 기총 충격 등), 캐터펠트나 발진장치/어레스트 착륙장치(Arrested Landing, 함재기 적용), 공기역학과 공탄성 하중, 열 충격, 이착륙/비행 중 발생하는 사용도, 정비-조립-분해로 인한 유지, 운송 및 저장, 동력차단과 동력 사이클, 엔진 등에서 발생되는 소음, 외부물질에 의한 손상(FOD ; Foreign Object Damage), 무장 등 외부 장착물에 의한 영향 등이 있다. 산성/부식성 대기, 화학물질, 오염물질(모래와 먼지), 자연적인 오염물질에 의한 부식 영향과 연료 분무가 유도환경에 포함되는 사항이다. 유도환경은 수명주기 환경 프로파일(Profile, 묘사도)과 비행영역 내 각 임계점에 대한 일정한(Steady-State) 상태 및 전이(Transient) 상태 모두에 대해 구체화 되어야 한다. 특히 시동, 에너지 축적 시간(Dwell time), 사이클 및 종료 시 전이 조건, 전원 사이클, 진동과 열응력에 대한 조건 구체화는 매우 주의해야 한다. 또한, 기총 충격은 일반적인 진동 값보다 더 높기 때문에 항공기 체계에 적합하도록 조정해야 할 필요가 있다. 유도환경은 MIL-STD-810에 따라 구체화된 요구조건으로 할당하고, 할당된 기준에 따라 시험조건, Pass/Fail 기준 설정 등을 통해 검증을 수행하여 적합성을 확인한다. MIL-STD-810에서는 무기체계별로 일반적인 자연환경, 유도환경에 대한 요구항목을 추천하고 있는데, JSSG 2001에서 분류하고 있는 카테고리는 조금 다른 부분이 있지만, 항목자체는 유사하다. 아래는 MIL-STD-810에서 제시하고 있는 유도환경 요구도들이다.

1. 충격(Shock due to assisted take-off, landing, and weapon blast)

2. 핵 영향(Nuclear effects)

3. 진동(Vibration due to runway surface, air maneuver, gunfire, aerodynamics, blade tones, engine, and air turbulence)

4. 공력가열(Aerodynamic heating)

5. 전자기방사 인터페이스(EM interference)

6. 정전기 방전(Electrostatic discharge)

7. 부식성 대기(Corrosive atmosphere)

8. 소음(Noise)

9. 자유낙하(Free fall drop)

10. 유체 오염(Contamination by fluids)

유도환경에 대한 항공기 요구도는 MIL-STD-810를 통해 구성품의 요구도로 할당되는데 다른 특정 항공기 성능요건에서 정의되었거나, 변경된 경우 해당 특정 항공기 성능에 대한 요건이 구성품 요구도보다 우선 적용된다. 예를 들어 항공기의 화재 및 폭발 위험에 대한 요구조건을 검증하기 위해서 구성품에게 폭발성 대기 요구도를 할당한 경우, 구성품에서 폭발성 대기 시험에서 검증되었더라도, 체계에서 화재 및 폭발 위험에 대한 검증은 별도로 수행되어 최종 검증되어야 한다는 것이다. 또한, 이때 만약 구성품에서 폭발성 대기 시험이 검증되지 않았더라도, 체계에서 화재 및 폭발 위험에 대한 검증이 수행되었다면, 체계에서의 검증이 우선한다는 것이다. 왜냐하면, 구성품 요구도와 시험조건을 잘 설계하더라도, 일부 가정사항과 제한사항을 전제로 하기 때문에 완벽한 검증을 수행하는 것에는 제한될 가능성이 있기 때문이다. 유도환경에 대한 대부분의 시험 방법론과 유도환경에 필요한 매개변수(Parameter)는 MIL-STD-810에 제시되어 있어 이를 활용해야 한다.

**전자기 환경(Electromagnetic environmental effects)** 요구도 설정은 MIL-STD-464에 따라 수행하며, 항공기 내 모든 체계, 부체계, 장비 및 항공기 외부 전자기 효과로 인한 환경과 적합성을 검증하는 것을 목적으로 한다. 전자기 효과는 크게는 외부와 내부의 영향성으로 구분된다. 외부 전자기 영향은 낙뢰, 전자파 펄스(EMP), 무선 주파수(RF ; Radio Frequency) 송신 등이 이에 해당한다. 내부 전자기 영향은 전자적 소음 방사, 안테나에서 자체 생성된 RF 송신 및 전류의 교체 결합(Cross Coupling) 등과 같은 것이 이에 해당한다. 현대의 항공기에 사용하는 재료 및 전자공학의 복잡성으로 인해 독특한 전자기 특성을 가지게 된다. 하지만, 일반적으로 광범위하게 사용되는 RF 송신기, 수신기는 항공기 내부 및 외부 영향에 문제를 발생시킬 수 있다. 더구나 고유한 군사 운용환경에서 상용 장비를 사용하는 경우 영향성을 더 크게 발생시킬 수 있다. 이로 인해 항공기 내 장비 간 간섭문제를 발생시킬 수 있으며, 인력, 연료, 군수품에 위험을 일으킬 수 있다. 전자기 환경에 요구도 설정 후 검증을 통해 구성품 및 항공기 체계에서의 전자기 적합성을 판단하여 기능의 중단 및 손상을 시키지 않음을 평가한다. 특히 현재는 전자기에 대한 신뢰할 수 있는 분석도구가 불완전 하기 때문에 하위 체계와 구성품 수준의 시험을 수행하여야 한다. 다만, 분석과 시험은 상호보완적으로 사용하고 있다. 구성품 하드웨어 설계 시 분석을 통해 확인하며, 사용된 분석은 시험을 통해 검증하여 분석의 적합성을 입증한다. 예를 들어 EMP나 간접 낙뢰에 대한 영향은 분석에 의한 방법을 일반적으로 사용하고 있다. 전자기 환경에 대한 요구도를 조기에 설정하면 많은 중복 노력을 절감시킬 수 있다. 예를 들어 이전에는 EMP와 낙뢰 유도에 의한 전이를 다른 보호 수단을 이행하는 독립적으로 다루었지만, 실제로는 공통적으로 다루어 질 수 있다. 물론 EMP에 대한 정보와 요구도 명확화가 필요하다. 전자기 환경요구도에는 아래와 같은 사항이 포함되며, 이는 항공기 체계의 특성에 따라 포함여부 및 적용기준을 조정(Tailoring)해야 한다. 세부적인 요구도는 MIL-STD-464에 따라 설정한다.

1. 마진(Margins, 체계수준에서 전자기 결합에 의해 발생하는 스트레스 수준과 부체계/장비 간의 전자기 강도수준의 차이)

2. 내부 시스템 전자기 적합성(Intra-System Electromagnetic Compatibility (EMC))

3. 외부 전자기 적합성(External Radio Frequency Electromagnetic Environment)

4. 낙뢰(Lightning)

5. 전자기 펄스(EMP ; Electromagnetic Pulse)

6. 구성품 전자기간섭(Subsystems and Equipment EMI ; Electromagnetic Interference)

7. 정전기 충전 제어(Electrostatic Charge Control)

8. 전자기 방사 위협(EMRADHAZ ; Electromagnetic Radiation Hazards)

9. 총수명주기 E3 강건성(Life Cycle, E3 Hardness)

10. 전기적 본딩(Electrical Bonding)

11. 외부 접지(External Grounds)

12. TEMPEST(비밀/기밀정보 누설, 훼손 방지)

13. 전자기 스펙트럼 적합성(Electromagnetic Spectrum Compatibility)

핵 EMP는 대기권 이상의 핵 폭발에 의해서 생성되면 넓은 지역에 영향을 미치며, 핵전쟁 시 대부분의 군사시스템이 HEMP에 노출될 가능성이 높아 군사적 및 안보적으로 큰 위협요인이다. 다만, 문제는 이를 대비하기 위한 정보는 MIL-STD-2169에 위협 파형의 구성요소에 대한 정보가 자세히 기술되어 있으나, 비밀 문서로서 공개되지 않는다. MIL-STD-464에는 국제전기표준위원회(IEC ; International Electrotechnical Commission)가 개발한 비밀이 아닌 버전의 자유장 위협 정보를 제공하고 있어 이를 대략적인 계산에는 사용할 수는 있지만, 실제 군사 시스템의 설계 및 시험에 사용해서는 안 된다.

외부에서 방사되는 전자기(RF EME)에 대한 영향을 검증하는 것은 구성품 시험 후 항공기에 조립되어 작동하기 전까지는 발견되지 않을 수 있어 문제 발생 시 항공기 생산 및 형상변경에 비용이 많이 소요될 수 있다. 과거에는 내부 전자기를 방사하는 장비만을 통제하면 되었지만, 외부 전자기를 방사하는 장비의 출력이 증가됨에 따라 외부 전자기 방사 장비에 의한 영향성이 증가되었다. 현대의 항공기가 많이 사용하는 복합재와 같은 비금속재 표면(Skin)은 100MHz 미만의 주파수의 전자기장에 대한 차폐능력이 금속재 표면보다 떨어진다. 이러한 영향은 전기와 전자로 통제되는 비행제어 컴퓨터와 엔진 시스템의 사용이 증가됨에 따라 더욱 중요하게 되었다. 연료 탱크 및 항공기 날개와 같은 부품에 비금속재의 사용은 이들 부재의 낙뢰 유발 스파크 및 아크 발생에 대한 특정 시험의 필요성이 제기되었다. 왜냐하면 대부분의 낙뢰로 인한 항공기 손실은 연료탱크 아크와 폭발에 의해서 발생하였기 때문이다. 또한, 높은 전자기장은 인체에 해를 끼치거나 연료에 불을 붙이고 전기적으로 시동하는 장비를 점화 시킬 수 있다. 또한, 정전기로 인해 연료 증기와 군수품의 점화, 인력의 부상, 전자 장치의 손상 등이 발생할 수 있다.

# 조종사 인터페이스(Pilot Interface) 결정하기

**조종사 인터페이스 요구도는 항공기를 조종하는 조종사와 기계인 항공기를 연결시켜주는 인터페이스를 원활하게 하기 위해 설정**한다. 조종사-항공기 인터페이스(Human/Pilot Vehicle Interface)는 일관된 제어 및 정보 형식으로 제공되어야 한다. HVI/PVI를 통해 조종사가 임무를 수행할 때 필요한 제어, 시현, 정보 등을 **허용 가능한 작업부하 수준으로 조종사에게 제공하는 것이 최종 목표**이다.

HVI/PVI 요구도를 항공전자, 비행제어, 훈련체계 등과 같은 하위체계로 연결시키는 것이 중요하다. 이는 조종사의 임무계획 및 시현메뉴 구조에도 일관된 개념을 적용해야 한다. 제어 패널 및 시현정보는 변경이 필요한 요구도가 명확하고, 합리적인 경우를 제외하고 이전의 고정관념을 위반해서는 안된다. 조종사 뿐만 아니라 정비사도 조종석에서 운영유지에 필요한 정보를 통제, 시현할 수 있어야 한다. 조종사 인터페이스와 관련된 요구도는 NATO의 규격(STANAG)을 사용될 수 있으며, 이는 스위치 위치, 조명, 항법/통신 제어, 경고, 음성, 색상, 비상탈출, 시현, 계기 등 다양한 부분에서 요구도를 제시하고 있다. 조종사 인터페이스 설계는 체계의 작동이 어렵거나, 조종사의 임무수행 능력을 감소시키는 제한사항이 최소화되도록 해야 한다. 실제 조종사 인터페이스 요구도 설정 시에는 MITL(Man-in-the-Loop, 사람과 상호작용을 요구하는 모델) 시뮬레이션, 실물모형에 의해 요구도를 구체화하고, 이를 위해 사용자의 의견을 모으고, 조율 하기 위한 회의체/그룹을 구성하는 것이 중요하다. 조종사의 특성은 나라별로 상이하기 때문에 개발자에게 사용이 예상되는 조종사의 특성을 제공하여 설계하도록 하는 것이 중요하다. 미국의 경우 이전에는 남성 조종사 하위 5%~95%의 인체 측정결과를 기준으로 조종석 설계(조종간, 헬멧, 손가락길이, 발길이, 의자 높이, 눈 높이 등)를 수행하였으나, 현재는 다양한 인구 구성과 인체의 변화를 수용 하기 위해 다변량접근법(multivariate approach)을 통해 조종사의 특성 변화를 수용하고 있다.

# 기록 및 저장 요구도 결정하기

**4-24**

　**항공기는 탑재된 센서, 시현기와 음성, 비디오 등을 유지할 수 있는 요구도를 설정**하는데, 기록 및 저장(Recording & Storage) 정보는 정보기록의 목적을 명확히 하여야 한다. 일반적 으로 기록되는 정보는 교전기록, 전투효과분석, 임무 디브리핑, 훈련, 고장탐구 등의 목적 으로 기록된다. 항공기 사고 발생 시에는 사고 원인분석을 위해 관련 정보가 기록된다. 항공기는 치명적인 항공기 손실 전 00분간의 항공기 상태와 조종사 음성 및 인터페이스 활동을 포함한 기능상태정보를 보관할지를 목표성능으로 설정한다. 기록되는 시간은 예상되는 기록 및 저장자원을 고려하고 미래 개발단계를 감안하여 사고 전 최소 저장 길이로 설정한다. 기록장치를 회수하기 위해 장치를 찾을 수 있는 거리와 시간도 설정하지만 육상인지 해상인지에 따라 차등화 되어야 한다.

　**사고기록장치의 생존성에 대한 요구도 설정을 위해서는 EUROCAE**(EUROCAE ED 55 in 1995)**라는 유럽표준을 사용**한다. 사고기록장치의 요구도는 기능적으로 기록이 잘되는지와 저장용량, 회수 시까지의 거리/시간 능력, 생존성을 설정한다. 가장 중요한 생존성은 관통력과 충격에 대한 저항능력을 판단하게 된다. 관통력 검증 시 가장 취약한 지점을 대상으로 시험하게 하며, 충격 생존성은 최저와 최고 중력가속도(G) 충격시험을 수행한다. 사고기록장치는 항공기에 설치 위치를 신중히 고려하여야 하며, 잠재적인 중대사고 시 생존성이 보장될 수 있는 위치를 선택하고, 화재나 충돌에서 파손되기 쉬운 구조를 피한다. 사고기록의 요구도 결정 시 다른 플랫폼과 공통성, 기성품(COTS ; Commercial Off-the-Shelf), 정보 유형과 사용용도, 보안을 고려하여야 한다. 기존 장비를 사용하는 경우 기존의 인터페이스 요건을 목표요구도로 설정한다.

# 정보 보안(Information Secure) 수준 결정

항공기에서 사용하는 컴퓨터와 소프트웨어는 일반 컴퓨터나 태블릿, 스마트폰과 달리 내장 소프트웨어이기 때문에 정해진 입력 값을 가지고, 정해진 연산을 하기 때문에 과거에는 상대적으로 해킹이나 정보위협에 대한 대응이 다소 미약했던 것이 사실이었다. 하지만, **전투기와 같은 민감한 정보를 탑재하고 있는 무기체계에는 허가되지 않는 사람과 기능에 대한 거부능력과 민감한 자료를 유사 시 소거하는 능력이 요구**된다. 현대의 항공기 에는 보안 위협을 식별하고, 그에 대응하는 방안을 강구하도록 하고 있다. 정보보안 목표는 비용 대 효과와 프로그램 위험 관리 원칙과 일치하는 선택적이고 효과적으로 보안 대응 방안을 적용하는 것으로 설정된다. 설정해야 하는 요구도 중 하나는 추락이나 사고 시 파기/소거해야 하는 자료 목록이며, 여기에는 통신 데이터, 지상에서 입력한 암호키와 같은 민감성 정보, 비행작전과 임무 등이 포함된다.

**항공기 보안의 적용은 프로그램의 범위와 사용자의 요구도에 따라 달라진다.** 최근에는 비 암호화된 체계 외에도 비행안전에 요구되는 주요 정보, 예를 들어 비행제어 응용 소프트웨어(OFP ; Operational Flight Program)에 대한 임의적인 변경은 치명적이기 때문에 소프트웨어 제작 및 시험 동안 보안도 요구되고 있다. 전투기의 정보보호 수준은 프로그램마다 다르며, 만약 항공기가 지상국(Ground Station), 선박과 연계하거나, 위성과 연계된 경우 더 많은 적용 체계가 포함되어야 한다. 정보보호 요구수준을 결정하기 위해서는 현실적인 취약점을 분석 후 치명요소를 식별하고, 그 요소에 대한 위협평가, 위협 분석 및 대응방안을 결정하는 과정을 거치게 된다.

# 탈출(Escape) 요구도 결정하기

　항공기는 비상 시 조종사의 안전을 보장하면서 생존성을 확보하기 위한 능력을 제공해야 한다. 여기에서 말하는 '안전'이라는 용어는 요구되는 성능범위 내에서 승무원이 항공기를 폐기하면서 조종사가 탈출할 수 있는 능력을 제공하며, 조종사의 생존을 위태롭게 하는 부상이 없게 한다는 의미이다. 탈출에 대한 목표성능 설정을 위해서는 공중/지상/수상과 같은 탈출 환경을 정의해야 하며, 항공기 속도, 고도, 자세 및 하중배수, 시간, 강하율과 같은 요소를 포함하여 비행 영역형태로 요구도를 설정한다. 탈출 요구도는 특정 항공기 유형, 사용자 또는 임무 요구를 고려하여 설정한다. 탈출이 공중, 지상, 해상에서 자동/반자동/수동으로 이루어지는지를 설정한다. 비상 탈출 시 영향을 미치는 특수조건을 명시할 수 있는데, 예를 들어 혹한이나, 핵/화학/생물학 보호, 악천후 조건, 주간/야간 조건, 동적 자세율, 하중배수 및 수심 깊이와 같은 특수한 조건을 명시할 수 있다. 지정된 조건을 사용하여 탈출 또는 항공기로부터 비행탈출을 완료하는데 필요한 시간을 식별한다. 이탈과 탈출 후 완전히 낙하산이 개산 되는데 필요한 고도 등 성공적인 탈출에 필요한 최소 고도를 설정한다. 탈출시스템 요구도를 설정할 때에는 **비상 생존 시나리오를 적용하여 설정할 수 있으며, 체계 수준의 요구도와 주요 요소들은 절충(Trade-off)해야 한다.** 예를 들어 대형 항공기는 공중 대피 능력이 필요하지 않을 수 있다. 만약 이 형태의 항공기에 대한 이탈과 탈출능력을 제공하기 위해서는 비용과 중량 영향이 엄청나게 발생할 수 있다. 탈출 시스템에 요구도를 검증하기 위해서는 인간 또는 모의 데모를 통해 검증되며, 탈출을 위한 공기역학적인 분석을 통해 검증될 수 있다. 사출 능력은 Sled 시험 등을 통해 확인된다.

# 진단 및 결함 탐지/격리 요구도 결정하기

항공기는 안전 치명 결함/임무 치명 결함의 기능저하 또는 상실, 기능적인 결함격리에 대한 탐지/격리/보고하는 진단(Diagnostics and Fault Detection/Isolation)능력과 건전성관리 능력과 복원, 재설계 또는 보존할 수 있는 시간 안에 정보를 조종사 또는 정비사에게 제공하는 능력을 제공해야 한다. 항공기는 임무, 군수지원과 가용성 요구도를 만족할 수 있도록 관리자가 필요한 정비를 수행할 수 있게 결함을 탐지하고, 격리해야 한다. 전원을 켰을 때 진단기능은 정비사와 조종사에게 상태를 보고해서 작전에 대한 준비상태를 확인하는 항공기 건전성을 확보하도록 한다. 항공기 건전성관리는 항공기가 안전, 운용시간, 운용성, 신뢰성, 정비성 요구도들 충족할 수 있도록 잠재적인 부족 성능 행동의 충분한 보완을 제공해야 한다. 진단 및 건전성 관리정보는 조종사와 정비 및 항공기자체를 위해 항공기를 안전하고 효과적으로 제어할 수 있도록 하기 위해 필요하다.

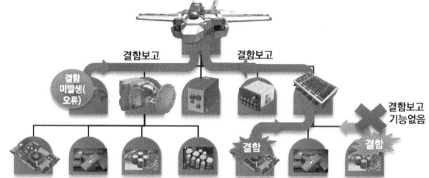

진단계통의 핵심은 효과적인 수단 수명주기 비용에 대한 적절한 방법으로 적기에 모호하지 않게 결함의 위치와 항공기 구성품의 상태를 결정하는 능력이다. 상태보고, 고장 탐지 및 결함 분리 시간요구도는 임무, 운용효율성, 인터페이스, 안전 및 가용성 요구도를 고려하여 선정해야 한다. 항공기 작전동안 결함 정보와 결함 히스토리 정보를 모으는 것은 효과적인 항공 운영지원에 필요한 정보이다. 또한, 항공기의 구조, 기계 및 전자적 시스템에 대한 무결성 프로그램 수명관리 요구도를 이행하기 위해서는 항공기 운용 중 발생하는 환경조건에 대한 정보가 필요하다. 수집된 데이터를 사용하기 위해서는 우선 수집된 데이터가 일련번호별로 특정 항공기 및 특정 장비 품목과 관련되어 있어야 한다. 진단 요구도를 설정할 때는 지속적이라는 조건이나 "사용되는 동안"이라는 식으로 일정 다른 조건부 기능으로 설정할 수 있다. 안전 치명 또는 임무 치명 기능은 지속적인 모니터가 필요할 수 있다. 안전 치명 또는 임무 치명 기능이 아닌 경우는 다른 조건으로 모니터 될 수 있다. 진단 요구도를 결정할 때 모니터 주기는 임무, 안전, 정비 지원요구도 등을 고려하여 필요성에 따라 설정한다. 결함탐지율 00%와 같이 정량적인 요구도는 사용자의 요구도와 운용성, 정비개념, 가용성 등을 고려한 분석을 통해 선정해야 한다. 결함탐지율 선정 시 결함 오인지율(False alarm)도 같이 설정한다. 결함탐지 및 결함 오인지율은 항공기 운용 간 매우 중요한 문제이다.

진단시스템에 대한 설계는 항공기 수명주기 동안을 고려하여 신뢰성과 유지보수성이 높게 설계하되 전체적인 설계는 단순화되어야 한다. B-2 전폭기의 경우는 자체 진단 시스템의 설계는 기체, 세부계통, 추진 등 모든 시스템에 적절한 센서를 배치하여 모든 고장에 대해서 높은 수준의 결함격리 능력(결함 발생 시 2개 또는 그 이하의 품목 모호성을 가지고 있음)을 가지고 있다. 이를 위해서는 설계 단계부터 시험가능성을 고려하여 품목들을 설계했기 때문이다.

반면, 지난 20년간 해군 항공체계에서 겪고 있는 가장 큰 문제 중 하나는 높은 결함 오인지율 이었다. 이것은 해당결함에 대한 자체진단시험(BIT ; Built in Test) 기능이 존재하지 않을 때 주로 나타난다. 사용자는 이를 반복되지 않는 결함(CND ; Can not Duplicate)라고 부른다. 이러한 잘못된 BIT 지표설정은 불필요한 정비를 만들고, 많은 유지비용을 유발하게 된다. 결함 오인지가 발생하면 정비부담을 야기하고, 시험 인프라 사용 증가로 인해 정비성을 저하시키며, 궁극적으로는 사용자가 시스템에 대한 신뢰를 잃게 해서 고장난 시스템으로 항공기를 운용하는 상황을 만들 수 있다.

이에 따라 결함 오인지율이 높아지면 총수명주기 비용증가, 가동율 저하, 정비인력 증가, 사용자의 신뢰도 감소로 이어진다. F/A-18E/F 프로그램은 다음과 같은 방법으로 BIT 결함 오인지율을 개선한 것을 참조할 필요가 있겠다.

**1. 정부, 주계약자, 하청업체를 포함한 전문팀을 운영**

**2. 항공전자 통합 시 BIT 이슈가 있을 때 정부와 계약자 자원을 적용함**

**3. 주단위로 BIT 데이터 검토 위원회를 구성해서 이상 징후에 대한 해결, 연구를 수행**

**4. 시험실에서 거의 발견되지 않았는데, 비행시험 중 발생한 결함은 타이밍, 전환론(Switchology), 통합 문제, 전력, 조종사와 정비사 절차 문제였음**

**5. 정부와 계약자 사이에 공동 BIT 데이터 소스를 사용하여 모두 동일하게 분석 가능**

진단 시 상태 결정은 작동하는 파라미터를 결정하고, 결함을 탐지하는 것뿐만 아니라 소모성품목의 정비 및 교환 필요성도 참조해야 한다. 또한, 결함이라는 용어에는 장비 작동이나, 시험에서 탐지되는 결함 뿐만 아니라 특정상황에서만 증상이 나타나는 성능저하 결함도 포함된다. 이러한 특정상황 성능저하의 비정상적인 경우 결함의 지시를 문서화하고, 중요한 패턴을 인식하기 위해 이전 또는 이후 관련 지시를 해석할 수 있어야 한다.

# 공중 급유(Aerial Refueling) 요구도 결정하기

4-28

공중 급유 요구도 설정은 공중 급유할 비행영역(고도, 속도)을 결정하는 것이 가장 중요하며, 급유기(Tanker)와 수유기(Receiver)의 인터페이스를 결정해야 한다. 공중 급유는 항공기간에 공중 접촉으로 인한 안전성을 확보하고, 운용 호환성을 확인하는 것이 무엇보다 중요하다. 일반적으로 미국을 포함한 많은 국가에서 북대서양조약기구(NATO)의 표준인 STANAG (STANdardization Agreement)를 사용하고 있고, 급유기는 드로그(Drogue)-프로브(Probe) 타입과 리셉터클(Receptacle)-붐(Boom) 타입을 모두 지원하기 때문에, 수유기는 사용하고자 하는 요구도에 따라 각각의 STANAG 표준을 사용해서 인터페이스를 설정한다. 세부적인 공중 급유 관련 운용절차는 NATO STANAG 3971 및 ATP 56(Allied Tactical Publication 56, 공중 급유)을 참조바랍니다.

공중 급유를 위한 비행영역(Flight Envelop)은 급유기의 안정적인 비행성능과, 수유기의 비행성능, 랑데부 시 급유기로 인한 공기역학적 난류(Turbulence)를 고려하여 선정한다. 선정된 비행영역에 대한 검증하는 과정에서 운용적인 안전요구도와 안정 제한사항들이 식별되며, 이를 항공기별 공중 급유절차로 정립시킨다. 왜냐하면 공중 급유기는 검증되었더라도 수유기와의 관계는 상호작용이기 때문에 각 체계의 특성에 따라 조정이 필요하기 때문이다. 예를 들어 급유기 연료 이송 펌프가 6개가 있는데, 급유 시 4개를 사용하는 것과 2개만 사용하는 것은 급유 과정에서 연료 유동특성이 달라지게 되며, 이를 수유기 연료 공급계통 설계 시 반영해야 한다. 하지만, 반대로 수유기의 연료체계의 특성에 따라 급유기의 사용절차나 체계의 변경을 요구하는 것은 지양되어야 한다.

공중 급유를 위한 비행영역은 가능한 넓은 영역을 확보해야 사용자의 운용성이 좋아 지지만, 개발 시 넓은 영역을 검증하기 위해서는 많은 자원(시간, 돈)이 소요되기 때문에 적정한 수준 으로 조정해야 한다. 또한, 이러한 과정을 수행하기 위해서 공중 급유의 요구도에는 주간, 야간 조건, 급유 시나리오, 급유기-수유기 랑데부(Rendezvous) 방법, 통신방법, 급유절차 등 소요군의 요구도를 구체화해야 한다.

급유기와 수유기의 접촉 시 상호간의 구조에 하중을 가하기 때문에 이에 대한 요구도와 이를 충족하고 있음을 검증한다. 수유기는 연료공급에 따라 무게중심이 변경됨에 따라 이에 대한 안정성을 가져야 한다. 급유 시나리오에는 급유기나, 수유기의 단일 엔진 꺼짐과 같은 비상상황에 대한 내용의 포함여부도 포함되어야 하며, 이를 분석하여 적합성을 검증한다. 붐 시스템의 경우는 붐의 작동범위가 제한되기 때문에 제한된 작동범위에서 수유기의 접촉과 분리 시 조종안정성, 급유기와 수유기가 접촉을 유지하는 해당범위의 온도와 분리하는 동안 래치(Latch)의 힘, 래치가 고정되고 해제되는 시간, 플러터 분석 등을 요구되는 비행영역에서 검증해야 한다. 드로그 시스템의 경우는 호스 응답과 상승 속도, 호스 연장 능력, 드로그의 안정성 및 연장선의 곡선 등을 고려하여 검증한다. 급유기와 수유기 간의 급유승인(AAR Clearance)를 위해서는 장비, 성능, 절차적인 적합성 평가를 통해 상호 운용성을 확인하는 것이 필요하다. 이를 위해서는 급유기와 수유기 간의 기술자료를 통한 적합성 평가와 비행시험을 통한 확인을 통해 최종 검증되는데, 이를 수행하기 위해서는 수행하는 수준(카테고리), 범위, 요구도(주간/야간 사용 등)를 명확히 하는 것이 무엇보다 중요하다.

# 사용수명(Service Life) 결정하기

항공기의 사용수명은 앞에서 설정한 체계 사용도에 의해 정의된 예상 사용 스펙트럼에 따라 운용되었을 때 적절한 운용 및 지원 인력, 관련 자원 사용에 의해 000 시간 이상 동안 명시된 성능을 제공하는 형태로 설정된다. **사용수명은 무기체계를 획득하는 시점부터 사용 중 소모되거나, 설정된 물성 요구도를 초과하여 폐기할 때 까지로 정의된다. 일반적으로 항공기의 사용수명은 구성품의 수명을 초과**한다. 이 요구도는 항공기가 보관 중이든 사용 중이든 수명 제한요소로 인해 저하(Degradation) 없이 적절하게 노화되어야 함을 설정하는 것이다. 명목상의 항공기 기능적인 성능은 항공기 수명 한계까지 유도된 손상/저하가 누적된 사용에 대해 규격서에 식별된 수준이어야 한다. 항공기는 수명동안 예상되는 환경 및 사용하중을 견딜 수 있도록 설계되어야 한다.

사용수명 요구도는 부체계 및 구성품 요구도 수준까지 계층적으로 할당되어야 한다. 개별 항공기

사람만 늙는게 아니라, 모든 물질은 노화된다.

구성품의 사용수명은 총수명주기 비용, 항공기 효율성, 성능과 최적의 아키텍처를 고려한 안전 고려사항들에 의해서 결정된다. 특정한 항공기 수명시간의 관리를 위한 항공기 구성품 수리/교체 전략은 비용과 성능 목표를 조화시키는 과정을 통해 조화롭게 반복적인 분석/협의과정을 통해 결정된다. 최근에는 부체계(Sub-system)에 '손상허용'이라는 개념을 사용하기도 하며, 구성품 수명을 설정하고, 확인하기 위해서는 분석과 시험이 모두 필요하다. 사용수명에 대한 확인을 위해 가속시험을 할 수 있으나, 가속시험은 분석과 시험을 통해 성과가 있었거나 사용환경에 의해 손상 수준이 발생한 수준과 동등한 수준으로 손상을 발생시킨 과거 자료로 증명된 경우 허용되어야 한다. 유사성에 의한 적합성은 분석에 의해서 정당성이 있을 경우 사용이 가능하다.

# TMI : 구성품(Component) 수명(Life)의 개념

　항공기 체계개발 시에는 수명이라는 개념은 각종 미국 군사규격, 핸드북, 가이드 등에서 다양한 용어로 제시되고 있다. 대표적으로 설계수명(Design Life), 운용수명(Operational Service Life), 경제수명(Economic Life), 사용수명(Service Life)이 있다. 다양한 개념의 용어가 존재하기 때문에 현장에서는 종종 개념적인 충돌이 발생한다. 여기에서는 JSSG 2001과 MIL-HDBK-515 (Weapon System Integrity Guide)를 기반으로 구성품의 수명 관련 개념을 설명하고자 한다. 구성품의 수명개념을 설명하기 위해서는 체계에서 수명개념과 할당개념을 이해할 필요가 있다. 항공기 체계의 요구도 설정 가이드에 사용되는 JSSG 2001에 따르면, 사용수명(Service Life)은 설계 시 예상되는 체계사용도(System Usage)에 따라 개발된 후 사용자에게 납품되는 시점부터 폐기 시 까지의 요구되는 기간을 말한다. 일반적으로 항공기 사용수명은 구성품의 수명을 초과한다. 이는 구성품의 수명은 수리 또는 교환 전략을 기반으로 비용 대 성능 목표를 고려하여 설정되기 때문이다. 구성품의 수명은 경제성, 운용성, 성능 및 안전 등을 고려하여 설정되며, 체계에서 구성품으로 할당하는 형태로 목표를 구체화한다. 즉, 구성품의 사용수명은 개발 시 설정된 가정을 근거로 개발된 목표수명을 의미하며, 운용 개념을 고려하여 제시되는 목표이다.

　구조(Structure)를 포함한 구성품에 관한 강건성 또는 건전성(Integrity)에 관한 미국 군사규격 및 핸드북의 개념을 정리하고 통합하는 방법을 제시하고 있는 것이 MIL-HDBK-515이다. MIL-HDBK-515에서는 구조, 엔진, 기계장치, 세부계통, 항공전자 및 전자 장치에 건전성을 다루는 아래의 프로그램과 절차를 포괄한 개념을 설명하고 있다.

1. MIL-STD-1530D : Aircraft Structural Integrity Program(ASIP)
2. MIL-HDBK-1783B : Engine Structural Integrity Program(ENSIP)
3. MIL-STD-1798C : Mechanical Equipment and Subsystems Integrity Program (MESIP)
4. MIL-STD-1796A : Avionics/Electronics Integrity Process(AVIP)

위의 절차의 내용을 종합하면 구성품의 수명에 대한 개념을 아래와 같이 정리할 수 있다.

1. 설계수명 : 설계 시 가정(특정 프로파일, 임무, 파라미터, 시나리오 등)에 의해 설정한 목표수명으로 개발 시 검증되는 수명
2. 경제수명 : 정비를 계속하는 것보다 교환이 경제적인 경우 적용되는 수명
3. 운용수명 : 사용자가 운용하는 기간 동안 실제로 노출되는 환경에 의해서 결정되는 수명으로 건전성, 운용성을 확보하기 위한 정비를 통해 구현되는 수명

# TMI : 신뢰성(Reliability)과 수명(Life) 간의 관계

현장에서 실무를 하는 동안 신뢰성과 수명 간의 관계에 대한 오해들이 많고, 질문이 많은 부분이라서 두 가지 개념을 정리하고자 한다. 신뢰성은 장비나 체계가 환경에서 일정한 기간 동안 고장없이 예상대로 작동할 확률로 정의되며, 대표적으로 고장간 평균시간(MTBF ; Mean Time Between Failure)을 통해 표현한다. 정의에서 알 수 있듯이 신뢰성은 시간의 함수이며, 확률 값이다. 수명은 앞에서 설명한 바와 같이 개발 시 예상되는 사용도(Usage)에 따라 사용자에게 납품되는 시점부터 폐기 시 까지의 요구되는 기간을 말한다. 이러한 개념적 차이 때문에 신뢰성과 수명 간에는 분명한 차이는 있다. 다만, 개념적인 모호성을 발생시키는 것은 신뢰성 향상이 수명의 향상에 영향을 미치며, 신뢰성과 수명이 동일한 경우가 발생하기 때문이다. 신뢰성 향상을 설명하기 위해서는 건전성(Integrity)에 대한 개념이 필요하다. 왜냐하면 신뢰성은 각종 요인 인자에 의해서 산출되는 결과이기 때문이며, 미국의 각종 규격 및 핸드북에서 신뢰성을 결정하는 요인인자를 건전성 개념으로 설명하고 있기 때문이다.

건전성(Integrity)은 수명기간 동안 운용조건 하에서 요구되는 성능, 신뢰성, 정비성 요구도를 만족시킬 수 있도록 하는 필수적인 체계의 특성을 말한다. 신뢰성 향상과 수명과의 관계를 설명하자면, 극단적인 신뢰성 목표를 가진 인공위성이 좋은 예시가 될 수 있다. 인공위성은 우주공간에 있기 때문에 일반적인 정비개념이 적용할 수 없어 각 부품들은 극단적으로 높은 신뢰성을 요구된다. 이러한 경우는 각 부품의 신뢰성 향상이 수명과 직접적으로 연결되어 있어 신뢰성 향상이 수명 향상으로 이어진다. 구조(Structure) 성격을 가진 부품의 신뢰성은 변형, 마모, 크랙, 부식, 열변형 등에 대한 저항하는 내구성(Durability)에 지배적인 영향을 받는다. 이 경우 구조의 내구성이 구조의 건전성(Integrity)을 유지하는 특성이 된다. 이 개념을 적용하면, 수명기간 동안 창정비가 필요 없는 체계 설계 개념을 적용하는 경우는 '신뢰성 ≒ 내구성 ≒ 건전성 ≒ 수명'의 개념이 성립할 수 있다. 구조물 뿐만 아니라 기계 구성품과 같이 결함의 유발 인자가 변형, 마모, 크랙, 부식, 열변형 등인 경우는 동일한 개념이 적용된다. 이러한 부품의 경우는 설계 시 요구되는 사용도(Usage), 임무묘사도(Mission Profile), 매개변수 (Parameter)를 기반으로 설정된 조건을 기반으로 설계와 제작 후 내구성 수명 시험(DLT ; Durability Lift Test)을 통해 검증된다. 물론 가속수명시험(ALT ; Accelerated Life Test) 개념도 적용이 가능한다. 다만, 이 경우 가정을 기반한 설계 수명과 실제 운용 시 환경 및 가혹도 등에 따라 운용 수명은 달라질 수 있다.

부품의 결함을 발생시키는 인자가 변형, 마모, 크랙, 부식, 열변형 등과 같은 기계적인 요소에 관련성이 적은 전기 및 전자 부품의 경우는 건전성에 미치는 인자가 다르다. 전기 및 전자 부품의 경우도 기계적 요인에 의해서 연결단자의 균열 등으로 인한 결함이 발생할 수 있지만, 이 보다는 노출되는 환경에 지배적인 영향을 받는다.

노출 환경에 대한 대표적인 인자는 고온, 저온, 온도 싸이클, 압력, 진동, 습도, 모래 및 먼지, 오염 등이 있다. 이러한 인자로 인한 결함은 시간에 의한 인자가 아니기 때문에 앞에서 설명한 내구성시험, 가속수명 시험과 같은 방법으로 신뢰성을 향상시키거나 검증하기 어렵다. 이러한 이유로 환경시험 (MIL-STD-810)이나, TAAF(Test, Analyze And Fix) 또는 RD/GT(Reliability Development/ Growth Test by MIL-STD-781D Task 202), 초가속수명시험(HALT ; Highly Accelerated Life Testing)과 같은 신뢰성 향상 프로그램이나 시험 등을 통해 각종 결함 유발 인자에 대한 영향성을 시험하여 설계 취약점을 발견하고 개선하며 검증하는 과정을 거치게 된다. 다만, 이러한 과정에서도 TAAF와 같이 신뢰성 값을 유도할 수 있는 경우도 있지만, 다른 경우는 신뢰성 값을 산출할 수 없다. 예를 들어 진동요구도를 설계 시 낮게 요구했는데 실제 운용 시 큰 진동이 발생하면, 큰 진동이 발생하는 경우 결함이 발생할 수 있으며, 이러한 경우는 시간에 의해 발생하지 않기 때문에 신뢰성 값으로 환산하는 것이 유의미하지 않으며, 시간과 인과관계가 매우 낮기 때문에 신뢰성 값을 환산할 수 없게 된다. 이러한 전기 및 전자 부품의 경우는 신뢰성과 수명 간의 관계를 명확하게 설정하거나, 설명하기 매우 어렵다.

또한, 수명은 주어진 신뢰성으로 인해 결함이 발생 시 고장이 난 부분의 정비 또는 교환 행위를 통해 사용 가능한 상태로 만들어 수명기간 동안의 사용이 보장되는 개념이 사용된다. 이러한 이유로 정비와 교환 정책에 따라 정비를 하거나, 정비를 계속하는 것보다 교환이 경제적인 경우 교환을 수행하는 등은 사용자의 운용유지 정책 결정에 따라 유지된다. 이 말은 수명은 설계수명에 따라 사용자에게 수명을 제안되어 있으나, 운용수명은 사용자의 경제성, 운영유지성, 정비성에 대한 판단에 따라 단축되거나, 연장될 수 있다는 의미이다. 물론 신뢰성으로 인한 결함 발생 빈도와 그에 따른 정비와 교환 필요성에 따른 경제적 부담이 운용수명을 결정하는 주요한 판단의 근거로 사용된다. 이러한 관계를 일반적으로 욕조곡선(Bath Curve) 형태로 제시하고 있으며, 초기고장(Early Failure), 우발고장 (Random Failure), 마모고장(Wearout Failure, 더 이상 수리가 불가능한 시점)의 세 기간으로 나누어 설명한다. 사용단계에서 랜덤하게 발생하는 신뢰성이 지배적인 구간이지만, 수명은 초기, 사용, 마모단계를 모두 포함하는 개념으로 제시되어 둘 간의 개념적인 차이를 보여준다.

# 수송성 및 정비 인터페이스 결정하기

**수송성(Transportability) 요구도는 항공, 육상 또는 해상으로 항공기를 수송할 수 있는 능력**을 갖추는 것이다. 일반적으로 항공기 또는 하위 조립체가 화물 항공기, 화물차 또는 선박으로 수송 가능하도록 하는 것을 말한다. 이 요구도는 항공기와 부품 또는 지원 장비가 경제적인 수단으로 빠르게 운송가능한지를 확인하기 위한 것이다. 수송성은 소형 항공기는 대형 항공기나 화물차량으로 전체, 부분 분해를 통해 이동할 수 있도록 하고, 대형 항공기는 엔진과 날개와 같은 주요 부품들을 필요 시 분해 후 이동하도록 한다. 전개 또는 수리 작업을 하기 위해 필요한 모든 항공기 구성품 및 지원장비는 이동성 개념에 따라 다양한 방법으로 운송할 수 있어야 한다.

수송성과 정비 인터페이스는 설계단계부터 고려되지만, 관련 요구는 초기부터 설정해야 한다.

**정비인터페이스(Maintenance interface) 요구도는 접근성(Accessibility), 장착/설치/정렬 (Mounting, installation and alignment), LRU 무게제한 등 정비사와의 인터페이스 관련한 요구도를 설정**한다. 접근성 요구도는 화생방 보호의 또는 방한복을 착용한 상태에서 정비사가 구성품을 장착, 탈거, 교환, 제거, 수리할 수 있어야 한다. 항공기의 1차 하중지지구조를 분해하지 않고 비행대기선 교환품목(LRU ; Line Replaceable Item)을 교환할 수 있어야 한다. 항공기는 정비사가 정비에 필요한 품목의 지시계 또는 데이터 포트 (Data Port)에 대해 방해 받지 않고 접근가능해야 한다. 장착/설치/정렬 요구도는 항공기 LRU는 부적절한 장착, 설치 또는 정렬을 방지할 수 있도록 해야 한다는 것이다. 정비사가 LRU를 올바르게 설치 또는 제거했는지를 보장하기 위해 항공기는 유사하게 보이지만 기능적으로 다른 구성품을 설치 상태에서 쉽게 구별할 수 있는 수단을 제공해야 한다. LRU의 무게제한 요구도는 일반적으로 낙하, 정렬불량 또는 잘못된 설치로 인해 발생하는 손상을 최소화하기 위해서 정비사들의 예상 인체공학적 특성 내에서 무게제한요구도를 설정하는데, MIL-STD-1472의 무게(Weight)섹션을 참조한다. 이때 정비 시 사용하는 리프트(Lift) 또는 운반 요구도도 고려한다.

# 통합 전투전환시간(ICT) 설정하기

전투기를 포함하는 항공기는 한정적인 비행시간이라는 한계를 극복하고, 활용성을 극대화하기 위해서는 **통합 전투전환시간**(ICT ; Integrated Combat Turnaround Time)이 최소화될 수 있도록 해야 한다. 전투기, 공격기, 함재기 등과 같은 전투용 항공기에 이는 매우 중요한 요소이다. 통합 전투전환시간은 이전 임무에서 돌아온 직후 다른 임무를 위해 항공기를 완전히 무장하고 준비하는데 소요되는 최대시간으로 설정하며, 동시에 임무치명 결함이 없어야 하고, 임무별로 구체화된 무장 형상을 항공기에 장착하는데 필요한 경과시간 형태로 정의한다. 예를 들어 공대공 임무를 위해 공대공미사일 무장을 장착한 항공기가 공대지 미사일 무장으로 전환하거나, 공대지 무장 종류를 AGM-65에서 AGM-88로 변경하는 등 서비싱을 받는 조건별로 요구도를 설정하는 것이다. 통합 전투순환시간은 조종사의 수락에 의해서 시작과 종료가 결정된다. 또한, 요구도는 생화학 상황 등 환경조건, 항공기 전원 공급조건, 전환 장소, 지원장비 보유 유무와 같은 제한사항에 의해 차등적용 되어야 한다. 통합 전투전환시간은 일반적인 검사 및 서비스, 임무 데이터 교체, 연료 보충 등에 필요한 시간이 포함된다. 통합 전투전환에 소요되는 정비인력, 정비 인터페이스 조건은 기 계획된 요구도를 적용하며, 대부분의 항공기에서는 Hot 또는 Cold 조건별로 통합 전투전환시간을 설정한다. Hot조건은 전투전환 시 항공기 엔진을 계속 작동시키면서 재급유 하는 것이며, Cold조건은 보조동력장치(APU) 또는 외부전원과 엔진 작동을 정지시키고 재급유 하는 것이다. 다만, 통합 전투전환시간은 적정 수준으로 설정할 필요가 있다. 이 요구도는 상당한 설계수준과 비용 상승의 원인이 될 수 있기 때문에 임의로 적용해서는 안되며, 설계와 비용 영향 평가 후 대안들의 비용과 효과를 고려하여 결정해야 한다.

# 탑재 훈련(Embedded Training) 성능목표 결정하기

전투기와 같은 항공기의 탑재 훈련장비에 대한 요구도는 **전체 훈련에 대한 요구도 분석 후에 항공기 탑재 훈련에 대한 요구도를 할당하는 과정에서 구체화**되어야 한다. 항공기에 대한 탑재 훈련요구도 할당과 동시에 지상훈련과 같은 다른 훈련요구도와 함께 개발되어야 한다. 이는 항공기에 전원을 켜거나 작동하는 상태에서는 비행 중이든, 지상이든 항공기의 사용수명이 소모되기 때문이다. 이런 이유로 탑재훈련 요구도는 항공기 사용수명에 대한 사용도 (Usage)를 구체화하고, 결정하는데 중요한 요소가 될 수 있다. 탑재훈련요구도는 다음과 같은 사항이 포함될 수 있으며, 선택적으로 목적에 따라 조합된다.

1. 임무 연습, 비행 시뮬레이션, 공중/지상 위협의 잠재적인 역학적 효과, 지형 영향, 무장의 시뮬레이션, 전술, 부체계 고장유형과 같은 교육
2. 항공기 및 항공기 세부계통에 대한 이해를 제공하는 지상유지 관련 훈련
3. 항공기 고장탐구 및 모의로 구현된 결함에 대한 고장탐구 해결 능력에 관한 훈련
4. 별도의 계측기 장비류나 특정 영역 또는 시험장소 필요 없이 '레드 플래그(Red Flag)'나 다른 전자전 형태 훈련 시나리오를 지원하는 훈련
5. 무장을 모사할 수 있는 하드웨어를 장착하지 않고, 다양한 무장 사용 관련 훈련과 무장 운용의 사거리, 사격 범위 및 기타 특성을 포함하는 무장 체계 기능 구현
6. 운영자에게 교육상태를 직관적으로 인식시킬 수 있는 정보

위와 같은 항공기 탑재 훈련요구도는 대안연구(Trade-off, 또는 상쇄연구)를 통해 구체화 한다. 탑재 훈련은 지원장비와 기타 보조장비 없이 훈련을 하기 때문에 소요 비용을 줄일 수 있을 것 같지만, 기술을 구현하기 위한 비용과 사용수명에 대한 감가를 고려하여 적절한 수준에서 요구도를 결정해야 한다. 또한, **광범위한 탑재 훈련 능력과 기능은 막대한 비용을 소모하기 때문에 요구도 구체화 시 매우 신중해야 한다.**

앞의 과정을 통해 이제 전투기의 세부적인 요구도를 설정하기 위한 내용을 살펴보았다. 이제부터는 요구도 관리를 포함한 프로젝트 목표를 달성하기 위한 체계공학의 관리 과정을 알아보도록 하겠다.

먼저, 일반적으로 체계공학에서 하는 일을 이해하고, 체계공학의 각 영역에서 다루고 있는 일들을 살펴볼 예정이다. 앞에서 언급한 것과 같이 프로젝트 관리의 영역과 체계공학의 겹치는 부분에 대한 설명은 유사한 개념으로 이해해도 무리가 없겠다.

전투기 개발의 과정을 체계적으로 관리하기 위한 체계공학 관리의 과정을 살펴보자.

# 체계공학(System Engineering) 관리하기

일반적으로 **복잡한 체계개발의 요구를 만들고 구현하는 과정을 합리적이고, 체계적으로 수행하기 위해서 체계공학을 사용**한다. 전투기 체계개발에도 이를 수행하기 위해서 **체계공학관리계획서** (SEMP ; System Engineering Management Plan)를 수립하여 계획된 범위 내에서 일정, 비용, 성능을 충족하는 개발을 하도록 한다. 체계공학의 기본은 해야 할 일을 체계적으로 나누고, 시간에 따라 배치하는 것이다. 이 과정에서 가장 어려운 부분은 **'해야 할 일'을 식별하는 것**이다. 해야 할 일을 알아야 체계적으로 관리할 수 있다.

**해야 할 일**(SOW ; Statement of Work)은 체계단위에서 해야 할 일과 하위체계 단위에서 해야 할 일로 구분된다. 체계단위의 해야 할 일은 체계요구를 구체화하고, 하위체계로 할당하고, 향후 하위 체계요구도 충족 후 체계단위의 요구도를 검증하는 것이다. 이러한 과정에서 발생하는 새롭거나 변경된 요구도나 시험 및 검증방안의 변경과 이에 대한 적정성 판단도 지속적으로 수행한다. 하위체계의 해야 할 일은 할당된 요구도를 충족할 수 있는 하위요구도를 만들고, 할당된 요구도에 맞는 설계를 수행하며, 시험을 통해 그 설계가 할당된 요구도에 적합한지 확인하는 행위를 한다. 체계단위와 마찬가지로 새롭게 발생되거나, 변경되는 요구도는 체계에서 수용 가능하지 여부를 확인하고, 요구도와 검증방안의 변경 적정성을 지속적으로 판단하게 된다. 최종적으로는 '∑해야 할 일=체계요구사항 설정 및 검증'이라는 과업 전체를 기술하도록 한다. 다만, 이러한 과정에서 '해야 하는 일'을 기술하는 것은 매우 복잡하고, 복합적이며, 지속적으로 변경된다. 이는 체계 요구도가 다양하고, 지속적으로 변경되기 때문이다. 대표적인 체계단위의 요구도는 체계요구도관리, 환경공학, 체계안전, 형상관리, RAM, 감항인증, 중량관리, 성과관리, 목표비용관리, 품질관리, 소프트웨어 개발관리, M&S 관리, 공급망 관리, 종합군수지원, 인간공학관리, 시험평가 등이 있다. 이러한 다양한 분야의 각각 요구도를 동시에 충족해야 하는 구체화된 요구도를 만들어 내는 것은 매우 복합적이고, 복잡하며, 유동적인 일이다.

 '해야 할 일'이 식별 되었다면, **작업분할구조**(Work Breakdown Structure)를 통해 이를 체계화 한다. 앞에서 이야기한 해야 할 일은 **프로젝트의 범위**(Scope)이다. WBS를 통해 범위를 체계적으로 관리하며, WBS는 각 범위별로 해야 할 일, 일정, 자원을 할 일의 결과인 **산출물**(Deliverables)을 기준으로 묶는다. WBS는 산출물이 필요한 시점과 갱신을 고려하여 관리가능한 수준까지 구체화하며, WBS 수준에 따라 해야 할 일을 **작업묶음**(Work Package)로 구성하고, 세부적인 **활동**(Activity)들은 묶음 단위로 관리한다. WBS는 해야 할 일에 소요되는 자원, 일정, 품질 등이 관리되도록 해야 하며, 추적성 유지가 용이하게 선정되어야 한다. WBS는 체계적인 관리를 위해 **통제 단위**(Control Account)를 붙여 관리의 용이성을 높일 수 있도록 한다.

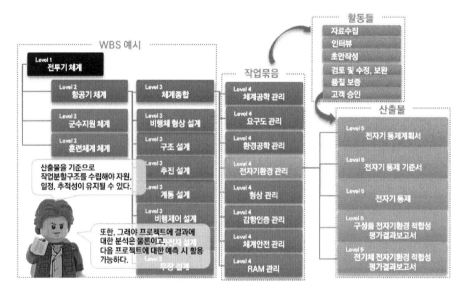

 WBS가 구성이 되면, 이를 요구되는 **산출물에 필요한 시기에 따라 배치하는 일**을 해야 한다. 이를 수행하기 위해서는 '해야 할 일들' 간의 상호 연관성을 식별하고, 주고 받는 관계, 갱신되는 주기, 필요한 자원과 각각의 제약사항들을 파악해야 한다. 이 과정에서 각각의 제약사항들은 불확실성(Uncertainty)을 가지고 있으며, 이러한 미 식별된

(Unknown) 사항은 위험(Risk)로 식별하고, 이를 감안한 일정 배치를 하여야 한다. 해야 할 일과 필요 시기에 배치가 되면, 이 과정에서 필요한 자원을 식별하고, 자원을 획득하는데 필요한 방법별로 일정을 고려하여 재배치하여야 한다. **이전 프로젝트의 경험, 양식, 사례 등을 활용하는 것이 추천**된다.

필요한 자원을 식별하는 것은 최종적으로 비용을 산출하기 위한 선행작업이다. 필요한 자원 식별 시에는 인력, 자재, 경비 등의 항목과 각각의 수량, 특성 등을 식별해야 한다. 필요 자원들이 식별되면, 해야 할 일, 일정, 자원을 산출물을 기준으로 묶는 작업을 수행한다. **산출물(Deliverables)**은 프로세스(Process), 단계(Phase), 프로젝트를 완료하기 위해 산출 되어야 하는 결과물이다. 체계공학에서 다루는 일 중 해야 할 일과 일정, 자원, 비용, 산출물을 식별하고, 이를 작업단위로 묶었다면, 이를 수행할 조직을 구성하고, 각 조직들이 어떤 회의체를 통한 책임과 권한을 통해서 이를 관리할지에 대한 계획을 수립한다.

프로젝트 관리자를 포함하는 프로젝트를 관리하고, 인도하는 프로젝트 팀과 기획 및 의사결정에 참여하게 될 인적자원을 관리할 계획을 수립해야 한다. **인적자원 관리의 핵심은 각 담당자별 역할과 책임(R&R ; Role & Responsibility)을 명확히 하는 것**이다. 또한, 이를 반드시 영향력이 있는 문서형태로 문서화하고, 프로젝트 참여인원 및 기관과 사전 협의를 통해 합의하도록 해야 한다. 개인의 담당자들은 여러가지 요소로 인해 역할과 책임을 명시하였더라도 의사결정에 대한 부담감이 있을 수 있기 때문에 이를 완화하기 위한 **회의체를 구성하는 것**이 추천된다. 이러한 회의체가 구속력을 가지고, 책임과 추적성을 유지하기 위해서는 회의체의 구성과 운영방식에 대한 합리성과 정당성이 확보되도록 해야 한다. 체계공학관리계획에서는 앞에서 설명한 획득체계에 따른 체계공학 단계별 수준에 따른 요구도를 확정하거나, 다음 단계로 진입을 판단하는 의사결정 회의체를 명시해야 하며, 각 단계별 회의체의 진입조건과 다음 단계의 진입 조건 등을 명시하도록 한다.

체계공학관리계획에서 우선적으로 위에서 설명한 해야 할 일을 일정에 따라 배치하고, 소요되는 자원이 배분되어 최종의 산출물이 결정되며, 의사결정 하는 회의체를 기술하였다. 이제부터는 아래에 나열된 세부적인 **체계단위의 해야 할 일**에 대해서

계략적으로 알아보자.

1. 체계 요구도(System Requirement) 관리하기
2. 인터페이스(Interface) 관리하기
3. 환경공학(Environmental Engineering) 관리하기
4. 전자기환경효과(E3 Control) 관리하기
5. 체계안전(System Safety) 관리하기
6. RAM(Reliability, Availability, Maintainability) 관리하기
7. 기술성능측정(TPM) 활용하기
8. 감항인증(Airworthiness Certification) 관리하기
9. 비용 통제(Cost Control) 하기
10. 성과 관리(EVM) 하기
11. 목표비용(CAIV) 관리하기
12. 비용 추정(Estimating Cost) 하기
13. 형상(Configuration) 관리하기
14. 표준화 및 호환성 관리하기
15. 기술자료(Technical Data) 관리하기
16. 프로젝트 품질(Project Quality) 관리하기
17. 공중급유 승인 관리하기
18. 리스크(Risk) 관리하기
19. 종합군수지원(ILS) / 통합제품지원(IPS) 관리하기
20. 공급망(Supply Chain) 관리하기
21. 기술성숙도 평가(TRA) 하기
22. 제조성숙도 평가(MRA) 하기
23. 인간공학 관리하기
24. 시제품 제작(Prototype Manufacture) 하기
25. 중량 및 평형 관리하기
26. M&S 관리하기
27. 소프트웨어 개발 관리하기
28. 재료공정공학(M&P Engineering) 관리하기
29. 시험 평가(Test & Evaluation) 관리하기
30. 비행시험(Flight Test) 관리하기

체계 요구도 관리는 체계공학에서 관리하는 핵심적인 사항이며, 앞에서 체계요구도를 어떻게 설정하는지 설명했다면, 본 장부터는 체계요구도를 어떻게 구체화해 나아가는지 살펴보겠다. 또한, 각 체계공학관리에서 다루는 요구도와 관련된 각 분야는 매우 유기적인 상관관계를 가지고 있으며, 다음을 참고하기 바란다.

# TMI : 요구도관리와 각종 분석 간 상관관계

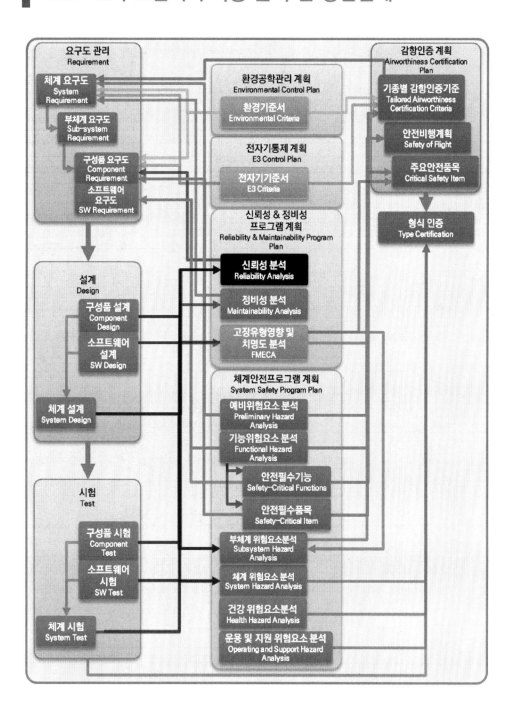

# 체계 요구도(System Requirement) 관리하기

4-34

 일반적인 **체계공학(Systems Engineering)에서는 체계 요구도를 식별하고, 체계 요구도를 아키텍쳐(Architecture)를 통해 기능/성능을 논리적으로 분해해 표현 함으로서 상호작용을 구조화 하여 설명**될 수 있도록 한다. 체계 요구도를 아키텍쳐로 만들 때는 체계 간의 상호작용을 보이는 체계 아키텍쳐를 구성하고, 구현되는 체계의 아치텍쳐를 기능/논리적으로 표현하고, 이를 물리적 아키텍쳐로 발전시켜 구체화하는 과정을 거친다. 이는 매우 이론적이며, 개념적인 것을 치부되기 쉽지만, 체계적인 요구도 분해는 향후 설계오류를 줄이기 위한 핵심적인 과정이다. 이 과정에 대한 일반적으로 통용되고 있는 방법론이 많기 때문에 역설적으로 방법론들 자체를 이해하고 선택하며 적용하는 데 오히려 상당한 노력이 필요하다.

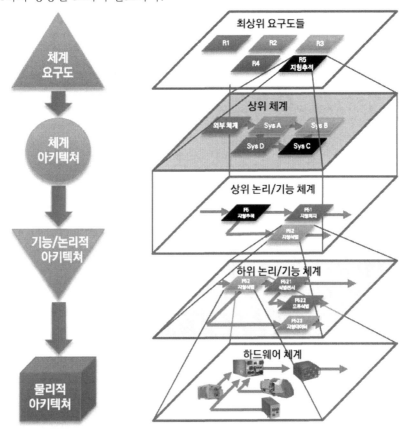

다만, 전투기를 만드는 프로젝트에서는 국가별 체계공학 절차와 무기체계의 요구도 관리 체계가 정형화되어 있기 때문에 실제로 고민할 사항은 최상위 요구도와 하위 아키텍쳐, 하위 요구도 간 동등성을 유지하면서 **구체화(Tailoring)하고, 할당(Allocation)하는 과정**에 있다. **사용자의 요구도를 기술적인 요구도로 변경시키면서도 사용자의 요구도와 구체화된 요구도의 동등성을 유지하고, 요구도가 구체화되고 변경되더라도 양방향의 추적성을 유지하는 것이 중요**한다. 프로젝트 관리자들은 이러한 과정에서 일관된 판단이 제공되도록 관리해야 한다. 또한, 각 단계별 요구도 분석을 수행하여 이를 공학적이고 기술적인 요구도로 변환하여 설계자들이 사용자의 요구도를 이해하고, 설계에 반영할 수 있도록 하면서 동시에 측정 가능하고, 시험가능한 방법으로 검증 및 확인 할 수 있도록 해야 한다.

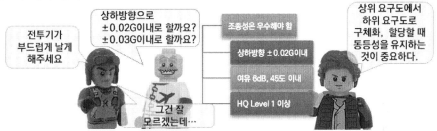

이러한 과정을 거치는 **근본적인 원인은 사용자와 설계하는 공학자 간의 사용하는 언어와 이해가 다르기 때문**이다. 사용자는 사용자 요구도를 공학에서 요구하는 정량적인 기준으로 설정하는 것이 매우 어려우며, 공학자는 요구자와 사용자가 아니기 때문에 원하는 정보를 가늠하기 어렵기 때문이다. 이러한 이유로 체계 요구도 관리에서는 체계공학의 각 단계별로 다양한 분석을 통해 사용자의 요구도와 기술적 요구도, 상위 기술적 요구도와 하위 기술적 요구도가 동등한 범위 내에서 지속적으로 제품을 설계할 수 있는 수준으로 요구도를 구체화 한다. 이러한 과정에서는 오류를 발생시킬 수 있으므로 항상 수정, 보완할 수 있도록 한다.

앞의 '전투기 개발 목표 설정' 과정에서 설명한 큰 틀에서의 체계요구 분석인 생존성분석, RAM분석, 소요분석, 전투임무효과분석 등을 통해 산출되는 목표성능을 기반으로 운용 요구도(Operational Requirement)를 구체화한다. 운용요구도는 기술적 요구도인 체계 요구도(System Requirement)로 구체화한다. 앞에서 언급한 것처럼 국가별 체계공학 절차와 무기체계가 정형화 되어 있으며, 이 책에서는 주로 **JSSG(Joint Service Specification Guides) 체계**를 통해 체계요구도를 구체화하는 것을 설명하고 있다.

JSSG가 어떤 체계인지는 왜 이러한 체계를 사용하는지는 별도로 설명하도록 하겠다.

체계요구도를 기술적 요구도로 전환했다면, **체계요구도를 설계를 위한 기준으로 만든 것이 규격(Specification)이다.** 규격은 계층 구조로 되어 있으며, 상위 체계와 부체계, 품목으로 계층화 된다. 다만, 계층화 된다는 것이 반드시 상위체계 규격이 있다고 해서 하위 체계 규격이 존재해야 한다는 의미는 아니며, 이는 부체계, 품목 규격에서는 할당되지 않는 체계 수준에만 존재하는 규격이 있다는 의미이다. 체계개발 동안 운용요구도는 변화할 수 있으며, 이로 인해 기술요구도 및 규격이 변경될 수 있다. 반대로 품목규격의 변경으로 인해 상위 규격 및 체계요구도의 변경이 발생할 수도 있다. 운용요구도의 변경은 하위 품목 규격에 영향이 매우 크며, 이는 설계에 대한 변경 영향이 크다는 것을 의미하므로 프로젝트관리자가 사용자의 새로운 운용요구도를 적절히 통제해야 하는 것은 이러한 이유 때문이다. 체계 요구도 관리는 사용자 요구도가 기술적 요구도로 잘 정의되어 있는 여부를 확인하고, 하위 기술요구도로 구체화 및 할당이 적절한지 관리하고, 최종단계에서 이러한 요구도가 적절히 검증되었는지 확인하는 일련의 과정이다.

이 과정에서 프로젝트 관리자는 이해관계자 (Stakeholder)를 지속적으로 참여시키고, 객관적인 평가를 위해 각종 검토회의를 통해 타당성을 검토 받는다. 이해관계자는 요구한 사용자 요구도와 기대에 부응하는 특성을 체계가 갖도록 하는데 권리와 이해를 가진 개인 및 조직을 말한다. 이해관계자는 프로젝트의 특성에 따라 상이하기 때문에 프로젝트관리자에게 이를 식별하고, 관리하는 행위는 매우 중요하다. 체계요구도 관리과정의 적정성 유지는 각종 회의체를 통해 이루어진다. 회의체 에는 매우 다른 이해관계자를 참석 시키기 때문에 요구되는 회의의 성격과 권한범위 등에 따라 적절한 통제와 가변성을 수용해야 하며, 이것이 프로젝트의 목표 달성을 좌우하게 된다.

244

# 인터페이스(Interface) 관리하기

인터페이스 관리는 체계 또는 기능/논리적, 물리적 아키텍쳐에 따라 상호 연동 시 통일된 지침에 따라 적절히 통제, 추적해서 설계 영향(재설계)을 최소화하기 위해 수행되는 일련의 **활동**이다. 인터페이스가 생기는 것은 체계, 기능/논리, 물리 요소 간 경계가 만들어지기 때문이며, 이 경계를 통과하기 위해서 하드웨어, 소프트웨어, 조건, 규약들이 필요하다. 인터페이스 관리 시 통일된 체계와 절차를 제공하기 위해 **인터페이스 관리계획** (IMP ; Interface Management Plan)을 수립한다. 인터페이스 관리계획은 체계, 계통, 생산, 조종사, 정비사 간의 인터페이스를 대상으로 한다. 계획에는 인터페이스의 요구도관리, 조직, 절차 등이 포함된다. 인터페이스를 다루는 조직은 체계 간 인터페이스를 다루는 그룹과 하위 구성품 간 인터페이스를 다루는 실무그룹으로 구분하여 구성하고 운영된다. 인터페이스 관리의 최종 목적인 설계변경의 최소화를 위해 가장 중요한 것은 인터페이스 요구도를 명확히 하는 것이다. 인터페이스 요구도는 각 체계 및 기능/논리, 물리적 아키텍쳐 요구도에서 발생한다. 아키텍쳐의 요구도에 의해서 만들어지는 인터페이스 요구도를 명확히 하여 **인터페이스요구문서**(Interface Requirement Document)로 정리한다. 인터페이스요구문서에는 인터페이스와 관련된 설계 정보 및 사양 정보(텍스트, 수치, 일정, 그림 등), 요구도 등이 정의된다. 아키텍쳐에 따른 인터페이스의 적합성은 정기적으로 평가하며, 인터페이스의 변경은 적절한 절차에 의해서 통제되고, 통제된 결과들은 문서로 추적성을 유지하여 추적 관리할 수 있도록 해야 한다. 인터페이스 관리는 상호관계를 정의하므로 매우 복잡하고, 유기적인 관계를 가지고 있으므로 전산화 도구를 사용하여 체계적이고, 추적성이 있도록 관리한다.

인터페이스 관리의 결과물은 하드웨어간 **인터페이스 통제문서**(ICD ; Interface Control Document)이다. 인터페이스 통제문서는 물리적 인터페이스와 전기적 신호 인터페이스로 구분되며, 각 체계 및 계통별로 계측화 된다. **물리적 인터페이스**(MICD ; Mechanical ICD)는 형상, 치수, 기능, 제한사항 등 체계 및 계통 간의 물리적 인터페이스를 정의한다. **전기적 인터페이스**(ESICD ; Electrical Signal ICD)는 하드웨어 정보 및 부품 명칭, 전류, 전압, 와이어 커넥터, 핀, 신호특성, 제한사항 등의 체계 및 계통 간의 전기적 인터페이스를 정의한다.

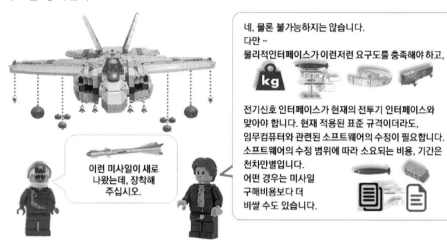

**인터페이스의 변경은 전투기와 같은 체계설계에 매우 큰 영향을 미치게 된다.** 예를 들어 새로운 무장을 전투기에 장착하는 것은 기능적 아키텍쳐는 물론이고, 물리적 아키텍쳐에 치명적인 영향을 미친다. 물리적 아키텍쳐의 변경은 물리적/전기적 신호 인터페이스에 대한 영향을 준다. 이로 인한 무장이 장착되는 무장장착대, 하중, 위치, 관성 모멘트, 공기역학적 성능 등 물리적 인터페이스에 대한 영향이 발생하며, 무장을 운용하기 위한 신호정보, 커넥터, 핀, 신호특성 등 다양한 전기적 인터페이스에 영향을 미친다. 특히, 전기적 신호 인터페이스는 체계 소프트웨어에 대한 영향으로 이어져 대규모 설계변경이 될 수 있다. 새로운 무장 장착요구도에 대한 설계 영향성 등을 검토하기 위해서는 무장 인터페이스 정보의 확보가 필요하다. 이 무장의 인터페이스 정보 특히, 전기적 신호 인터페이스 정보는 국가 및 업체 간 매우 중요하고, 신중하게 다뤄지기 때문에 확보에 많은 노력과 시간이 필요하다. 새로운 무장 장착의 설계영향성을 판단하기 위해서는 무장 인터페이스 정보가 필요하고, 이를 위해 무장과 인터페이스 관련 정보를 구매해야 하지만, 구매 후 인터페이스 통합의 설계 영향성이 판단되므로 영향성의 범위에 따라 프로젝트의 수행에 필요한 자원과 시간이 현저히 증가할 수 있다. 표준화된 MIL-STD-1760 인터페이스를 사용하지 않는 무장을 체계통합하는데 많은 시간과 자원, 노력이 소요되는 것이 때문이다. 이처럼 인터페이스 확정

후 설계변경은 많은 자원이 소요될 수 있기 때문에 인터페이스 요구도는 개방적이고, 호환가능 하도록 설정할수록 확장성에 유리하다. 이 때문에 전기적 신호 인터페이스에 대한 설계는 표준화된 MIL-STD-1553, MIL-STD-1760, 각종 이더넷 프로토콜 등이 사용된다.

## TMI : 전투기 구성품(부품)의 요구도 결정과 조정과정 이해

# 환경공학(Environmental Engineering) 관리하기

환경공학 관리는 체계가 운용될 환경을 분석하고, 체계운용에 적합한 환경기준을 수립하고, 환경기준을 설계에 반영하고, 구성품 개발요구도로 할당하며, 이를 검증하는 일련의 과정을 관리하는 것이다. 환경공학관리를 위해 **환경공학관리계획서**(EEMP ; Environmental Engineering Management Plan)를 작성하고, 이를 통해 체계개발 동안의 일관된 기준을 제공하도록 한다. 환경공학 관리는 환경공학 관리계획을 수립하면서 운용환경을 정의하고, 환경 요구도를 설정하고 검증하는 방법론을 제시하고, 일정계획을 수립하여 각 단계별 산출물을 정의한다. 그 다음 체계와 하위 구성품의 환경요구도를 분석, 설정, 할당하는 과정을 통해 **환경시험 기준**(Criteria)을 수립한다. 수립된 기준은 각 구성품 규격서에 반영하여 설계기준으로 적용하도록 한다. 설계기준에 따라 구성품을 설계, 제작 후 구성품은 할당된 환경요구도에 따라 시험을 통해 환경시험기준을 충족을 확인한다. 검증된 구성품은 체계에 장착하여 체계단위의 환경요구도를 충족했는지 검증하는 과정을 수행한다. 최종적으로 체계단위에서 요구된 환경시험기준을 충족했는지를 검증함으로써 환경 적합성을 확인 받는다.

환경요구를 관리하는 과정에서 가장 중요한 과정은 체계환경 분석을 통해 환경기준서를 통해 구성품 요구도를 만들어 내는 과정이다. 체계 운용환경에 따라 결정되는 자연환경 요구도는 체계가 만들어 내는 요소를 고려하여 구성품 요구도를 만들어야 하며, 유도환경 요구도는 체계설계가 구체화되어야 성숙된 요구도를 만들 수 있기 때문이다. 이로 인해 초기 요구도 설정을 위한 초안(Draft)를 생성하고, 체계설계가 구체화됨에 따라 각 단계별로 성숙도를 높여가며, 조정(Tailoring)하는 행위가 필요한다. 물론 요구도를 조정하는 경우 명확한 근거(Rational)이 중요하지만, 가장 중요한 기준은 체계입장에서 구성품의 환경요구도를 수용할 수 있는지 여부이다. 예를 들어 초기 고온 환경요구도를 90℃를 견디도록 설정해서 구성품 요구도를 할당했는데, 구성품이 90℃를 견디지 못하고, 80 ℃ 정도까지 견딜 수 있는 경우 구성품의 설계를 변경하는 것보다 체계설계를 변경하는 것이 유리한지 판단하고, 체계의 설계가 80℃로 조정할 수 있다면, 환경요구도를 조정하는 것이 타당하다는 의미이다. 이런 이유로 초기 환경요구도를 결정할 경우 명확한 한계 임계치(Threshold)를 설정하면서 목표치(Objective)를 같이 설정해서 단계별로 조정할 수 있도록 해야 한다. 임계치는 체계입장에서 고유 성능이 구현되지 못하는 것을 기준으로 한다. 프로젝트 관리자는 한계 임계치와 목표치 사이의 절충(Trade-off)할 수 있는 여유(Space)를 식별할 수 있도록 환경기준서가 작성되도록 해야 한다. 또한, 환경요구도는 시험과 측정이 가능하도록 요구를 작성해야 한다.

환경공학관리의 영역에는 자연환경, 유도환경, 전자기환경이 포함된다. 전자기 환경에 대한 요구도는 별도의 전자기통제계획서 및 전자기 환경기준서를 별도로 작성할 수 있다. 이는 전자기환경에 적용되는 체계요구도 기준과 시험기준(MIL-STD-464, MIL-STD-461 등)이 자연환경과 유도환경 기준(MIL-STD-810)과 상이할 수 있기 때문이다. 참고로 RTCA(Radio Technical Commission for Aeronautics)의 DO-160(Environmental Conditions and Test Procedures for Airborne Equipment)에는 자연, 유도, 전자기 환경이 모두 포함되어 있다.

대표적인 환경요구도에 대한 검증은 다음과 같이 수행한다.

1. 저압(고도) 시험은 운용 및 압력변화를 구성품이 견딜 수 있는지 판단하는 시험이다. 저압(고도)에 의해서 변경, 파열, 폭발, 화학적 특성변화 등 물리적 화학적 영향과 기능장애와 같은 전기적 영향을 검증한다. 고도변화에 대한 압력변화율은 MIL-STD-810에서 노출되는 환경(저장, 항공수송, 운용, 급속 감압, 폭발성 감압)에 따라 차등 적용된다

2. 고온 시험은 고온이 구성품의 안전성, 무결성, 성능에 미치는 영향을 평가한다. 구성품이 고온에 노출되면, 재료 간의 상이한 팽창으로 인해 결함이 발생하거나, 내/외부 변경으로 인한 기계적 결함 등의 발생 영향성을 검증한다. 고온에 노출될 때는 저장과 운용환경에 따라 유도(Induced)되는 온도는 차등 적용된다. 저장과 운용환경은 자연계에 노출 되었는지, 태양의 일사 가열에 노출되는지, 인공 열발생원에 노출되는지, 주변 열이 방사나 대류로 흘러가는지 등에 따라 결정된다. 고온에 노출되는 시간도 저장, 운용 등 구성품의 운용 개념에 따라 차등 적용된다.

3. 저온 시험은 저온이 구성품의 안전성, 무결성, 성능에 미치는 영향을 평가한다. 구성품이 저온에 노출될 때 재료의 경화 및 부서짐, 전자제품의 성능변화 등의 영향성을 검증한다. 저온에 노출될 때는 저장과 운용환경에 따라 유도(Induced)되는 온도는 차등 적용된다. 저장이나 운용 시 컨테이너/케이스, 보호장비 등이 사용되는 경우 시험조건에 반영할 수 있으며, 저장-운용-조종 시 안전, 성능 등을 검증한다. 저온에 노출되는 시간은 안전과 관련되었거나, 폭발성 물질, 유지나 세라믹 재질에 따라 영향성에 따라 차등 적용된다. 온도 변화율 등 세부 시험조건은 MIL-STD-810에서 주어진다.

4. 온도충격 시험은 온도의 급변화에 따라 구성품의 물리적 손상, 성능저하를 판단하는 시험이다. 온도 급변화는 사막과 같은 극한의 외부 주변 조건이 변하거나, 항공기 고도의 급변 등에 의해서 발생할 수 있다. 구성품은 온도 급변화에 따라 변형, 절연 보호막의 손상, 광학부품 파열 등 물리적 영향, 화학적 성분의 분리, 보호막 손상 등과 같은 화학적 영향, 전기/전자 부품의 변화, 응결 및 서리발생에 의한 기계적 고장 등 전기적 영향을 받을 수 있다. 시험수준과 조건은 지상 지열, 공중 직사 등 항공기가 노출되는 조건, 공중이나 지상에서 수송되는 여건 등에 따라 차등 적용된다. 온도충격의 충격횟수는 해당 조건에 노출이 예상되는 시나리오에 따라 결정한다.

5. 습도 시험은 고온 다습한 대기의 영향에 따른 구성품의 저항성을 판단하는 시험이다. 고온 다습한 환경은 금속의 산화, 코팅의 변화나 파손 등 구성품 표면에 영향을 주거나, 물리적 강도의 약화, 수분에 의한 팽창 등 재질 특성을 변화시키고, 회로의 전기적 단락, 광학 부품의 김서림, 열 전달 특성의 변화 등 응축수나 자유수(Free Water)를 발생시킨다. 시험의 배열이 시험조건과 구성품의 손상에 영향을 주기 때문에 환경시험을 수행할 때 시험배열이 중요한데, 습도시험은 염무, 모래 및 먼지 또는 곰팡이 시험이 수행된 후 수행하는 것은 적합하지 않다. 또한, 진동 및 충격과 같은 동적 환경시험은 습도 시험 결과에 영향을 줄 수 있다. 습도시험은 저장, 운송, 주기 등 운용환경(열대지역, 사막지역, 페르시아만 홍해와 같은 심한 이슬점 조건인 고온다습 지역 등)에 따라 자연 노출과 단시간에 가혹한 환경에서의 시험을 차등 적용한다.

6. 강우(Rain) 시험은 강우, 살수, 낙수에 대한 구성품의 운용 적합성을 판단하는 시험이다. 구성품이 강우 환경에 노출되는 여건에 따라 시험절차와 수준은 차등 적용된다. 강우 환경은 구성품이 보관, 수송, 운용 중 강우 및 폭우에 노출되는지, 높은 수준의 완전 방수를 요구하는지, 강우에는 노출되지 않지만 상부 표면에서 누출되거나 응축되는 낙수(Dripping Water)에 노출되는지에 따라 분류된다.

7. 염수분무(Salt Fog) 시험은 도장, 도금 등 표면처리된 구성품의 내식성을 평가하거나, 소금 침적물에 대한 물리적, 전기적 영향을 평가하는 시험이다. 이 시험의 주목적은 보호피막의 효율성을 평가 것이며, 이 시험이 모든 부식환경조건에서 내식성을 보증하지 않는다. 균류, 습도시험, 염수분무 시험의 구성품 대상을 시제품을 하나로 하는 것은 적절하지 않다.

8. 결빙/동결 강우(Icing/Freezing Rain)시험은 결빙이 구성품의 동작 성능에 미치는 영향성을 평가하고, 적용된 제빙 장치나 제빙기술의 유효성을 평가하는 것이다. 결빙 강우나 동결 이슬비가 발생하는 환경에 노출되는 경우나 이슬비, 안개, 물보라 등으로 인해 결빙이 유도되는 환경에 노출될 때 적용된다. 결빙/동결 강우는 움직이는 부품의 결박, 하중 증가, 구조적 고장, 냉각 시스템이나 필터의 효율 감소, 광학장치의 가시성 저하 등이 발생할 수 있다. 결빙(Icing)은 자연환경 조건에 따라 불투명하고 울퉁불퉁한 서리(Rime) 얼음이나, 투명하고 매끄러운 유리(Glaze) 얼음이 발생할 수 있다. 서리얼음이나 유리얼음은 생성조건과 얼음의 성질/물성이 달라 예상되는 조건에 따라 시험조건이 차등 된다.

9. 모래 및 먼지(Sand & Dust) 시험은 건조한 모래나 먼지가 구성품의 내구성에 미치는 영향성을 평가하는 것이다. 구성품이 노출이 예상되는 환경은 모래나 먼지에 노출될 수 있는 환경에 의해서 시험 조건이 차등 적용된다. 모래 시험은 모래가 날리는 조건에서 날카로운 입자가 구성품의 마멸(침식)이나 막힘 등으로 인해 성능, 효율, 신뢰성 및 유지 보수성을 저하시키는 것을 평가한다. 먼지시험은 열린 부분이나, 균열, 갈라진 틈, 베어링 및 연결부 등으로 침투할 수 있는 먼지의 영향에 대한 내성 및 필터의 효과성을 평가한다. 다만, 모래시험은 64.8~104.4km/h (18~28m/s)의 바람 속에서 시험하기 때문에 이보다 빨리 나는 항공기 외부에 장착되어 공중에서 사용되는 구성품에 대한 시험은 제한된다.

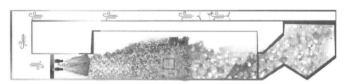

10. 산성대기(Acidic Atmosphere) 시험은 부식성 대기 하에서 재료와 보호 코팅의 내식성을 평가하거나, 제품 성능에 대한 영향성을 평가하는 것이다. 이 요구는 구성품이 공업지역 인근에 운용되거나, 연료 연소장치 인근에 설치되는 등 산성대기 지역에 저장, 운용될 경우 적용된다. 다만, 이산화황 같은 강한 산성에 의한 산화 영향성 평가에는 적용되지 않다. 산성대기 시험은 수행 시 시제품에 손상을 주기 때문에 접근방법에 따라 모든 환경시험 중 마지막에 수행하거나, 습도 또는 곰팡이 시험 후, 모래 및 먼지 시험 전에 수행할 수 있다. 산성대기 시험은 모래 및 먼지시험과 같이 가혹한 시험이기 때문에 별도로 단독 시험을 수행할 것이 권장된다. 시험에 사용되는 산성대기 조건은 미국 동부와 중공업지대의 최악의 산성비조건(pH 4.17)에서 유도되었다.

11. 유체오염(Contamination By Fluids) 시험은 구성품이 오염된 유체(액체) 등에 일시적인 노출에 의한 영향성을 확인하기 위한 시험이다. 유체오염은 유압유, 윤활유, 용제 및 세척 유체, 제빙 및 부동 유체, 활주로 제빙기, 살충제, 살균제, 냉각제 유전체 및 소화제에 노출됨에 따라 발생할 수 있다. 구성품은 유체오염에 의해서 가동 부품의 결함, 표면 코팅의 균열, 절연 보호의 손상 등 물리적 영향과 성분의 분리 및 부식, 용융 또는 분해 등 화학적 영향, 과잉 정전기, 급속한 응결 또는 서리 형성으로 인한 기계/전자적 고장 등 전기적 영향이 발생할 수 있다. 유체오염이 발생하는 대상장비와 노출 빈도에 따라 시험조건이 차등 적용된다.

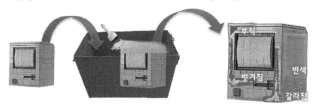

12. 균류(Fungus) 시험은 군수품이 곰팡이 증식에 기여하거나, 곰팡이 증식이 구성품의 성능과 사용에 어떤 영향을 미치는 평가하는 것이다. 곰팡이는 직접적으로는 원재료를 영양분으로 사용하여 분해작용을 하는 경우 전기부품 및 광학부품의 손상, 인체건강에 대한 손상을 가할 수 있으며, 간접적으로는 곰팡이로 인한 오염이나 노폐물, 부산물로 인한 심미적인 손상을 시킬 수 있다. MIL-STD-810에서는 5종의 균주에 대한 평가를 수행하는데, 셀룰로즈, 동식물성 접착제, 윤활유, 가죽과 같은 천연재료와 PVC, 폴리우레탄 등에 대한 영향성을 판단한다.

13. 가속도(Acceleration) 시험은 구성품이 가속, 감속, 기동으로 유도되는 관성 하중을 견딜 수 있는지, 성능 저하가 없는지 영향성을 확인하기 위한 것이다. 가속은 구성품의 구조적 변경, 파손, 균열, 파괴를 유발할 수 있으며, 부품의 헐거워 짐, 전자회로의 단락, 개발, 밀봉 파손 등을 발생시킬 수 있다. 가속시험은 구성품의 기능적 특성에 따라 가속 상태에서 구조적으로 견디기만 하면 되는지, 동작을 해야 하는지, 큰 충돌에서도 견디어야 하는지에 따라서 차등 적용된다. 가속도는 X, Y, Z축 별로 요구되는 시험 수준에 따라 구성품에 가해진다.

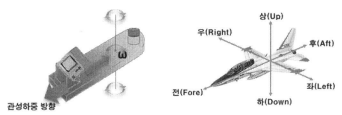

14. 진동(Vibration) 시험은 구성품이 수송, 운용, 유지보수 등 수명주기 동안 진동에 노출되어 발생하는 영향에 대한 내구성을 확인하기 위한 것이다. 진동은 잠금 장치나 구성품의 헐거워 짐, 전

기적 단락, 밀봉의 변형, 구성품 고장, 과학적/기계적 오정렬, 구조물의 균열 및 파손, 베어링 손상 등을 발생시킬 수 있다. 진동시험은 구성품의 기능적인 진동, 고정화물형태로 수송되거나, 지상차량, 고정익/회전익 항공기에서 사용되는 일반진동인 경우, 고정화물형태가 아닌 수송되는 경우, 차륜이나 궤도차량에 탑재되는 경우, 고정익 항공기의 외부 장착물이거나 지상/해상 발사 미사일일 경우에 따라 차등 적용된다. 진동시험은 일반적으로 회전기기에서 발생하는 사인파 모양으로 변화하는 파형(Sinusoidal)을 사용하는 진동시험(정현파 진동시험)과 무작위(Random)로 발생 하는 진동을 사용하는 시험으로 구분되어 적용된다. 진동 시험 시에는 필요한 경우 모달(Modal) 또는 공진 시험을 통해 고유진동수 등을 사전에 측정한다.

정현파 시험
(공진, 정현파고정, 정현파소인시험)

랜덤 시험
(광대역 랜덤, 협대역 랜덤, RoR, SoR 시험)

진동 환경 시험에 적용되는 카테고리는 다양하기 때문에 개발목적, 수명주기 노출환경에 따라 적절히 조정해야 한다.

15. 충격(Shock) 시험은 구성품이 수송, 운용, 유지보수 등 수명주기 중 충격에 노출되는 환경에서의 영향에 대한 내구성을 확인하기 위한 것이다. 충격은 일반적으로 1초 이내의 짧은 시간 및 10,000Hz의 주파수 영역을 초과하지 않는 것을 다룬다. 충격은 부품 사이의 마찰 증가로 구성품 고장, 강도의 변화, 절연 저항 손실 등 전자회로 고장, 커넥터 단락, 영구적 변형 등을 발생시킬 수 있다. 충격시험은 작동 중, 포장 중, 포장 후, 수송 중 낙하, 충돌위험, 작업 중 충격, 대형 선박 수송 시 진자 충격, 함재기의 사출 이륙/ 강제 착륙에 따라 다양하게 차등화 된다. 충격파 펄스는 톱니파, 사다리꼴파, 반정현파 등이 MIL-STD-810에 정의된 방식으로 체계에 요구 기준으로 사용된다.

16. 기총충격(Gun Shock) 시험은 기총 발생 중 짧은 시간에 높은 충격이 가해지더라도 구조적, 기능적으로 견딜 수 있는 정보를 확인하기 위한 것이다. 기총충격 시험은 구성품이 기총 발사가 필요할 때 구조의 무결성을 유지하고, 허용할 수 없는 기능의 저하 없이 사용해야 하는 경우 적용된다. 기총충격은 상당히 높은 충격이 매우 빠른 주기로 적용되며, 기총과의 거리에 따라 발생하는 충격이 상이하기 때문에 장착위치와 충격전달 경로에 영향을 받는다. 시험 수행 시 가해지는 충격 외에는 충격 시험과 유사하다.

17. 폭발성대기(Explosive Atmospheres) 시험은 구성품이 유증기에 노출된 조건에서 점화를 시키지 않는 능력을 확인하거나, 밀폐된 구성품에서 발생하는 폭발 또는 연소반응이 외부로 전파되지 않음을 확인하기 위한 것이다. 폭발성대기 시험은 유증기 근처에 설치된 구성품이거나, 인

화성/ 폭발성 증기 발생 가능 장비 주변에 설치된 구성품, 연료탱크와 같은 공간에 설치된 구성품을 대상으로 한다. 항공기와 같은 체계의 설계 시 유압류, 연료 등이 흐르는 도관에 대한 누설을 방지설계를 하지만, 완벽한 누설방지는 현실적으로 어렵기 때문에 이러한 공간에 설치된 공간에 설치된 구성품은 반드시 폭발성 대기 시험이 필요하다. 폭발성대기 시험 시 대표적인 유증기를 사용하지만, 필요 시 실제 노출이 우려되는 유증기를 사용할 수 있다.

18. 음향소음(Acoustic Noise) 시험은 구성품이 주어진 음향 환경에서 구조적 무결성과 허용 할 수 없는 기능적 성능저하가 없는지 저항성을 판단하기 위한 것이다. 음향소음은 전선의 채핑(Chafing) 및 파단, 음향 및 진동 피로, 회로보드의 균열, 전기적 접점 단락, 일부 구조의 균열, 광학장비의 오정렬, 전기적 소음 등을 발생시킬 수 있다. 항공기 체계의 설계에 따라 음향소음이 발생할 수 있는 위치에 따라 구성품별 시험 필요성을 판단한다.

19. 일사(Solar Radiation, 일광/Sunshine) 시험은 구성품이 태양 복사에너지에 장시간 노출 시 영향성을 확인하기 위한 것이다. 일사(일광) 환경은 조종실 내부 또는 항공기 외부 표면에 장착되는 구성품에 영향을 줄 수 있다. 일사로 인해 구성품은 직물 및 플라스틱의 퇴색, 페인트의 균열, 분말화, 퇴색들이 있으며, 구성품의 열화와 강도의 손실이 발생할 수 있다. 일사 시험 조건은 24시간 주기로 일사에 노출시키거나, 정상의 2.5배 수준의 가혹한 일사에 노출시키는 등 노출 시간과 일사 부하 수준에 따라 차등 적용된다. 일사 효과는 복사 조도의 수준과 스펙트럼 분포에 따라 달라 질 수 있으며, 이에 따라 시험 시 조도의 균일성, 온도, 구성품 표면의 공기속도, 노출시간 등을 적절히 통제해야 한다.

※ TMI : 구성품의 환경 적합성 검증 과정에서 기준을 통과하지 못할 경우는 재설계를 통한 개선 후 재시험을 수행하거나, 체계의 수용성을 기준으로 요구도를 조정할 수 있다. MIL-STD-810를 사용하지만, 이 표준에는 제한사항이 있다. 이 표준은 인위적인 환경에서의 시험이기 때문에 자연 발생하는 기능 제한요소, 복합적인 응력 작용, 노화 등 운용환경과 유사한 조건을 모사하는데 한계가 있다. 개발기간에는 설정된 환경시나리오에 따라 적절한 환경시험을 수행하고, 획득주기 간 적절한 시간에 야전시험을 적용한다. 환경시험은 KOLAS와 같은 공인시험기관에서 ISO/IEC 17025 표준에 따라 시험을 대행해줄 수 있지만, 시험결과를 제공하는 것이지 합격/불합격 판정을 하지 않는다는 것을 인식할 필요가 있다. 시험수행 간 시험 세부조건과 시험 중단 등에 따른 시험재개 조건과 시험의 합격/불합격의 조건은 구성품의 특성에 따라 개발자에 의해 조정되며, 개발자가 결정하는 것이다.

# 전자기환경효과(E3 Control) 관리하기

4-37

전자기환경효과(E3 ;Electromagnetic Environmental Effect) 관리는 전자기 환경영향에 대한 항공기가 보호되도록 하는 업무를 수행하기 위한 계획을 수립하고, 통제하는 일련의 활동이다. 전자기환경효과 통제계획은 체계와 구성품의 요구도를 설정/할당하며, 설계에 반영되어 생산 및 검증과정에서 적절히 통제되는 일관된 지침을 제공하기 위해서 작성된다. 전자기환경효과 관련 체계요구도는 운용개념과 JSSG-2001, MIL-STD-464에 따라 설정된다. MIL-STD-464는 체계 전자기 상호간섭이 항공기 성능, 조종사의 안전 또는 임무 성공에 영향을 주지 않도록 항공기에 장착된 모든 부품은 전자기 호환성을 요구한다. 체계수준 요구도에서 할당된 구성품의 요구도는 MIL-STD-461을 사용하여 검증한다. 체계수준의 요구도는 사거리, 명중확률, 생존성, 가용성 등과 같은 최상위 요구도를 반영 하는 핵심성능 매개변수(KPP ; Key performance parameters)를 기준으로 체계 운용성능 요구도(System Operational Performance Requirement)를 설정하여 이에 저해되지 않도록 하는 것이 최종 목표이다.

\* MIL-STD-464 : Electromagnetic Environmental Effects Requirements For Systems
\* MIL-STD-461 : Requirements For The Control Of Electromagnetic Interference Characteristics Of Subsystems And Equipment

MIL-STD-464의 상세 요구도는 아래와 같으며, 이 중 체계개발에 필요한 항목과 불필요한 항목을 선정하고, 그 사유를 명확히 한다.

1. 여유도(Margin) : **낙뢰/외부전자기 환경에서 안전중요장비가 여유를 가져야 함**

2. 내부체계전자기 적합성(Intra-system EMC) : **작전성능요구도를 저해하지 않도록 체계 내 전자기 적합성을 확보해야 함**

3. 외부전자파환경(External RF Electro Magnetic Environment) : **작전성능요구도를 저해하지 않도록 외부전자파 환경에서의 적합성을 확보해야 함**

4. 고출력 마이크로파 발생원(High Power Microwave Sources) : **의도적 고출력 전자기 펄스로 부터의 적합성을 확보해야 함**

5. 낙뢰(Lighting) : **낙뢰가 항공기를 직접 피격 시 항공기 구조물 손상 및 연료계통 발화로 인한 항공기 안전에 영향이 없어야 하며, 낙뢰로 인해 유도되는 전압 및 전류로 인한 안전중요장비의 고장이 없어야 함**

6. 전자기 펄스(EMP : Electromagnetic pulse) : **의도적 핵폭발에 의한 전자기 펄스로 부터의 적합성을 확보해야 함. MIL-STD-2169(High-Altitude Electromagnetic Pulse Environment)에 세부요구도가 정의되어 있으나, 비밀규격으로 공개되어 있지 않음**

7. 부체계 및 구성품 전자기 간섭(Subsystem and equipment EMI) : **구성품에 대한 전자기 간섭이 없어야 함. MIL-STD-461 충족을 요구함**

8. 정전기 대전제어(Electrostatic Charge Control) : **연료 점화, 의도치 않은 폭발, 성능저하 또는 전자장치 손상방지를 위해 정전기 효과, 공기마찰, 충전 중 정전기 생성으로 부터 안전확보해야 함**

9. 전자파 복사 위험(EMRADHAZ ; Electromagnetic Radiation Hazard) : **체계 설계가 전자기 복사 위험으로 부터 인명, 연료, 군수품을 보호해야 함**

10. 총수명주기 동안의 전자기환경영향 경도(Life Cycle, E3 Hardness) : **항공기 수명동안 정비, 수리, 감독 및 부식관리에 대한 요구도와 관련된 후속군수지원에 관한 유지보수성을 입증해야 함**

11. 전기적 본딩(Electrical Bonding) : **체계, 부체계 및 구성품은 전기적으로 전위차이를 가지지 않도록 전기적 연속성을 제공해야 함. 전원 전류 환원경로, 안테나 설치, 기계적 인터페이스, 충격, 결함 및 전화가능 증기보호, 외부접지, 지상 잭킹, 서비싱 및 정비장비 접지 등에 전기적 본딩 요구도를 할당하고, 통제해야 함**

12. TEMPEST : **비밀로 분류된 정보처리 장비로 부터 발생하는 방사로 인한 통신보안에 문제가 없어야 함**

13. 전자기 스펙트럼 지원성(EM Spectrum Supportability) : **전자기 스팩트럼 사용 시 정부 및 국제 주파수 규정을 준수해야 함**

위에서 언급하고 있는 체계요구도와 구성품으로 할당한 요구도를 기준으로 설계 후 시험단계에서는 요구도 충족을 검증한다. 원칙적으로는 구성품의 시험 및 검증이 완료된 후 체계시험을 착수해야 하지만, 체계안전 측면에서 영향성을 판단하여 안전비행(Safety of Flight)에 지장을 초래하지 않는 전제로 체계시험 및 비행시험을 수행할 수 있다. 체계 및 구성품 설계 시 체계수용성을 고려하여 요구도를 조정할 수 있으며, 기성 개발품(Off The Shelf)에 대해서도 체계수용성을 평가하여 유사성 분석 또는 재시험을 수행할 수 있다. 전자기환경영향에 관한 요구도는 체계개발 시에만 적용되는 사항이 아니라 총수명주기 동안 준수되어야 하는 사항을 식별하고, 정보를 제공하기 위한 내용도 포함된다. 요구도에 따른 설계 단계에서 부터 일관된 지침에 따라 업무를 수행하고, 통제가 되도록 형상관리절차에 E3에 대한 영향성을 지속적으로 평가하여 영향성이 반영되도록 하여야 한다.

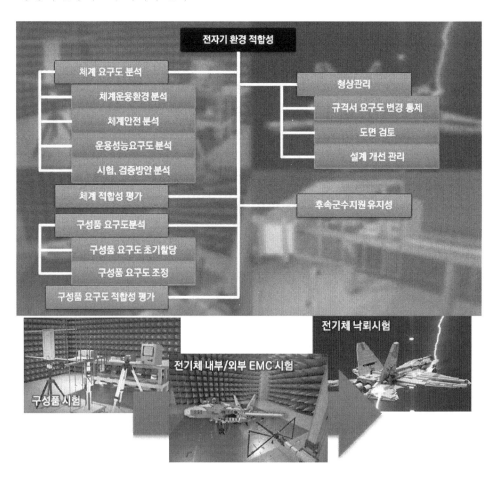

# TMI : 전자기 효과(E3) 영역에 대한 이해

전자기효과는 체계 외부와 내부 환경에 대한 다양한 인터페이스에서의 영역을 다룬다. 전투기와 같은 무기체계가 운용하는 외부환경에서는 낙뢰(번개에 대한 영향성), 전자기펄스 및 인위적인 무선주파수(기상레이더, 방송안테나 등) 등의 전자파 환경에 대한 영향성을 평가받아야 한다. 또한, 무기체계 내부에서는 전자파 잡음 방출, 안테나 자체에서 생성되는 무선주파수 전송 및 전류의 상호결함 등과 같은 전자파 영성을 평가 받아야 한다. 전투기와 같은 체계에 적용되는 여러가지 전자기효과를 크게 외부와 내부 조건, 전달되는 방식인 전도(Conducted)와 복사(Radiated) 조건, 방사(Emission)과 내성(Susceptibility) 조건 으로 구분된다. 아래의 그림과 같이 전자기 효과에 대한 요건은 분류되며, 체계 및 구성품은 체계와 구성품 각각의 요구되는 성능을 보장할 수 있어야 한다.

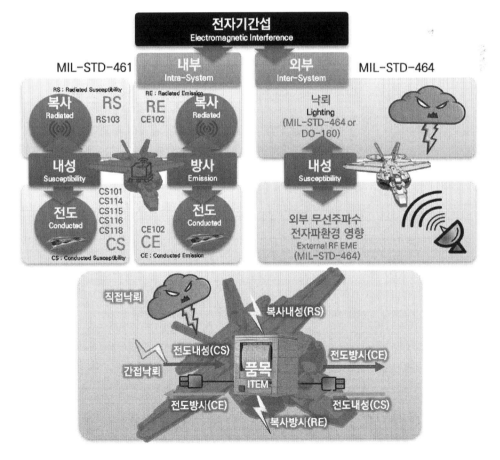

# 체계안전(System Safety) 관리하기

4-38

체계안전 관리는 체계안전성에 대한 분석을 통해 위험요소를 식별하고, 위험요소에 대해 **완화, 회피, 수용하는 일련의 과정**이다. 체계안전은 일반적으로 MIL-STD-882(System Safety)에서 제시하는 방법론을 적용한다. 체계안전의 궁극적인 목표는 식별된 위험요소를 가능한 제거하는 것이다. 왜냐하면 식별되지 않는 위험은 완화조치 등을 수행할 수 없기 때문이며, 체계의 특성이 매우 복잡하고, 상호복합적으로 작용하기 때문이다. 또한, 체계 안전은 운용효율성, 시간, 비용 등의 제약사항으로 인해 모든 위험을 동일 수준으로 관리할 수 없기 때문에 프로젝트 관리 상 우선순위에 따라 위험을 수용 가능할 수준으로 관리한다는 의미이다. 체계안전 절차는 일반적으로 다음의 8단계로 업무를 수행한다.

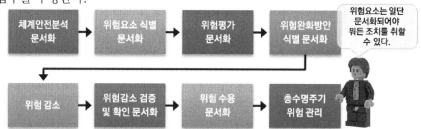

## 1. 체계안전프로그램 계획 수립

체계개발 동안의 체계안전에 대한 계획은 해당 프로젝트의 체계안전프로그램계획(SSPP ; System Safety Program Plan)을 작성하여 일관된 기준과 방향을 제시한다. 일반적으로 체계안전프로그램 계획에는 목적 및 범위, 조직과 책임, 단계별 일정(Milestones), 체계안전 요구도 및 기준, 위험요소 분석, 안전 데이터, 안전 검증, 인터페이스 등이 포함된다.

## 2. 체계 위험요소(Hazards) 식별

위험요소(Hazard)는 계획되지 않는 사건(사고)를 초래할 수 있는 잠재적 상태를 말한다. 이 단계에서는 위험요소를 식별하는데, 총수명주기 동안 체계 운용되는 체계와 운영자를 고려해서 잠재적인 영향들을 분석한다. 분석 시에는 부품 공급자가 제시하는 안전보고서, 신뢰성 기반 분석자료(FMECA 등) 등 기술자료, 과거 위험요소 및 사고 사례 등이 사용된다. 위험요소 식별에는 귀납적, 연역적, 정성적, 정량적 기법 등이 사용된다.

1. 연역적인 방식(Top-Down) : 위험요소 사건을 알 수 있는 경우나 방법지향(How-Can)적으로 위험요소를 분석할지 관점으로 접근할 경우 사용되는 기법임

2. 귀납적인 방식(Bottom-up) : 특정 원인이 알려지거나, 입증되지 않았을 경우나 가정지향(What-If)적으로 접근할 경우 사용되는 기법임

3. 정성적 방식 : 비용, 시간과 관련되었거나, 가용한 데이터가 부족할 때 사용하는 기법으로 비수치적인 방법으로 위험요소와 위험도를 평가하며, '빈번, 가능, 가끔, 희박, 불가능' 등의 수준의 용어를 사용함

4. 정량적 방식 : 사고 발생 가능성을 수치데이터로 제공하고, 정량적으로 측정할 경우 사용되는 기법으로 정확도가 요구되는 분석 시 활용되며, 안전요구에 대한 발생확률 및 위험도를 평가 시 사용됨

5. 특정 위험요소 분석기법(Specific Hazard Analysis Techniques)

   - 결함 위험요소 분석(FaHA ; Fault Hazard Analysis) : 세부계통 또는 체계의 고장유형들로 부터 발생하는 위험요소를 식별하는 기법으로 '어디가 어떻게 고장 나면 어떤 위험이 발생하는지'를 식별함

   - 기능 위험요소 분석(FuHA ; Functional Hazard Analysis) : 주요 체계의 기능들의 기능손실, 오작동, 기능상실의 조합으로 발생될 위험요소를 식별하는 기법

   - 고장계통도 분석(FTA ; Fault Tree Analysis) : 체계 고장들의 조합으로 발생하는 사건을 예측하는 연역적이고, 정량적인 기법으로 여러 사건과 결함이 도식적이고, 논리적인 묘사형태로 제시됨

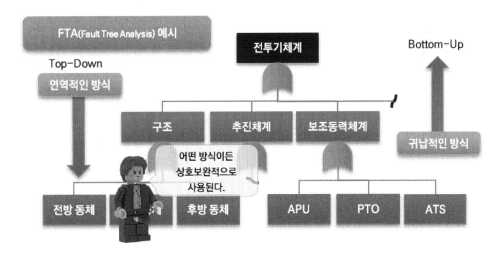

위험요소 분석은 여러가지 위험요소 분석 작업(Task)에 따라 분석기법을 선택적으로 사용 한다. **예비 위험요소분석**(PHA ; Preliminary Hazard Analysis) 시에는 체계 위험요소에 대한 개념적이고, 예비 설계에 대한 위험요소를 귀납적, 정성적, 결함 위험요소 분석을 통해 수행한다. 예비 위험요소분석은 안전설계를 고려한 비교연구(Trade-off Study)를 통해 대안들이 고려될 수 있도록 개념설계에서 기본설계(Preliminary Design)로 구체화 시 수행된다.

**기능위험요소분석**(FHA ; Functional Hazard Analysis)은 주로 체계 기능과 결함 또는 오작동, 기타 위험요소의 안전 영향성을 식별하고, 분류하는데 사용된다. 이 결과는 안전필수기능(SCF ; Safety Critical Functions), 안전필수 품목(SCI ; Safety Critical Item), 안전관련기능(SRF ; Safety Related Functions), 안전관련품목(SRI ; Safety Related Items)으로 식별하고, 심각도를 분류 하는데 사용된다. 기능위험요소 분석은 결함 또는 오작동의 환경 및 건강에 관한 영향성을 판단하는데도 사용된다. 기능위험분석은 체계공학(SE) 프로세스에서 가능한 조기에 수행해야 한다. 기능위험요소는 엔지니어가 위험요소를 분석하기 위해 체계의 물리적, 기능적 요소를 신속하게 식별할 수 있도록 하며, SCF/SCI/SRF/SRI를 문서화하고, 소프트웨어 설계 아키텍쳐에 SCF와 SCI를 할당과 분배를 한다. 그리고 기술위험요소분석은 설계부서의 요구도와 제약조건을 파악하는데 사용된다. 식별된 SCF와 SCI는 향후 소프트웨어의 건전성(Integrity Level) 수준 요구도 설정에 사용된다. 기능적 위험요소에 대해 체계 아키텍쳐, 인터페이스를 기분으로 귀납적, 정성적, 기능 위험요소 분석을 통해 수행한다. 소프트웨어 기능 위험요소분석은 소프트웨어 형상식별 항목(CSCIs ; Computer Software Configuration Items)이 식별되고, 요구도 결정 및 설계정보가 가용할 때 수행된다.

**부체계 위험요소분석**(SSHA ; Subsystem Hazard Analysis)은 세부적인 부체계 설계에 대한 위험요소를 귀납적, 정성적, 정량적, 결함 위험요소 분석을 통해 수행한다. 부체계 위험요소 분석은 부체계 설계 정보, 부품 공급자의 안전보고서, FMECA 분석이 가용한 시점에 수행 하며, 상세설계단계 동안 수행된다. **체계 위험요소분석**(SHA ; System Hazard Analysis)은 통합된 체계의 위험요소에 대해 통합된 체계설계를 대상으로 연역적, 정성적, 정량적, 결함 위험요소 분석 및 결함 계통도 분석을 통해 수행한다. 체계 설계가 성숙되고, 신뢰성 및 안전 관련 정보가 가용한 시점에 수행하며, 설계가 완성될 때까지 설계변경을 반영하기 위해 지속적으로 개정된다. 건강 위험요소분석(HHA ; Health Hazard Analysis)은 인간의 건강에 대한 위험요소에 대한 설계를 대상으로 귀납적, 정성적, 결함 위험요소 분석을 통해 수행 한다. 건강 위험요소분석은 운용 및 정비절차들이 개발되고, 위험물질 정보가 가용할 때 수행되며, 체계시험 및 운용 전에 제공되어야 한다.

**운용 및 지원 위험요소 분석**(O&SHA ; Operating and Support Hazard Analysis)은 운용적인 위험요소에 대해 운용적인 절차 설계를 대상으로 귀납적, 정성적, 결함 위험요소 분석을 통해 수행한다. 운용 및 지원 위험요소분석은 체계개발단계 이후 안전한 운용을 위해서 수행되기 때문에 운용 및 정비절차에 대한 계획이 가용한 시점에 수행된다.

## 3. 체계 위험평가 및 관리(System Risk Assessment and Management)

위험요소 분석이 수행된 후 식별된 위험요소에 대한 위험 평가가 수행된다. 위험평가는 체계 안전에 영향을 주는 위험요소를 위험의 심각도 범주(Severity Category)와 확률 수준(Probability Level)을 조합하여 종합적으로 평가하는 것이다. 심각도 범주는 식별된 위험요소로 인해 발생할 수 있는 최악의 결과에 대한 정성적 척도로 제공되며, 확률 수준은 계획된 수명기간 동안 사고가 발생하는 확률을 말하며, 정량적 또는 정성적 확률 수준으로 제시된다. 위험평가는 심각도 범주와 확률 수준의 조합으로 위험을 특성화 한다. 이러한 과정을 통해 어떤 위험요소를 완화, 회피해야 하는지를 결정하는데 사용한다. 위험평가에는 위험평가표(RAM ; Risk Assessment Matrix)가 사용되며, 이는 MIL-STD-882에서 제시하는 범주와 수준을 사용할 수 있으나, 다른 기준이 필요한 경우 설정할 수 있다.

위험평가표(RAM ; Risk Assessment Matrix)

위험 및 허용수준 (Risk & Acceptable Level)

| 위험도 | 수용 수준 | 조치 사항 |
|---|---|---|
| 고 (High) | 수용불가 (Unacceptable) | 수용할 수 있는 수준으로 위험도를 완화시키기 위해 수정 조치 필수 |
| 심각 (Serious) | 부적절 (Undesirable) | 수용이 가능한 수준으로 위험도를 완화시키기 위해 수정 조치 시도 필요 |
| 중 (Medium) | 수용가능 (Acceptable) | 가능한 경우, 위험도 완화 시도 |
| 저 (Low) | 수용가능 (Acceptable) | 별도 조치 불필요 |

## 4. 위험관리 (Risk Management - Identification of Risk Mitigation Measures)

위험평가를 통해 식별된 주요한 위험요소별 우선순위를 선정하여 수정조치 (Corrective Actions)와 위험 수용(Acceptance Decision)을 결정한다. 이러한 활동은 향후 수행되는 체계 안전 설계 우선순위와 위험요소 추적체계에 따라 관리된다. 위험관리 단계의 위험 수용은 최종 결정되는 것이 아니며, 각 완화방안 등이 적용된 후 잔여 위험요소에 대한 위험평가를 기준으로 최종 수용여부가 결정된다. 첨단 항공기를 포함한 많은 무기체계에서 소프트웨어에 대한 비중이 커짐에 따라 소프트웨어에 대한 위험관리는 중요한 항목으로 다루어 진다.

소프트웨어에 대해서는 체계안전설계과정(System Safety Engineering Process)과 체계 건전성(Integrity)을 기준으로 치명도 평가와 위험관리를 수행한다. 소프트웨어 심각도 범주(Software Severity Category)는 소프트웨어의 고장 및 오작동으로 발생할 수 있는 최악의 결과에 대한 정성적 척도를 제시한다. 소프트웨어는 기계장치와 같은 하드웨어의 마모나 파손에 의해서 위험이 발생하지 않고, 하드웨어와 작동방식이 다르기 때문에 신뢰성 자료에 기반한 일반적인 체계위험 평가와 달리 확률 수준으로 평가하지 않는다.

### 소프트웨어 제어 범주(SCC : SW Control Category)

| 등급<br>(Level) | 명칭(Name) | 서술(Description) |
|---|---|---|
| 1 | 자율<br>(AT ;<br>Autonomous) | • 사고 또는 위험요소의 발생을 배제하기 위해 **통제에 의해 사전 안전탐지 및 중재 가능성이 없이 안전 중요 하드웨어 체계, 부체계 또는 구성품들에 대한 자율적인 제어 권한 수행하는 SW** |
| 2 | 반자율<br>(SAT ; Semi-<br>Autonomous) | • 사고 또는 위험요소를 완화 또는 제어하기 위해 **독립적인 안전 메커니즘에 의해 사전 안전탐지 및 중재를 위한 시간을 허용하면서 안전 중요 하드웨어 체계, 부체계 또는 구성품들에 대한 제어 권한을 수행하는 SW**<br>• 사고 또는 위험요소를 완화 또는 제어하기 위해 즉각적인 운영자가 사전에 결정된 조치를 실행하는 것을 요구하면서 안전 중요 정보를 시현하는 SW. 소프트웨어 예외, 고장, 결함 또는 지연은 사고발생을 허용하거나 방지하지 못함. |
| 3 | 중복 고장내성자율<br>(RFT ;<br>Redundant<br>Fault Tolerant) | • 명령기능을 완료하기 위해 제어 권한이 필요한 안전 중요 하드웨어 체계, 부체계 또는 구성품에 대한 명령을 실행하는 SW 기능          (이 정의는 소프트웨어가 고장, 오작동 또는 성능저하를 일으킬 경우 발생하는 위험을 방지하기 위해 **적절한 고장 감지, 알림, 허용오차 및 시스템회복이 된다고** 가정함)<br>• 중요한 의사결정에 사용되는 안전 중요 특성을 생성하는 SW. 체계에서는 각 위험 조건, 감지 및 시현에 대한 여러가지 중복되고, 독립적인 내결함성 메커니즘을 포함 |
| 4 | 영향<br>(INF ;<br>Influential) | • 소프트웨어가 운용자에 의한 결정에 사용되는 안전 관련 특성 정보를 생성하지만, **사고를 방지하기 위한 운용자의 조치를 요구하지 않음** |
| 5 | 안전 미영향<br>(NSI ; No Safety<br>Impact) | • 안전 중요 하드웨어 체계들, 부체계들 또는 구성품에 대한 명령 또는 제어 권한을 가지지 않으며, **안전 중요 정보를 제공하지 않는 SW.** 소프트웨어가 제어 상호작용을 요구하는 안전 중요 또는 시간에 민감한 데이터 또는 정보를 제공하지 않음. 소프트웨어는 안전 중요 또는 시간에 민감한 데이터를 전송하거나, 통신하여 해결하지 않음 |

소프트웨어의 치명도 평가에는 소프트웨어가 하드웨어 지배를 행사하는 정도를 기준으로 하며, 이를 소프트웨어 제어 범주(SCC ; Software Control Category)로 구분한다. 소프트웨어 제어 범주는 소프트웨어의 자율성, 명령 및 제어권한, 중복여부 고장내성의 등급에 의해 할당된다. 이를 쉽게 이해하자면, 안전 중요기능을 수행할수록, 자율성이 높을수록, 인간에게 결함인지를 제공하지 않고 인간 명령을 받지 않을수록, 고장내성 메커니즘을 보유하지 않을수록, 안전에 중요한 데이터를 취급할수록 위험수준이 높다. 소프트웨어 안전 치명도 평가는 소프트웨어 치명도 평가표(SSCM ; SW Safety Criticality Matrix)를 활용하여 소프트웨어 치명도 지수(SwCI)를 지정함으로써 소프트웨어 치명도를 선정한다. 소프트웨어 치명도 지수는 소프트웨어 심각도 범주와 소프트웨어 제어 범주의 조합에 의해 결정된다.

**소프트웨어 안전 치명도 평가표(SSCM ; SW Safety Criticality Matrix)**

| 심각도 <br> 소프트웨어 <br> 제어범주(SCC) | 재난 <br> (Catastrophic) <br> (1) | 치명 <br> (Critical) <br> (2) | 한계 <br> (Marginal) <br> (3) | 무시 <br> (Negligible) <br> (4) |
|---|---|---|---|---|
| 자율(AT) <br> (1) | SwCI 1 | SwCI 1 | SwCI 3 | SwCI 4 |
| 반자율(SAT) <br> (2) | SwCI 1 | SwCI 2 | SwCI 3 | SwCI 4 |
| 중복고장내성(RAT) <br> (3) | SwCI 2 | SwCI 3 | SwCI 4 | SwCI 4 |
| 영향(INF) <br> (4) | SwCI 3 | SwCI 4 | SwCI 4 | SwCI 4 |
| 안전 미영향(NSI) <br> (5) | SwCI 5 | SwCI 5 | SwCI 5 | SwCI 5 |

다만, 하드웨어의 위험평가코드와 달리 낮은 치명도 지수를 가진 위험요소를 수용하라는 의미가 아니다. 소프트웨어는 하드웨어 체계와 상호작용을 포함한 엄격한 분석 및 시험을 수행하는데 많은 자원이 소모되기 때문에 소프트웨어 치명도에 따른 자원을 적절히 사용하면서 소프트웨어가 사고에 기여하는 확률을 감소시키라는 의미이다. 즉, 치명도가 높은 소프트웨어는 많은 자원을 투여하여 엄격한 개발 절차와 분석, 시험을 수행하고, 치명도가 낮은 소프트웨어는 보다 적은 자원을 투여하여 개발 절차와 분석, 시험을 수행하라는 의미이다. MIL-STD-882에 따라 소프트웨어 치명도 지수(SwCI)에 따른 개발 보증수준을 차등 적용한다. 향후에 소프트웨어 치명도 지수(SwCI)에 따라 소프트웨어 개발계획에 따라 개발단계별 소프트웨어 신뢰성 확보활동

이 달라진다. 최종적으로 결함의 심각도와 시급성에 따른 판단은 소프트웨어 관리를 통해 별도로 수행된다.

일반적으로 무기체계에는 군사 규격을 적용하지만, 민간 기술의 발달과 민군 겸용 기술 증가에 따라 민간 규격이 범용으로 사용되고 있으며, 소프트웨어 분야에서는 SW안전을 보증하기 위한 RTCA의 DO-178(Software Considerations in Airborne Systems and Equipment Certification)이 있다. DO-178에서는 항공기의 등급(엔진 수, 무게)과 결함 조건 심각도, 확률 등에서 개발보증 수준(DAL ; Development Assurance Level)이 유도된다. 소프트웨어 치명도 지수(SwCI)와 같이 DAL을 적용하는 경우도 등급에 따라 소프트웨어 안전 노력에 대한 자원할당에 사용되며, 소프트웨어 안전개발 업무는 엄격도 수준(LOR ; Level of Rigor) 작업(Task)으로 묶음 업무가 수행된다. LOR 수행결과 안전 중요 소프트웨어에 대한 신뢰에 대한 건전성 수준이 제공된다. 제공된 건전성 수준은 완화되는 소프트웨어 위험도에 따라 필요한 자원을 투입하거나, 수용하거나 하는 의사결정에 사용된다.

| Software Criticality Index(SwCI) | Risk Level | Software LOR Tasks and Risk Assessment/Acceptance |
|---|---|---|
| SwCI 1 | High | • SwCI 1의 LOR 작업은 완료되지 않은 경우, 체계 위험이 High로 평가되어 프로젝트 관리자에게 보고되며, 프로젝트 관리자는 SwCI 1의 LOR 작업에 수행에 필요한 자원을 투여할지, 위험을 수용할지 결정하고, 문서화함. |
| SwCI 2 | Serious | • SwCI 2의 LOR 작업은 완료되지 않은 경우, 체계 위험이 Serious로 평가되어 프로젝트 관리자에게 보고되며, 프로젝트 관리자는 SwCI 2의 LOR 작업에 수행에 필요한 자원을 투여할지, 위험을 수용할지 결정하고, 문서화함. |
| SwCI 3 | Medium | • SwCI 3의 LOR 작업은 완료되지 않은 경우, 체계 위험이 Medium으로 평가되어 프로젝트 관리자에게 보고되며, 프로젝트 관리자는 SwCI 3의 LOR 작업에 수행에 필요한 자원을 투여할지, 위험을 수용할지 결정하고, 문서화함. |
| SwCI 4 | Low | • SwCI 4의 LOR 작업은 완료되지 않은 경우, 체계 위험이 Low로 평가되어 프로젝트 관리자에게 보고되며, 프로젝트 관리자는 SwCI 4의 LOR 작업에 수행에 필요한 자원을 투여할지, 위험을 수용할지 결정하고, 문서화함. |
| SwCI 5 | No safety Effect | • 안전 관련 분석 또는 시험이 요구되지 않음 |

SwCI, Risk Level, LOR tasks and Risk 관계

## 5. 체계 위험 완화(Risk Reduction)

체계안전의 목표는 가능한 위험요소를 제거하는 것이다. 위험요소가 제거될 수 없는 경우, 위험은 체계안전 설계 우선순위에 따라 수용할 수 있는 수준으로 감소시켜야 한다. 아래는 위험요소를 제거하거나, 수용할 수 있는 수준으로 위험을 감소시키기 위한 완화과정이다.

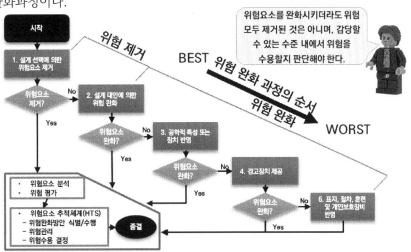

## 6. 체계 위험 완화 확인(Verification of Risk Reduction)

체계안전 요구도 검증은 위험요소 제어를 위해 결정된 위험 완화방안들이 성공적으로 적용되었다는 것을 보증하기 위해 적절한 검사, 분석, 시험 또는 시연을 통해 검증하는 것이다. 체계안전은 체계안전 설계를 평가하고, 위험 완화방안들의 검증 또는 확인한다. 체계안전 관련 시험들이 불가능한 경우, 체계안전은 분석, 유사성 비교, 실험실 시험, M&S 또는 기존 체계들의 경험을 통해 검증한다. 위험요소 추적체계(HTS ; Hazard Tracking System)은 식별된 위험요소를 수용가능한 수준으로 완화하는 방안들이 프로젝트관리자에 의해 관리, 통제, 추적을 제공하는 것이다. 이 체계는 체계개발 각 단계에서 평가된 위험요소에 대한 완화조치와 그로 인해 변경된 위험 평가하는 순환적인 업무를 수행하는 동안 관리와 통제가 지속유지 되도록 지원한다. 이러한 체계는 정보체계로 구현될 수도 있고, 체계안전 실무그룹(SSWG ; System Safety Working Group)과 같은 회의체로 운영될 수 있으며, 모든 과정에서는 문서화하고, 프로젝트 관리자의 승인과정이 지속적으로 이루어 진다. 위험요소에 대한 추적기록은 위험요소추적기록(HTR ; Hazard Tracking Record)으로 정리된다.

## 7. 체계 위험 수용(Risk Acceptance)

체계 위험 수용은 **체계안전 평가보고서(SSAR ; System Safety Assessment Report)**를 통해 식별되었던 위험요소가 관리되어 제거 또는 완화가 이루어져 위험이 수용가능한 수준이 되어 위험 수용승인 상태를 식별하기 위한 평가를 수행한다. 체계안전 평가 보고서는 시스템의 안전수준을 평가하고, 식별되고 제거된 위험요소들이 제거될 수 없는 위험요소들의 위험완화를 시키기 위해 수반되는 특정 설계방안, 절차적 통제와 예방책들을 포함한다. 또한, 보고서는 위험요소 추적 기록들을 포함한 위험요소 추적 시스템 자료, 체계 내부에 포함되거나 시스템 운용 및 지원에 요구되는 위험물질 등이 포함된다.

## 8. 총수명주기 위험 관리(Life-Cycle Risk Management)

체계가 야전에서 운용될 때(체계개발 이후, 양산 운용), 사용자의 요청 및 계약에 따라 요구되는 경우, 체계안전 과정이 시스템의 수명주기에 걸쳐 유지된다. 사용자와 개발자는 신규 위험요소들 및 변경된 위험들을 식별하고 통제하기 위한 효과적인 의사소통을 유지해야 한다. 새로운 위험요소가 발견되거나, 알려진 위험요소가 이전에 평가된 것보다 높은 위험수준을 갖게 될 경우, 신규 또는 개정된 위험은 위험 완화조치를 위해 추적되고 관리되어야 한다.

체계개발을 통해 최종적으로 식별되었던 위험요소에 대한 위험수용 결과와 체계 운용 간 사용자가 주의하고, 예방해야 하는 위험요소가 제시된다.

# 고장유형영향치명도 분석(FMECA) 수행하기

고장유형 영향 치명도 분석(FMECA : Failure Modes Effects and Criticality Analysis)은 다양한 체계의 발생가능한 고장 모드나 유형이 미치는 영향을 식별하고, 고장을 회피/완화하는 방안을 분석하는 방법론이다. 체계안전(System Safety)에서는 하향식(Top-Down) 사고 방식이나, FMECA는 상향식(Bottom-Up) 사고방식을 사용한다. FMECA는 FMEA(Failure Modes Effects Analysis)에 치명도(Criticality) 분석을 더한 개념이다. FMECA는 완성된 제품 안전을 검토하는 것이 아니라, 개발 시 체계 및 구성품/부품의 설계개선을 위해 사용된다.

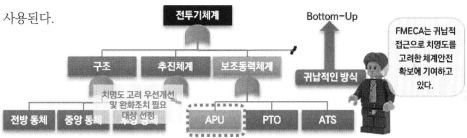

FMECA는 1940년대 미군에 의해서 개발되어 MIL-P-1629로 발간하여 활용하였으며, 이후 NASA에서는 아폴로로켓, 바이킹위성, 보이져위성 등 많은 프로젝트에 적용하였다. 이후 **MIL-STD-1629로 개정되어 적용**하였으나, **현재는 대체없이 취소(Canceled)되었지만, 이는 방법론이 유효하지 않기 때문이 아니라, 각 분야에서 광범위하게 적용되고 있어 군사규격으로 지정할 필요가 없기 때문이며, 현재도 군사 및 항공분야에 사용**되고 있다.

FMECA 분석과정은 체계 수준과 구성품/부품 수준에서 계층적으로 수행된다. FMECA 수행을 위해서는 예측되는 고장의 모드(유형), 원인, 고장 및 손상에 의한 영향, 고장탐지 방법, 고장을 대체할 수 있는 방안 또는 활동을 식별하고, 이에 따른 고장확률과 치명도를 판단 하여 최종적인 구성품/부품의 치명도를 판단한다. 구성품/부품의 치명도 분석을 근간으로 체계의 치명도에 미치는 영향을 판단하게 된다. 이 과정에서 가장 중요한 것은 개발자의 고장유형에 대한 기술적 판단이다. 프로젝트 관리자는 개발자의 고장유형에 대한 다양한 의견을 제시되게 독려함과 동시에 개선 권고사항이 과잉 요구도가 되지 않도록 관리해야 한다. 또한, 최종적인 심각도에 따른 우선순위를 고려한 후속조치를 하도록 한다. 세부적인 분석 과정과 수행절차는 다음 장을 참조하기 바란다.

## TMI : 고장유형 영향 치명도 분석(FMECA) 수행 절차

| 체계 정의 | 체계의 아키텍처를 식별하고, 상관관계를 파악하여 계층적 관계로 분할함 |
|---|---|
| 기본규칙 및 가정사항 정의 | 체계를 운용하기 위한 기본규칙과 가정사항을 정의함. 체계를 운용하는 임무묘사도를 기준으로 하며, 고장률(신뢰성)과 고장유형에 대한 자료를 수집하고, 체계의 자가진단 기능을 포함한 결함탐지 능력을 확인함. 또한, 부품 또는 기능적, 분할가능한 고유한 영역을 식별하고, 임무중단 및 안전, 정비 등의 판단기준을 수립하며, 심각도 범주를 정의함. |
| 체계 블록 다이어그램 작성 | 체계의 아키텍처를 체계수준부터 부체계, 부품 수준으로 블록다이어그램(Block Diagram)으로 시각화 함. 이를 위해서는 계층별로 정보의 흐름, 경로 및 인터페이스를 식별해야 함. |
| 고장유형 식별 | 고장유형을 식별함. 식별된 고장유형의 대표적인 분류는 오작동, 요구된 시점에 미작동, 출력 손실, 간헐적인 출력이상, 유효하지 않거나, 잘못된 출력생성 등이 있음 |
| 고장 효과 및 원인 분석 | 결함으로 인한 효과는 체계 고장, 기능 저하, 상태 이상, 즉각적인 효과 없음 등으로 식별됨. FMECA는 작성 양식에 따라 매트릭스 형태로 기본규칙에 따라 식별된 정보를 입력함. 고장유형으로 인한 효과는 구성품, 부체계, 체계, 임무수준으로 구분함. |
| 설계 과정에 피드백 | |
| 고장 효과 심각도에 의한 분류 | 심각도 분류는 각 부품에 따라 고장유형을 할당하고, 체계수준으로 영향으로 분석함. 일반적으로 체계안전 기준인 MIL-STD-882의 위험평가매트릭스(RAM : Risk Assessment Matrix)를 사용하지만, 프로젝트에 따라 별도의 평가기준을 사용할 수 있음. |
| 심각도 계산 수행 | 심각도 수치는 신뢰성 분석 등을 통해 산출되는 고장발생 확률($\lambda_p$), 개발자에 의해 판단되는 고장유형 비율($\alpha$), 고장유형 발생이 식별된 심각도 분류기준을 발생시킬 수 있는 확률($\beta$), 임무단계 사용지속시간(t)을 통해 계산된 고장유형심각도($C_m$)와 고장유형심각도의 조합으로 계산되는 품목치명도($C_r$)를 계산하고, $C_m$ 또는 $C_r$을 매트릭스로 시각화하여 평가를 수행함.<br>※ $C_m = \lambda_p \times \alpha \times \beta \times t$<br>※ $C_r = \sum_{n=1}^{N}(Cm)n$ |
| 고장유형 심각도 평가 | 고장유형 심각도 평가는 정성적 또는 정량적으로 수행할 수 있음. 정성적/정량적 평가 분류는 MIL-STD-882의 위험평가매트릭스(RAM) 분류기준을 적용 가능함. |
| 중요품목 결정 | 각 항목별 각 고장유형에 대한 심각도 평가가 완료되면, 심각도 및 발생 확률 또는 정성적/정량적 수준에 따라 FMECA 매트릭스로 정리됨. 이 분석을 통해 중요품목과 중요 고장유형을 식별하여 설계개선 또는 보완할 대상을 결정할 수 있음 |
| 설계 과정에 피드백 | |
| 결함식별, 분리 및 보상 방안 식별 | 각 구성품과 고장유형별로 고장을 감지하고, 보고하는 체계의 기능을 분석함 결함의 식별은 정상(Normal), 비정상(Abnormal), 부정확(Incorrect) 형태로 구분함. |
| 정비성 분석 | FMECA 결과는 보통 군수지원분석(LSA)와 정비성 분석에 모두 활용됨. |
| 분석결과 활용 | 분석결과 문서화, 미수정 설계구역 요약, 고장 위험 감소를 위한 특별 통제 필요 식별함. 우선순위를 결정하여 우선순위에 따른 위험관리방안으로 관리 가능함. 우선순위는 탐지가능성 x 심각도 x 발생가능성으로 산출함. |
| 추천사항 제시, 보완사항 후속조치 | FMECA를 수행한 후 중대한 고장의 결과를 줄일 수 있도록 설계개선을 권고함. 권고사항은 신뢰성의 향상, 부품의 선정방안/개선, 이중화, 모니터링 소요추가 등이 포함될 수 있음. |

# RAM(Reliability, Availability, Maintainability) 관리하기

4-40

**체계의 RAM 관리**는 체계개발 이전 단계에서 체계의 RAM 목표 값을 보장하기 위해 체계 요구도를 분석하고, 이를 고려한 설계를 수행하기 위해 구성품별 RAM 요구도를 할당하며, 구성품의 개발 및 시험 과정에서 평가와 설계개선을 통해 할당된 요구도를 충족시키는 일련의 과정이다. 앞의 설명처럼 RAM업무에서 가장 중요한 것은 **신뢰성(Reliability)**이다. 신뢰성은 두 가지 의미의 신뢰성이 있다. 하나는 **임무 (Mission) 신뢰성**이고, 다른 하나는 **군수(Logistics) 신뢰성**이다. 임무 및 군수 신뢰성은 항공기에 요구되는 임무 기능을 수행하는 능력을 명시된 조건에서 항공기가 지정된 간격(Intervals)동안 의도된 기능을 수행할 수 있는 확률을 나타낸다. 임무 신뢰성은 특정 임무 묘사도의 기간동안 요구된 비행 기능을 수행하는 능력을 말한다. 앞에서도 설명했지만, 임무묘사도는 임무 성공기준을 포함하여 항공기가 임무 시작부터 완료까지 경험하게 될 이벤트와 환경에 대한 시간별 설명이 묘사되어 있다. 군수 신뢰성은 전반적인 군수 소요를 통제거나, 또는 특정 작동상태로 항공기를 유지하거나 복구하는데 필요한 모든 조치에 관한 속성을 판단하기 위한 것이다.

임무신뢰성       군수신뢰성

**임무신뢰성 요구도**는 각 프로그램의 특성에 따라 다양한 지표로 목표를 설정할 수 있다. 또한, 다목적 항공기에 대한 하나 이상의 임무 신뢰성요구도가 적용될 수도 있다. 공대공, 공대지 등 각 임무 영역에 대한 요구도를 설정할 수도 있다. 모든 임무를 결합한 복합 임무 요구도는 다목적 항공기에 사용된다. 임무 신뢰성 목표는 임무실패간 평균시간이나 임무신뢰성을 통해 개발목표를 설정한다. 임무실패간 평균시간 (MTBMF ; Mean Time Between Mission Failure)은 명시된 일련의 임무 중 총 임무실패 횟수로 나눈 총 임무 시간이며, 임무 신뢰성(Mission Reliability)은 정의한 환경 및 사용조건에서 작동할 때 항공기가 필요한 기간 동안 요구된 임무를 성공적으로 완수하기 위해 필요한 모든 임무를 수행할 수 있는 확률이다. 이때 임무실패에 대한 기준을 같이 수립해야 하며, 일반적으로 임무실패는 고장 또는 고장의 조합으로 항공기가 특정 임무를 수행하지 못하게 되는 것이다. 사용자는 반드시 임무를 성공적으로 완료하는데 필요한 임무 시간과 필수적인 작동 특성을 정의해야 한다.

**군수신뢰성 요구도**는 항공기를 유지하는데 필요한 군수지원 자원을 나타내는 요구도 형태로 설정한다. 군수 신뢰성은 총수명주기 비용을 결정하는 핵심요소이다. 군수 신뢰성의 속성은 항공기의 모든 부분을 다루는데, 여기에는 항공기와 정비사의 인터페이스가 포함된다. 대표적인 군수 신뢰성 목표 값은 고장간 평균시간, 정비활동간 평균시간, 정비행위간 평균시간, 장탈간 평균시간이 있다.

1. **고장간 평균시간**(MTBF ; Mean Time Between Failure) : 총 작동시간을 총 고장 횟수로 나눈 것
2. **정비활동간 평균시간**(MTBMA ; Mean Time Between Maintenance Action) : 총 작동시간을 정비활동의 횟수로 나눈 것
3. **정비행위간 평균시간**(MTBME ; Mean Time Between Maintenance Event) : 총 작동시간을 예방정비, 비계획 정비 등과 같은 정비행위의 횟수로 나눈 것
4. **장탈간 평균시간**(MTBR ; Mean Time Between Removal)은 총 작동시간을 정비를 위한 부품을 장탈하는 횟수로 나눈 것

군수신뢰성 요구도를 결정할 때 결함에 대한 정의도 같이 설정해야 한다. 일반적으로 결함이란 임무성공을 거두지 못한 특정 기간동안 발생하는 모든 결함을 말한다. 결함은 반드시 계약자가 설계상의 영향 및 통제력을 갖는 방식으로 정의해야 하며, 요구도 검증을 위한 결함 관련 기준을 개발해서 규격에 포함시켜야 한다. 다만, 결함 정의 시 부적절한 사용으로 인한 결함, 유지보수 오류, 시험장비 고장 등 설계자의 제어 능력 밖의 결함은 포함되지 않아야 한다. 또한, 관급 시험장비의 고장, 남용, 과실, 전쟁 행위 등 계약자 통제 이외의 고장은 포함되지 않아야 한다.

**항공기체계의 신뢰성요구도 목표가 설정되었다면, 체계단위의 신뢰성 목표를 하위 체계단위의 신뢰성 목표로 할당해야 한다.** 신뢰성 할당은 Top-Down 방식으로 이루어지며, 다양한 방법론이 있지만, 결국 각 방법론별 가중치를 통해 할당하게 된다. 이렇게

할당된 신뢰성목표는 신뢰성 예측 값에 대한 기준선을 제공한다. 할당된 신뢰성 목표 값을 충족하기 위한 설계 후 각 구성품들의 신뢰성 예측을 통해 설계 요구도 충족성을 사전 판단한다. 당연히 목표 충족 시 이후 과정을 진행하기만, 미 충족 시 재설계 등을 통해 목표 값을 충족시키도록 반복적인 과정을 거친다. 신뢰성 분석에는 구성품의 특성에 따라 다양한 방법을 사용된다. 전기전자부품의 신뢰성 분석은 MIL-HDBK-338B(Electronic Reliability Design Handbook)를 사용하지만, 자료 확보 부족 등 분석이 제한될 때는 기계부품은 NPRD(Non-electrical Parts Reliability Databook), 전기전자부품은 MIL-HDBK-217F N2(Reliability Prediction Of Electronic Equipment), EPRD(Electronic Part Reliability Database by RAC) 등을 활용할 수 있다.

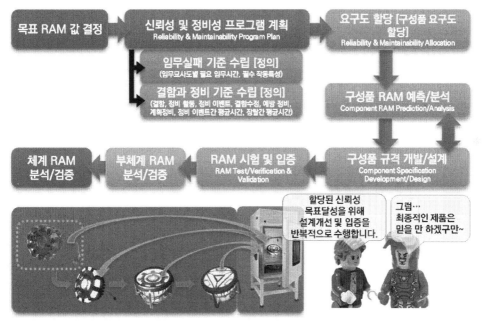

신뢰성 예측은 해당 부품이나 체계가 운용 시 나타낼 것으로 생각되는 예측 값이다. 예측 값보다는 시험을 통해 산출된 값이 보다 신뢰성이 있으며, 운용을 통해 산출된 값이 가장 신뢰성이 높다. 다만, 체계개발 시에는 한정적인 시간과 제한된 조건에서 개발되므로 여러가지 예측 방법이 사용된다. 신뢰성 검증 시 주의할 사항은 신뢰성 지표는 항공기의 타입과 사용기관의 고유 요구도에 따라 달라진다는 것이다. 임무 및 군수 신뢰성은 항공기 체계수준의 신뢰성을 중심으로 한 성능 지표이다. 검증 시에 어떤 단일 항공기가 매 순간마다 명시된 임무 및 군수 신뢰성 요구도를 달성할 가능성은 매우 낮다. 결과적으로 임무 및 군수 신뢰성은 최소한으로 허용되는 요구 조건을 나타내는 목표라는 의미이다. 요구도에 대한 검증 시에는 이런 점을 염두해야 하며, 이런 점에서 시연(Demonstration)에 의해서 검증하되, 사용가능한 신뢰수준으로 합의될 수 있도록 항공기와 항공기의 수, 검증기간을 결정해야 한다. 또다른 방법으로는 구성품 및 부체계, 체계에 이르는 상호관계를 정확히 모델링하고, 이를 기초로 분석하는 방법으로 검증할 수 있다.

**가용성(Availability)**은 체계가 임의의 시간에 임무가 요청될 때 운용가능한 상태를 측정한 것이다. 가용성은 신뢰성, 정비성과 군수지원요소(부품 보급, 지원시설, 인력, 훈련 등)에 의해서 산출된다. 가용성 목표는 항공기가 수행할 임무별 사용률(Utilization Rate)에 따른 가동성 형태로 요구도를 결정한다. 가용성 목표 설정 시 사용도(Usage)를 기준으로 평시 운용과 전시 운용을 분류하여 설정할 수 있으나 임무, 시나리오 및 기타 조건은 다른 매개변수를 사용하지 않는 것이 추천된다. 가용성 요구도 설정 시에는 단일 항공기를 기준으로 할지, 주어진 임무를 수행하는 단위 부대로 측정할지를 명확히 해야 한다. 또한, 가용성 요구도에 필수기능을 포함하여야 하며, 이는 전체임무, 부분임무, 임무불가 상태를 구분할 수 있도록 설정해야 한다. 가용성 목표 설정 후에는 체계 설계, 임무 신뢰성, 유지보수 및 군수지원 개념, 이중화 수준, 등 부체계 수준의 신뢰성과 정비성 예측을 통해 산출한다. 산출된 가용성 예측을 통해 체계 및 부체계 설계 후 요구도를 충족하였는지 분석한다. 분석한 가용성은 임무묘사도, 필수 기능 및 운영유지 개념의 변경 뿐만 아니라 신뢰성 시험과 같은 시험결과를 포함하여 정보를 갱신한다. 다만, 이 경우 항공기 체계 가용도를 측정하는 기간과 조건(지상 또는 비행) 등을 명확히 해야 한다. 체계개발 후 구성품, 부체계, 체계의 가용성 정보를 최신화 하여 최종적으로 체계의 가용성 수준을 산출한다.

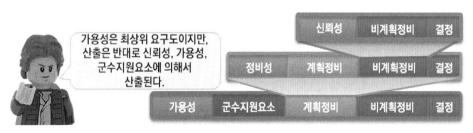

가용성은 최상위 요구도이지만, 산출은 반대로 신뢰성, 가용성, 군수지원요소에 의해서 산출된다.

| 신뢰성 | 비계획정비 | 결정 |

| 정비성 | 계획정비 | 비계획정비 | 결정 |

| 가용성 | 군수지원요소 | 계획정비 | 비계획정비 | 결정 |

정비성(Maintainability)은 항공기가 규정된 절차, 지원장비 및 자원을 이용하여 적절한 숙련 인원에 의해 운용되고, 운영유지 시 명시된 수리시간 및 유지보수 인력 요구도 내에서 운용 가능한 상태로 유지될 수 있도록 하는 요구도이다. 정비성은 설계한 사용수명 동안 항공기를 임무가능 상태로 유지하는데 필요한 계획 및 비계획 정비를 포함하여 유지보수의 모든 측면을 포함한다. 항공기 구성품은 교체 및 수리로 인한 불가동 시간을 최소화하고, 유지보수가 용이하도록 설계되어야 한다. 일반적으로 정비성에 대한 요구도는 상위 요구도인 가용성(Availability)에 대한 요구도에서 산출된다. 제한된 인력과 이동장비의 크기를 최소화하기 위한 요구도는 설계에 추가 부담을 주는 요소이다. 항공기 신뢰성은 접근성 및 계획정비활동의 우선순위를 결정하는 주요 요인이다. 정비성 요구도는 항공기를 임무 가능 상태로 복구하기 위한 유지보수 정비시간과 정비 인력을 묘사하는 속성으로 표현된다.

정비성 요구도는 평균수리시간(MTTR ; Mean Time to Repair)이나, 필수시스템 수리시간(ESRT ; Essential Systems Repair Time)를 통해 설정된다. 평균수리시간은 항공기 수리복구를 위한 총 시간을 총 고장횟수로 나눈 값이다. 필수시스템 수리시간은 요구되는 가용성 수준을 만족시키는 비행시간당 시간단위로 설정한다. 비행시간당 필수시스템 수리시간(ESRT)는 항공기를 임무 가능상태로 복원하기 위해 임무 핵심장비를 수리 또는 교체하는데 필요한 경과시간을 총 누적 비행시간으로 나눈 것이다. 이러한 값을 산출하기 위해서는 어떤 요구도가 수리활동을 구성하고 있는지를 파악해야 하며, 이에 포함된 수리시간의 활동은 탐지, 격리, 접근, 수리 또는 교체, 검증, 밀봉, 동일한 검사 등이 있다.

정비성 요구도 결정 시 유지보수 인력요구도를 포함해야 하며, 비행시간당 유지보수 인시수 (MMH/FH ; Maintenance Man-hours per Flight Hour) 또는 항공기당 정비공간(SPA ; Spaces per Aircraft) 중 하나를 사용한다. 비행시간당 유지보수 인시수는 계획정비, 예방정비, 시정조치 등 유지보수에 필요한 총 유지보수 인시수를 총 항공기 비행시간으로 나눈 것이다. 항공기 수준의 요구도는 사용자가 정한 정비수준에서 정비인력을 설정한다. 유지보수 정의는 항공기 정비수준으로 구분될 수 있다. 사전에 어떤 요소가 정비 인시수를 구성하는지에 대한 명확한 이해가 있어야 한다. 항공기당 정비

공간은 임무상태에서 항공기를 정비하고 서비스하는데 필요한 인원수를 운영단위의 전체 항공기 수로 나눈 것이다. 유지보수 인력요구도 설정 시 적용되는 수행하는 기능에는 정비, 서비싱, 무장 장착, 급유, 검사, 야전정비, 시험 등 유지보수 및 서비스 기능을 포함하며, 사전에 이를 식별해야 한다.

정비성 지표는 항공기 형태와 운영부대의 고유 요구도에 따라 달라진다. 이러한 요구도는 계획 정비와 비계획 정비 간 우선순위 지정 등과 같이 보다 구체적으로 적시하게 되면, 이는 설계자에게 더 많은 설계 옵션을 제공할 가능성이 높다. 구성품들의 신뢰성 할당에 따라 정비성은 영향을 받는다. 특히 엔진베이, 기총, 무장장착창, 파일론, 좌석 및 조종석과 같은 구역을 통합적으로 신뢰성을 할당하면, 정비를 위한 접근 주기를 통합할 수 있어 정비성 및 가용성을 향상시킬 수 있다. 다만, 현실적으로 정비성은 초기 전력화(IOC ; Initial Operational Capability) 단계에서도 사용자가 원하는 수준을 달성하기는 매우 어렵다. 왜냐하면 정비와 유지보수는 학습률(숙련도)에 따라 효율성이 크게 차이가 나며, 체계개발 기간은 한정적 기간에 수행되기 때문이다. 따라서, 체계개발 기간의 정비성 목표는 사용자의 성숙도를 고려하여 진화적인 목표로 설정하고, 개발기간에는 특정기간 동안의 시연과 시험을 통해 입증한다. 따라서 체계개발 중 정비성 요구도는 최소 요구도 수준으로 봐야 한다.

# 기술성능측정(TPM) 활용하기

기술성능측정(TPM ; Technical Performance Measurement)은 체계 구조에서 하위 구성품에 대한 현재의 평가를 기반으로 개발 중인 최종 상위체계의 주요 기술성능 매개변수의 미래 가치를 예측하여 관리하는 것이다. 기술성능지표는 개발 마지막에 요구되는 목표를 달성하기 위한 조치들을 통해 기술 매개변수의 성장을 지속적으로 측정하기 위해 사용된다. 기술성능측정은 선택한 기술 매개변수에 대한 실제와 예측 성능을 지속적으로 검증하면서 진행상황을 확인하여 최종 상위 체계의 요구도를 충족하기 위한 위험완화 가능요소를 식별할 수 있도록 도와준다. 전투기 개발 프로젝트와 같은 기술적인 프로젝트 관리는 비용, 일정, 성능을 통제하는 것이고, 이 중 성능 관리 도구로 활용하는 것이 기술성능 측정이며, 체계공학의 핵심요소 중 하나이다.

기술성능측정 수행을 위한 첫 단계는 추적할 매개변수를 선정하는 것으로 이는 정부와 개발기관간 합의에 의해서 선정한다. 물론 개발기관은 정부가 관리하는 매개변수보다 많은 항목을 추적해야 한다. 특히, **핵심성능지표**(KPPs ; Key Performance Parameters)를 충족하기 위해 필요하거나, 프로젝트의 주요 비용상승 요인, 주요 위험 구성품들에 대한 가시성을 확인할 수 있도록 매개변수를 선정해야 한다. 선정된 매개변수는 주기적으로 보고와 후속조치를 수행해야 하며, 추적관리가 되도록 해야 한다. 프로젝트 관리자는 주요 기술성능 매개변수를 신중하게 선택하고, 모니터링하여 체계 설계 중 정보에 입각하여 의사결정을 하고, 계획에 미달하는 사항에 대한 적절한 시정조치를 수행해야 한다.

기술성능 측정의 기본은 Trade-off이다.
모든 것은 절충해야 하는 것이고, 다 가질 순 없다.
계획된 목표와 조정 가능한 임계치를 정확히 아는 것이 중요하다.

계획 기술성능지표 (Planned Value)

목표 기술성능지표 (Objective Value)

Technical Parameter Value

기술적인 매개변수 지표

Objective

Current Estimate

Threshold

허용가능범위 (Space)

허용가능한 기술성능지표 한계치 (Threshold)

특정 마일스톤에 달성한 기술성능지표 (Achieved to Date)

Milestones

# 감항인증(Airworthiness Certification) 관리하기

**4-42**

전투기와 같은 군용항공기의 감항인증은 최소한의 비행안전성을 확보하기 위해 도입된 제도이다. 근본적으로 전투기는 성능위주의 무기체계이기 때문에 성능과 안전을 동등하게 취급하지 않았지만, 전 세계적으로 전쟁이나 비전투 기간이 장기화되기 때문에 체계설계 시 안전을 고려할 필요성이 대두되었다. 미국도 2000년 초에 민간 분야의 감항인증 제도를 받아 들이게 되었으며, 최소한의 설계기준을 제시하고 만족하도록 함으로서 비전투 손실을 최소화할 수 있도록 하고자 하였다.

비행안전이 점점 중요해지는 것은 전시보다 평시가 더 길기 때문이다.

각 국가별 표준감항인증 기준이 다르고, 국제적인 표준이 없기 때문에 각 국가 간 일대일 상호인증 형태로 인증을 인정하고 있다. 다만, 실효적으로 미국이나 유럽의 표준감항인증 기준을 적용 시 국제적으로 통용되고 있다. 군용 항공기의 감항인증은 민간 감항인증과 다르게 전투 성능을 우선하기 때문에 감항인증기준을 적용, 부분적용, 비 적용할 수 있으며, 기준을 면제/완화/조정할 수 있다. 이러한 특성때문에 **표준감항인증 기준에서 각 항공기별로 특성을 고려해 적용한 기준을 검토하여 조정된 감항인증 기준**(TACC ; Tailored Airworthiness Certification Criteria)**을 만들어 사용**한다.

미국의 표준감항인증 기준인 MIL-HDBK-516은 유인기, 무인기, 고정익, 회전익 항공기를 대상으로 하고 있으며, 안전비행(SOF ; Safety of Flight) 및 운영유지를 위한 최소한의 설계 수준을 제시하고 있다. MIL-HDBK-516에는 다양한 기종을 고려한 기준이기도 하기 때문에 특정 목적에 맞는 항공기를 만들기 위해서는 조정(Tailoring)을 통해 기종별 감항인증기준을 결정해야 한다. 기종별 감항인증기준은 군요구도와 함께 설계요구도로 적용되기 때문에 상반된 요구도가 되지 않도록 조정해야 한다.

감항인증 제도 관련해서는 우리나라의 제도를 기준으로 설명하도록 하겠다. 우리나라의 표준감항인증기준은 유인/무인항공기, 고정/회전익 항공기는 MIL-HDBK-516C를 기반으로 하며, 무인기는 NATO 표준인 STANAG도 차용하고 있다. 다만, 감항인증기준 중 가장 핵심인 비행기술 분야의 근간인 MIL-STD-1797B는 비공개 문서로 적용에 제한점을 가지고 있다. '군용항공기 비행안전성 인증에 관한 법률'에 따라 군용항공기는 운용 범위 내에서 비행안전에 적합함을 보이는 '감항성(Airworthiness)'이 있음을 정부의 인증을 받아야 한다. 군용항공기는 감항인증 신청 후 감항인증계획을 작성하기 위한 지침을 받아 어떻게 감항성을 입증할지를 계획한다. 계획 수립 시에는 개발 항공기의 특성에 따라 표준 감항인증기준에서 조정(Tailoring)을 통해 기종별 감항인증기준(TACC)으로 만든다. 감항인증 계획을 승인 받은 후에는 기종별 감항인증기준을 충족할 수 있도록 설계 후 비행 시 안전 비행계획에 따라 초도 비행(First Flight) 및 운용범위를 확장할 때마다 안전성을 검토 받으며 비행시험을 수행한다. 비행시험을 포함한 개발이 모두 완료되면 기종별 감항인증기준에 적합 한지 심사를 통해 설계에 대한 형식인증(Type Certificate)을 받는다. 개발이 완료될 때는 양산 및 운영유지 단계에서 안전에 치명적인 특성이 유지될 수 있도록 관리가 필요한 주요 안전품목(CSI ; Critical Safety Item)을 선정한다. 이후 양산단계에서는 인증된 설계에 따라 제작되었는지 생산확인을 수행하면 최종적으로 각 호기별로 감항인증서를 발급하고, 운영유지 단계에서는 감항성을 유지하는 업무를 수행한다.

전투기와 같은 군용항공기 개발 중 감항인증 업무를 수행하는데, **가장 중요한 활동은 기종별 감항인증기준을 만드는 작업**이다. MIL-HDBK-516과 같은 표준 감항인증기준

에서 기종별 감항인증기준을 조정을 통해 만들어 갈 때는 인명, 장비, 재산, 환경에 대한 피해와 관련된 안전비행 위험요소를 반드시 고려해야 한다. 이는 MIL-STD-882에서 다루고 있는 체계안전과 무관하지 않으며, 감항인증에서 체계안전의 개념을 포함하여 적용하고 있다. 인증기준을 조정할 때는 체계에 적용, 부분적용 또는 비적용으로 식별하고, 그런 분류의 근거를 명문화 하여야 한다. 또한, 부분적용 시에도 적용과 비적용을 명확히 하고, 부분 적용의 근거도 명문화하여야 한다.

　**감항인증기준은 사용자 요구도와 별도의 안전에 관한 요구도**이지만, 프로젝트 관리자 입장에서는 안전 요구도와 성능 요구도는 충돌하거나 상호 연계되는 사항이기 때문에 **적정한 수준에서 조정하는 것이 중요하며, 이때 조정의 기준을 설정**하는 것이 매우 중요하다. 예를 들어 감항인증기준에서 30분의 배터리 용량을 요구할지라도 사용자 요구도를 15분 정도의 용량으로 만족시킬 수 있다면 선택을 해야 한다는 것이다. 배터리는 항공기 중량에 미치는 영향이 큰 품목이므로 최적의 성능을 위해 15분 용량을 선택하거나, 안전성을 확보하기 위해 30분 용량을 선택할 수 있다. 다만, 항공기의 최적 성능을 위해 15분 용량으로 선택한다 해도 최소 안전을 확보할 수 있는 근거(Rational)를 가지고 있어야 한다.

　MIL-HDBK-516에는 항공기 체계 전체를 다루는 부분과 각 계통을 다루는 부분으로 구성된다. 체계전체를 다루는 부분은 체계공학에서 다루는 요구도 관리, 체계안전, 환경공학, 개발도구 관리, 재료 선정, 제작/공정 및 품질관리, 운용자 교범 관리, 형상관리를 다루고 있다. 각 계통으로 구분되는 부분은 구조, 비행기술, 추진, 세부계통, 승무원, 진단, 항공전자, 전기, 전자기 환경 영향, 체계안전, 컴퓨터체계와 소프트웨어, 정비, 무장, 승무원 안전, 재료 등을 다루고 있다. 여기서 알아야 할 사항은 감항인증 분야의 업무는 체계공학관리계획에서 다루도록 하는 모든 분야와 겹친다는 것이다. 흔히 감항인증은 사용자 요구도를 충족하기 위한 개발업무와 별도의 업무로 분류하기 쉬우나, **감항인증은 별도의 업무가 아니며, 설계 요구도에 대한 관점만 다른 업무**이다. 즉, 체계공학의 업무계획 단계에서 감항인증 관련 업무를 포함하여 요구도 관리 업무계획을 수립하고, 실행하면 각 분야에서 산출되는 내용이 감항인증에 사용되면 별도의 감항인증만을 위한 자료가 필요하지 않는다는 것이다. 따라서, 어떻게 사용자 요구도와 감항인증 요구도를 적절히 조정하여 기술적 요구도로 변환할지 고민하고, 계획단계부터 이를 사업계획에 반영하는 것이 매우 중요하다.

# 비용 통제(Cost Control) 하기

4-43

**프로젝트 관리자가 비용통제를 하기 위해서는 통제할 대상을 식별**할 필요가 있다. 이를 위해서는 방위산업에서 사용하는 원가에 대한 이해가 필요하다. 방산원가는 아래와 같은 구조로 되어 있다.

직접재료비는 계약목적물(예를 들어 전투기)을 구성하는 국내/국외 재료비용과 국내/국외 부품비이다. 직접노무비는 계약목적물을 완성하기 위해 직접 작업에 투여한 종업원과 노무자에 대한 노동력의 대가이다. 직접 경비는 계약목적물을 완성하기 위해 사용한 전용/공용 장비 등에 대한 감가상각비, 임차료, 용역비, 운반비, 외주가공비, 특허권사용료, 기술료, 시험검사비 등이다. 직접재료비와 직접노무비, 직접경비를 합한 것을 직접원가라고 한다. 직접원가를 중심으로 간접재료비/노무비/경비는 간접재료비율, 간접노무비율, 간접경비율 등 제비율을 곱해서 산출하고, 일반관리비도 일반관리비율을 곱해서 산출되며, 이윤도 이윤율을 곱해서 산출된다. 따라서, 직접원가 외에는 제비율에 의해서 결정되고, 제비율을 원가지침 및 관련기관에 의해서 산정되므로, **프로젝트 관리자가 통제할 수는 대상은 직접원가이다.**(단, 포장비 등은 간접 재료비이지만, 직접재료비처럼 계산됨) 따라서, **프로젝트 관리자가 비용통제를 하기 위한 대상은 직접원가 대상**이다. 프로젝트 계획단계에서 WBS를 기준으로 소요되는 예산을 산정한다. 이때 소요예산은 추정예산이기 때문에 프로젝트 진행단계에서 실제 소요되는 내역을 확인하고, 그 필요성성과 타당성을 검토하여 적절한 통제가 필요하다. 사용자 요구도와 개발자 요구도, 설계가 변경되는 동안은 직접 원가에 대한 통제를 별도로 통제하지만, 설계의 기준점이 수립되는 이후(상세설계, CDR)에는 대부분 형상통제를 통해 직접원가를 적절히 통제해야 한다. 또한, 비용의 통제는 성과관리(EVMS), 목표비용관리(CAIV), 비용추정을 통해서 지속적으로 모니터 및 관리되도록 해야 한다.

# 성과 관리(EVM) 하기

**4-44**

성과 관리는 프로젝트 성과 및 진행률을 측정하기 위한 프로젝트 관리기법 중 하나이다.
**성과관리(EVM ; Earned Value Management)**은 1960년대 미국 국방성에서 사용한 개
념으로 정부 프로그램에서 재무분석분야에 사용했지만, 1990년대부터 차츰 프로젝
트 관리 및 비용 관리의 주요 도구로 활용되게 되었다. 이전까지는 현재까지의 실비
용과 예산에만 초점을 맞췄으나, 성과관리에서는 최초 시점에서 현 시점까지 진행 상
태를 파악하고, 지연기간 및 초과비용을 예측/관리할 수 있도록 하고 있다. 성과관리
초기 적용된 기본적인 성과관리의 개념은 매우 간단하다. 프로젝트 관리자에게는 프
로젝트가 끝날 때까지 가용한 **목표프로젝트 예산(BAC ; Budget at Completion)**이 주어지게
된다. 즉, 프로젝트 관리자는 이 예산을 넘겨서는 안된다는 의미이다. 프로젝트를 수
행하기 위해서 해야 할일(SOW나 WBS)을 기준으로 일정에 따라 예산을 분배하면, **계
획 예산(PV ; Planned Value)**이 된다. 따라서, 계획 예산은 시간의 변수가 된다. 종합하면
계획 예산(PV)을 모두 더하면 목표프로젝트 예산(BAC=ΣPV)이 된다. 시간에 따른 변수
에 따라 계획 예산의 누적을 그래프로 나타내고, 그 모양의 선을 **S-Curve**라고 하고,
성과측정의 기준이라는 의미에서 **성과측정기준선(PMB ; Performance Measurement Base-
line)**이라 정한다. 이제 부터는 **성과(EV ; Earned Value)를 산정**하는데, 성과는 계획된 할
일 중 실제로 완료한 한 일의 가치를 말하는데, 그 가치를 예산에 기준하여 결정한다.
이와 함께 할 일을 수행하기 위해 실제로 지출된 비용인 **실제비용(AC ; Actual Cost)도
산정**한다. 산정된 성과를 기준으로 계획예산과의 편차를 **일정 편차(SV ; Schedule Vari-
ance | SV=EV-PV)**, **실제비용과의 차이를 비용 편차(CV ; Cost Variance | CV=EV-AC)**라고 한

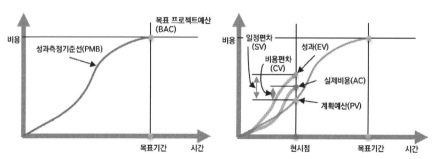

다. 계산된 편차를 통해 현재 시점에서의 누적된 상태를 파악할 수 있으며, 비용과 일정 지표를 통해 현 상태를 판단할 수 있다. 성과(EV)를 계획예산(PV)으로 나눈 것을 **일정성과지수(SPI ; Schedule Performance Index | SPI = EV/PV)**라고 하고, 1보다 크면 계획보다 빨리하고 있다는 의미이다. 성과(EV)를 실제비용(AC)으로 나눈 것을 비용성과지수 (CPI ; Cost Performance Index | CPI = EV/AC)라고 하고, 1보다 크면 계획보다 예산이 절감되고 있다는 의미이다. 또한, 성과를 기반으로 전체계획에서의 진행률을 정량화 할수 있는데, 성과(EV)를 목표프로젝트예산 (BAC)으로 나누면 된다. 성과관리를 통해 현시점에서 **잔여프로젝트비용 추정치**(ETC ; Estimate To Completion | ETC=EAC-AC)와 최종적으로 프로젝트를 완료했을 때 **최종프로젝트예산**(EAC ; Estimate At Completion | EAC=BAC/CPI) 및 **최종프로젝트비용 편차**(VAC ; Variance At Completion)를 **추정**할 수 있다. 성과관리를 통해서 현시점의 성과를 분석하고, 미래를 예측하여 개선이 필요한 사항을 식별하고, 관리가 필요한 사항이 발생한 원인분석과 대책마련을 통해 계획된 비용, 일정 내로 관리될 수 있도록 하는데 도움을 준다.

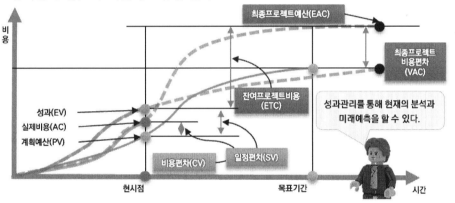

다만, **성과관리(EVM)가 만능은 아니다.** 일단 실제 현장에서는 적시에 실제 비용데이터를 수집하는 것이 매우 어렵다. 성과관리가 잘 되기 위해서는 계획단계에서 할 일(SOW)이나 업무분할구조(WBS)가 명확하고, 체계적으로 구성되고, 자원이 적절히 할당되어야 한다. 왜냐하면 성과관리를 위해 계획을 정량화해야 하지만, 정량적으로 계획이 잘못 수립이 되면 그 성과도 현실과 괴리를 발생시키기 때문이다. 성과관리의 장점이 정량화이지만, 약점도 정량화이다. 성과관리는 계획의 정량을 요구하기 때문에 신속한 변화와 선택이 빈번히 발생하는 소프트웨어 개발 프로젝트에는 적용이 제한점을 가지고 있다. 또한, 품질안정화, 계획의 잦은 변경이 빈번히 일어나는 프로젝트 초기나 소형 프로젝트에서도 제한점이 있다.

# 목표비용(CAIV) 관리하기

4-45

**목표비용 관리**(CAIV ; Cost As an Independent Variable)는 수명주기 비용을 포함한 목표 비용의 설정과 목표성능을 달성할 수 있도록 돕는 프로세스이다. **비용**(Cost)**이 독립적 인 변수**(Independent Variable)**인 것은 비용이 요구도와 설계의 결과값이 아닌 중요한 입력으 로 통제되고 관리 되어야 하는 대상으로 보아야 한다는 것이 목표비용관리의 핵심 철학**이 다. 목표비용 관리는 미국 국방예산 감소에 따라 1995년 획득기술군수실(AT&L)에서 CAIV개념을 제시하여 현재 까지 적용되고 있다. 무분별한 개발과 예산증액 문제가 지속적으로 발생하자 무기 체계의 비용과 총수명주기 비용을 고려하여 개발 중 성능 –비용–일정 간 비교연구(Trade-off)를 통해 통제되어야 한다는 개념을 도입한 것이다. 현재에도 미국 국방성 규정(DoD 5002.2-R, Mandatory Procedures for MDAPS, 주요 국방획 득사업인 ACAT I&IA에 적용되는 절차)에 반영되어 있다.

목표비용 관리는 프로젝트초기에 달성 가능한 목표비용을 설정하고, 프로젝트 전체 기간동안 지속적으로 양산단가와 총수명비용을 포함한 총소요비용을 관리하는 것이 다. 반대로 프로젝트 기간 동안 비용증가 요인이나 새로운 요구도, 일정변경 등을 결 정할 때 목표비용을 중심으로 결정하도록 하며, 위험관리를 통해 프로젝트관리자가 목표비용을 달성하도록 동기부여를 제공하고, 목표달성을 강제하는 것이다. 따라서 **목표비용 관리의 핵심은 목표비용의 설정**이다.

목표비용을 설정하기 위해서는 초기 설정된 목표성능을 기준으로 구현가능한 방안에 대한 추정비용을 산출하고, 비교연구(Trade-off)를 통해 최상의 대안을 선택한 후 다시 목표성능과 비용을 분석하는 반복적인 과정을 통해 최종 성능과 비용을 도출해야 한다. 이 과정에서 주요성능의 매개변수(Parameter)와 비용 간의 상관관계를 파악할 수 있다. 이 과정이 필요한 것은 목표비용을 설정한 후 개발단계에서 비용을 줄이는 것은 한계가 있기 때문이다.

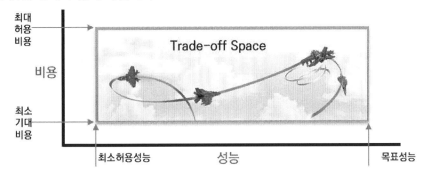

이 과정을 성공적으로 수행하기 위해서는 프로젝트 초기부터의 사용자의 목표 설정을 위한 사용자의 참여가 필요하다. 이는 비용을 위해서는 목표성능을 조정할 수 있는 권한과 의지가 필요하기 때문이며, 이를 위해 프로젝트 관리자와 참여 사용자의 권한과 리더십이 필요하다. 또한, 비용, 성능, 일정 목표를 달성하기 위한 위험을 식별하는 것도 동시에 이루어져야 한다. 다만, 개발자나 생산하는 산업계(업체)는 높은 양산단가와 총수명주기비용은 높은 이윤을 의미하기 때문에 목표비용 달성의 자율유도를 위한 인센티브 방안이 동시에 고려돼야 한다.

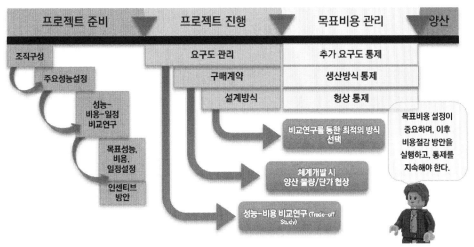

프로젝트가 수행되는 동안의 목표비용 관리를 위해서는 해야 할 일(SOW)에 따른 비용분할 구조를 수립하여 각각 세분화된 비용구조가 제한된 범위를 초과되지 않도록 관리한다. 다만, 이러한 방법론을 통해 목표비용이 통제되는 것이 아니라 **요구도의 관리와 설계방식의 선정, 구성품 계약, 추가요구도 통제, 생산방식 통제, 형상통제를 통해 이루어지며, 각각의 의사결정 시에 목표비용을 염두에 두고 의사결정을 하도록 하는 것이 핵심**이다. 개발의 요구도와 설계방식을 결정하는 것은 다양한 수준과 방법들이 존재하기 때문에 각각의 방법들에 대한 비교연구(Trade-off Study)를 통해 최적의 대안과 방식을 선택해야 하며, **의사결정 시마다 개발 및 양산 목표비용을 고려해야 한다는 것**이다.

국가를 막론하고 방위산업의 구조는 주문 생산 방식이고, 체계개발 이후에는 공급망이 제한되기 때문에 승자독식 구조를 벗어나기 어렵다. 이런 이유로 체계개발에 참여하는 업체나 기관은 복수가 참여하지 않는 이상은 양산물량, 단가를 고려한 협상을 체계개발 시 수행해야 한다. 체계개발 후에는 해당 업체가 유일한 공급원이 되기 때문에 양산계약에 협상력이 제한되기 때문이다. 연구개발 동안은 사용자 및 개발자, 이해관계자에 의한 지속적인 추가 요구도가 발생하며, 추가 요구도의 반영여부를 판단할 경우도 목표비용을 고려를 통해 통제할 수 있으며, 통제 해야 한다. 생산방식에 따라 개발비용과 양산단가에 모두 영향을 미친다. 개발 시에는 대부분 소량 생산하기 때문에 양산비용을 고려하지 않는 생산방식을 결정할 수 있다. 예를 들어 일반적으로 주조(Casting)는 양산품질 통제가 어려워 초기개발비는 높지만, 양산비용이 매우 싸다. 기계가공(Mechanical Working)은 양산품질 통제가 쉽고 소량생산 시 개발비가 상대적으로 적지만, 대량 양산 시 생산량 증대가 어렵고, 양산비용 절감 요소가 적다. 복합재는 양산 초기개발비용이 높지만, 부품수의 감소에 따른 조립 공수를 줄여 양산 시 비용절감 효과가 높다. 요구도, 설계, 생산공정 등은 최종적으로 형상통제를 통해 관리되고, 최종결정되기 때문에 지속적인 형상통제를 통해 목표비용에 대한 통제가 되도록 해야 한다. 결국 각각의 개발 단계별 의사결정은 무수히 수행되어지면, 이러한 의사결정의 순간마다 성능, 일정 등 많은 요소들이 있으나, 목표비용을 고려하지 않는 경우 목표비용 관리가 성공적으로 수행되기 어렵다. 이런 이유로 의사결정과정에서의 양산비용, 총수명주기비용에 대한 영향성을 고려하는 것이 중요하다.

# TMI : 전투기 목표비용 설정과 수출전략의 수립에 대한 이해

우리가 인터넷에서 물건을 고를 때도 그렇지만, 물건을 사용하는데 소모되는 비용보다는 당장 구매하는 비용이 일단 매우 중요하다. 무기체계의 경우는 수명주기 동안 소모하는 운영유지비용도 고려하지만, 상용물자를 고르는 것과 같이 구매(획득)비용이 일단 가장 중요하다. 전투기와 같은 고가의 무기체계를 저렴하게 운영유지하기 위해서는 일정 규모이상이 되어야 한다. 자국에서만 운용하면서도 일정 규모가 되는 것은 매우 어려우며, 설령 그러한 경우에서도 운영유지 비용의 절감을 위해 수출 등을 통한 시장의 확대를 반드시 필요한 활용이다. 이런 이유로 전 세계의 전투기 시장의 동향을 고려하여 목표비용을 설정하는 활용은 반드시 필요하다. 전세계의 경제력과 규모의 증가에 따라 고가의 High급 전투기를 구매할 수 있는 나라가 증가되고 있다. 이와 동시에 High급 전투기의 가격 하락으로 인해 전체 시장의 변화가 이루어 지고 있다.

| 1960s<br>사우디아라비아 | 1970s<br>사우디아라비아<br>호주<br>이스라엘<br>일본 | 1980s<br>사우디아라비아<br>호주<br>이스라엘<br>일본<br>싱가폴<br>한국 | 1990s<br>사우디아라비아<br>호주<br>이스라엘<br>일본<br>싱가폴<br>한국<br>이집트<br>인도<br>네덜란드<br>노르웨이<br>카타르<br>터키 |
|---|---|---|---|

**7,000만불 이상 단가의 전투기 수입시장**

항공전력 그래프: High급, Medium급, Low급 (연도)

이런 시장의 가격 구조에서 미국의 지배적인 시장 지배력과 비중으로 수출 환경이 매우 어렵다. 또한, 유럽 등 일부 자국에서 전투기를 개발하는 나라를 제외하면, 실제로 판매 가능한 국가는 매우 적어진다. 그럼 시장 진입의 가능성은 없는가? 아니다. 답은 명확하다. 비슷한 성능에 낮은 가격, High-Medium-Low 등급간 간격의 적정 가격격차 유지이다. 무기체계의 거래는 정치관계의 연장선이기 때문에 누구에게는 팔 수 있지만, 누구에게는 팔 수 없다. 이런 이유로 수출시장의 틈새를 공략하기 위한 적정 성능에 적정 목표비용 설정이 중요하다.

성능이 좋다고 시장에서 팔리는 것이 아니다. 고객의 최소 목표를 달성하면서 구매비용과 운영유지비용이 저렴한 무기체계는 시장의 변화에도 경쟁력을 유지할 수 있는 유일한 방안이다.

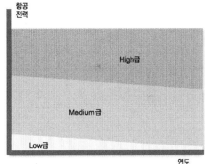

2050년까지 세계 전투기 시장예상

이러한 이유로 전투기 목표성능은 적절한 수준에서 비용과 절충되어야 한다.

# 비용 추정(Estimating Cost) 하기

4-46

비용 관리를 위해서는 요구도에 따른 설계를 수행하고, 설계결과에 따른 비용을 추정한 후 비용분석결과를 바탕으로 요구도와 설계를 조정하는 일련의 과정이 필요하다. 이러한 과정을 원활히 수행하기 위해서는 비용추정(Estimating Cost)이 필요하다. **비용추정은 일종의 미래예측이다.** 아무도 미래를 알 수 없듯이 정확히 비용추정을 하는 것은 쉬운 일이 아니다. 하지만 관련성이 높고, 신뢰성 있는 많은 정보를 바탕으로 판단할 경우 보다 높은 정확성을 보일 수는 있다. 체계의 각 단계에서 개발에서도 정도, 구체화 수준 등에 따라 사용할 수 있는 방법들은 아래를 참조한다. 전문가 추정법은 자료획득이 제한될 경우 관련 전문가들의 의견을 통해서 추정하는 것으로 정량화의 신뢰성이 낮고 복잡한 체계 적용에 한계가 있다. 유사장비 추정법은 유사장비의 사례를 통해 추정하기 때문에 단순하게 저비용으로 추정할 수 있으나, 동일한 조건으로 산출되는 것이 아니기 때문에 제한이 많다. 매개변수 추정법은 이전사례, 통계적 자료 등을 통해 획득되거나 추정되는 매개변수를 기반으로 추정하는 것으로 입력데이터의 질과 양에 따라 정확도가 차이가 발생하지만, 적용이 용이하다. 공학적 추정법은 세부 실적 자료 등을 통해 추정되기 때문에 정확도는 높지만, 신뢰할 수준의 데이터 가용 시점이 제한되고, 추정 시 장시간/고비용이 필요하다. 보외 추정법은 특정지점의 정보를 통한 추세 분석으로 최종지점을 예측하는 추정하는 것이다.

일반적으로 전투기와 같은 무기체계 획득 시 사용되는 비용추정 기법은 해당 프로젝트가 성숙되고, 더 많은 정보가 구체화됨에 따라 전문가나 유사장비 추정법, 매개변수 추정법, 공학적 추정법 순으로 적용된다. 전문가나 유사장비 추정법은 아직 체계가 완전히 정의되지 않는 경우 프로젝트 개념을 잡을 때 적용이 적합하다. 이를 위해서는 비교 평가할 수 있는 유사체계가 있다는 가정이 있어야 한다. 이후 프로젝트가 탐색개발이나 체계개발로 구체화되면, 매개변수 추정법을 적용한다. 공학적 추정법은 설계가 확정되고, 보다 세부적인 기술 및 비용 자료를 가용할 때 적용되기 때문에 체계개발 및 초도 양산(Low Rate Initial Production) 후기에 적용된다. 후속 또는 완전 양산(Full Rate Production)에는 실제 비용을 기반으로 비용을 추정할 수 있다.

비용 추정 시에는 전산모델을 이용해서 보다 체계적이고, 용이하게 비용을 추정할 수 있다. 여기에서는 **전산모델인 PRICE를 통한 비용분석을 중심으로 설명**하도록 하겠다. PRICE(Parametric Review of Information for Costing and Evaluation)모델은 1970년대 Frank Freiman에 의해서 제안된 기법을 기반으로 제작된 모델이다. 초창기에는 하드웨어 체계에 대한 획득 및 개발비용 예측모델로 개발되었으나, 현재는 장비의 기술적, 물리적 특성 및 운용환경 자료, 과거 유사장비의 비용실적으로부터 산출된 경험적 요소를 반영하여 연구 개발, 양산 및 운영유지비용을 추정할 수 있는 소프트웨어로 발전되었다. 현재는 하드웨어 개발 및 양산비용 추정 시 주로 사용하는 PRICE H 모델, PRICE H모델 자료를 기반으로 하드웨어 운영 유지비를 추정하는 PRICE HL 모델, 소프트웨어 비용을 추정하는 PRICE S 모델, 전자부품 비용을 추정하는 PRICE M, 총수명주기비용을 추정하는 PRICE TOC 모델이 있다. 매개변수 추정의 원리는 과거 경험자료를 바탕으로 설정된 비용추정 관계식에 따라 비용을 추정할 수 있는 것을 전제로 하고 있다. 이는 **회귀분석 및 학습효과 이론을 적용하여 과거 경험자료를 바탕으로 매개변수를 추정하여 비용추정관계식을 찾아내고, 이를 기초 하여 비용을 추정**한다. 비용추정 관계식은 기본적으로 중량과 제조복잡도를 기반으로 1차 추정하고, 신규설계비율, 학습률, 기술성숙도 등을 토대로 2차 추정하며, 국가구매력지수, 원가지표(노무비, 재료비 등), 물가 등을 통해 3차 추정하여 최종적인 비용을 추정한다.

　PRICE모델 활용 시 **입력 매개변수에 대한 통제와 일관성, 객관성, 타당성 유지가 중요**하다. PRICE모델을 통한 비용추정 시에는 과거의 실적비용데이터를 기반으로 추정하지만, 실적이 없는 경우 모델이 입력된 유사데이터를 사용할 수 있으나, 신뢰도는 낮을 수 있다. PRICE H모델은 개발 및 양산비용을 추정하는데 활용된다. PRICE H모델은 중량, 제조복잡도, 신규설계비율, 학습률, 환율, 노무비, 재료비, 국가구매력지수 등을 입력하면, 개발 및 양산비용을 산출할 수 있다. 이를 기반으로 요구도나 설계, 생산방식의 변경에 따른 영향성을 판단할 수 있는 자료를 산출할 있다.

　PRICE HL모델은 PRICE H모델을 통한 체계개발비용, 양산비용을 활용하여 운영유지비를 산출할 수 있으며, 이를 활용해 최적의 정비개념 도출을 위한 판단자료를 도출할 수 있다. PRICE HL모델은 신뢰성(MTBF), 정비성(MTTR), 정비개념(부대/야전/창정비), 부대배치, 물가상승률 등을 입력하면, 시험장비 유지비, 수리부속 획득비, 보급행정 목록화 유지비, 정비인건비, 외주 정비비 등을 산출할 수 있다.

　비용추정을 하기 위해서는 **비용분할구조**(EBS ; Estimating cost Breakdown Structure 또는 CBS ; Cost Breakdown Structure)를 작성해야 한다. 비용분할 구조는 작업분할구조(WBS)를 기준으로 비용을 추정하기 위한 구조이다. 주의해야할 사항은 WBS를 구체화하지 않거나, 분할 수준을 너무 낮게 잡은 경우 WBS, EVMS, CAIV, 비용추정이 모두 따로 돌아가서 이를 일치화 하려면 현장에서 많은 혼란과 불필요한 일을 만들 수 있다. 또한, 과거 사례를 활용 시에도 과거의 비용분할구조나 WBS가 모두 일치하지 않기 때문에 이를 어떻게 일치화 시킬지 고민이 필요하다. 비용분할구조가 구축되면, 기본 자료와 과거비용 자료를 수집하여 비용추정 관계식을 보정하고 입력할 매개변수를 결정해야 한다. 초기에 입력된 매개변수를 통해 비용을 추적하고, 추정결과의 타당성을 검증하여 모델을 보정하거나, 매개변수를 수정하여 예측의 신뢰도를 높이는 작업을 수행한다. 최종적으로 모델에 대한 검증이 완료되면, 개발이 진행 간 발생하는 실제자료를 기반으로 프로젝트 순기에 따라 비용추정을 통해 비용의 변경을 추적하고, 추정할 수 있게 된다. 비용추정의 결과는 설계방안에 대한 경제성 평가와 비교연구, 제안서 작성 및 평가, 협상 시 활용하여 개발 또는 구매 시 합리적인 판단의 근거로 활용할 수 있고, 신규 요구도 및 요구도의 변경의 타당성 판단과 개발 및 양산비용, 총수명주기 비용에 대한 합리적인 판단의 근거를 마련할 수 있게 된다.

# 형상(Configuration) 관리하기

**형상관리**는 미국 국방성 규정(DoD Regulation 5000.2-R)에 따르면, 체계 제품들, 공정들과 관련 문서화를 통제하는 과정이다. 형상관리는 프로젝트가 요구하는 형상을 만들면서 중앙통제적 관리를 위해 형상을 식별하고, 이를 통제하고, 그 결과를 확인한 후 총수명주기동안 관리되도록 유지하는 일련의 활동인 것이다. 세부 **형상관리 내용은 MIL-HDBK-61 (Configuration Management Guidance)을 참고**한다. 형상관리 업무는 **형식식별**(Configuration Identification), **형상통제**(Configuration Control), **형상유지** (Configuration Status Accounting), **형상 검증 및 감사**(Configuration Verification and Audit), **자료관리**(Data Management)로 구성되어 있다. 형상 관리 업무는 선행연구, 탐색개발, 체계개발, 양산, 운영유지 간 제품의 기획과 폐기까지 모든 단계에서 이루어져야 하는 활동이다. 형상관리를 수행하게 위해서는 형상관리 및 계획을 수립해야 한다.

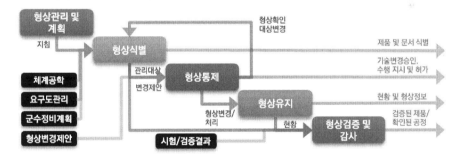

**형상식별**은 체계와 구성품의 물리적이고 기능적인 특성을 문서화하고, 정부와 계약자 형상통제를 위한 기준을 설정하며, 형상유지 데이터베이스를 생성하면서 형상확인과 감사를 위한 문서화를 제공하는 것이다. 형상식별 대상을 선정하는 것에 대해서 현실 세계에서 많은 오해가 있다. 형상식별이라는 개념때문에 일부에서 형상식별 대상만이 형상을 관리하는 것이며, 반대로 그 외에는 관리하지 않아도 되는 것으로 인식된다. 하지만, MIL-HDBK-61에서 말하듯이 형상관리의 대상은 최하위 수준의 볼트, 너트, 나사와 같은 하드웨어와 최하위 수준의 소프트웨어를 포함한다. 다만, 프로젝트 계약 시 모든 구성품에 대한 통제 권한을 가진다는 것을 의미하는 것은 아니며, 공급망 또는 표준화 절차에 따라 다른 조직에서 각 부품에 대한 책임이 있다는 것을 의미한다. 다시 말해 표준화된 볼트, 너트와 같은 품목은 해당 프로젝트 관리자의 통제가 아니라 표준 품목 관리자에 의해서 통제 받아야 하며, 모든 구성품과 소프트웨어는 정부와 같은 최상위 관리자가 아니더라도 계약자나 하위계약자 등에 의해서 형상관리를 받아야 한다는 것이다. 형상식별은 계약자가 모든 수준에서 형상 문서와 구성품을 정의하고 기준화 하는 강력한 형상식별활동을 수행하도록 하며, 이중 일부는 계약에 따라 정부 형상관리로 관리될 수 있다.

**형상통제**는 기술적, 작전적인 요청에 따른 기술변경(Engineering Change) 요청을 받아 형상관리 권한이 있는 기관(정부 등)에 변경 및 완화, 면제에 대한 승인을 수행하는 일련의 활동이다. 형상통제는 체계의 요구도 변경과 이에 따른 설계의 변경사항의 추적성 및 일치성을 확보하기 위해 이루어지는 활동이다. 형상관리 권한은 계약적 관계에서 형성되고, 제한된다. 형상통제의 결과(승인, 거부 등)에 따라 계약자 및 관련 기관에 수행에 대한 지시 및 허가를 하게 된다. 또한, 형상통제 결과는 형상유지를 위한 정보로 제공되어 진다. **형상유지**는 형상관리 동안 발생하는 모든 산출물 자료를 모으고 제공하는 것이다. 형상유지 자료는 데이터베이스로 관리되도록 해 가시성을 제공하도록 해야 한다. 형상통제 결과에 대한 이력을 포함한 현황 및 형상정보를 제공해야 하며 수명주기동안 정보가 중앙통제적으로 관리되도록 해야 한다. **형상검증 및 감사**는 개발완료 후 개발결과가 형상관리를 통해 잘 정리되었음을 권한이 있는 기관으로부터 검증 및 감사를 받는 것이다. 형상검증 및 감사 시 형상의 문서화, 개발품의 시험결과, 물리적 HW나 SW 개발품 또는 대상의 묘사, 생산 지침, 소프트웨어 엔지니어링 환경을 통해 개발품의 설계에 의해 대상의 성능 요구도가 달성 되었는지, 개발품의 형상문서가 정확히 문서화되었음을 확인하는 것이다. 이 과정에서 중요한 것은 형상통제로 변경된 내용이 잘 갱신되고, 제품에 반영되었는지 확인하는 것이다. 프로젝트 관리자는 형상관리가 설계, 검증 등 개발업무의 결과이며, 품질관리 기준이고, 양산과 운영유지를 위한 기준점이기 때문에 이에 대한 중요성을 인식해야 한다.

# 기술자료(Technical Data) 관리하기

기술자료 관리는 개발 중 획득되거나, 생성되는 모든 기술자료를 관리하기 위한 기준을 수립하고, 처리절차를 명문화하며, 관리를 위한 전산체계를 구축/운용하기 위한 일련의 과정이다. 특히, 전투기와 같은 대형 체계개발 프로젝트에서는 단일업체나 기관에 의해서 수행되는 것이 아니라, 많은 산업계, 학계, 연구소가 참여하는 복잡한 형태를 취하게 된다. 따라서, **통일된 기술자료에 대한 관리지침이 반드시 필요**하다. **기술자료 관리의 핵심철학은 모든 자료는 중앙통제적으로 관리**되어야 한다는 것이며, 자료의 가치에 따라 차등관리하고, 현황을 가시적으로 즉시 보일 수 있도록 하는 것이다. 프로젝트에서 생성되는 자료에는 획득되는 자료를 사용해서 만들어지는 경우 원천자료에 대한 지적재산권 및 구매국의 수출통제(Export License) 정책을 고려하여 작성/관리되도록 해야 한다. 또한, 기술자료는 국가안보와 관련 있는 핵심자료이기 때문에 **취급과 관리 시 보안은 필수**적인 요구 조건이다. 기술자료 중 규격서와 도면은 특히 중앙통제적 관리를 통해 통제되어야 하며, 형상통제 결과를 기준으로 현장에 배포 적용되도록 체계적인 관리가 필요하다. 이는 형상변경으로 인한 추적성을 유지하면서 양산품질을 확보할 수 있도록 하는 장치이다. 예를 들어 생산현장에서 부품이 장착이 안되거나, 공차가 맞지 않는 등 규격서나 도면의 오류를 확인한 경우 형상변경을 하지 않고, 생산을 지속할 경우 불필요한 불량발생으로 인한 실패비용이 증가할 수 있다. 이런 이유로 공정중지명령(Engineering Stop Order)를 통해 공정을 일시 중지 후 형상변경이 변경된 규격서나 도면을 기준으로 작업 재개해야 한다. 규격서나 도면의 관리는 통일된 지침을 적용하고, 현장의 혼선을 회피하기 위해 형식(Format)을 통일시키고, 불확실성이 최소화된 완성도 높게 유지해야 한다. 또한, 업체간 부품과 부품간 치수와 공차가 일치하도록 하고, 최신도면이 체계업체부터 최하위 협력업체까지 적시에 배포/관리되도록 체계를 갖추어야 한다. 이러한 기술자료 관리 시 변경되는 이력이 관리되도록 하여 추적성을 유지하는 것도 신경 써야할 부분이다.

도면 B로 생산하는 거지?

도면이 변경 중인데, 공정은 진행해야 하나?

기술자료는 중앙집권적으로 통제되어야 한다.

# 표준화 및 호환성 관리하기

전투기와 같은 체계는 수많는 부품으로 구성된다. 전투기 체계는 단일 기종으로 운용되지 않고, 실제 현실세계에서는 다기종이 동시에 운용되기 때문에 특정 기종만을 위한 부품 사용은 유지보수성을 저하 시킨다. 이런 이유로 **체계개발 시 부품을 관리하는 지침과 계획이 필요**하다. 부품 관리(Part Management)는 항공기 체계에 사용되는 부품 종류를 최소화하고, 기능과 성능이 입증된 표준품의 사용을 증진하기 위해 필요하다. **표준화된 부품 사용을 장려하는 것은 항공기 체계의 신뢰성, 정비성, 호환성을 향상시키고, 원가절감 및 부품 단종(DMS ; Diminishing Manufacturing Source)의 영향을 최소화**하기 위해서이다. MIL-STD-3018(Part Management)을 근간으로 **부품관리계획**에 따라 부품 관리 및 표준부품을 사용하는 지침을 체계적으로 절차화 하여 관리되도록 한다. 개발자는 **부품선정목록(PPSL ; Program Parts Selection List)**을 통해 설계 시 사용하는 부품 정보와 종류를 통제한다. 개발자가 설계의 편의성 및 체계의 특성을 고려하여 표준부품이 아닌 부품을 설계하거나, 사용할 경우 엄격한 필요성과 유지보수 가능성을 고려하여 결정하도록 해야 한다. 부품관리계획은 항공기 체계의 설계 뿐만 아니라 구성품 설계에 사용될 부품에 대한 지침을 제공해야 하며, 이를 통해 통일된 설계를 수행하여 호환성, 정비성, 유지보수성을 유지할 수 있도록 할 수 있다. 이를 위해 부품선정목록을 관리하는 조직을 구성하고, 관리하도록 해야 하며, 체계 뿐만 아니라 구성품 개발 시에도 동일하게 적용해야 한다. 비표준품이 사용되는 경우는 특이한 요구도에 따라 설계가 불가피하거나, 기존 설계 형상에만 사용되도록 되어 있거나, 군사규격이 상용규격으로 대체되는 경우 등으로 한정적인 경우만 허용해야 한다. 비표준품을 사용하는 경우는 이 부품에 요구되는 물리적 형상, 전기적 요소, 성능, 작동온도, 환경, 재료, 표면처리, 적용 시험요구조건, 공급자 부품번호, 식별코드 등 세부적인 정보를 포함시켜야 대체 공급원을 확보 등을 통해 유지보수성을 확보할 수 있다. 표준품을 반드시 사용해야 하며 비표준품을 반드시 사용해서는 안된다고 말하는 것이 아니다. 중요한 것은 유지보수성을 확보할 수 있는지 여부이다. 이를 위해서는 양산 수량이 많은 경우를 제외하고는 군사규격, 산업표준규격 등을 적용해야 한다. 양산 수량이 많은 업체의 규격, 시장에 통용되는 물량이 많은 규격을 사용할 수도 있다.

# 프로젝트 품질(Project Quality) 관리하기

품질관리에 대한 이론과 인증체계, 품질경영시스템 등이 다양하게 존재하기 때문에 여기서 설명할 것은 품질관리의 기본개념에 대한 이야기를 주로 다루도록 하겠다. 품질이란 기본 특성 및 기능들이 요구도에 충실히 이행하는 수준을 말한다. 프로젝트를 수행할 때의 품질관리(QM ; Quality Management)는 품질에 대한 방침과 목표를 달성하기 위해 모든 조직이 품질관리 절차와 체계를 통해 **품질기획**(QP ; Quality Planning), **품질보증**(QA : Quality Assurance), **품질통제**(QC ; Quality Control), **품질개선**(QI ; Quality Improvement)하는 일련의 활동을 하는 것이다. **프로젝트 품질관리**는 프로젝트 관리와 프로젝트로 만들어지는 산출물을 모두 다루고 있다. 프로젝트 관리는 이 책에서 다루고 있는 비용, 성능, 일정을 만족시키는 일련의 활동이고, 시제품, 규격서, 기준서, 공정서 등 프로젝트로 만들어지는 산출물을 원하는 품질의 성능과 서비스를 충족하도록 하는 것이다. 이전 시대의 품질관리는 제품(Product)에 집중했지만, 현대의 품질관리는 과정(Process)에 집중하고 있고, ISO 9000시리즈나 AS9100 등 품질인증 시스템이 등장하는 것도 이러한 이유 때문이다. 예를 들어 이전 시대에는 제품에 중점을 두기 때문에 검사에 중점을 두지만, 현대에는 제품이 만들어지는 과정에 중점을 두고 예방하는데 중점을 두고 있다.

프로젝트 품질관리에서는 **품질기획**을 통해 프로젝트에서 품질에 대한 정책을 명시하고, **그 정책을 달성하기 위한 조직, 기준, 범위, 도구, 기법, 활동들을 명확히 한다.** 왜냐하면 품질은 사전에 계획되고, 설계되고 만들어지는 것이지 검사를 열심히 한다고 향상되는 것이 아니기 때문이다. 프로젝트 동안 설계 및 개발, 구매, 부품 제작/조립/최종조립을 포함한 시제작, 시험평가 등 단계별 품질보증계획을 작성해야 한다.

**품질보증**은 **프로젝트가 요구도를 만족시키기 위해 요구되는 모든 과정(Process)를 거치도**

295

록 보장하기 위한 계획적이고, 체계적으로 품질활동을 적용하는 것이다. 품질기획 단계에서 수립된 품질보증계획을 기반으로 품질 도구 및 기법을 적용하고, 독립적인 품질 감사(Audit)를 통해 프로젝트 품질 정책과 목표를 달성하기 위한 과정과 절차를 준수하도록 한다. 또한, 이전에 경험한 품질 문제와, 시행착오, 측정이 불가한 사례 등의 과정의 문제들을 개선하고, 문제나 결함의 발생원인을 분석하기 위한 프로세스 분석을 수행한다. 특히 다음단계의 품질통제를 수행하기 위한 품질통제 도구나 기법을 선정하도록 해야 한다. 품질통제는 프로젝트의 결과가 관련 품질기준을 준수하는지를 결정하기 위해 모니터하고, 불만족스러운 결과의 원인을 제거할 수 있는 방법을 식별하는 것이다. 품질통제를 위해 가장 중요한 것은 품질통제의 대상을 명확히 하는 것이다. 품질을 통제하기 위해서는 제품의 특성 중 통제해야 하는 특성이 무엇인지 파악해야 한다. 이는 품질부서의 영역이 아닌 개발부서의 영역이다. 개발품의 품질이 속성(Attribute ; on/off, yes/no 등), 변수(Variables ; 길이, 시간, 무게 등), 영향 원인(특정원인/무작위 원인), 허용오차(Tolerance ; 결과에 대한 통제), 통제한계(Control limit ; 과정으로 통제) 중 어떤 요인에 지배적인지 식별해야 한다. 식별된 특성은 품질측정 기준 형태로 규격서와 도면에 명시하고 제작/생산 중 통제되도록 해야 한다. 품질개선은 품질보증과 품질통제의 일련의 활동이 지속적으로 수행될 수 있도록 하는 것이다. 품질향상의 대상은 제품이 아니라 제품의 개발과정과 생산공정 모두가 해당된다. 각종 품질경영시스템은 품질향상의 목표를 수립하고, 효과적인 개선방안의 선정과 개선효과를 모니터하는 방안들과 도구들을 제시하고 있으므로 이를 활용하여 품질개선을 수행하면 된다. 다만, 품질개선은 품질정책의 방향과 관리자의 의지에 따라 그 성과가 좌우되는 경향이 있다. 품질경영시스템은 고객과 이해관계자의 만족을 향상시킬 수 있는 틀을 제공할 수 있지만, 시행하는 것은 대가와 희생, 노력이 필요하기 때문이다.

프로젝트 품질관리는 품질관리의 영역 뿐만 아니라 일하는 방식, 경영방침, 프로젝트 관리, 형상관리 등 다양한 분야와 관계를 하고 있으므로 이들과 융합할 수 있는 프로젝트 품질관리계획 수립이 중요하다. 왜냐하면 현실세계에는 6시그마, ISO 시리즈, AS9100, CMMI 등 다양한 품질경영시스템이 존재하기 때문이며, 관련 기관, 업체가 채택하는 체계가 다르고, 프로젝트 개발절차도 다양하기 때문이다. 다양한 기법들 중 해당 프로젝트에 적합한 품질관리계획 수립만이 프로젝트 품질관리가 불필요한 노력을 양산하거나, 형식적이지 않게 할 수 있는 최선의 방안이다.

# 공중급유 승인 관리하기

**4-51**

공중급유 승인(AAR[Air to Air Refueling] Clearance)은 국가 내 또는 국가 간 안전하고, 신뢰할 수 있는 공중작전임무를 수행하기 위한 급유기(Tanker)와 수유기(Receiver) 간의 공중급유 승인절차를 명시하고, 준수하여 적합성을 확인 받는 것이다. 공중급유 승인의 목적은 급유기와 수유기 간의 최적의 공중급유 비행영역을 제공하고, 국제적인 공중급유 수행능력을 확장, 확보하는데 있다. 공중급유 승인을 위해서는 **기술적 호환성 평가(TAC ; Technical Compatibility Assessment) 후 작전 호환성 평가(OCA ; Operational Compatibility Assessment)를 수행**하여 공중 급유 승인 가능성을 최종 판단한다. 공중급유 승인절차는 전세계적으로 통용되는 NATO 표준절차인 공중급유 승인 표준문서(SRD ; Standards Related Document)가 존재하지만, 이 문서에서 적시된 바처럼 이 문서의 적용이 의무화되어 있지 않으며, 각 국가의 절차가 있다면 그것을 적용한다.(즉, 미국 SRD, 프랑스 SRD 등 국가별 SRD로 적용함)

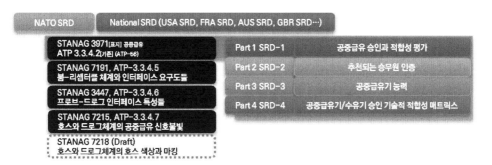

기술적 호환성 평가는 공중급유 승인 평가에서 가장 중요한 요소로 **항공기 기술자료 및 제원(STDS ; Standardized Technical Data Survey)를 기반**으로 **공중급유 체계, 기계, 연료, 승무원, 구조, 외부조명 및 마킹, 공력, 통신, 비행제어, 시험, 유압 및 공기역학, 형상통제, 전기 및 전자기환경영향에 대한 평가**를 수행한다. 기술호환성 평가는 공중급유에 대한 요구도를 명확히 하고, 분석하며, 지상 및 비행시험을 통해 그 적합성을 입증하는 과정이다. **작전 호환성 평가**는 기술호환성 평가결과를 바탕으로 임무환경 등 **작전 수행**

가능성에 대한 평가를 수행하는 것이다. 작전호환성 평가를 위해서는 작전요원(임무요원)의 자격, 훈련 경력 등의 자료와 정비요원(지원요원) 자격, 훈련 경력 및 정비프로그램, 공역, 작전요원 자격, 항공기 준비상태 등 임무수행 당시의 작전 환경 및 성격을 고려하여 판단하는 것이다. 공중급유승인은 3가지 범주를 가지고 있다. **카테고리 1 (Urgent Request)**은 전쟁 또는 분쟁 상황 등에서 긴급한 요구가 있을 때 사용되며, 제한된 유효기간 내 시험없이 매우 제한된 비행영역에 대해서 허용하는 범주이다. **카테고리 2(Partial Clearance)**는 전쟁 또는 분쟁 상황 등에서 긴급한 요구가 있을 때 사용되며, 제한된 유효기간을 갖고, 일부 시험을 통해서 제한된 비행영역에서 대해서 허용하는 범주이다. **카테고리3(Full Clearance)**는 평시 일반적인 작전상황에서의 요구가 있을 때 사용되며, 완전한 시험을 통해서 전체 작전 비행영역에 대해 허용하는 범주이다.

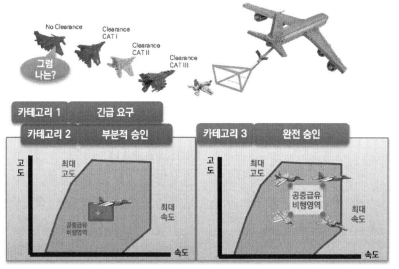

급유기와 수유기는 각각 체계안전에 대한 검증을 완료하였으나, **공중급유 허용은 급유기와 수유기 간의 상호관계이기 때문에 상호가 제공할 수 있는 위험요소에 대한 평가를 수행**한다. 이 위험평가를 통해 급유기가 수유기에게, 수유기가 급유기에게 제공할 수 있는 위험요소에 대한 영향성을 판단하여 제한사항을 설정할 수 있다. 이 제한사항은 최종적으로 비행시험을 통해서 확인되며, 기종별 공중 급유의 제한사항은 상호 인식할 수 있도록 상호 제공된다. 공중급유 승인절차는 자국에 통용되는 절차이면서 타국가 간의 법적, 비용 및 상호이해에 연관되기 때문에 조약이나 협약을 체결하여 상호 간의 책임소재 및 공역지원, 비용, 연료 보급 등 지원절차에 대한 사항이 포함된다.

# TMI : 공중급유 종류

| 급유기(Tanker) | 수유기(Receiver) | |
|---|---|---|
| 붐(Boom) | 리셉터클(Receptacle) | 고정식(Fixed) |
| | | 접이식(Retractable) |
| 드로그(Drogue) | 프로브(Probe) | 연장식(Telescopic) |

## 붐 - 리셉터클

- 붐은 견고한 형태이며, 연장이 되는 튜브형태로 급유통제사가 붐을 조작해 리셉터클과 연결과 해제를 조작해주는 방식임. 견고한 튜브형태이기 때문에 드로그 방식보다 높은 연료 이송률을 가지고 있어 대형항공기에 급유 시 이점이 큼
- 붐은 통산 급유기에 1개만 장착되어 동시 급유는 제한됨
- 적용기종 : F-16, F-15, F-117, F-22, F-35A, A-10

## 드로그-프로브

- 드로그는 유연한 호스 끝에 깔때기가 장착되어 공중급유기로부터 연장되어 프로브가 삽입되어 급유해주는 방식(급유기는 별도의 작동을 하지 않고, 수유기가 조작하여 삽입 수행)
- 다수의 항공기에 공중급유를 동시에 할 수 있음
- 전용 공중급유기 없이 동료항공기가 공중급유를 해줄 수 있음(Buddy Refueling)
- 낮은 연료이송률 때문에 장거리폭격기와 같은 대형항공기에 적용 시 제한됨
- 프로브 형태에 따라 고정식, 접이식, 연장식으로 구분됨
- 고정식 프로브 : 항공기 외부로 프로브가 노출된 형태로 구조가 단순하지만, 항력 증가와 조종사 시야 제한이 생김(적용기종 : Rafale, Mirage, F-5, A-4, M346, Harrier, Tornado)
- 접이식 프로브 : 평소에는 프로브가 외부로 노출되어 있지 않지만, 공중급유 시 펼쳐지는 형태로 평시 항력증가와 조종사 시야제한이 없으나, 작동장치가 필요함(적용기종 : F-35B/C, F-18, F-14, MIG-29, EF-2000, Tornado, Harrier, X-32 )
- 연장식 프로브 : 프로브가 전기나 유압에 의해서 직선으로 연장되는 형태로 평시 항력증가와 조종사 시야제한이 없으나, 전기나 유압장치가 필요함(적용기종 : JAS-39, V-22, MH-47, MH-60. 통상적으로 회전익항공기에서 사용됨)

# 리스크(Risk) 관리하기

4-52

프로젝트 관리에서 다루는 중요사항 중 하나는 위기(Risk, 리스크) 관리이다. 여기에서 다루는 Risk는 MIL-STD-882에 따른 체계안전(System Safety)분야에서 사용하는 Hazard, Risk 등 영어 단어는 동일하지만, 이 분야에서 다루는 의미와 범위가 다르다. 이 장에서 다루는 Risk의 정확한 의미로는 '위기(危機, 위태로운 기회, Crisis)'로 해석하는 것이 좀 더 정확한 의미이다. 여기에서 리스크 관리는 프로젝트의 긍정적 사건의 영향 및 가능성을 증가시키고, 부정적 사건의 영향 및 가능성을 감소시키는 것이기 때문이다. 프로젝트의 리스크 관리를 체계적으로 수행하기 위해서 리스크 관리계획(Risk Management Plan)을 작성한다. 이 계획에는 어떻게 리스크를 구조화하고, 프로젝트 수명주기 동안 수행할지를 기술한다. 리스크 관리계획에는 관리방법론, 역할 및 책임, 예산, 시점, 회의체, 관리한계와 허용한계, 위기평가 매트릭스 등이 포함된다. 위기를 구조화하기 위해서 리스크 분할체계(Risk Breakdown Structure)를 사용해 WBS별로 리스크 항목을 식별하고, 관련 통제, 감시를 수행하게 한다. 리스크 분할체계에는 요구도/소요기술/인터페이스 성능/품질과 같은 기술적 리스크, 협력업체/법률이나 규제/시장/고객/기상 등 외부환경적 리스크, 자원/예산/인력 등 조직적 리스크 등이 포함될 수 있다. 리스크 중 가장 위험한 것은 리스크를 모르는 것(Unknown is Risk)이다. 리스크를 모르면 조치를 취하거나, 관리, 감시할 수 없기 때문에 관리의 핵심은 리스크를 식별하는 것이다. 리스크 식별(Identify Risks)에는 관련 전문가에 의한 브레인스토밍, 델파이(Delphi, 예측하고자 하는 문제에 대하여 전문가들의 의견을 유도하고 종합하여 집단적 합의를 도출해 내는 연구기법), 면담 등에 의한 정보수집, 이전사례 분석, 원인-효과(Fishbone)이나 영향(Influence) 다이어그램과 같은 도식화(Diagram) 기법, SWOT(Strengths, Weakness, Opportunities, Threats)분석들이 사용된다. 식별된 리스크는 긍정적 또는 부정적 영향을 미치는 사건이나 조건을 목록으로 정리하며, 정성적인 분석을 통해 우선순위를 부여하고, 정량적 분석을 통해 달성가능한 목표를 구체화, 관리 및 감사방안을 선정하여 수행한다. 분석된 리스크 사건이나 조건은 적절한 대응을 통해 리스크의 크기를 감소시키거나, 리스크 발생확률을 줄일 수 있는 조치를 취한다. 리스크 조치에는 부정적인 리스크는 회피, 전가, 완화, 수용하고, 긍정적인 리스크는 활용, 공유, 증대, 수용한다. 리스크는 프로젝트 내 지속 식별, 추적, 대응하도록 해야 한다.

# 공급망(Supply Chain) 관리하기

4-53

공급망 관리는 사용자의 요구도를 충족하면서 공급망 전체의 이익을 최대화하기 위해 직·간접적으로 프로젝트에 참여하는 모든 관계자들의 자산, 제품, 정보, 자금의 흐름을 관리하는 것이다. 공급망 흐름의 설계와 관리는 공급망 뿐만 아니라 프로젝트의 성공과 밀접한 관련이 있다. 프로젝트에 필요한 단위 자원들이 적시에 공급되지 않거나, 낮은 품질의 제품이 제공되는 경우 프로젝트 전체에 영향을 미치기 때문이다. 공급망에 대한 접근은 거시적인 전략 및 설계를 통한 큰 그림에서 공급망을 계획하고 운용하는 단계로 구체화된다.

**공급망 전략 및 설계단계**는 프로젝트의 성격 뿐만 아니라 마케팅 및 가격정책에 의거하여 공급망을 어떻게 운영할 것인지에 대한 전략을 수립하고, 설계하는 것이다. 전투기와 같은 무기체계를 한 국가안에서만 조달, 제작, 생산, 납품한다면, 이러한 전략은 무의미할 수 있다. 하지만, 현실 세계에서는 수출을 고려하지 않을 수 없고, 국가의 전략에 의한 접근, 국가 간의 외교관계, 전략물자의 취급, 기술보유 수준 등에 따라 다양한 교류와 유통, 협력이 이루어지기 공급망에 대한 전략적 접근이 필요한다. 공급망 전략은 공급망을 내부에서 조달할지 외부에서 조달하지, 재고를 많이 유지할지, 재고를 줄이고 적기에 소량 공급하도록 할지, 수송수단을 어떻게 할지 등을 결정하는데 영향을 주게 된다. 공급망 전략에 따라 공급망의 시설, 설비, 재고, 수송, 정보, 외주결정, 가격결정에 대한 설계를 수행한다. 공급망 설계에 대한 의사결정은 장기적인 관점에서 이뤄지므로 때문에 짧은 기간에 변경하기에는 너무 많은 비용이 소요된다는 것을 명심해야 한다. **공급망 계획단계**는 설정된 공급망 전략에 따라 제약되는 조건들을 고려하여 공급망의 능력을 고려한 구체화된 계획을 수립하는 것이다. 예를 들어 보유하고 있는 큰 창고가 없고, 적기 생산가능한 능력 있는 하도급자가 많은 경우 적기공급생산(JIT ; Just in Time)을 고려할 수 있다. 공급망 계획에는 어느 지점에서 공급받을지에 대한 결정, 생산하청 계약, 재고정책 등 결정을 포함한다. 공급망 계획 시에는 특정 기간에 공급망이 수행해야 하는 능력에 대한 매개변수들을 설정한다. 주문량, 설비, 재고, 수송, 정보, 외주결정, 가격결정 등은 공급망에 대한 정책과 능력에 영향을 미친다. 예를 들어 일반적으로 공급망은 주기적인 사이클을 통해서 공급되는 프로세스와 푸쉬(Push)-풀(Pull) 관점에서 주문 및 주문 예측에 의한 수행하는 프로세스로 구분되지만, 전투기 프로젝트에서는 주문 생산 방식이고, 생산량이 많지 않아 주기적인 사이클로 계획을 수립한다. 또한, 공급망에서 각 이해관계자들의 공급 능력에 대한 명확한 판단이 필요하다. 잦은 생산 중단, 낮은 수율(Yield, 투입수에 대한 완성된 양품의 비율), 낮은 품질, 제한된 가용량 등 예측되지 않는 불확실성이 발생할 수 있는지에 대한 판단이 필요하다. 특히, 공급망 계획단계에서 수요의 불확실성, 환율, 시장상황, 대외안보여건 등의 의사결정을 고려해야 한다. 다만 이 단계에서 불확실성이 존재하기 때문에 유연성을 확보할 수 있도록 해야 한다. 예를 들어 전투기 체계를 구성하는 구성품을 대상으로 장납기 품목, 선행관리 품목, 일반품목으로 차등하여 구분하고, 개발 일정 준수를 위한 상세 일정계획을 수립하여 일정위험관리를 수행한다. 분류기준은 해당 장비의 개발에 소요되는 기간, 항공기 시제작을 위한 필요한 시점을 고려하여 설정한다. 이때 초기 제작되는 부품의 품질수준을 고려하여 적정 재고를 고려해야 한다. 또한, 전투기 체계업체는 국내외 협력업체가 담당하는 품목에 대한 적기 양질의 부품을 공급받기 위한 체계를 구축해야 한다. 이러한 공급망 체계는 품질, 형상, 위험, 인력, 계약, 일정, 의사소통, 요구도, 보안 관리 등을 확보하고 유지해야 한다. 이러한 체계는 협력업체 선정 시 부터 계약조건을 3S형태(규격[Specification], 작업명세서[SOW ; Statement of Work], 공급자데이터요구목록[SDRL ; Supplier Data Requirements List])로 명확히 하여야 한다. **공급망 운영단계**에서는 개별 주문이나 계약에 따른 의사결정을 수행하는 단계이다. 이때는 공급망 형태는 고정되어 있고 계획 및 정책이 수립되어져 있기 때문에 해당 사항을 최적으로 처리하는 것이 최대의 목표이다. 이 단계에서는 개발 재고와 생산량을 할당하고, 운송 및 수송수단을 할당하며, 보충 주문을 수행하는 일련의 업무를 수행한다.

# 기술성숙도 평가(TRA) 하기

기술성숙도 평가(TRA ; Technology Readiness Assessment)는 무기체계와 같은 제품개발에 소요되는 핵심기술요소가 어느 정도까지 완성할 수 있는지 기술수준을 정량적으로 평가하는 방법론이다. 핵심기술요소(CTE ; Critical Technology Element)는 무기체계 개발 시 성능·비용·일정 등 개발 목표를 충족하는데 결정적인 개발 위험을 초래할 수 있는 기술요소를 말한다. 핵심기술요소의 기술수준은 기술성숙도 수준(TRL ; Technology Readiness Level)으로 표현하고, 수준1부터 수준9까지 9단계로 구분되며, 아래와 같이 각 단계별 해당 단계를 충족하기 위한 요구사항이 정의되어 있다. 기술성숙도 수준이 높을수록 제품개발 시 개발위험이 줄어 요구되는 성능·비용·일정 내 개발될 수 있을 것으로 예상된다는 벤치마킹이다. 기술성숙도 평가를 위해서는 제품개발에 필요한 선호되는 설계 및 권장되는 위험완화와 같은 실제 기술개발 위험에 대한 심도 있는 분석을 수행되어야 한다.

| TRL | 단계별 요구사항 정의 | TRL | 단계별 요구사항 정의 |
|---|---|---|---|
| 1 | 기본원리를 얻었거나, 보고할 수 있는 이해단계 | 6 | 유사 환경에서의 체계와 구성품 모델 또는 시제품 시연 단계 |
| 2 | 기술 개념 형성 및 응용분야 식별단계 | 7 | 운용 환경에서의 체계 시제품 시연 단계 |
| 3 | 분석적이고 실험적인 주요 기능 또는 특성에 대한 개념 입증 단계 | 8 | 시험과 시연을 통한 실제 체계 완성 및 검증 단계 |
| 4 | 실험실 환경에서의 구성품과 실험모형(Breadboard) 확인 단계 | 9 | 성공적인 임무 운용을 통한 실제 체계 입증 단계 |
| 5 | 유사 환경에서의 구성품과 실험모형(Breadboard) 확인 단계 | | |

미국 획득 절차에서 기술성숙도 평가는 기술성숙 및 위험감소단계(TMRR)에서 수행하며, 우리나라는 선행연구, 탐색개발에서 수행하여 수행되는 개발단계에서 다음 단계로 진입 시 개발위험을 벤치마킹하는데 사용한다. 다만, 유의할 사항은 기술성숙도 평가결과 지표는 개략적인 벤치마킹 수준이며, 제품개발 수행여부의 판단과 개발 시 필요한 위험완화 정도를 결정하는 절대적인 요소는 아니라는 것이다. 즉, 프로젝트 관리자는 다음단계 진입 판단 시 요구되는 기술수준이 도달하지 않았더라도 해당 기술개발에 대한 위험완화(기술개발, 선진업체 기술협력 등), 위험회피(연구개발에서 구매로 전환,

설계방안 변경, 요구도 재검토/변경 또는 완화 등) 등의 위험관리계획을 통한 사전 준비로 원활한 제품개발을 할 수 있도록 해야 한다는 의미이다. 이러한 판단은 기술성숙도 평가의 방법론이 어떻게 제시되었는지를 살펴보면 알 수 있다.

기술성숙도 평가에 대한 개념은 1960년대 미국 NASA에서 등장하여 1970년대 일부 NASA 사업에 적용되었으며, 이후 보완 발전하여 1995년 현재와 같은 기술성숙도 수준 9단계의 정의가 정립되었다. 미국 국방성에는 2001년 지속적인 방위사업 프로젝트의 비용 및 일정증가에 대한 대안으로 기술성숙도 평가제도를 도입하였다. 기술성숙도 수준을 통해 아래와 같은 기술성숙도 수준에 따라 비용과 일정의 증가를 예측할 수 있다. 예를 들어 기술성숙도 수준이 6인 경우 비용은 계획된 비용대로 개발될 수 있으며, 일정은 약간 증가될 수 있다. 반면, 기술성숙도 수준이 3인 경우 비용은 계획된 비용보다 2배로 소요될 수 있고, 기술성숙도 수준이 4인 경우 일정지연은 계획대비 88% 더 지연될 수 있다는 것이다. 주의할 것은 이 추정은 회귀분석을 통한 경험식이라는 것이다. **이 경험식은 미국 NASA 프로젝트를 기반한 것이고, 국가 간의 연구개발 환경과, 제도, 인프라 등에 따라 완전히 다른 결과를 초래할 수 있기 때문에 개략적인 벤치마킹으로만 사용**되어야 한다.

우리나라의 경우 기술성숙도 수준이 4이상 경우 탐색개발에 진입할 수 있고, 6이상

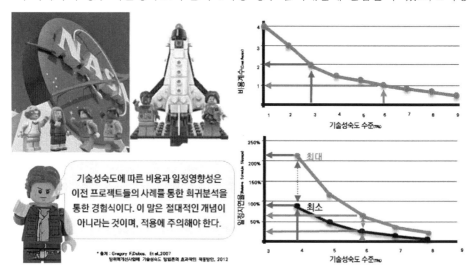

기술성숙도에 따른 비용과 일정영향성은 이전 프로젝트들의 사례를 통한 회귀분석을 통한 경험식이다. 이 말은 절대적인 개념이 아니라는 것이며, 적용에 주의해야 한다.

* 출처 : Gregory F.Dubos. Et al_2007
  방위력개선사업에 기술성숙도 평가론의 효과적인 적용방안, 2012

인 경우 체계개발에 진입할 수 있는 기준으로 판단하고 있으나, 앞에서 언급한 대로 **기술성숙도는 절대적인 기준이 아니다.** 절대적인 판단기준으로 적용이 제한되는 또다른 이유는 핵심기술요소를 선정하고, 이를 평가하는 것이 전문가에 의한 평가로 수행되기 때문

이다. 기술성숙도 수준의 평가는 전문가에 의해서 이루어지는데, 전문가의 경험, 수준에 따라 결과의 신뢰성과 객관성이 결정된다. 프로젝트 관리자는 객관적 평가의 결과를 위해서 핵심기술요소의 분석 및 개발능력에 대한 명확한 식별이 중요하다. 핵심기술요소가 어떤 것인지 식별하고, 최대한 단위 기술요소로 표현되도록 구체화되어야 한다. 핵심기술요소는 개발하고자 하는 제품의 요구도, 기능 및 아키텍쳐, 업무분할구조(WBS)를 기준으로 작성한다. 다만, 기술성숙도 평가를 위해서는 개발 목표에 따른 요구도, 기능, 아키텍쳐로 이어지는 요구도분석이 이루어지는 시점에 수행해야 한다. 요구도가 불분명하고, 아키텍쳐에 따른 인터페이스가 명확하지 않는 경우 제대로 된 평가가 될 수 없다. 요구도분석에 따른 초기 업무분할구조를 기반으로 개발에 필요한 핵심기술요소를 식별하여 맵핑(Mapping)한다. 구조화된 핵심기술요소에 대해서는 전문가와 개발실적, 관련근거에 의한 평가를 수행하여 최종적인 기술수준을 평가하게 된다.

다만, 프로젝트 관리자는 이러한 기술성숙도 평가의 한계도 명확히 이해해야 명확한 방향성을 찾을 수 있다. 기술성숙도 평가는 무형의 기술수준을 정량적으로 평가하는 것이기 때문에 객관성을 확보하는 것이 매우 어렵다. 또한, 핵심기술요소 선정 시 체계통합과 관련된 내용을 반영하는 것이 매우 어렵다. 왜냐하면 체계통합은 특정 구성품을 체계에 통합하는 것으로 요구도 설정-설계-구현-시험의 일련의 과정을 수행하는 능력인데, 기술성숙도 평가는 하드웨어나 특정 구성품을 중심으로 기술성숙을 평가하는 방법이기 때문에 체계통합에 대한 평가는 매우 제한된다. 그리고 기술성숙도 평가기준은 하드웨어 중심으로 되어 있어 전투기와 같은 첨단기술이 적용된 소프트웨어 비용이 높은 경우에 적용이 제한된다. 특히, 평가 기준에 유사환경(Relevant Environment)라는 것은 매우 다양하기 때문에 모호성이 매우 많다. 예를 들어 환경시험 기준과 절차를 제시하고 있는 MIL-STD-810에서 온도, 고도, 습도 등 자연환경과 체계 자체에 만드는 진동, 가속도와 같은 유도환경은 29종을 제시하고 있는데, 어느 정도 유사해야 유사환경으로 판단할 수 있는지 적용 한계가 모호하다. 이런 이유로 프로젝트 관리자는 개발 위험관리의 일환으로 기술성숙도 평가를 활용 하면서도 그 한계성을 동시에 인식하면서 개발계획 수립 시 활용하도록 해야 한다.

# 제조성숙도 평가(MRA) 하기

제조 성숙도 평가(MRA ; Manufacturing Readiness Assessment)는 체계개발 시 미성숙된 제조성으로 인한 양산 프로젝트의 일정 지연, 비용 상승, 품질 저하를 방지하기 위해 성숙도를 확인하는 방법론이다. 제조성숙도 평가는 기술성숙도 수준과 유사하게 주요 체계구성품에 대한 제조성숙도 수준을 평가한다. 다만, 기술성숙도 평가는 개발기술의 생산성과 생산비용, 제조성, 주요 소재 및 부품의 가용성을 미 고려 한다는 한계성을 가지며, 제조성숙도 평가는 이러한 한계점 극복을 위한 대안으로 제시되었다.

제조성숙도 평가의 기본 철학은 무기체계 솔루션 분석단계(우리나라의 소요제기 및 선행연구단계)부터 **제조성숙도 평가 및 위험관리를 위해 체계공학관리계획서(SEMP)에 반영하고, 문서화 하도록 하는 것**과 **동시공학**(CE ; Concurrent engineering) **철학에 따라 제품 설계단계에서 생산성, 제조성 등을 고려하여 설계하는 시스템적 접근방법을 적용**하라는 것이다. 이에 따라 제조성숙도 평가는 국방획득 연구개발 단계의 주요 의사결정단계에서 제조성(Manufacturability) 관점의 평가를 수행하여 제조성을 양산단계가 아닌 개발단계에서 사전에 확보하는 것을 목적으로 한다. 기존에는 연구개발단계에서 개발 체계의 능력 개발(Development) 및 시연(Demonstration)에 초점을 맞추었다. 하지만 이 경우 양산성을 사전에 고려하지 못하는 문제가 있고, 이로 인해 실제 양산에서 많은 설계변경이 불가피하였다. 이를 극복하기 위해 프로젝트 관리자가 체계의 수명주기 동안 제조 및 생산성 위험을 식별하고, 관리하도록 하고 있다. 이에 따라 제조성숙도 평가는 개발기술의 제조 및 생산을 위한 프로젝트의 준비도를 평가하고, 주요 체계요소에 제조 성숙도를 부여하여 제조위험 인자를 확인하여 위험완화계획을 수립시행하기 위한 도구로 활용되도록 하고 있다. 제조성숙도 수준은 제조를 위한 준비상태를 무기체계 획득 단계별로 구분한 지표이다. 개발부터 양산까지 제조성숙도를 10단계로 분류하여 각 단계별 요구도 수준의 충족 여부를 평가하여 다음 단계로 진입 여부를 판단하는 자료로 활용된다. 각 단계별 제조성숙도 수준별 정의는 아래와 같다.

| MRL | 단계별 요구사항 정의 | MRL | 단계별 요구사항 정의 |
|---|---|---|---|
| 1 | 프로젝트 목표 달성을 위한 제조상의 문제점 파악단계(Basic Manufacturing Implications Identified) | 6 | 생산 유사 환경에서의 체계 및 부체계의 시제 생산능력 구비 단계 (System or Subsystem in Production Relevant Environment) |
| 2 | 제조 개념 식별 및 구현 가능성 분석 단계 (Manufacturing Concepts Identified) | 7 | 생산 대표적인 사례의 환경에서 체계, 부체계, 구성품의 생산능력 구비 단계( System or Subsystem in Production Representative Environment ) |
| 3 | 분석 또는 실험실 환경에서 검증을 통한 제조 개념 입증 단계(Manufacturing Proof of Concept Developed) | 8 | 초도양산을 위한 시범라인 입증 준비 단계 (Pilot Line Demonstrated Ready for LRIP) |
| 4 | 실험실 환경에서 생산능력 구비 단계 (Manufacturing Processes in Lab Environment) | 9 | 초도양산능력 검증 및 완전양산 입증 준비 단계 (LRIP Demonstrated Ready for FRP) |
| 5 | 유사 생산환경에서의 구성품의 시제 생산능력 구비 단계(Components in Production Relevant Environment) | 10 | 후속양산능력 검증 및 지속적 개선 단계 (FRP Demonstrated Lean Production Practices in place ) |

제조성숙도 수준을 평가하기 위해서는 9가지 요소(Thread)로 평가를 수행한다. 9가지 요소는 **기술 및 산업기반**(Technology and Industrial Base), **설계**(Design), **비용 및 자금**(Cost and Funding), **자재**(Materials), **공정능력 및 관리**(Process Capability and Control), **품질관리**(Quality Management), **생산인력**(Manufacturing Workforce), **설비**(Facilities), **제조관리**(Manufacturing Management)이다.

앞에서 언급한 것과 같이 무기체계 솔루션 분석단계(소요결정 및 선행연구단계)에서는 제조성숙도 평가계획을 체계공학관리계획서에 반영하고, 기술 성숙도 및 위험 감소 단계(탐색개발단계)가 끝날 때까지 제조 프로세스의 위험이 허용가능한 수준으로 감소되었음을 검증/평가/시연하며 체계개발 및 제조단계에서 주요 제조 프로세스의 성숙도를 평가하여 경제성, 제조성, 생산성을 갖도록 하고 있다. 또한 완전 양산(FRP) 단계에서 제조 및 생산성 위험이 허용 가능한지, 공급업체의 자격 증명이 완료되었는지, 적용 가능한 모든 제조 공정이 통계적 공정관리 하에 있는지 확인하도록 하고 있다.

# 인간공학(Human Engineering) 관리하기

4-56

**인간공학은 인간과 인간이 사용하는 물건과의 상호작용**을 다룬다. 인간공학에서는 인간을 위한 공학이나 설계를 하는 것으로 인간의 행동, 능력, 한계, 특성 등을 고려하여 체계설계, 과업부여, 직무환경 설정 등을 수행하여 인간이 생산적이고, 안전하며, 쾌적하게 작업할 수 있도록 하는 것을 목표로 하고 있다. 전투기와 같은 무기체계 개발 시에도 인간 체계통합은 매우 중요한 요소로 설계와 프로세스 전반에 고려하고 있다. 국방분야의 **인간 체계 통합**(HIS ; Human Systems Integration)은 체계 개발 시 체계의 인간과 인터페이스 되는 부분에 주의를 집중하고, 인력/인사, 훈련, 환경, 안전 및 작업적 건강, 거주성, 생존성 등의 고려사항을 국방 획득 프로세스에 통합하도록 프로젝트 관리자를 지원한다. 프로젝트 관리자는 인간체계 통합계획 및 주요 의사결정과정에서 인간공학분야의 요소를 반영하도록 하고 있다.

인간공학을 체계개발 프로젝트에 반영하기 위해 인간체계통합(HIS) 계획을 수립한다. 인간체계통합 계획은 총수명주기 동안 인간과 기계의 인터페이스를 원활하게 하기 위해 인간 요인(Human Factors)을 체계개발에 반영하는 시스템과 절차, 조직을 반영하도록 계획하고, 이를 체계공학관리계획에 반영하도록 하고 있다. 인간 요인은 체계 운용, 정비 및 유지보수 작업을 수행하는데 필요한 사용자의 인지적, 신체적, 감각적, 집단행동적 능력이다. 인간 체계통합 계획은 체계설계 시 과도한 인지/신체적 또는 감각적 기술이 필요한 체계의 특성, 과도한 훈련 또는 작업부하가 필요한 특성, 임무중요오류를 발생시킬 수 있는 특성, 안전 또는 직업적 건강 위험을 발생시킬 수 있는 특성을 최소화하거나 제거하도록 한다. 특히, 무기체계의 인간공학에서는 사용자의 거주성(Habitability), 인력(Manpower), 훈련(Training), 안전과 직업적 건강, 전투력 보호와 생존성(Force Protection and Survivability)에 중점을 두고 체계설계의 영향성을 판단하도록 하고 있다.

**프로젝트 관리자는 프로젝트에 인간요인을 반영하기 위해 프로젝트 특성에 따라 사용자 모집단의 인적성능(Human Performance) 특성을 정의**해야 한다. 프로젝트 관리자는 체계 요구도의 변동으로 인한 영향을 최소화하기 위해 정의된 사용자 모집단 이상의 특별한 인지/신체적 또는 감각적 기술을 갖지 않도록 해야 하며, 동시에 사용자 요구도를 적절히 수용할 수 있는 사용자 모집단을 합리적으로 선정해야 한다. 예를 들어 한국 내의 사용자를 위한 프로젝트인지, 잠재 수출 시장을 고려하는 프로젝트인지 등의 고려를 통해 사용자 모집단을 선정하고 인적성능 특성을 파악해야 한다.

이를 통해 체계가 사용자의 모집단의 능력을 초과하지 않고, 효과적인 설계를 수행하여 개발소요 자원을 효율적으로 활용할 수 있도록 한다. 특히 전투기와 같은 공중 무기체계의 인간 공학은 극한사용 환경에 노출되기 때문에 사용자와 체계 간 인터페이스를 설계하는데 집중한다. 예를 들어 전투기 설계 시에는 조종사의 인체 치수 범위를 수용하고 측정되고, 통계학적으로 처리된 설계 인체 치수 범위 내의 모든 조종사가 제약 없이 안전하게 운용 가능하도록 조종석 설계를 수행한다. 또한, 조종사가 항공기 조종석으로 진입하고, 이탈하며, 비상탈출하기 위한 설계를 수행한다. 조종사의 전방 시계 및 시야는 MIL-STD-850B을 참조하여 조종사 시야에 간섭을 최소화하고, 주변 조명에 의한 조종사 제한을 방지하도록 하고 있다.

**인간체계통합은 조종사와 같은 운영자, 정비사, 훈련담당, 설계자 등 체계에 다양한 역할을 고려하여 하드웨어, 소프트웨어에 대한 설계 프로세스를 통합하여 체계 성능과 안전**을

**최적화**하도록 하고 있다. 이를 위해 체계개발에 적용하는 프로세스는 통합적이고, 포괄적인 분석, 요구도의 설계와 평가, 체계 인력에 대한 개념과 자원분배, 인력, 안전과 직업적 건강, 거주성을 다룬다. **인간체계통합 계획에는 크게 3가지 핵심 철학이 있다.**

1. 체계설계 시 하드웨어, 소프트웨어 및 사용자 또는 유지보수 인력 간 자원할당이 제대로 되지 않는 사례가 많기 때문에 이상적인 업무할당을 촉진하게 위해 체계개발 초기부터 인간요소를 고려해야 함
2. 성공적인 인간체계통합을 위해서는 조종사와 같은 성능을 중시하는 사용자와 운영 유지를 중시하는 사용자를 함께 프로젝트에 참여 시켜 통합하는 것이 중요함
3. 인간체계통합 요구도를 프로젝트 요구도개발 초기단계부터 고려하기 위해 기능분석을 통한 능력기반 요구도를 개발하여 초기능력 요구서(JCIDS; Joint Capability Integration and Development System)에 반영되어야 하며, 이를 사업 타당성과 체계 성능을 극대화 하고, 체계 설계 후 관리비용을 줄일 수 있음

이런 인간체계통합 계획의 철학을 반영하여 개별 프로젝트의 초기 요구도개발 시부터 인간체계통합 요구도 개발을 수행하여 요구도 반영이 필요하다.

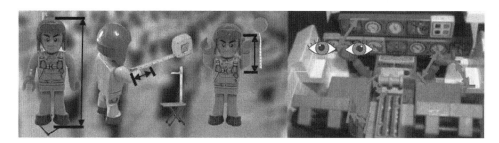

전투기 프로젝트의 경우 인간공학적 설계방안 계획 수립하여 조종실 수용 인체 범위와 치수 측정 항목들을 선정하여 조종사 인체 치수 측정 및 데이터를 확보하여 인간공학적 설계기준 설정하고, 조종실 공간 및 조종사 자세분석을 통해 조종실 요구도 분석을 한다. 구체화된 조종실 요구도는 조종실 최적화 설계결과를 반영한 **조종실 인간공학 설계문서**(CHEDD ; Cockpit Human Engineering Design Documentation)를 작성하여 설계 후 시험 적합성 확인, 조종실 PVI 모의장치 및 지상시험, 구성품 개발에 활용한다.

인간-항공기 인터페이스는 운용 상 허용 가능한 작업부하 수준으로 임무를 성공적으로 완료하기 위해 필요한 모든 제어장치, 표시장치, 정보 및 인간 요구도를 사용자에게 제공해야 한다. 또한, 조종사 체계 통합요구도는 항공기 체계 수준에서 항공전자, 비행제어, 훈련, 지원체계 등과 같은 부체계로 구체화되어야 한다. 정비사는 항공

기 운용 개념에 따라 조종석에서 유지보수를 위한 시현장치를 통해 상태를 조회할 수 있도록 해야 한다. 이러한 능력은 항공기가 특화된 지원장비가 없는 기지에 착륙할 때 매우 유용하다.

항공기 시현장치 제어메뉴는 시현페이지 사이에 일관되게 배치되고 기계화 (Mechanized) 되어야 한다. 이것은 임무계획장비에도 포함되어야 한다. 제어패널과 시현장치 정보에 대한 고정관념이 존재하며, 이는 그럴 만한 충분한 이유가 없는 한 강압적으로 결정되어서는 안된다. **항공기-조종사간 인터페이스를 정의하는 설계지침은 매우 다양하기 때문에 프로젝트의 특성에 따라 적절한 규격을 반영**할 수 있다. 이러한 개발 노력이 덜한 경우 체계의 작동이 어렵거나 조종사의 임무수행 능력에 심각한 영향을 미친 사례가 많다. 항공기-조종사간 인터페이스를 개발 시에는 인간참여모델링 (MITL ; Man In The Loop) 시뮬레이션과 실물 모형(Mock-up)에 의한 평가를 사용해야 한다. 조종사의 평가는 개별적인 주관들이 집단적으로 평가되기 때문에 적절한 성능 측정 기준 개발이 매우 중요하다.

조종사의 평가 시 조종복을 착용한 상태로 엄지 도달거리, 앉은 키, 앉은 상태 무릎 높이/눈 높이/어깨 높이, 가슴 깊이 범위, 어깨부터 팔꿈치 길이, 신발크기 등 다양한 인체특성 범위를 수집한다. 미국 국방성은 남성 조종사 집단을 기반으로 5~95%의 치수를 기반으로 케이스별 치수를 제시하고 적용하였으나, 이는 시간이 지남에 따라 인구의 특성에 다라 달라지기 때문에 설계 시 사용된 추정 인구 인체측정 정보를 지속적으로 반영하여야 한다. 컴퓨터 모델링은 초기 설계 및 평가 시 사용하기 위한 좋고, 저렴한 방법이지만, 실제 사용자 요구도를 반영하지 못하는 경우가 발생하기 때문에 실제평가를 대체하지는 못한다.

# 시제품 제작(Prototype Manufacture) 관리하기

4-57

시제품(Prototype)은 개념이나 프로세스를 시험하거나 실제를 모사해서 학습할 대상의 역할을 하도록 제작된 제품의 초기샘플, 모델을 말한다. 일반적으로 전투기 개발과 같은 기술연구 프로젝트에서는 기술 실증기(Technology Demonstrator)를 통해 새로운 기술 또는 미래의 제품에 대한 개념 증명 및 시연 모델 역할을 하는 시제품을 제공하도록 한다. 대규모 개발 프로젝트에서 시제품은 테스트베드(Testbed)로써 새로운 기술, 구성요소, 과학적 이론 및 계산 도구의 엄격한 실험과 시험에 대한 플랫폼(Platform)과 시제품 개발 환경 역할을 수행한다. 최근 컴퓨터 기술의 비약적인 발전에 따라 물리적 시제품을 제작하는 대신 컴퓨터 모델로 모델링하는 것이 실용화되고 많은 분야에서 활용되고 있다. 다만, 항공분야에서는 여전히 실제시험을 통해 입증하려는 경향이 더욱 강하다. 이는 대기 중의 자연환경을 정확히 모델링하는데 많은 기술적 제한사항이 있는 이유도 있지만, 항공분야의 시험(실증)을 중시하는 전통적인 경향이 모두 작용한 결과이다. 예를 들어 최초의 동력비행기를 만든 라이트 형제는 이론가도, 학자도 아니었지만, 풍동 시험 등을 통한 실증을 통해 비행기를 만들었다. 반면 뉴턴은 그의 역학법칙으로 인해 비행기를 만드는 기초를 제공함과 동시에 '사인제곱법칙을'을 통해 공기보다 무거운 물체는 날 수 없다고 주장했으나, 이는 사실이 아님을 우리는 매일 느낄 수 있는 시대에 살고 있다. 따라서 항공분야 프로젝트에서 반드시 시제품 제작이 필수적인 과정이다. 이러한 항공분야의 특성을 제외하고서도 미국 국방성 획득체계에서는 시제품 제작을 매우 필수적인 과정으로 정하고 있다. 개념 연구부터 기술성숙&위험감소(TMMR 또는 TD)단계에서 시제품 제작에 필요한 적절 시제품 수량을 산정하고, 시제품을 만들어 기술구현에 대한 위험관리와 기술성숙을 확인하고, 기술발

끄응~ 내가 틀렸나? 이론으로 풀기에는 어려운 문제구만…

항공기는 이론보다도 실제로 증명하는 것이 중요하지!!

전 가능성을 가늠하기 위한 도구로 활용하고 있다. 이후 체계개발단계에서 이러한 시제품에 의한 시연(Demonstration)으로 핵심성능지표(KPP)와 일치하는지를 통해 운용능력을 입증하도록 하고 있으며, 시험평가 시 사용자가 요구한 핵심성능이 발휘되는지를 시제품을 통한 시험평가를 통해 최종 확인된다. 이렇게 체계 수준의 시제품을 제작하는 것은 부체계를 통합하고, 상세설계를 수행해 봄으로써 체계수준의 위험을 줄이기 위한 것이다. 부체계가 완전한 통합을 이루지 못하더라도 프로젝트 관리자가 기술적 솔루션(Solution)을 가지고 있을 때 체계통합을 수행할 수는 있다. **시제품을 제작하기 위해서는 구성품(부품) 획득, 부품 장착 공정설계, 조립 및 최종조립 공정설계, 치공구 설계 및 제작 등의 일련의 활동이 체계적으로 이루어져야 한다.** 시제품을 제작하는 이유 중 하나는 이러한 일련의 활동을 수행해 봄으로서 제조성숙도를 평가하고 높일 수 있는 방안을 모색하기 위한 것도 있다. 체계와 같이 구성품(부품)도 요구도 설정, 설계, 개발, 제조공정 설계 및 구현을 통해 구성품을 만드는 일련과 과정을 거쳐 체계로 제공된다. 이렇게 제공된 많은 부품들을 하나의 체계로 조립하면서도 효율적인 업무를 수행하기 위해서 공정을 설계한다.

시제품을 만든다는 것은 체계개발 위험 감소와 제조성숙도 향상, 시험평가를 위한 의미를 갖는다.

공정설계는 제품의 형상을 만족시키기 위한 표준 제조절차 및 방법을 만드는 것으로 이를 위한 제조지침서를 작성, 배포하여 각 부품의 제작과 조립 간의 장착방법을 명시하기 위한 제조문서를 작성하도록 한다. 제조문서를 작성하면서 부품 제작 및 조립단계에서 소요되는 신기술을 식별하여 이를 사전 확보하기 위한 활동을 병행한다. 이러한 행위는 불필요한 업무 방지를 위해 체계개발단계가 진행됨에 따라 설계사양이 확정되는 대로 이루어지는 행위이지만, 동시공학 철학에 따라 설계단계에서도 제조성, 조립성을 고려하도록 노력하며, 신기술 적용 및 확보 가능성을 사전 분석하여 준비함으로써 생산 일정 간 영향이 발생하지 않도록 사전 관리하도록 한다. 제조문서에는 공정에 필요한 제작지원장비, 시험장비, 측정장비나 기구, 치공구, 수공구 등이 포함된다. **치공구**는 다량생산을 위해 제품을 능률적이고, 경제적으로 균일성, 호환성을 가질 수 있도록 작업을 도와주는 특수 기구를 말하며, 이는 일반적으로 **지그(Jig)**와 **고정구(Fixture)**로 구분된다. 지그는 가공할 제품이 일정하게 요구되는 위치로 안내하는 기구와 이 위치로 고정 하는 기구로 구성된다. 고정구는 지그와 유사한 기능을 수행하지만, 절삭이나 구멍을 가공하기 위한 기구가 추가로 사용되는 기구이다. 치공구는 가공에만 쓰는 것은 아니라 조립, 검사, 용접 등에도 사용되며, 모두 반복되는 작업을 정확하게 능률적으로 수행하도록 한다. 치공구 설계는 일반적으로 전산체계를 기반으로 생산하고, 디지털 모형(Mock-up)을 사용하여 실제 제품과의 일치 및 간섭 여부를 사전에 확인하도록 하고 있다. 시제품 생산에 필요한 **제작지원장비**(MSE ; Manufacturing Support Equipment)와 **제작시험 장비**(MTE ; Manufacturing Test Equipment) 등 시제작에 필요한 장비들은 개발되는 구성품과 함께 개발되는 전용장비와 일반적으로 사용되는 공용/상용장비로 구성된다. 전용장비의 경우는 조달에 필요한 시간과 개발에 소요되는 기간을 고려하여 소요 장비 조달을 준비하여야 하며, 공용/상용장비는 적용/측정 가능성을 사전에 확인해야 한다.

 **시제품에는 양산품과 달리 많은 계측센서와 장비가 장착되고 활용**된다. 계측센서는 압력, 하중, 변위, 대기자료, 영상, 디지털신호를 측정하는 계측센서와, 계측된 데이터를 획득, 저장, 전송하는 장비로 구성된다. 항공기 프로젝트는 다른 프로젝트에 비해 몇가지 특징이 있다. 항공기에 장착되는 계측센서는 교환이 가능한 부위에 장착되는 경우도 있지만, 장착이나 조립 후 교환이 불가능한 부위에 장착되는 경우 다중 설치 및 높은 신뢰성을 가진 센서로 장착된다. 항공용 시제기를 활용한 시험에는 많은 자원이 필요하기 때문에 높은 계측센서의 신뢰성과 함께 비행계측에는 많은 노하우가 요구된다. 항공용 시제기는 태생적으로 불완전성을 포함하고 있기 때문에 각종 계측센서로부터 측정되는 정보는 지상의 통제소로 보내져서 실시간으로 관련 엔지니어의 판단을 받도록 하고 있다. 이러한 기능을 구현하기 위해서는 필연적으로 무선 통신기술이 적용되고, 무선통신을 위한 장착장비 및 지상지원장비 등이 필요하며, 동시에 무선 통신을 위한 주파수 확보도 필요하다. 무선통신에 필요한 성능은 계측되는 센서의 종류와 수량과 체계안전과 같은 실시간 계측 필요성에 따라 결정된다. 실시간 계측데이터와 함께 저장된 계측데이터는 항공기에서 다운로드하여 비행 후 분석을 위해 변환과정을 거쳐 활용된다. 이때 저장되는 데이터의 양이 방대하기 때문에 자동분석도구들의 활용이 필요하다.

# 중량 및 평형 관리하기

**중량 및 평형 관리는 전투기와 같은 항공기를 만드는 프로젝트에서 중량은 매우 중요한 요소이며, 동시에 중량이 평형을 유지하도록 하는 것도 지속적으로 관리해야 하는 요소**이다. 중량은 항공기 성능, 비용, 일정에 직접적인 영향을 미치기 때문에 항공 프로젝트 관리의 기술적인 최우선의 관심사 중 하나이다. 초기 중량특성 통제를 하지 않는 경우 프로젝트 후반부에 성능, 일정, 비용문제가 발생할 위험이 크다. 중량특성 통제는 개념 개발 단계부터 시작해서 설계, 개발, 제작, 시험 평가, 운영유지를 통해 지속관리 된다. 개발 중 **중량특성 관리통제 계획**(MPMCP ; Mass Properties Management Control Plan)은 개발 중 항공기 수명시간 동안 항공기를 중량 범위 이내로 유지하고, 균형을 유지하는데 사용된다. 항공기 중량은 개발 중에는 설계변경과 기능 추가 또는 장비 추가에 따라 자주 변경된다. 또한 양산 항공기는 개발항공기와 다르게 다양한 제조 및 생산 성 사유로 개발제품과 차이가 있을 수 있다. 중량특성 관리통제 계획을 통해 총수명주기 동안 발생하는 우발상황, 여유 및 관리 한계를 사용하여 적용할 수 있다. 항공기를 양산 배치 후에도 기술변경, 설계변경 및 장비추가 및 설계개선은 발생할 수 있다. 이 경우에도 정의된 초기 중량관리 목표 내에서 항공기 중량특성을 관리해야 한다. 항공기 중량 특성은 정의된 모든 임무 요구도, 기지 배치 개념과 인터페이스, 필요 정비 형상을 지원해야 한다. 항공기에서 사용하는 중량 관련용어는 다양하기 때문에 용어와 정의를 알 필요가 있으며, JSSG 2001에 따른 분류는 아래와 같다.

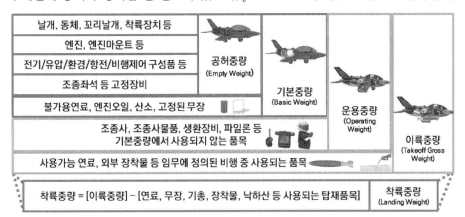

중량특성 관리통제 계획은 체계가 계약 및 성능목표를 달성할 수 있도록 하기 위한
체계의 중량 속성 관리계획이다. 항공 체계와 부체계는 내부적으로 파생된 중량 속성
요구도와 한계를 필요로 하는 중량 속성 계약 한계를 명시적으로 정의한다. 개발을
시작할 때 적절한 중량 요구를 지정하는 것은 성공적인 개발을 위해 매우 중요하다.
항공기 체계에서는 작동 중 탑재된 항공기형상과 연료 같은 유체(Fluid)관리 시스템을
통해 능동적인 중량속성 관리를 구현할 수 있다. 항공기 개발 시 개발 프로젝트에서
엄격한 요구도 수준은 중량 특성 요구도의 중요도(Criticality)에 따라 달라진다. 중요
도에 따라 체계 개발업체/기관은 구성품 개발업체/기관에게 요구되는 중량 요구도를
할당하고, 이를 계약협상에 포함해야 한다. 개념 개발 중 설계 선택 전 예비설계 단계
에서 중량특성 통제는 주로 중량특성을 추정하고, 초기 규격을 설정하는 것으로 구성
된다. 이때 과거 유사품 또는 운영체계 데이터가 있다면, 추정치를 도출 시 매우 유용
하다. 프로젝트가 차츰 진행되어 예비설계(PDR)단계로 진행됨에 따라 보다 엄격한 중
량특성 통제가 수행된다. 일반적으로 중량 관련 기술관리는 기술성능 측정(TPM) 및
중량 성숙도 추적을 통해 여유(Margin) 통제를 통해 구현한다.

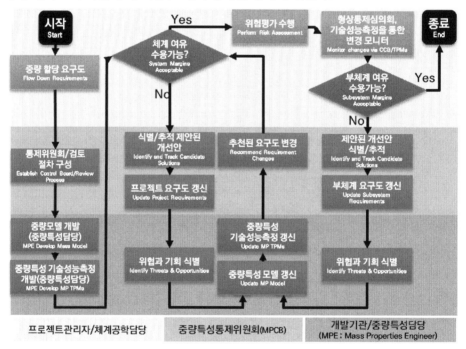

중량통제 절차에는 중량의 요구도할당, 중량성숙도 평가, 중량 경향분석, 중량의 분

석과 시험계획, 중량 절감계획, 중량특성통제위원회 운영계획, 중량 특성 모니터링과 평가, 하위계약자의 중량 관리를 포함한다. **중량 요구도할당**은 정의된 체계 요구도와 같은 외부요인 또는 내부적으로 파생된 체계요구도의 구체화되는 과정(Flow-down)에서 정의된다. 체계요구도는 요구되는 최상위 특성과 성능에 의해서 도출된다. 이러한 체계요구도에 따라 부체계 및 구성품에 대한 중량특성 요구도가 파생되며, 각각 상한값과 하한값을 갖는 방식으로 정의된다. 이 요구도는 하위 구성품의 계약사항으로 적용되며, 추적성을 가지고 관리되도록 해야 한다. **중량 성숙도 평가**는 설계 및 제조 단계별로 예측하고, 요구되는 범주형태의 등급을 할당하며, 이를 각 단계에서 목표 달성을 평가하는 것이다. 중량 성장은 하드웨어의 형태와 설계 성숙도에 따라 달라진다. 이전 프로젝트 등을 참고한 경험과 중요도를 고려하여 체계 개발 단계별 중량성장 허용비율을 결정하고, 이를 달성하기 위한 계획을 수립한다. 계획 수립 시 중량 기준선을 초과할 수 있는 위협(Threats)과 중량을 절감할 수 있는 기회(Opportunities)를 식별하고, 이를 기반으로 예측 중량을 산출한다. 이 과정을 통해 중량 여유(Margin)을 산출할 수 있다. 중량여유의 권장량은 설계 복잡도(신규, 개조, 구매)와 프로젝트 관리자의 수용가능성에 따라 달라지게 된다. 중량여유는 개발 단계별 중량성장 허용비율을 기준으로 평가하여 개발 위험관리를 수행하도록 한다. 이러한 중량 성숙도 평가 과정을 통해 아래와 같은 형태로 기술성능측정(TPM)을 통해 가시적인 관리가 되도록 한다. **중량특성 관리**는 중량특성통제위원회(Mass Properties Control Board)를 통해 관리된다. 이 회의체는 중량 관련 주요한 의사결정과 모니터, 예측, 조정, 평가를 수행하여 중량 관련 개발위험을 관리하는 핵심기능을 수행한다.

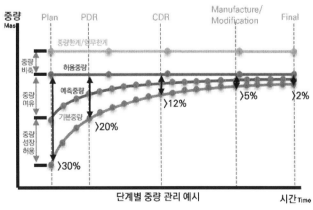

단계별 중량 관리 예시

**중량관리는 관리 행위만으로는 중량이 절감되지 않는다.** 결국은 중량특성담당(MPE ; Mass Properties Engineer)를 포함한 설계 담당자들의 노력이 필요하다. 여러가지 관리 방안들은 이러한 중량 담당자들을 독려하고, 문제상황 인식과 대안마련을 위한 도구일 뿐이다. 설계는 중량에 의해서만 결정되는 것은 아니다. 중량특성은 체계 설계의 과정에서는 수많은 대안들(Candidate Solutions) 중 비교연구(Trade-off Study)를 통해서 이루어진 결정을 지원하는 하나의 요소이다. 이러한 비교연구를 지원하기 위해서는 질량추정관계, 수학적 곡선, 컴퓨터 모델 또는 주요 설계 매개변수와 중량특성을 연결시키는 적절한 수단과 방법, 도구를 개발해야 한다. 이는 체계개발 기관/업체가 하위 계약자를 통제하는 방법으로도 동일하게 적용된다.

**중량분석**은 중량증가 요인을 분석하고, 대안을 마련하는 일련의 과정이다. 중량증가는 대부분의 프로젝트에서 프로젝트 초기에 주로 발생한다. **중량증가가 초기에 주로 발생하는 이유는 설계 성숙도 정보가 부족하고, 하드웨어 완성도를 지나치게 낙관적으로 평가하며, 완전히 정의되거나 이해되지 않는 부체계와 구성품에 대한 요구도 때문이다.** 체계 개발 초기 에는 매개변수에 의한 분석으로 하향식(Top-Down)으로 분석하며, 예비설계(PDR)단계부터 상향식(Bottom-Up)으로 전환하여 분석을 수행한다. 총 중량(Gross Weight)에 대한 영향 분석과 동시에 유체나 개폐되고, 독립적으로 움직이는 부품과 같은 구성품에 대한 영향, 관성 영향 등을 고려하여 정적 또는 동적 평형(Balance), 2차 관성모멘트(MOI ; Moment of Inertia) 요구로를 충족하기 위한 활동을 수행한다. 이러한 활동에는 구성품 배치 및 교환, 평형추(Ballast mass) 장착을 수행할 수 있다. 중량 및 평형에 대한 분석에는 임무 수행 시 체계의 성능을 보장하기 위한 최악의 경우를 가정한 여유, 불확실성, 위협과 기획에 대한 분석이 요구되며, 이를 위한 분석이 가능해야 한다. 중량 및 평형에 대해서는 비행 전 분석, 지상운용 분석, 비행 후 분석 등을 통해 통제 범위 내에 존재함을 시험평가를 통해 확인 받는다. 시험을 위해서는 사전에 시험 형상을 설정하고, 시험절차 및 기록, 지원장비, 측정장비를 문서화할 수 있도록 해야 한다. 중량 및 평형은 주기적으로 측정되며, 기록된 정보는 지속적으로 추적, 관리, 갱신 및 문서화된다. 개발 및 운영유지 단계에서도 지속적인 형상변경, 설계개선 활동 중에도 중량 및 평형에 대한 영향성을 판단 받도록 해야 한다. 또한 개발 후에는 사용자에게 항공기별 중량 및 평형정보와 함께 총수명주기 동안 조건과 형상, 임무별 허용가능 중량 여유를 제공할 수 있도록 해야 한다.

# M&S 관리하기

4-59

M&S(Modeling & Simulation)은 전투기를 만드는 프로젝트를 수행할 때 실제로 개발의 모든 과정을 수행하는 것은 불가능하거나, 너무 비싸고 현실적이지 않기 때문에 관심 영역으로 축약 하여 모델을 만들어 분석을 통해 의사결정에 필요한 정보를 획득하는 방법 중 하나이다. 모델을 만드는 과정을 모델링이라 하고, 모델링을 하는 것은 비슷한 것을 하나로 묶고 분류하며 관계를 설정하는 축약(Abstraction)의 과정이다. 이 축약을 위해서는 일정한 가정과 설정이 필요하며, 이는 불확실성을 내포하게 된다. 시뮬레이션은 모델링을 통해 만들어진 모델을 통해 운용하는 것이다. 시뮬레이션을 하기 위해서는 모델에 입력되는 데이터가 필요하며, 이 데이터는 정확성과 대표성이 필요하지만, 이 역시 불확실성을 내포하고 있다. 이로 인해 의사결정에 필요한 M&S를 적용할 때는 모델링과 시뮬레이션, 입력 데이터를 검증, 확인, 승인하는 과정이 필요하다. **미국 국방성에서는 획득프로젝트를 수행 시 적용되는 프로세스, 제품 및 의사결정을 지원하는데 사용되는 M&S 및 관련 데이터는 검증, 확인 및 승인**(VV&A ; Verification, Validation & Accreditation) **절차를 거쳐야 함을 명시하고 있다.**[DoDI 5000.61/DoD 5000.59 참조]

M&S는 의사결정을 내리기 위한 정보를 수집하기 위해 체계공학에서 사용되는 도구 중 하나이다. 일반적으로 무기체계 획득절차에서 M&S는 요구도(Requirement)를 정의하고, 체계 또는 프로세스를 시험하거나 분석하는데 사용하며, 체계변경에 대한 영향을 예측할 수 있도록 해준다. M&S는 시제(Prototype), 시뮬레이터 등을 활용하여 체계설계에 필요한 데이터를 개발한다. M&S는 실제 시험보다 쉽고, 가용성이 좋다. 반대로 M&S를 개발하는데 노력이 실제시험과 유사하거나, 불확실성이 크다면, M&S를 수행할 이유가 없다.

전투기와 같은 무기체계를 개발할 때 M&S는 아래와 같이 개발단계별로 다양하게 사용된다.

1. 요구도 정의단계 : 실제환경과 유사한 환경을 개발이전에 제공하여 체계의 운용 개념 연구와 요구도를 재설정 시 사용되며, 일정/비용/성능 조정 시 활용
2. 설계단계 : 모의기반 설계(SBD : Simulation Based Design)를 통해 체계 및 구성품의 기본/상세 설계 수행 및 검증
3. 생산/제조단계 : 생산 및 제조, 조립 간 생산성, 제작성, 조립성 등 효율성 증대와 위험요소 제거를 위한 생산자원 분석 및 검증
4. 시험평가단계 : 체계 및 구성품의 각종 SIL(Software in the Loop), MITL(Man in the Loop) 등을 통한 지상 및 비행시험 수행 및 검증
5. 군수 및 훈련체계 개발 : 신뢰성, 정비성, 가용성 및 군수지원체계, 훈련체계개발에 필요한 요구도, 설계, 생산/제조, 시험평가 수행 및 검증

체계개발에서 M&S를 체계적으로 활용하기 위해서는 M&S 기본계획(M&S Master Plan)을 수립하여 M&S 개발, 자원, 조직을 관리하도록 한다. 일반적으로 M&S를 활용하는 것이 실제환경을 조성하는 것보다는 저렴하고, 간편하지만, 검증된 M&S 자원을 확보하는 것은 상당한 노력과 자원이 소요되며, 불확실성을 동반한다. 따라서 기 검증되고, 통용되는 M&S를 적극적으로 활용해야 한다. 다만, 기존 M&S를 사용하기 위해서는 해당 M&S에서 요구하는 데이터를 확보하는 것이 관건이다.

또한, 세계 주요 항공기 및 부품 제작사와 상용 및 자체개발(In House) M&S 도구를 활용하고 있으며, 이는 유사 프로젝트 개발 경험을 포함하고 있다. 이것은 기 검증되어 적용에 용이할 수도 있으나, 새로운 프로젝트에 적용할 때 제한사항으로 작용할 수도 있으며, 수출제한 등의 장애요소로 작용할 수 있음을 주지해야 한다. 이런 이유로 구성품 개발업체 선정 시에는 활용하게 될 자체개발 M&S 도구에 대한 검증여부와 데이터의 유효성 확인, 체계개발의 활용 가능성을 검토해야 한다. 체계 개발 단계별 활용되는 M&S 자원은 하나의 정보체계를 통해 관리하도록 하여 자원의 공유와 재활용성을 극대화하는 것이 중요하다.

# 소프트웨어 개발 관리하기

**4-60**

 전투기와 같은 무기체계 개발에는 많은 종류의 소프트웨어 개발을 포함하고 있다. 무기 체계에 직접 탑재되는 소프트웨어인 내장형 소프트웨어와 무기체계 운용을 지원하기 위한 일반 소프트웨어로 구분할 수 있으며, 여기에서는 주로 내장형 소프트웨어 개발 관리를 설명 하고자 한다. **소프트웨어 개발관리란 프로젝트의 목표를 수행하기 위해 소프트웨어 개발계획 수립, 일정계획, 품질관리, 개발환경, 결함처리 등을 문서화하고 관리하는 일련의 활동**이다. 소프트웨어 개발은 체계개발의 단계에 맞춰 상호보완적으로 이루어지는 과정임과 동시에 하드웨어 개발과 성격이 상이하기 때문에 **소프트웨어 개발계획**(SDP ; Software Development Plan)을 통해 관리한다. 소프트웨어개발계획은 개발프로세스, 접근방법, 요구도분석, 구현 방법론, 인터페이스 관리, 형상관리, 개발환경, 시험방안, 신뢰성, 안전성, 보안, 산출물, 조직, 일정, 리스크관리 등을 포함하며, 프로젝트 관리자에게 관리 방법과 도구를 제공한다.

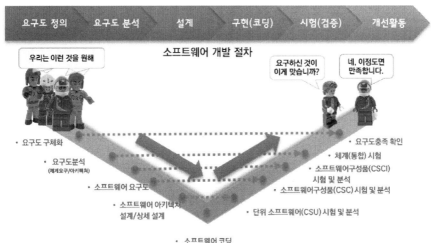

 소프트웨어 개발 프로세스는 하드웨어의 개발절차와 마찬가지로 계획-요구도분석-설계-구현-시험 및 검증-유지보수 순으로 이루어지며, 크게 다르지 않다. 다만, 소프트웨어 개발 에서는 하드웨어의 요구도분석보다 더욱 명확해야 한다. 이는 소프트웨어가 구현되는 컴퓨터 작동원리상 조건의 판단이 Yes or No 또는 0 or 1 이기 때문이며, 요구도와 조건에 따라 그 결과가 명확히 달라지기 때문이다. 따라서 소프트웨어 개발에서 가장 중요한 것은 체계수준 요구도를 충족하기 위한 소프트웨어 요구도를 분석하는 과정이다. 소프트웨어 요구도는 품목, 구성품, 단위 구성품 등의 성능, 하드웨어 능력, 유지보수성, 신뢰성, 안전성, 인간공학, 인터페이스, 보안(Security) 등의 체계 요구도에 따라 구체화된다.

**체계수준의 요구도가 개발단계별로 구체화됨에 따라 소프트웨어의 요구도도 같이 구체화** 되어진다. 각 요구도는 계층적인 문서화(Documentation) 과정을 통해 구체화된다. 소프트웨어 개발에서 요구도 구체화가 가장 중요하지만, 점진적으로 구체화되는 특성 때문에 문서화되는 종류와 수준은 개발 단계별로 달라진다. 체계요구도 분석 시에는 인터페이스 요구도도 포함된다. 인터페이스는 외부 인터페이스(타 체계 간의 관계)와 내부 인터페이스(체계 내의 관계)로 구분되지만, 인터페이스 간에는 주고받는 데이터, 통신방식(무선, 유선, 암호화 등), 프로토콜(통신규칙과 방법), 기타 허용오차 등 호환성 관련 내용을 정의하는 것은 동일하다. 내장형 소프트웨어는 하드웨어의 인터페이스에 따라 관계를 가지기 때문에 하드웨어에 따라 분류될 수도 있지만, 하나의 하드웨어에 여러 개의 소프트웨어가 탑재될 수도 있기 때문에 소프트웨어는 소프트웨어 구성요소 간의 관계로 표현되고 관리된다. 소프트웨어는 최상위 관리대상인 **소프트웨어형상항목** (CSCI ; Computer Software Configuration Item)을 식별하고, 이를 구성하는 요소인 **소프트웨어구성품**(CSC ; Computer Software Component)으로 세분화되며, 이 구성품을 이루는 시험 가능한 최소 단위인 **단위소프트웨어**(CSU ; Computer Software Unit)로 구분해서 계층적 관계를 가지도록 체계적으로 관리된다.

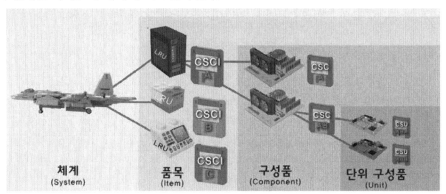

소프트웨어의 구현은 요구도에 따른 개발자의 영역이기 때문에 여기에서는 세부적으로 다루지는 않지만, 프로젝트 관리적 입장에서는 소요되는 노력과 자원의 정도를 판가름하는 영역 정도로 인식하면 되겠다. 왜냐하면 현재는 기술발전으로 코딩하는 방식은 코딩규칙에 따라 정형화되어 있고, 이는 요구도 분석단계에서 요구도들이 명확히 정의되면 자동화 도구들을 사용해서 코딩하는 등 기계적인 형태로 코딩이 이루어질 수 있기 때문이다.

**소프트웨어 시험(검증)은 요구도분석 단계에서 개발된 세부 요구도 기준으로 작성된 요구 명세서를 기준으로 시험을 통해 검증하고 확인하는 일련의 과정**이다. 요구도분석 단계에서 요구도가 계층화 되어있기 때문에 시험은 계층의 하부부터 상부로 이루어진다. 단위 시험-구성품 시험-체계(통합) 시험-인수시험-(수정 시) 회귀 시험(Regression Test) 순으로 이루어진다. 무기체계의 소프트웨어 개발과 시험은 다양한 요구도와 복잡성으로 인해 많은 품질 개선작성이 수행되며, 이러한 개선활동 결과로 **소프트웨어가 수정되면, 반드시 회귀시험을 수행해서 수정으로 인한 영향성을 판단**해야 한다. 소프트웨어에 대한 품질은 정확성(Correctness), 신뢰성(Reliability), 효율성(Efficiency), 보안성, 사용성(Usability), 유지보수성(Maintainability) 등 다양한 측면에서 제시될 수 있으나, 항공 무기체계의 내장형 소프트웨어의 개발 특징을 꼽는다면 안전성, 신뢰성, 보안성이다. 특히 전투기와 같은 **항공 무기체계의 내장형 소프트웨어에는 매우 높은 수준의 안전성을 요구**한다. 안전성을 확보하기 위해서는 각각의 소프트웨어는 요구하는 기능을 정확하고, 일관되게 원하는 정밀도를 가지고 수행할 수 있는 신뢰성을 가져야 한다. 이와 동시에 무기체계가 위협으로 부터 생존과 안전을 확보하기 위해서는 보안성이 요구된다. 지금부터는 무기체계의 내장형 소프트웨어의 안전성, 신뢰성, 보안성을 확보하는 과정을 설명하겠다.

항공 무기체계의 소프트웨어는 높은 수준의 안전성, 신뢰성, 보안성이 요구된다.

소프트웨어의 안전성은 군용항공기 감항인증에서 **MIL-HDBK-516**, 민간항공기는 **RTCA/ DO-178**(Software Considerations in Airborne System and Equipment Certification) 등의 기준을 충족하도록 요구한다. 체계 안전성을 요구하는 개념들에 따라 소프트웨어의 강건성 요구수준이 차등 되어 요구도분석, 구현, 시험 및 검증 등의 과정에서 요구되는 노력과 자원의 수준이 차이가 나게 된다. 소프트웨어의 안전성 평가 방법은 미국 군사규격인 **MIL-STD-882**와 미국 민간기준인 **SAE ARP 4761** 등에 정의되어 있으며, 세부적인 절차는 약간 상이하지만, 안전성을 평가하는 방법(위험요소식별, 위험요소 간 기능-품목 간 상호관계, 치명도, 발생 확률, 결함모드 등을 통한 체계 안정성평가)은 유사하다. 이 방법론 간에는 약간 차이는 있으나, 최종적으로는 **안전성에 미치는 영향 등을 등급을 나누어 각 등급별로 요구하는 산출물과 수준을 차등하여 소프트웨어 개발에 소요되는 자원과 노력을 중요도에 따라 할당하는 효과를 발휘되도록 하고 있는 것**은 동일하다. 체계안전 (System Safety) 부분에서 설명한 바와 같이 **소프트웨어에 대한 안전위험 평가코드**(등급)**는 소프트웨어가 하드웨어 체계와 상호작용을 포함한 엄격한 분석 및 시험을 수행하는데 많은 자원이 소모되기 때문에 소프트웨어 치명도에 따른 자원을 적절히 사용하면서 소프트웨어가 사고에 기여하는 확률을 감소시키라는 의미**이다. 즉, 치명도가 높은 소프트웨어는 많은 자원을 투여하여 엄격한 개발 절차와 분석, 시험을 수행하고, 치명도가 낮은 소프트웨어는 보다 적은 자원을 투여하여 개발 절차와 분석, 시험이 가능하다는 의미이다. MIL-STD-882에 따라 소프트웨어 치명도 지수(SwCI)에 따른 개발 보증수준을 차등 적용한다. 소프트웨어 치명도 지수(SwCI)에 따른 소프트웨어 개발계획에 따라 개발단계별 소프트웨어 신뢰성 확보활동이 달라진다. DO-178에서는 항공기의 등급(엔진 수, 무게)과 결함조건 심각도, 확률 등에서 개발보증 수준(DAL ; Development Assurance Level)이 유도된다. 소프트웨어 치명도 지수(SwCI)와 같이 DAL을 적용하는 경우도 등급에 따라 소프트웨어 안전 노력에 대한 자원할당에 사용되며, 소프트웨어 안전 개발 업무는 엄격도 수준(LOR ; Level of Rigor) 작업 (Task)으로 묶음 업무가 수행된다. LOR 수행결과 안전 중요 소프트웨어에 대한 신뢰에 대한 강건성 수준이 제공된다. 제공된 강건성 수준은 강화 또는 완화되는 소프트웨어 위험도에 따라 필요한 자원을 투입 하거나, 수용하거나 하는 의사결정에 사용된다. 예를 들어 DAL A 등급은 소프트웨어 검증 시 시험케이스(Test Case, 시험 경우의 수)가 많은 변경조건/분기 커버리지

(MC/DC  Modified Condition/Decision Coverage) 방법에 의해서 검증되어야 하며, DAL B 등급은 상대적으로 시험케이스가 적은 분기 커버리지(Decision Coverage) 방법에 의해서 검증되어야 한다. 소프트웨어의 신뢰성 확보를 검증하는 방법은 구현된 프로그램을 실행시키지 않고 시험하는 정적시험과 실행을 통해 요구도를 충족하면서 올바른 품질이 나오는지 확인하는 동적시험으로 구분된다. 정적시험은 프로그램 실행 시 발생할 수 있는 문제를 사전에 확인하는 검증활동으로 체크리스트나 자동화된 도구를 통해 산출물을 검증하다. 동적시험은 **블랙박스 시험(Blackbox Test)**과 **화이트박스 시험(Blackbox Test)**으로 구분된다.

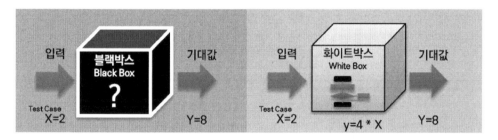

**블랙박스 시험은 요구도를 기반으로 입력이 주어지고, 기대되는 결과가 나오는지를 시험하는 방법**이다. 이는 소프트웨어 내부를 블랙박스 형태로 취급하여 내부 동작은 확인하지 않고, 요구도 및 명세서를 기반으로 인력과 출력에 집중하여 시험한다. 블랙박스 시험의 시험케이스는 동등클래스 분할(Equivalence Class Partitioning), 경계값 분석(BVA : Boundary Value Analysis), 페어와이즈 시험(Pairwise Testing), 상태전이 시험(State Transition Testing), 결정테이블 시험(Decision Table Testing) 등을 통해 만들어진다.

**화이트박스 시험은 시험케이스를 기반으로 입력이 주어지고, 기대한 결과가 나오는지, 정확히 동작하는지를 시험하는 방법**이다. 이는 코드 분석과 프로그램 구조에 대한 지식을 바탕으로 문제가 발생할 가능성이 있는 프로그램 내부를 시험하는 방법이다. 이런 이유로 화이트박스 시험의 시험케이스는 문장 커버리지(Statement Coverage), 분기[결정](Branch[Decision]) 커버리지, 조건(Condition) 커버리지, 조건/분기 커버리지, 다중 조건(Multiple Condition) 커버리지, 기본경로 커버리지, 결정조건 커버리지, 변경조건/분기 커버리지(MC/DC : Modified Condition/Decision Coverage) 등으로 만들어진다.

동적시험에서 가장 중요한 것은 체계나 구성품/단위 구성품을 어느 정도 시험할지를 결정하는 것이다. **소프트웨어 검증에 커버리지(Coverage)라는 표현을 사용하는 것은**

100%를 커버하기 위해서 적용한다는 의미가 아니라 시험케이스를 적절히 선정해서 투입 자원에 대비해서 간접적으로 프로그램의 품질을 측정하기 위해서이다. 시험기법에 따라 시험에 소요되는 작업량, 비용, 시간이 달라지고, 시험 및 검증 효과도 달라진다.

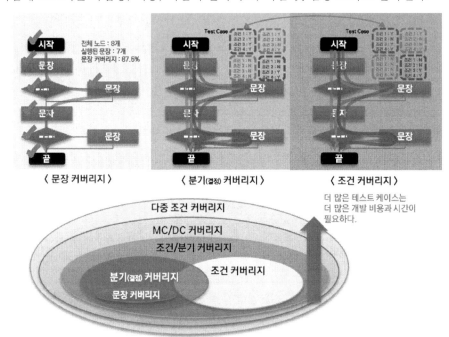

이런 이유로 가장 중요한 것이 소프트웨어 시험 및 검증을 어느 정도 수준으로 할지 결정 하는 것이다. 즉, 어느 정도가 충분히 시험인지를 결정하는 것이다. 예를 들어 문장 커버지리 100%를 적합성 판단기준이라고 했을 경우 모든 문장이 적어도 한 번 씩만 수행되었는지를 기준으로 판단한다. 문제는 문장이 실행되었더라도 분기나 조건이 잘못된 경우는 검증이 무의미할 수 있다는 것이다. 이런 이유로 중요한 것은 해당 프로그램이 어떤 테스트를 수행하는지가 적절한지 판단하는 결정이 중요하다. 다만, 앞에서 설명한 것과 같이 무기체계의 소프트웨어의 경우 안전성 판단에 따른 치명도 수준에 따라 패키지로 시험수준이 제시되어 있다.

소프트웨어 시험수준의 결정과 동시에 중요한 결정사항 중 하나는 **커버리지 부족 발생 또는 시험과정에서 나오는 결함에 대한 소프트웨어 수정이나 보완에 대한 판단기준**이다. 소프트웨어 시험을 통해 100% 커버리지가 미달한 경우 그대로 진행할지, 수정하고 진행할지, 이번 버전은 그대로 진행하고 다음 버전(수정 시)에 반영할지 등에 대한 의사결정 기준을 설정해야 한다. 예를 들어 각 분기(결정 포인트)가 참(True)과 거짓

326

(False)를 적어도 한번 이상 실행시키는 것을 기준으로 하는 분기 커버리지 100%를 적합성 판단기준으로 하더라도 분기 커버리지의 방법론적 한계 때문에 모든 조건 (Condition)을 검증하지 못하며, 실행결과가 체계 임무 수행에 문제를 발생시키지 않고, 다음에 수정해도 문제가 되지 않는 경우는 다음 수정계획에 반영하여 수정할 수 있다는 의미이다. 이런 이유로 중요한 것은 커버리지의 정량적인 숫자가 아니라 그로 인한 영향성의 평가와 평가결과를 바탕으로 한 의사결정이다. 또한, 시험 중 발생하는 결함은 모두 다 수정해야 합리적인 것은 아니다. **소프트웨어 수정과 시험은 많은 시간과 자원이 소모되기 때문에 적정한 주기를 가지고 수정하는 것이 합리적**이다. 이런 이유로 시험 중 발생하는 결함의 중요도와 심각도 등으로 분류하여 합리적인 수정 필요성을 판단하는 기준을 사전에 수립하는 것이 필요하다.

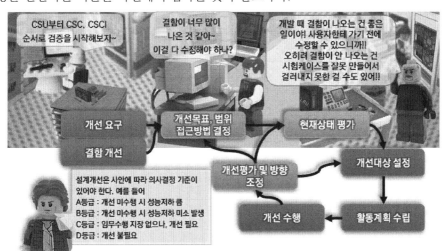

보안성은 허가 받지 않은 사용자가 데이터 접근을 통해 변경을 시도했을 때 보호할수 있는 정도를 말한다. 내장형 소프트웨어는 태생적으로 입력과 출력이 제한되기 때문에 일반 소프트웨어보다 상대적으로 해킹과 같은 보안에 유리하지만, 완전하지는 않다. 개발환경에 대한 공격이나 정의되지 않는 영역의 입력을 통한 보안취약점을 공격당할 수 있어 총수명주기간 취약점에 대한 보안이 고려되어야 한다. 특히 무인기의 경우는 무선으로 통제되고, 자율성이 높아 유인기에 비해 보안 취약점에 대한 많은 고려가 필요하다.

**프로젝트 관리자는 무기체계에 적용되는 소프트웨어라는 특성을 이해하고 사업계획과 관리하는 것이 프로젝트 성공을 위한 중요한 요소** 중 하나이다. 그 중 하나는 **재사용 소프트**

웨어에 대한 것이다. 재사용 소프트웨어의 사용은 개발 자원, 시간, 개발위험을 감소시킬 수 있는 좋은 장치이지만, 반대로 무분별한 재사용 소프트웨어 사용은 오히려 결함을 발생시키거나, 수정 및 검증 시 장애요소로 작용할 수 있다. 이런 이유로 체계 적용 시에는 재사용 소프트웨어가 개발 당시 표준화된 방법론을 준수하여 개발 또는 신뢰성시험을 통한 검증이 완료된 것인지, 보완사항이나 취약점은 없는지 확인하는 과정이 필요하다. 이는 현실세계에서는 재활용 소프트웨어를 활용하지 않고는 프로젝트 수행이 어려울 만큼 광범위하게 적용되고 있기 때문이다.

또다른 관심사항은 **소프트웨어의 품질에 대한 것**이다. 소프트웨어 개발은 개방성, 다양성, 창의성이 존재하지만, 때로는 이러한 점이 품질의 저하를 발생시킬 수 있다. 이런 이유로 소프트웨어 개발에는 표준 프로세스라는 것이 필요할 수 있다. 표준 프로세스가 있다면, 개발 조직원이 변경되더라도 일정 품질을 확보할 수 있기 때문이다. 이런 이유로 등장한 표준 프로세스 중 하나가 **CMMI**이다. 미국 국방성은 수많은 업체로부터 소프트웨어를 납품 받아 운용하였는데, 납품 업체별로 소프트웨어 품질이 제각각이었다. 이에 미국 국방성이 1984년 카네기 멜론 대학에 소프트웨어 공학 전문 연구소인 SEI(Software Engineering Institute) 설립 및 지원을 통해 개발한 것이 **소프트웨어를 위한 성숙도 모델(CMMI ; Capability Maturity Model Integration)**이다. 이를 통해 소프트웨어 개발 능력이 어느 정도인지 객관적 으로 측정하고, 요구하는 품질에 대한 기준을 제시하도록 하였다. CMMI는 프로세스 표준화 의 기준과 방향을 제시하여 개발조직의 프로세스에 대한 측정 및 평가를 할 수 있도록 하며, 능력 평가와 함께 성숙도 함께 평가할 수 있다. CMMI의 평가는 단계적 표현(Staged Representation) 방법의 성숙 단계(Maturity Level)와 연속적 표현(Continuous Representation) 방법의 능력단계로 나누어진다. 성숙과 능력은 각 5단계로 표현 되며, 높을수록 능력을 많이 갖춘 것으로 이해하면 된다. 성숙도는 초기단계, 관리단계, 정의 단계, 정량적 관리 단계, 최적화 단계로 구분되며, 능력은 프로세스 영역별로 능력을 제시하여 현재 수준을 인식하고 다음 단계로 수준을 높이기 위한 인식을 제공한다. 프로젝트 관리자 입장에서는 프로젝트를 수행하는 기관에서 높은 수준의 CMMI 수준을 가지고 있다면, 좀 더 좋은 품질의 소프트웨어를 획득할 가능성이 높다고 판단하면 되겠다. 표준 프로세스는 CMMI만 있는 것은 아니며, 국제표준기구에서 인증하는 SPICE 모델(수행능력을 1~6

단계로 제시함)도 있다.

또한, 일반 소프트웨어 개발과 비교해서 **무기체계 내장형 소프트웨어(Embedded SW)는 몇 가지 특징**이 있으며, 프로젝트 관리자는 이에 대한 인식도 필요하다. **내장형 소프트웨어는 실시간(Real Time)체계**가 많은데, 체계의 시간(Time)에 대한 제약을 만족하는지 확인(Validation)을 위한 요소가 반영되어 있어 오류 재현에 많은 시간이 소요되거나, 경우에 따라 결함 재현이 불가능할 수 있다. 또한, **물리적인 환경과 상호작용하며, 외부 환경 영향에 의해 작동하는 반응(Reactive)형태의 프로그램으로 기능의 입출력이 아닌 행위(Behavior)의 관점에서 기술되고, 확인 및 검증**되어야 한다. 이로 인해 물리적 환경을 인위적으로 조성하기 어려워 동일한 동작을 재현하기 용이하지 않으며, 시스템의 행위가 중요하기 때문에 입력에 대한 출력을 확인하는 기존의 테스트 방법을 그대로 적용하기 어렵다. 예를 들어 공기 속도를 측정해서 작동기를 움직이는 시스템에서 공기 속도를 입력하면 일정한 값이 출력되는 것이 아니라, 이전의 상태, 오차, 인터페이스 등을 고려한 적절히 조정된(Adjust) 값이 출력되는 것이다.

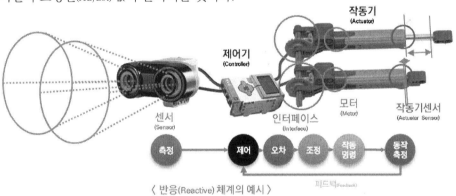

〈 반응(Reactive) 체계의 예시 〉

내장형 소프트웨어는 실시간 소프트웨어인 경우 결함상태를 모니터하기 위한 상태와 장치들을 가지고 있지만, 이로 인해 오히려 결함 재현을 어렵게 하고, 체계의 복잡도가 증가된다. 그리고 소프트웨어와 하드웨어가 긴밀히 연관되어 있고, 상호작용 때문에 소프트웨어 문제인지 하드웨어 문제인지 확인이 용이하지 않다. 이러한 특징들 때문에 내장형 소프트웨어는 체계 특성을 고려한 검증 및 확인(V&V ; Verification & Validation) 방법을 체계개발 단계에서 개발이 필요하다. 이러한 무기체계의 내장형 소프트웨어와 개발의 특성을 이해를 기반으로 프로젝트 관리자는 프로젝트 및 소프트웨어 개발계획을 수립해야 한다.

# 재료공정 공학(M&P Engineering) 관리하기

**4-61**

　재료공정(M&P ; Material & Process) **공학** 관리는 전투기와 같은 체계개발에 주요한 영향을 주는 요소이지만, 체계성능에 미치는 많은 요소들은 체계개발 단계에서 확보되지 않고, **체계개발 진입 이전에 확보**되어야 한다. 예를 들어 항공기 구조물에 사용하는 알루미늄의 일반적인 물성치는 공개된 정보이며 가용한 자원이다. 하지만, 특수하고 고성능의 요구도에 따라 신규로 개발되는 물성치를 가진 알루미늄이 있다면, 항공기 구조물 크기나 부피를 줄이는 효과를 줄 수 있기 때문이다. 또한, 재료나 공정의 물성치를 얻기 위해서는 장기간이 소요됨과 동시에 충분한 물량이 확보되어야 경제성을 확보할 수 있다. 따라서, 체계개발 이전에 장기간의 계획에 의해서 개발되지 않으면 체계개발 단계에 적용하는 것은 매우 어려운 과제이다. 미국의 경우 많은 무기체계 개발과는 별도로 이러한 재료 및 공정에 대한 핵심기술개발을 통해 체계개발 진입 전에 확보하도록 하고 있다. 항공기와 같은 체계개발이 사용하는 재료는 기계적, 물리적, 화학적 특성은 물론이고, 제작성, 운용성, 가용성, 신뢰성, 경제성을 모두 고려하여 최적의 재료를 선택하여야 한다. 예를 들어 티타늄(Titanium)은 질량 대비 강도의 비율이 가장 큰 금속이다. 티타늄은 강철만큼 강하지만 밀도는 강철의 절반 정도이다. 이런 이유로 항공, 우주용으로 많이 사용되는 소재이며, 우리 일상에서도 골프용품, 테니스 라켓, 자동차 등에도 활용된다. 다만, 항공용 소재는 미국에서 주로 수입하지만, 미국 상무부 또는 국무부의 수출통제(Export License) 정책에 따라 가용하지 않을 수 있거나, 제한된 크기의 재료만 특정 목적에 한하여 승인될 수 있다. 또한, 특정 목적으로 승인하여 개발 때 적용하더라도 양산 시 정책의 변경에 따라 수입이 금지될 수 있는 등 제한사항과 위험성, 가용성을 고려해야 한다. **재료와 동시에 고려할 사항은 공정 개발이다.** 일반적으로 열처리나 표면처리로 대표되는 공정 개발은 재료의 특성을 개량하거나 품질을 유지되도록 하는 방법들을 포함한다. 공정 개발은 담금질, 뜨임, 풀림과 같은 열처리나 성막법, 도금, 산화처리, 전도성피막 등을 통한 표면처리 공정을 충분한 시험을 통해 통계적 범위 내에서 입증된 재료 특성을 유지하도록 하는 공정을 개발하고, 이를 통해 양산 간 품질을 유지할 수 있도록 하는 것이다. 최종적으로는 체계개발 동안 공정규격서를 개발, 적용하여 구조물이나 재료, 소재들이 부식 및 마모와 같은 운용환경으로부터 보호될 수 있도록 한다.

# 시험 평가(Test & Evaluation) 관리하기

4-62

시험 평가(T&E : Test & Evaluation)는 전투기와 같은 체계개발 프로젝트를 수행하는 동안 사용자와 개발자의 요구도(Requirement)에 맞도록 제품이 개발되었는지를 시험(Test)을 통해 검증(Verification) 및 확인(Validation)하는 일련의 과정이다. 시험평가의 목적은 프로젝트 목표에 부합하는 체계(System)를 획득하는데 있다. 이 목적은 시험평가의 일련의 활동이 강력하고, 엄격한 시험계획을 수립하고 실행함으로써 이루어진다. 프로젝트 관리자는 체계개발의 시험평가계획을 통해 시험평가에 필요한 자원을 할당하고, 계획을 승인 받은 후 실행할 책임이 있다. 프로젝트 관리자는 **시험평가기본계획**(TEMP ; Test and Evaluation Master Plan)을 통해 시험계획, 소요자원, 일정 등을 문서화하여 통합된 시험수행 및 관리도구로 활용한다. 물론 시험평가기본계획은 승인권한을 가진 기관 또는 승인권자로부터 승인이 필요하다. 이 계획을 실행하기 위해 프로젝트 관리자는 시험평가팀을 구성해야 하며, 시험평가팀의 구성원은 다양한 시험 데이터를 활용할 권한을 가진다. 시험평가팀은 체계개발 및 시험평가, 인증 획득을 지원하기 위해 프로젝트 초기부터 구성되어야 한다. 시험평가 업무는 프로젝트 초기부터 체계 성능 및 능력 요구도단계, 제품 개발, 납품 및 수락, 운용시험평가로 전환, 배치운용 및 지원단계 동안 지속적인 수행된다. 프로젝트 전기간 동안 **시험평가 업무의 핵심사항은 성능 및 능력 요구도(Capability Requirement) 설정과 구체화, 체계공학 수행과정에서 측정가능(Measurable)하고, 시험가능(Testable)하며, 달성가능(Achievable)하도록 하는 것**이다.

시험평가에서 중요한 것은 요구도가 측정 가능하고, 시험 가능하며, 달성가능 하도록 하는 것이다.

시험평가가 효과적으로 수행되기 위해서는 무기체계 획득 프로세스 전반에 걸쳐 통합되어야 한다. 무기체계 획득 프로세스에서 설계의 결함을 조기에 식별하고, 수정하는 것이 결함을 늦게 발견하는 것보다 비용이 적게 필요하기 때문에 개발초기 부터 시험평가 분야의 개발 참여가 필요하다. 시험평가 업무는 프로젝트 관리자 및 의사결정권자들에게 필수적인 정보를 제공하고, 기술적인 성능 매개변수(Parameter)의 달성을 평가하여 무기체계가 운용상 효과적이고 적합하며, 사용하는데 적합한지 여부를 결정하도록 도와준다. M&S와 통합된 시험평가는 교육 및 학습, 기술성숙도 및 상호운용성, 야전전력과 통합을 용이하게 평가할 수 있도록 해주며, 체계 위협평가에서 기술된 적대적인 능력에 대한 무기체계에 요구되는 성능, 기능, 능력 확인을 용이하게 해줄 수 있다. 다만, 앞의 M&S 관리에서 설명한 바와 같이 시험평가에 사용하는 M&S 역시 검증, 확인 및 승인(VV&A ; VV&A ; Verification, Validation & Accreditation) 절차를 거쳐야 한다.

**시험평가의 절차는 시험평가의 개념설정-계획수립-시험준비-실행-결과보고 순으로 수행**된다. 시험평가에 대한 전체적인 개념설정은 시험평가기본계획(TEMP)을 통해서 구체화 되며, 시험평가기본계획을 기반으로 개발시험평가계획, 운용시험평가계획, 통합시험계획을 작성한 후 이를 통해 본격적인 시험과정에 들어간다. 시험을 수행하기 전 시험의 준비상태를 검토하여 시험의 유효성, 준비성, 자원의 확보 및 활동계획 등을 확인하여 자원과 시간의 손실과 낭비를 예방하며 계획에 따라 시험을 실행하고, 측정된 시험결과를 기반으로 사전에 확정된 종결기준에 충족했는지 여부를 문서화하여 시험평가결과보고서로 보고함으로써 시험평가는 종결된다.

시험평가기본계획(TEMP)에는 개발 프로젝트에 대한 시험평가의 전체적인 구조와 목표를 문서화한 것이다. 시험평가기본계획서는 프로젝트 주기 동안의 시험평가 활동과 시험평가의 기준을 식별하는 활동을 다룬다. 시험평가기본계획에는 시험평가의 시나리오, 시험 데이터의 획득 및 활용계획, 성능평가 계획을 포함한다. **시나리오**는 임무묘사도(Mission Profile)를 기반으로 하며, 실무장 발사 시험(Live Fire Test)과 같은 실제 시험을 고려하지만, 실제 시험이 어려운 경우는 모사할 수 있는 수준과 유효성을 고려한 계획을 포함한다.

시험 데이터는 시험에서 요구하는 필요 데이터를 획득하는 방법과 데이터를 얻는데 소요되는 자원, 인프라, 준비여건 등을 포함한다. 성능평가는 측정된 데이터를 기준으로 시험의 성공과 실패를 평가하는 것이다. 성공과 실패를 평가하는 기준은 시험의 유형과 요구하는 성격, 측정방법 등에 의해서 다양하게 설정될 수 있으며, 이는 개발 프로젝트의 소요단계부터 체계개발 간 결정되는 효과측정지표(MOE), 성능측정지표(MOP), 적합성측정지표(MOS)에 의해서 판정된다. 시험평가기본계획에는 체계능력요구도 결정 시 구체화된 핵심성능지표(KPP)와 핵심체계속성(KSA)에 대한 식별과 기준을 효과측정지표, 성능측정지표, 적합성측정지표를 통해 제시되어야 한다. 이러한 사항은 중 핵심요소는 중요운용사항(COI)로 식별되어 관리된다. 이러한 시험평가의 개념설정을 근간으로 개발시험평가계획과 운용시험평가계획을 수립한다.

※ TMI : 주요 시험평가 용어 정의(참조 : Test And Evaluation Management Guide, DOT&E TEMP Guidebook 등)
1. 중요운용사항(COI ; Critical Operational Issues) : 운용적인 효과성, 적합성, 생존성에 대한 핵심요소를 식별하는 것. 중요운용사항은 임무수행에 대한 우려를 반영해 최소 숫자로 반영하며, 능력요구문서, 이전 사례, 운용개념, 위협평가 등을 통해 개발됨.
2. 효과측정지표(MOE ; Measures Of Effectiveness) : 할당된 작업의 전체 임무 및 실행에서 결과를 측정하는데 사용되는 구체화된 지표임. 예를 들면 기총 발상 시 일정 범위에 명중률, 임무성공률 등
3. 성능측정지표(MOP ; Measures Of Performance) : 만족해야 하는 성공 또는 실패의 한계치를 가지는 구체화된 지표임. 예를 들면 레이다 탐지거리, 임무행동반경 등
4. 적합성 측정지표(MOS ; Measure Of Suitability) : 유도된 운용환경에서 지원(유지보수)될 수 있는 능력을 평가하는 것. 예를 들어 신뢰성, 가용성, 정비성, 지원성, 사용성 등
5. 핵심성능지표(KPP ; Key Performance Parameter) : 전투기와 같은 무기체계의 임무에 치명적인 특성이나 가장 중요한 성능으로 발휘되지 않으면 전투력이나 생존성에 심대한 영향을 주는 성능으로 지정된 것
6. 핵심체계속성(KSA ; Key System Attribute) : 가용성이나 신뢰성, 총수명주기비용과 같이 특성(Attribute)이 중요하지만, 체계목표 달성에 중요하지 않은 특성을 가지는 것

무기체계에 대한 시험평가는 개발자에 의해서 수행되는 **개발시험평가**(DT ; Development Test)와 사용자/운영자에 의해서 수행되는 **운용시험평가**(OT ; Operational Test)로 구분되며, 시험평가에 소요되는 자원의 효율화, 개발일정 단축 등의 사유로 인해 통합시험을 통해서 시험을 수행할 수 있다. 통합시험은 수행이 가능할 때마다 모든 이해관계자가 각자의 기능을 지원할 수 있는 데이터를 사용할 수 있도록 통합적으로 시험평가를 수행해야 한다. 즉, **통합시험을 통해 시험 자원, 일정과 시험결과를 공유하는 것**이다. 통합시험 수행을 위해서는 체계개발 및 개발/운용시험평가 의사소통협의체의

모든 이해관계자들이 독립적 분석, 평가 및 보고를 할 수 있도록 자료 공유가 요구되며, 이를 위해 시험평가 단계 및 주요 이벤트마다 공동 계획 및 실행이 필요하다. 또한, 프로젝트 관리자는 시험자료를 만들고, 사용하는 권한을 가진 대표들로 구성된 통합시험계획그룹을 설립하여 협업을 보장하고, 획득 프로세스 동안 이를 강력하고, 효율적으로 지원하기 위한 전략을 수립해야 한다.

**개발시험평가**(DT)는 사용자 요구도를 기술적 요구도로 변경하고 구체화하는 요구도분석과 설계단계에서 확정된 규격서(Specification)과 도면(Drawing)을 기준으로 제작된 시제품을 가지고 요구도를 검증하는 일련의 과정이다. 개발시험평가는 개발자에 의해서 수행된다. 개발시험평가는 프로젝트 관리자에게 설계 프로세스의 진행 상황 및 제품의 계약 요구도 준수 여부에 대한 피드백을 제공한다. 또한, 개발시험평가 활동은 핵심성능지표(KPP)와 핵심체계속성(KSA)을 충족할 수 있는지 체계능력을 검증한다. 개발시험평가 결과는 요구도의 유효성을 기반으로 체계전투 능력, 초도 양산, 배치 및 운용시험평가를 지원할 수 있는지를 판단근거로 활용된다. 개발시험 평가의 결과는 착수 이전 및 프로젝트 초기 단계에 설정된 종결기준(Exit Criteria)과 계약 인센티브(미국의 경우)의 기준을 평가하는데도 사용된다. 개발시험평가계획은 시험평가기본계획(TEMP)을 기반으로 구체화하며, 개발목표 및 기준, 시험에 소요되는 자원, 일정 관리, 조직, 역할 및 책임(Role & Responsibility), 문제 식별 및 처리에 관한 절차, 위험관리와 완화하기 위한 계획 등을 포함한다. 전투기와 같은 체계를 개발하는 경우는 체계 뿐만 아니라 구성품 및 부품에 대한 시험계획을 포함된다. 일반적으로 구성품에 대한 시험평가는 체계의 시험평가보다 선행하여 수행하며, 이를 통해 체계 통합에 대한 위험관리를 수행한다. 구성품의 개발시험평가에는 성능시험, 환경적합성, 신뢰성 향상 계획, 소프트웨어 신뢰성 시험 등도 포함된다. 물론 필요성에 따라 구성품에 대한 운용시험도 수행할 수 있다. 개발시험평가는 계획된 범위 내에서 수행하기 위해 운용시험평가계획과 연계하여 가능한 효율적인 시험 프로그램이 되도록 계획 및 수행되어야 한다.

**운용시험평가(OT)는 프로젝트의 범위 내에서 운영자의 기준으로 요구도를 충족했는지 확인하는 일련의 활동**이며, 이를 통해 최종적으로 아래와 같은 사항이 확인된다.

1. 승인된 능력요구문서와 중요운용사항(COI)의 임계 값이 충족되었는지 확인
2. 실제 운용 조건에서 체계의 운용 효과, 생존성 및 적합성의 판단
3. 전투작전에서 체계의 기여도 평가
4. 체계의 운용능력 및 제한사항에 대한 추가적인 정보 제공

운용시험평가는 전투기를 만드는 프로젝트 목표설정에서 설명한 바와 같이 사용자의 최초에 설정한 체계의 개발목표를 달성했는지를 기반으로 평가한다. 운용시험평가에서는 무기체계의 근본적인 개발목표인 운용 효율성(Operational Effectiveness), 적합성(Suitability), 생존성(Survivability)을 중심으로 평가를 수행한다. 무기체계 개발목표 설정에서 설명한 전투임무효과, 생존성, 가용성 등을 실제 체계를 가지고 평가한다고 이해하면 좋겠다. 특히, 이 항목들 중에서도 핵심성능지표(KPP)와 핵심체계특성(KSA)을 중심으로 운용시험평가를 수행한다.

운용시험평가는 사용자에 의해서 수행되며, 사용자는 시험평가를 전담으로 하는 부서에 의한 평가와 일반 사용자에 의한 평가로 구분하여 수행할 수 있다. 다만, **중요한 것은 프로젝트의 요구와 범위에 대한 이해를 기반으로 해야 하기 때문에 이에 대한 인식 공유가 요구**된다. 운용시험평가는 기본적으로 실제적인 운용조건에서 수행되어야 함을 원칙으로 한다. 다만, 미국의 경우는 초도 양산과 후속 양산, 정확한 표현으로 초기생산률양산(LRIP : Low Rate Initial Production)와 완전생산률양산(FRP : Full Rate Production)를 기준으로 운용시험평가의 기준이 약간 상이할 수 있다. 왜냐하면, 초기생산률

양산(LRIP)으로 일정수량을 양산한 체계를 기반으로 야전운용시험(Field Test)를 수행하기 때문이며, 완전생산률양산 전의 운용시험평가에서는 실제적인 운용조건에서 수행되어야 함을 명시하고 있다. 실제적인 운용조건에서의 시험은 일반적인 운영자, 정비사, 임무중심의 평가, 적절한 위협의 묘사, 정량적 임무중심의 측정 등이 포함된다. 다만, 이를 위해서는 실제 예상되는 작전 속도에 부합하도록 시험을 설계하고, 참여부대에 상세한 전술, 기술자료 및 절차를 제공해야 한다.

**통합시험은 개발시험평가와 운용시험평가를 별도로 수행하지 않고, 한정된 프로젝트의 자원과 시간을 효율적으로 사용하기 위해서 통합하여 수행하는 것**이다. 다만, 개발과 기술적, 운용적 성능과 기술자료의 민감성과 보안성 등을 고려하여 사용자(각 군)에 의해서만 수행되는 시험이 있을 수 있으며, M&S만으로 시험을 수행해야하는 경우나 실제 환경이나 실제 무장발사시험이 요구되는 경우 등으로 다양한 요구가 있을 수 있다. 이런 이유로 평가의 목적에 따라 통합시험에 대한 대상 및 항목별 효율성과 적합성을 고려하여 선정한다. 아래의 통합된 생존성 평가를 기준으로 제시된 예시이다.

| ■ : 민감성(Susceptibility) 요구될 때<br>● : 취약성(Vulnerability) 요구될 때<br>▲ : 민감성-취약성 요구될 때 | 생존성(Survivability) | | | |
|---|---|---|---|---|
| | 개발시험평가 | M&S | 운용시험평가 | 실무장발사시험 |
| 항공기 특성(RF, IR, 육안, 음향) | | ▲ | | |
| 임무계획체계 효율성 | | | ■ | |
| 레이다위협수신기(RWR) 성능 | ■ | | | |
| 적외선대응수단(IRCM) | ▲ | | | |
| 항공기 성능 | ■ | | | |
| 상황인지(Situational Awareness) | ■ | | ■ | |
| 조종사 전술, 기술자료, 절차(TTPs) | | | ■ | |
| 전파 위협 실패 거리 | | ▲ | | |
| 적외선위협 회피 및 적중 지점(HITL) | ▲ | ▲ | | |
| 산소발생기(OBIGGS) 성능 | ● | | | |
| 위협 여유(취약성) | | ● | | ● |
| 전력(부대) 보호 | ● | | | ● |
| 수리가능성 | | | | ● |
| 재래식 위협 여유 | ● | ● | | |

시험평가에 대한 검증방법(Verification methods)은 전통적으로 **검사**(Inspection), **분석** (Analysis), **시연**(Demonstration), **시험**(Test)의 4가지 방법으로 구분하여 적용한다. 각 검증 방법별 구분 및 특성은 아래를 참고하기 바란다.

1. 검사(Inspection) : 체계, 부체계 또는 구성품에 대한 육안 검사하는 것이며, 일반적으로 물리적 설계 기능 또는 특정 생산자를 식별하기 위해 사용됨

2. 분석(Analysis) : 계산된 데이터 또는 하위수준 구성요소 또는 부체계 시험에서 파생된 데이터를 기반으로 설계의 요구도 준수를 예측하는 수학적 모델링과 시뮬레이션 하는 것이며, 일반적으로 물리적 시제품 또는 제품을 사용할 수 없거나 비율이 효율적이지 않을 때 사용하고, 분석은 모델링과 시뮬레이션이 모두 포함됨.

3. 시연(Demonstration) : 체계, 부체계 또는 구성품을 작동하여 체계에 의해서 요구도가 달성될 수 있음을 보여주는 것이며, 일반적으로 기본적인 성능 능력 확인을 위해 사용되며, 세부적인 데이터 수집이 어려운 것이 시험과 차이가 있음

4. 시험(Test) : 체계, 부체계 또는 구성품을 작동하여 성능을 검증하기 위한 세부 데이터를 얻거나, 추가분석을 통해 성능을 검증할 수 있는 충분한 정보를 제공하는 것이며, 시험은 체계설계를 검증하기 위해 궁극적으로 필요한 검증의 세부적인 정량적인 방법임.

시험평가에 대한 검증방법은 요구도분석을 통해 구체화 시 규격서의 요구도 항목별 검증 방안을 선정하면서 **구체화**된다. 이런 이유로 프로젝트의 성공적인 시험평가를 위해서는 시험평가 단계에 주력하는 것이 중요한 것이 아니라, 요구도 분석 단계에서 시험평가업무를 통해 **측정 가능하고, 시험가능 하며, 달성가능 하도록 하는 것이 중요**하다.

# 비행시험(Flight Test) 관리하기

4-63

전투기와 같은 항공기의 개발 프로젝트의 핵심이자 가장 중요한 과정은 비행시험(FT ; Flight Test)이다. 비행시험은 시험평가의 연장선이라는 의미에서는 검증 방법의 시험에 포함되지만, 모든 비행시험(FT)이 검증방법의 시험(Test)은 아니다. 비행시험 중 시범(Demonstration)을 통해 계측 데이터 없이 기본적인 성능이나 능력을 확인하기 위한 검증도 포함될 수 있다. 전투기의 개발목표 수립부터 요구도분석, 설계, 시제품 제작을 거쳐, 지상시험을 통해 비행 시험을 수행할 준비가 되었다면, 본격적인 항공기 개발의 가장 중요한 단계에 진입할 준비가 되었다고 하겠다.

현대의 항공기 개발에서는 기술발달로 인해 전산유체(CFD ; Computational Fluid Dynamics) 해석 등을 통해 그 동안 어려웠던 해석의 난제였던 난류(Turbulence)와 같은 복잡한 현상을 보다 정밀하게 시뮬레이션(Simulation)할 수 있게 되었지만, 그래도 아직 공중환경은 풍동 시험과 해석만으로 완벽히 모사할 수 없으며, 이 한계를 돌파할 수 있는 방법이 비행시험이다. 물론, 앞에서 라이트 형제의 항공기 개발에서 보여주는 실제 시험의 중요성을 언급했지만, 정서적으로도 항공기 개발에서는 비행시험이 가장 중요한 단계이다. 전산유체(CFD) 해석이 점점 늘어가는 주요 원인은 비행시험이 매우 비싼 시험이기 때문이다. 비행시험에는 단순히 비행기만 필요한 것이 아니라 비행을 지원하기 위한 항공기, 지상장비, 시설, 인원이 필요하며, 비행시험에서 나오는 데이터를 수립하고, 통제하고, 분석하는 체계와 인력이 필요하다. 소요되는 자원도 많지만, 비행시험은 안전에 매우 유의해야하는 시험이기 때문이기도 하다. 비행 시제기는 그 자체가 매우 불안정하기 때문에 안전추적기를 대동하고, 지상에서 지속적으로 모든 데이터를 모니터링 하는 등 안전에 대해서는 일반 양산기에 비해서 매우 중요하게 다뤄진다. 앞에서 설명한 체계안전을 포함한 감항인증 분야에서 이러한 부분을 다루고 있으며, 이러한 노력들은 초도 비행이라는 주요 이벤트를 형태로 시작하여 영역확장이라는 형태로 개발 프로젝트가 종료될 때까지 지속된다.

 이를 이해하기 위해 **비행영역 확장이라는 개념**에 대해서 알아보자. 항공기의 개발목표에서 설명한 것과 같이 **항공기의 기동 성능과 특성을 비행영역(고도, 속도) 형태로 표현**한다. 개발 목표로 제시된 비행영역은 최종적인 결과물이지 과정이 아니다. 최종결과물을 얻기 위해서는 **초기 비행영역**에서 확정된 비행영역을 목표로 **단계적으로 확장**된다. 비행영역은 각 고도와 속도에 따라 공기의 성질(움직임)이 달라지기 때문에, 항공기 형상과의 상호작용으로 어떠한 영향을 있는지 확인하면서 넓혀가는 개념이다. 마치 비무장지대에서 지뢰 찾기를 하는 것과 같이 어디에서 문제가 생길지 몰라 조심조심 넓혀간다. 물론 기술수준과 개발전략에 따라 공격적으로 넓혀갈 수도 있고, 보수적으로 넓혀갈 수도 있다. 비행시험은 바로 비행 활동 으로 진입하는 것이 아니라, 지상에서 플러터, 조종안정성, 하중 해석 등 충분한 분석과정을 통해 안전성을 확인한 후 돌입한다. 비행시험은 일반적으로 **동적안정성(플러터, 서보공탄성)시험 → 조종안정성시험 → 고기동/고받음각 시험 → 하중 시험**으로 이어지는 일련의 과정을 통해 이루어진다.

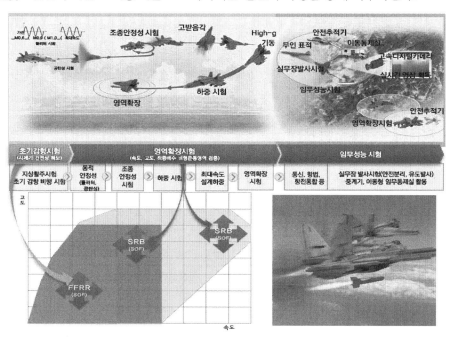

비행영역 확장이 완료되면, 본격적으로 비행영역 내에서의 임무성능을 검증하는 시험을 수행한다. 임무성능에는 조종사의 임무를 지원하는 센서, 항법 등의 기본적인 기능과 더불어 전투기 본연의 임무를 수행하게 해주는 무장을 시험하기 위한 외장분리와 무장정확도 시험, 실무장발사 시험 등이 포함된다. 임무성능 시험에서는 규격서에 명시된 요구도를 충족하는지 확인하는 시험을 수행한다.

각 비행시험에 대한 사항은 아래의 비행시험의 종류를 참고하기 바란다.

1. 동적 안정성 시험 : 동적 안정시험은 항공기가 공기흐름과의 상호작용에 의한 안정성을 검증하는 것으로 플러터(Flutter)와 서보공탄성(ASE ; Aeroservoelasticity)에 대한 영향성 여부를 검토함. 플러터는 항공기가 공기흐름에서 에너지를 받아 심한 진동을 일으키는 것으로 플러터 영향성 검토는 이러한 현상이 발생하는지 여부와 어느 정도 여유를 가지는지를 확인함. 항공기와 상호작용하는 공기의 속도증가에 따라 발생하는 탄성진동은 날개의 특성에 따라 감쇠 될 수도 있으나, 특정 속도에서는 날개에 심한 진동이 생길 있으며, 이 진동은 급속히 퍼져 항공기가 공중 분해될 수 있는 정도로 발생할 수 있음. 서보공탄성은 탄성체가 공기와 같은 유체의 흐름에 노출될 경우 발생하는 관성, 탄성 및 공기역학적 힘이며 이에 대한 비행체의 안정성을 확인함.

2. 조종안정성(S&C ; Stability & Control) 시험 : 일반적인 항공기 자세에 따른 형상에 따라 조종안정특성을 검증하는 것으로 조종안정성과 고받음각(High Angle of Attack) 상황에서의 안정성을 확인하여 조종력 상실에 대한 저항성 및 회복능력을 확인하는 시험임.

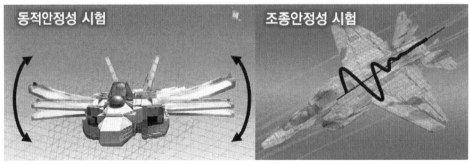

3. 하중(Load) 시험 : 항공기가 비행영역 내에서 항공기로 들어오는 하중을 견딜 수 있는지를 확인하는 시험임. 이 시험을 통해 하중에 대한 충분한 강도와 강성이 있어 변형과 파손에 대한 저항성이 있는지, 항공기 안전에 영향을 미치는지 등을 판단하게 됨.

4. 조종성(Handing Quality) 평가 : 조종사가 항공기를 조종하는 각 비행단계(이륙, 착륙, 비행 등)별로 조종사의 명령에 따른 항공기의 반응을 확인하는 것으로 조종계통에 대한 정성적 평가(HQR ; Handling Quality Rating)를 수행함

5. 임무성능(Mission Performance) 시험 : 전투기와 같은 항공기의 임무수행 능력을 평가 하는 시험임. 항공기 임무특성에 따라 통신, 항법, 센서, 무장, 항공전자 등 다양한 시험을 수행함.

6. 외장분리(Safe Separation) 시험 : 항공기가 비행영역 내에서 외부 장착물을 안전하게 분리해 낼 수 있는 특성을 가지고 있는지 확인하는 시험임. 이를 위해서는 양호한 공기역학적 특성, 사출특성, 질량특성을 갖기 위한 설계를 수행해야 함.

7. 무장 정확도(Weapon Delivery Accuracy) 시험 : 전투기가 장착하고 있는 무장을 의도한 목표를 정확하게 보낼 수 있는지를 확인하는 시험임. 단, 유도무기는 무장의 능력과 특성이기 때문에 유도무기 특성을 판단하는 것은 아니며, 재래식 무기와 같은 비유도성 무장의 정확도를 판단하는 시험임.

8. 실무장 발사(Live Fire) 시험 : 전투기와 같은 항공기에 장착된 무장을 실제로 발사하는 시험임. 단, 무장은 시연을 위해서 실무장을 사용할 수도 있지만, 폭발물을 가진 탄두 대신에 원격계측(텔레메트릭, Telemetric)을 장비를 탄두 부위에 장착한 무장을 사용할 수 있음. 이는 미사일이나 유도무기의 경우 목표물까지의 접근 후에는 순수한 무장의 능력으로 파괴력을 결정하기 때문이며, 피탄되는 대상체의 취약성에 에 따라 표적파괴율이 영향을 받기 때문임.

무장 정확도 시험

실무장 발사 시험

항공 프로젝트에서는 **시험준비검토회의**(TRR ; Test Readiness Review)의 하위 요소로써 **비행 준비검토회의**(FRR ; Flight Readiness Review)를 수행한다. 비행준비검토회의(FRR)에서는 비행 시험이나 비행운영을 개시하기 위해 수행할 준비상태를 평가하며, 체계가 운용상 효과적이고, 적절한 평가를 받을 것이라는 합리적인 기대를 가질 수 있도록 비행시험에 사용할 형상을 확립하는 기술적 평가를 수행하는 것이다. 일반적으로 프로젝트 관리자가 비행준비에 대한 승인을 하기 위해서는 항공체계가 형상관리 및 통제 하에 있어야 하며, 감항인증 당국(Technical Authority)에서 발행한 비행허가서(Flight Clearance), 승인된 비행시험계획서, 체계 안전의 위험평가 결과가 있어야 한다. (다만, 한국의 경우는 현재 개발 시제기에 대한 별도의 비행허가서를 발생하지는 않는다.) 비행준비검토회의(FRR)에서의 검토대상인 체계가 감항인증기준을 충족하고 있는지, 시험목표가 명확히 명시되어 있으며, 비행시험 데이터의 요구도가 명확히 식별되어 있는지, 허용 가능한 위험관리계획을 정의하고 승인한 상태에서 비행시험을 진행하고 있는지 등 체계 시험평가 환경을 평가한다. 비행준비검토회의는 비행시험 기간 동안 지속적으로 수행되며, 이전 비행시험준비검토회의(FRR)에서 다루지 않은 하드웨어, 소프트웨어, 비행영역 또는 목표에 대한 주요 변경사항이 발생하면, 해당 비행시험 전에 수행이 필요하다. 전투기와 같은 복잡 체계의 경우 **비행 전에 각각의 부체계 또는 형상 품목 (CI ; Configuration Item)을 평가**하여 비행준비검토회의 (FRR)을 수행해야 한다.

개발 항공기의 경우는 첫 번째 비행 전에 비행준비검토회의(FRR)을 수행해야 한다. **신규 개발 항공기의 초도 비행에 대해서는 별도로 초도비행검토회의(FFRR ; First Flight Readiness Review)라는 이름으로 수행**한다. 전투기와 같은 항공기를 만드는 프로젝트 에서는 초도 비행은 매우 중요한 의미를 가진다. 초도 비행은 비행안전에 대한 불안전성이 확인되지 않아, 프로젝트 관리자 에게는 매우 위험하면서 중요한 마일스톤이기 때문이다. 초도비행검토회의(FFRR)에서 다루는 사항에 대한 설명 중 앞에서 설명했던 형상관리와 체계 안전 부분을 제외한 감항인증 분야의 검토와 비행시험계획서의 승인만 설명하도록 하겠다.

프로젝트 관리자 입장에서는 비행시험은 매우 부담스러운 과정이다. 이는 안전에 영향이 매우 큰 활동이며, 위험요소가 실현되었을 때에는 경우에 따라 프로젝트의 성공과 실패를 결정하는 요인이 될 수도 있기 때문이다. 따라서 프로젝트 관리자의 위험관리의 일환으로 비행시험에 대한 최소한의 안전을 검토하는 장치가 필요하다. 이러한 장치는 감항인증 분야의 **안전비행(SOF ; Safety of Flight) 계획**이다. **안전비행(SOF) 계획은 인원의 상해나 사망, 장비 및 자산의 손실, 환경의 손상을 방지하기 위해 사전에 설정**

되고 승인된 한계 내에서 비행을 안전하게 시작하고, 유지하여 종료하기 위한 항공기의 특성을 확인하는 일련의 활동이다. 이 활동의 결과는 프로젝트 관리자에게 제공되며, 이는 프로젝트 관리자의 체계안전 관리 활동에서 위험요소가 적절하게 식별되었고, 수용할 수 있는 정도라는 것을 입증하여 의사결정 하는데 도움을 준다. 안전비행(SOF)을 위해서는 비행영역과 항공기 형상별로 안전비행에 영향을 줄 수 있는 요인들을 식별하여 적절한 평가를 수행하는 것이 필요하다. 안전비행(SOF)에 영향이 있는 항목은 체계안전(System Safety), FMECA, 운용절차 등을 기반으로 선정하며, 표준 감항인증기준을 사용하여 선정할 수 있으나, 시제기라는 특수성에 따라 표준 감항인증 기준으로 선정할 수 없는 경우는 별도의 항목으로 선정할 수 있다. 다만, 이 경우에도 안전비행에 영향이 없음을 보이는 활동은 필요하다.

이러한 비행시험에서 안전 분야에 대한 검토는 **안전비행검토회의**(SRB ; Safety Readiness Review)를 통해 검토된다. 프로젝트 관리자는 안전비행검토회의 결과를 기반으로 **초도 비행**(FF ; First Flight)**의 승인**에 대한 의사결정을 수행한다. 다만, 안전비행검토회의 결과가 완전한 안전상태를 제시하지는 않는다. 회의결과에는 프로젝트 관리자가 고려해야하는 제한사항, 유의사항, 위험요소에 대한 수용성 판단 등이 포함되며, 이를 근간으로 프로젝트 관리자가 최종적인 수용을 판단하는 것이다. 초도 비행 승인 시에는 일정한 범위의 비행영역과 특정 형상을 기준으로 하기 때문에 초도 비행에 승인된 비행영역에 대한 시험이 완료된 후 다음 비행영역으로 확장 시에도 안전비행검토회의(SRB)를 통해서 안전성을 검토 받는다. 이러한 활동은 비행영역의 확장이 완료될 때까지 반복적으로 수행된다.

**비행시험은 매우 비싼 시험**이기 때문에 안전분야 뿐만 아니라 시험평가 및 프로젝트 관리 전반에 영향을 크게 미친다. 이런 이유로 시험평가의 준비상태를 사전에 점검하고, 시험항목 별로 시험준비를 최적화하는 과정이 필요하다. 이러한 활동은 **시험준비**

**검토회의**(TRB ; Test Readiness Review)를 통해 수행되며, 이 활동의 결과로 산출되는 것이 승인된 비행시험 계획서이다.

시험준비검토회의에서는 계획된 비행영역에 따른 시험 형상별 테스트케이스(Test Case)와 시험항목을 어떻게 최적으로 조합할지, 시험수행에 위험요소, 제한사항, 시험준비상태, 관련부서 협조, 시험자원의 상태 등 시험이 제대로 준비되었는지를 검토한다. 이러한 검토활동은 시험준비 부족으로 인한 불필요한 자원과 일정의 소모를 최소화하기 위해 수행된다.

효율적인 비행시험의 관리를 위해서는 몇 가지 강조사항이 있다. 일단 비행시험은 항공기 개발의 주요 공정(Critical Path)이기 때문에 통일된 통제 수단을 강구하여 자원을 효율적이고, 통합적으로 사용해야 한다. 비행시험은 테스트케이스(Test Case)별로 비행자원을 소모하며, 테스트케이스는 시험항목(Test Point)으로 구성되어 있다. 비행시험의 시험항목은 하늘에서 뚝 떨어지는 것이 아니라, 사용자의 요구도와 기술적 요구도의 조합으로 만들어진 규격서를 기준으로 만들어진다. 비행시험은 한정된 시제 항공기, 기상, 공역 사용, 시험조종사 등 인력, 지상장비, 시설 및 데이터분석장비 등의 소요 자원사용 제한 내에서 수행된다. 따라서 비행시험에 소요되는 자원을 효율적으로 사용하기 위해서 단일 비행으로 시험가능한 시험항목들을 분류하고, 조합하여 최적의 테스트케이스를 만들어야 한다. 다만, 이러한 최적화를 위해서는 소요자원의 통제가 단일 창구에 의해서 수행되어야 하는데, 현실적으로 자원의 소유권, 통제권이 다양하기 때문에 이를 통합적으로 관리하기는 매우 어렵다. 이런 이유로 **비행시험의 관리를 위해서는 이해관계자 간의 협의체를 구성하고, 단일의 지휘체계를 수립하여 통일된 통제수단을 갖도록 해야 한다.**

이를 위해서는 시험평가에 관련된 이해관계자를 식별하고, 소요자원을 확보하며, 통제권한을 확보하는 것이 필요하다. 이는 현실세계에서 이해관계가 복잡하기 때문에 관련 기관 간 합의서(MOA ; Memorandum Of Agreement)의 형태로 협력체계의 구성이 필요하다. 협력체계 에는 프로젝트 관리자를 중심으로 사용자인 각 군, 사용 비행시설운용기관, 비행통제기관, 시험기관, 감항인증당국 및 관련 기관, 체계개발주관기관 등이 포함될 수 있다.

비행시험은 비행안전에 영향이 크기 때문에 비행시험을 수행하기 전에 매 비행시험의 중간조건을 설정하여 수행 간 Go/NO-Go를 판단하며, 이전 비행시험의 결과에 따라 발생하는 결함, 제한사항의 위험도, 심각도 등을 판단하여 차기 비행의 Go/No-Go를 판단하는 기준도 수립, 문서화하여 명확히 하는 것이 필요하다.

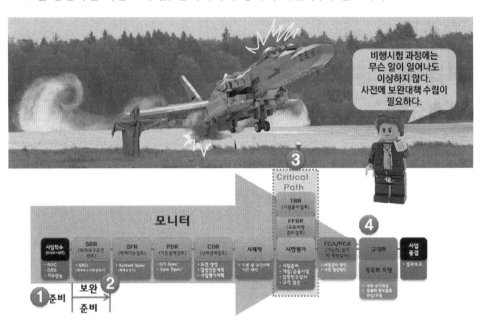

**비행시험은 주요 공정(Critical Path)이지만, 예상대로 수행되지 않을 가능성이 항상 존재한다.** 따라서 프로젝트 관리자는 항상 보완대책(Backup Plan)을 항상 준비해야 한다. 비행시험에 소요되는 자원을 사전에 확보하고, 부족 시 대안을 사전에 준비해야 한다. 다만, 이러한 준비는 반드시 예산(돈)과 상관관계를 가지고 있다. 이러한 준비의 효율성과 정확성을 높이기 위해서는 가용성 분석을 통해 산출되는 준비요소에 대한 반영을 할 수 있는 여유(Space)를 갖도록 하는 것이 반드시 필요하다.

# 4장 요약

전투기 요구도를 구체화하는 과정과 구현, 통제(감시)하는 과정을 알아보자.

1. 초기의 전투기 개발목표는 사용자의 운용개념 설정을 시작으로 임무묘사도와 임무사용도를 기반으로 비행, 생존성, 임무 능력(성능)으로 구체화된다

2. 비행, 생존성, 임무성능은 위협, 생존성, 민감성, 취약성, 전투임무효과, 가용성 분석 등을 기반으로 설정하되, 정량적이고, 계측가능 하도록 설정한다.

3. 전투력이나 생존성에 심대한 영향을 주는 요구도는 핵심성능지표(KPP ; Key Performance Parameter)로 지정한다.

4. 핵심요구성능을 결정할 때는 체계개발의 유연성과 절충(Trade-off) 할 수 있는 여유(Space)를 제공하기 위해 임계치와 목표치 형태로 설정한다.

5. 항공기 체계 요구성능은 자연환경, 유도환경, 전자기 환경 등을 고려하여 일정 가정 하에 선정되며, 조정하고 갱신되는 과정을 통해 최적화된다.

6. 무장은 전투기가 운용되고 존재하는 궁극적인 의미이다.

7. 임무 치명성(Lethality)은 전투기가 임무를 완수할 수 있는 성능 목표로 무장과 무장지원 기능, 임무지원기능으로 구성된다.

8. 체계공학을 통해 체계개발의 요구도 관리부터 검증까지의 일련이 과정이 관리된다.

9. 체계공학은 여러 학문분야가 관련된 접근방식(Approach)이며, 프로젝트 요구(Needs)를 충족하는 체계의 개발이 수명주기적으로 균형 있는 일련의 제품 및 프로세스 개발이 되도록 하고, 이를 검증하기 위해 사용된다.

# Chapter 5

프로젝트 관리가 되기 위해 알아야 하는 것들을 알아보자.

앞에서는 전투기를 만드는 과정에서 필요한 개발 목표를 만드는 요구 설정과 만들어진 요구를 어떻게 구현 하는지를 관리하는 방법을 설명했다.

지금부터는 프로젝트 관리자로서 어떻게 프로젝트를 관리해야 하는지에 대해서 설명하고자 한다. 프로젝트 관리자로서 가장 중요한 것은 의사결정을 하는 것이다. 좋은 의사결정을 위해서는 어떤 부분을 잘 고려해야 하는 것인지와 프로젝트 관리자가 알아야 하는 사항을 설명하고자 한다.

전투기의 개발목표를 세우고, 실현하는 과정에 대해서 알아보았다. 이제부터는 프로젝트 관리자가 알아야 하는 것들에 대해서 생각해보자!!

# 프로젝트 관리와 체계공학을 조화롭게 사용하기

`5-1`

## ■ 프로젝트 관리(PM)와 체계공학(SE)의 관계

프로젝트를 관리하는데 크게 두 가지 축이 있다. 하나는 프로젝트 관리(PM)이고, 다른 하나는 체계공학(SE)이다. 많은 사람들로 부터 받는 질문 중 하나는 둘 간의 관계는 어떻게 되느냐 하는 것이다. 때로는 중복된 것 같기도 하고, 성격이 다른 업무인 것 같기도 하고, 누구는 같다고 하고, 누구는 다르다고 한다. 이러한 혼란과 개념적 모호성은 어찌 보면 당연하다. 두 방법론에 대해 사람들마다 다르게 표현하거나 모호하게 느끼는 것은 이전에 어떤 프로젝트를 경험했는지에 따라 다르기 때문이다. 일단 결론부터 말하자면, **두 가지 프로젝트 관리 관련 방법론 간의 관계는 프로젝트의 성격에 따라 어디에 중심이 있는지가 결정된다.** 학문적으로 둘 간의 관계를 정리하는 표준 정의는 없다. 프로젝트 관리의 이론적 근간인 프로젝트 관리지식체계(PMBoK ; Project Management Body of Knowledge)와 체계공학의 이론적 근간인 체계공학지식체계(SEBoK ; System Engineering Body of Knowledge)를 비교해보면 차이를 알 수 있다. 이를 비교 분석한 정보들도 의외로 쉽게 찾을 수는 있지만, 복잡하게 설명하고 있기 때문에 여기에서는 중요한 내용을 위주로 쉽게 정리해 보고자 한다. 일단 **PM는 프로젝트 전체의 범위(성능, 일정, 비용)에 대한 관리하는 방안에 중점**을 두고 있고, **SE는 프로젝트의 산출물(제품, 체계, 서비스 등)을 만드는데 과정에 중점**을 두고 있다. PM과 SE는 공통적인 부분도 있고, 특정 영역에서는 특화된 부분도 있다. 프로젝트 성격에 따라 방법론 간의 관계가 결정된다는 것은 프로젝트의 전 과정을 계획, 모니터링, 종합하여 의사결정을 하고, 지시를 담

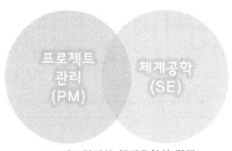

프로젝트관리와 체계공학의 관계

프로젝트관리자와 체계공학담당 간 관계

당하는 사람이 누구인지에 따라 결정된다는 것이며, 기능 부서의 일은 큰 차이가 없다. 따라서, **무언가를 만드는 프로젝트는 SE, 프로젝트 전체의 범위 관리가 중요한 프로젝트든 PM이 중심**이 된다.

두 가지 방법론이 추구하는 바는 모두 **작업 범위(Scope)의 명확화와 이를 통제하는 방법, 주요활동에 대한 계획수립 방법, 위험을 줄이면서 노력을 최소로 관리하는 방법, 사용자에게 성공적인 프로젝트 결과를 제공하는 방법들**이다. 이런 목표에 따라 중복된 영역이 있을 수 있으나, 이는 어디까지나 프로젝트의 성격에 따라 결정되는 사항이며, **프로젝트의 성격과 규모에 따라 차등 적용**된다. 일부 프로젝트에서는 프로젝트 관리자와 체계공학담당이 완전히 중복되지 않을 수 있으며, 일부 프로젝트에서는 일부 겹치거나 공동의 책임이 있을 수 있다. 특히, 소규모 프로젝트는 프로젝트 관리자와 체계공학 담당자가 공통 업무를 담당할 수 있다.

### ▥ PM과 SE의 계획 수립

프로젝트 관리(PM)에서는 **프로젝트관리계획(PMP ; Project Management Plan)**을 기본계획(Master Plan)으로 프로젝트 수행기간 동안 수행되는 기술적인 활동을 포함한 통합되고, 통제되는 모든 활동을 다루고 있다. 체계공학(SE)에서는 **체계공학관리계획서(SEMP ; System Engineering Management Plan)**를 기본계획(Master Plan)으로 체계공학의 기술적 요소를 포함 하고 있으며, 체계공학 절차 및 방법론과 활동들, 다른 프로젝트 활동 간의 관계를 기술하고 있다. 프로젝트를 계획하고, 수행하는 동안 SEMP는 PMP의 범위와 계획에 따라 일치화 되고 최신화 된다. 하나의 프로젝트에서 PMP는 하위 프로젝트와 조달영역에서 연결되며, 체계공학관리계획서(SEMP)는 최상위 체계(System)의 SEMP는 하위 체계(Subsystem 또는 Component)와의 체계공학관리 계획서(SEMP)와 계층적 관계를 가지고 통합된다.

체계공학(SE)이 계층적 구조를 가지는 것은 체계수준의 요구를 충족하기 위한 하위체계의 요구분석, 설계 및 구현 행위가 유기적이며, 동시적으로 발생하며, 체계공학은 점진적으로 구체화되고, 성숙화 되는 성격을 지니고 있기 때문이다. 복수 또는 장기간의 대형 프로젝트의 경우는 프로젝트 순기에 따라 단계별 프로젝트를 수행하면서 체계공학업무를 단계별로 계층적으로 수행한다. 탐색개발 단계와 같이 입증시제(Demonstration Prototype)를 개발하거나, 하나의 체계가 아닌 복수의 경쟁개발 방식,

여러가지 형상의 동시 개발의 경우, WBS를 분할하는 경우는 복수 이상의 체계공학 (SE)에 의해 요구분석, 설계 및 구현이 이루어 질 수 있다. 따라서 프로젝트 순기에 따른 프로젝트 관리(PM)와 체계공학(SE) 간의 관계는 프로젝트의 성격에 따라 결정되는 사항으로 이해하면 좋겠다.

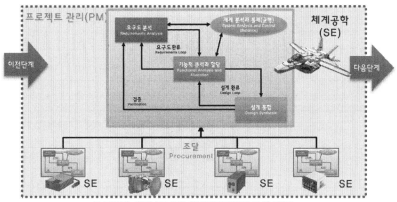

프로젝트 관리(PM)와 체계공학(SE) 간의 관계

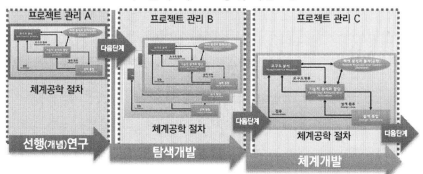

〈 프로젝트 순기에 따른 프로젝트 관리(PM)와 체계공학(SE) 간의 관계 〉

**프로젝트 관리와 체계공학의 관계는 수행 조직구조나 성격에 따라서도 결정된다.** 체계 공학이 프로젝트 관리에 종속되거나, 프로젝트관리에서 체계공학을 지원하는 관계가 된다. 먼저, 일반적으로 조직구조에 따른 차이를 살펴보자. 일반적으로 조직 구조는 기능조직, 프로젝트조직, 매트릭스 조직으로 구성되며, 구성에 따라 아래와 같은 특징 차이를 보인다.

1. 기능 조직에서는 프로젝트관리자는 조정자 역할이기 때문에 체계공학 기능에 대한 통제력이 제한적이다. 이러한 유형의 조직에서는 기능관리자는 프로젝트 예산을 통제하며, 프로젝트 자원에 대한 권한을 갖는다. 반면, 체계공학을 위한 기능단위 조직을 가지거나, 별도의 조직을 가지지 않는 경우도 있을 수 있다. 기능단위 조직이 있는 경우는 프로젝트별로 체계공학의 기능을 수행하기 때문에 전문성이 떨어지거나, 업무조정과 우선순위 조정에 제한될 수 있다.

2. 프로젝트 조직에서는 프로젝트 관리자가 일정 요건을 충족하기 위한 예산과 자원을 관리하는 전적인 권한과 책임을 가진다. 체계공학담당은 프로젝트 관리자의 지시를 받아 업무를 수행한다.

3. 매트릭스 조직에서는 기능조직과 프로젝트 조직의 장점을 모두 갖을 수 있다. 일정이 중요한 프로젝트 성격인 경우 기능 전문가를 프로젝트 관리자가 프로젝트에 전문지식을 적용하기 위해 필요한 작업을 더 할당할 수 있으며, 불필요한 경우 돌려보낼 수 있다. 약한 매트릭스 조직에서는 기능 관리자가 프로젝트 직원을 배정할 권한이 있으며, 프로젝트 관리자는 해당 작업자에게 할당된 작업자를 그대로 사용해야 한다. 강력한 매트릭스 조직에서는 프로젝트 관리자가 프로젝트 예산을 통제하며, 기능 그룹이 충분한 가용 인력 및 숙련된 인력을 보유하지 않을 경우 외부인력을 사용할 수도 있다.

단, 어떤 조직 구조를 가진 경우에도 조직과 프로젝트 성격에 대한 정책을 모든 프로젝트 구성원이 공유해야 하며, 프로젝트 관리자와 체계공학담당은 협력해야 한다. **프로젝트 수행조직 뿐만 아니라 프로젝트 목표의 성격에 따라서도 달라진다.** 프로젝트 성격이 **일정 중심의 프로젝트 인지, 요구(Needs) 중심의 프로젝트 인지에 따라 달라진다.** 일반적으로 프로젝트 관리자는 정해진 일정, 제한된 범위의 비용, 자원 및 기술 내에서 지정된 납품일자 내에 제품 또는 서비스를 제공해야 한다. 체계공학담당은 사용자의 요구 수집 및 정의, 체계 요구도 정의, 체계 설계 및 개발, 구성품 개발관리, 체계 통합, 검증에 대한 책임을 가진다. 프로젝트 관리자는 일정, 비용, 자원의 제약 속에서 사용자의 만족을 충족하기 위한 제작자의 입장이며, 체계공학 담당은 제품 개발자의 입장인 것이다.

**일정 중심의 프로젝트**에서는 모든 요구를 만족시키는 것보다 일정을 충족하는 것이 더 중요하다. 이 경우는 우선순위가 낮은 요구는 구현되지 않을 수도 있다. 이러한 프로젝트는 계약상 인도 일정이 있고, 배송 지연에 따른 배상금이 커지는 계약조건이 있는 프로젝트 이거나, 휴대전화나 게임과 같이 시장에 제품발표일이 결정되어 있는 경우 체계 배치 또는 제출 출시, 납품일정이 가장 중요한 경우이다. 일정 중심의 프로젝트의 경우 프로젝트 관리자는 조직이 일정을 맞추기 위해 조정된 방식으로 작업을 할 수 있도록 프로젝트 작업 활동과 자원을 계획하고, 조정할 책임을 갖는다. 체계공학 담당은 개발계획 수립 시부터 프로젝트 관리자와 협력하여 통합일정관리(IMS ; Integrated Master Schedule)를 사용해 일정에 맞는 기술적 접근방법을 결정한 후 프로젝트를 시작하게 된다.

**요구 중심의 프로젝트**는 요구사항에 대한 고객의 만족도가 일정 제약보다 더 중요한 프로젝트이다. 예를 들어 새로운 위협에 대응해야 하는 군사목적의 프로젝트이거나, 항공이나 의료 관련 프로젝트와 같이 안전에 관련되어 있어 납품되는 체계의 안전한 작동이 중요하고, 정부 규제가 강하게 있는 프로젝트가 대표적이다. 이런 프로젝트에서는 체계공학 담당은 주요한 기술적 의사결정을 내리고, 적절한 기술적인 절충(Trade-off)에 대한 결정 권한과 책임을 가진다. 다만, 체계공학담당은 기술적 절충에 따른 비용, 일정, 자원에 대한 여유(Space)를 판단하고, 기술적 요구를 충족하는 체계를 구현하는데 필요한 자원과 시설 등을 제공하는 책임을 가진 프로젝트 관리자와 상호 협력이 필요하다.

종합하면, 일정 중심의 프로젝트의 경우는 프로젝트 관리자가 중심으로 역할을 수행할 가능성이 높으며, 요구 중심의 프로젝트의 경우는 체계공학 담당이 중심으로 역할을 수행할 가능성이 높다. 물론 어느 경우에도 **프로젝트관리계획서, 체계공학관리계획, 통합기본계획(IMP ; Integrated Master Plan)/통합관리일정(IMS)을 중요한 공통의 도구**로 활용해야 한다.

### ▦ 프로젝트 관리(PM)와 체계공학(SE)을 조화롭게 사용하기

지금부터는 프로젝트 관리(PM)와 체계공학(SE)을 조화롭게 사용하기 위해서는 어떻게 해야 할지 생각해보자. 프로젝트 관리자와 체계공학 담당의 주요 관심사항은 프로젝트의 영역별 범위관리 문제에 있다. 두 방법론간 차이는 영역별 범위관리의 대상을 어떻게 조화롭게 할지에 대한 관점만 다를 뿐이다. 프로젝트 관리자의 경우 관리해야 할 프로젝트의 특성에 **프로젝트 계획, 비용추정, 일정, 예산, 프로젝트 조직, 인력, 자원 인프라 및 위험요소**이다. 체계공학 담당이 관리하는 제품의 속성에는 **요구사항 정의와 개발, 요구사항 할당, 체계 아키텍쳐, 개발조직 간 소통, 통합, 검증 및 확인** 등의 항목이다. 체계공학을 구현하려면 기술 및 관리 자원에 대한 조정이 반드시 필요하며, 이는 프로젝트 관리자의 통제 없이 결정되거나, 수행될 수는 없다. 즉, **프로젝트의 목표에**

따라 **프로젝트 관리자는 체계공학 담당의 요구를 적절히 통제해야 하는 것**이다. 이는 프로젝트가 태생적으로 '특정 목적을 위한 한정적인 활동'이라는 점과 프로젝트의 활동이 한계를 가지고 있기 때문이다. 극단적인 예를 들면, 체계공학자는 최고의 제품을 만들고 싶겠지만, 프로젝트이 목표가 적정한 가격의 적정한 성능의 제품이라면, 프로젝트 관리자가 체계공학자를 통제해야 한다는 것이다.

아래의 그림에서 알 수 있듯이 프로젝트 관리의 일부 영역은 체계공학의 영역에서 관리되고, 다른 일부는 프로젝트 관리 영역에서 관리되며, 협력을 통해 관리되어야 함을 보여주고 있다. 프로젝트 관리자와 체계공학담당 영역의 배분에 영향을 주는 또 다른 요소는 고객 및 이해관계자 상호 작용, 조직구조, 협력업체와의 관계이다. 체계 수준의 프로젝트 관리에서는 필요한 하위 구성품을 개발하는 프로젝트는 조달(Procurement)하는 형태로 관리하지만, 실제로는 복잡한 체계를 조달하기 위해서는 높은 수준의 체계공학 분야의 협조가 필요하다. 조달에 필요한 요구사항을 결정하고, 주요한 기술 요구사항, 경제적이고 효율적인 목표의 달성방법, 작업기술서(SOW), 계약자자료요구목록(CDRL 또는 SDRL) 등은 체계공학의 도움 없이는 제공하기 어려우며, 이들은 모두 체계공학에서 산출되는 결과물이기 때문이다.

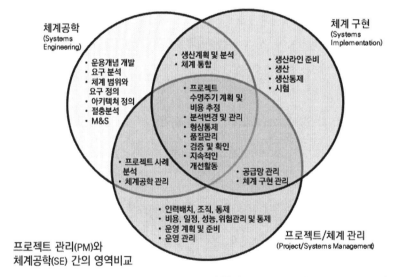

프로젝트 관리(PM)와
체계공학(SE) 간의 영역비교

* 출처 : Systems Engineering Management Boundaries.(SEBok Original)

종합하면, **프로젝트 관리(PM)와 체계공학(SE)을 조화롭게 사용하기 위해서는 프로젝트와 목표에 대한 성격을 이해하고, 이 성격에 따라 업무 영역별 담당하고, 의사결정 하는 범위를 구체화**하여야 한다. 프로젝트의 최종목표 달성을 위한 상위수준의 통제는 프로젝트 관리자가 수행하고, 제품의 개발을 위해서는 요구, 솔루션 등의 통제는 체계공학 담당자가 수행하며, 이 통제 간에는 유기적인 협력이 필요하다. 물론 요구되는 유기적인 협력은 상호 영역 간에 대한 이해가 선행되어야 하는 것이 기본적인 요소이다. 그럼에도 불구하고 현장에서는 PM과 SE를 실무적으로 적용하는데 부정적 시각이 많다. 이제부터는 왜 이런 현상이 발생하는지 알아보자.

## TMI : 프로젝트 관리와 체계공학의 관리영역 비교

1. 프로젝트관리(Project Management)의 관리영역

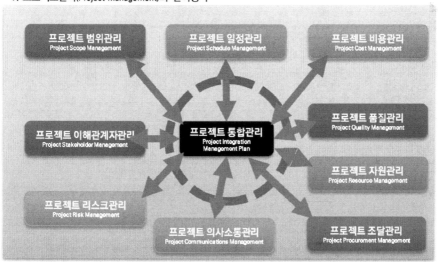

* 출처 : PMBoK(Project Management Body of Knowledge)

2. 체계공학(System Engineering)의 관리영역

* 출처 : ISO/IEC 15288 System Life Cycle Processes
  (프로세스들과 수명주기 단계를 다루는 체계공학의 국제표준임)
* 참고 : SEBoK(System Engineering Body of Knowledge)와 유사하며, 명칭과 구체화 정도에 차이가 있음

# 프로젝트 관리와 체계공학을 실무적으로 적용하는데 부정적인 시각이 많은 이유

# 프로젝트를 관리하는 동안
# 일어나는 흔한 일들

이 책은 전투기를 만드는 과정에서 필요한 프로젝트 관리방법을 설명하고자 했고, 이에 대한 이해를 돕고자 일반적인 프로젝트 관리(PM ; Project Management)에 관한 방법론 내용과 체계공학(SE ; System Engineering)에서 다루고 있는 내용을 다루고자 했다. 프로젝트 관리자에게는 프로젝트 수행 간에 PM과 SE가 매우 필요함에도 불구하고, **PM과 SE는 실제 현장에서 도움이 되지 않는다고 생각되거나, 형식적인 것으로 치부되곤 한다.** 이는 PM과 SE에서 다루는 내용이 이해가 어려운 부분도 있지만, 이런 방법론을 사용한다고 하더라도 항상 합리적인 의사결정이나 성공적인 프로젝트로 이어지지 않는 경우가 많지 않기 때문이다. 또한, PM과 SE를 잘 알면 어느 프로젝트나 잘 할 수 있을 것 같지만, 개발현장에서 그러한 일은 제한적이라는 것을 체감적으로 느낄 수 있다. 이런 현상이 발생하는 원인에 대해서는 다양한 해석이 가능하겠지만, 개발 현장에서 오랜 기간 동안 생각한 이유는 다음과 같다.

1. 세상에 똑같은 프로젝트는 없다. 일반적으로 프로젝트 관리 분야에서의 정의하는 프로젝트는 '유일한(Unique) 결과를 만드는 한시적인 과정' 이라는 의미도 있지만, 모든 프로젝트에는 다른 결과를 만들 수 있는 불확실성을 가지고 있다. 프로젝트는 사람에 의해 수행되는데, 사람이 불확실성을 가지고 있기 때문이다. 프로젝트에 많은 사람들이 참여하거나, 프로젝트 기간이 길수록 불확실성은 더욱 커질 수 있다. 프로젝트에 참여하는 사람들은 시간이 지나거나, 환경 변화에 따라 계속 달라지며, 이로 인해 프로젝트의 시작과 종결 환경이 달라진다. 프로젝트 시작 시 작은 불확실성들은 누적되어 종결 시 더욱 큰 차이를 만들며, 이로 인해 프로젝트를 시작할 때의 요구대로 결과가 만들어지는 것이 매우 어렵다.

2. 프로젝트 계획은 완벽한 계획이 아니다. 프로젝트를 계획하는 사람조차 프로젝트의 모든 것을 계획하고, 대비할 수 없다. 이전까지 세상에 없던 F-117 스텔스기를 만든 전설적인 프로젝트 관리자이자 공학자인 벤자민 로버트 리치(Benjamin Robert Rich, 1925~1995)일지라도, 프로젝트를 수행하는 동안 발생하는 모든 문제를 예상하거나 계획할 수는 없다. 이는 PM이나 SE를 사용해 프로젝트 계획을 수립하더라도 크게 달라지기 어렵다. 이는 계획을 수립하는 사람들의 지식과 경험이 한번에 만들어질 수 없고, 이전의 경험과 시도들을 통해 점진적으로 생성되기 때문이다. 이를 극복하기 위해 계획단계에서 이전의 성공 사례나 실패 사례를 반영한 계획을 수

립하지만, 불완전한 계획으로 인해 프로젝트를 진행하는 동안 잘못된 계획은 고치고, 수정하면서 진행해야 하고, 그렇지 못할 경우 좋은 결과를 얻지 못할 수 있다.

3. 프로젝트에 참여하는 관리자, 이해관계자들은 모두 자신만의 욕구를 가지고 있다. 이 욕구는 사람들 각자의 지식과 경험을 기반으로 축적이 되어 표출되며, 자신의 현재 위치와 상황에 의해서 나타난다. 프로젝트 관리자 입장에서 이 욕구에는 옳고 그른 대상은 아니다. 다만, 그 욕구가 프로젝트에 도움이 되는 방향으로 조정하기 위한 행위가 필요할 뿐이다. 이 욕구의 방향을 조정하기 위해서는 가장 중요한 것은 정보의 제공(공유)이다. 사람의 판단은 정보를 기반으로 만들어진다. 편향된 정보는 편향된 판단을 만들어 낼 수 있다. 거짓정보는 잘못된 판단을 만들 수 있으며, 제한된 정보는 비합리적인 판단을 만들 수 있다. 물론 같은 정보를 가지고도 다른 판단을 할 수도 있다. 프로젝트 관리와 체계공학에서는 상황에 맞는 기법과 방법들을 통해 관리자와 이해관계자의 판단에 필요한 정보를 제공함으로써 합리적인 판단으로 유도할 수 있지만, 이는 프로젝트 관리자의 의사소통 능력과 리더십에 좌우되는 경향이 강하다.

4. 의사결정 권한의 크기와 프로젝트 관리이나 체계공학의 이해 수준 간 상관관계는 일치하지 않는다. 최상위 의사결정 권한을 가진 사람이 특정 분야의 전문가이기 어렵고, 기대되는 능력도 아니다. 의사결정권자는 조직이나 공동체에서 역할을 부여했고, 그 역할의 책임범위 만큼의 책임을 수용할 수 있는 의사결정을 하리라는 기대를 가진다. 이러한 이유로 의사결정권자는 보다 합리적인 의사결정을 위해 필요한 정보를 제공받아야 하며, 조직이나 공동체에서는 그런 의사결정에 필요한 정보를 제공해 주어야 한다. 문제는 조직이나 공동체가 합리적인 의사결정에 필요한 정보가 무엇인지 모르는 경우에 발생할 수 있다. 이런 정보는 프로젝트 관리와 체계공학에서 제공할 수 있으며, 프로젝트가 지향해야 하는 방향의 정보도 제공할 수 있다. 다만, 조직이나 공동체가 상황에 적합한 정보를 제공하기 위해서는 프로젝트 관리와 체계공학에 대한 높은 이해가 필요하다. 반대로 이런 이해가 부족하다면, 좋은 정보제공이 제한된다.

5. 사용자의 요구와 개발자의 요구도 정의 시 사용하는 언어가 다르다. 사용자의 요구는 불명확하고 단순할 수 있다. 사용자의 요구는 '좋은 거, 적당히, 빨리, 많이' 등 모호하고 추상적이다. 반면에 개발자의 요구도는 설계와 분석에 필요한 수학과 공학의 언어에 기반을 두기 때문에 정량적이고, 계량화 되어야 한다. 이러한 차이에 의해서 오해와 편견이 발생하며, 이 간극을 조정하는 것이 프로젝트 요구도 관리의 핵심이다. 프로젝트의 성공과 실패 요인에 대한 많은 논문과 분석에서 최상위 랭크에는 항상 명확한 요구도(Requirement)라는 내용이 포함되는 것도 같은 맥락의 이야기이다. 프로젝트 관리와 체계공학의 많은 과정은 문서화 과정이다. 이 과정에서 정량화, 계량화 되지 않는 경우 장기간의 프로젝트 기간 중 일관된 내용을 유지하기 어렵기 때문이다. 이러한 이유로 사용자의 요구를 정량화, 계량화하는 것이 프로젝트 관리의 핵심 요소이고, 핵심 기술이며, 핵심 과정이다. 일반적으로 이러한 과정이 원활히 수행되지 않기 때문에 프로젝

트 관리와 체계공학이 현실과 현상을 잘 반영하지 못한다고 생각되는 경우가 발생한다.

5. 프로젝트 관리자는 이해관계자를 설득할 수 있는 의사소통능력이 필요하다. 프로젝트 수행 간에는 이해관계자들에게 합리적인 정보를 제공했음에도 자신의 욕구와 합리적인 방향 사이에서 고민할 수 있다. 프로젝트 관리자는 이러한 고민들도 정리해 주어야 한다. 프로젝트 관리자는 이해관계자들의 고민을 정리하기 위해서 합리적인 정보를 제공함과 동시에 설득과 이해 조정, 갈등을 해소하는 행위를 해야 하는데 이때 필요한 것이 의사소통 하는 능력이다. 의사소통 능력에는 논리를 넘어서는 것들이 필요하다. 이것을 설명하기 위해 고대 그리스 철학자이자 과학자인 아리스토텔레스(Aristoteles)의 수사학(변론술, Rhetoric)의 개념을 빌려 설명하고자 한다. 아리스토텔레스의 수사학에서는 상대를 설득하기 위해 필요한 것이 논리(Logos), 공감(Pathos), 기품(Ethos)이라고 설명한다. 프로젝트 관리자는 PM과 SE에서 제시하는 기법과 방법들로 논리를 제공하고, 이 논리에 의해서 참여자들의 공감을 얻어야 하는데, 이해관계자들이 프로젝트 관리자의 말을 믿어야 할지 말아야 할지는 프로젝트 관리자의 기품에 따라 좌우될 수 있다. 여기에서 말하는 기품은 그 사람이 그러한 말처럼 살아왔는지, 생각과 행동이 같은지, 이야기한 방식을 경험했는지 등에서 의해서 결정된다. 즉, 프로젝트 관리자가 합리적인 판단을 위한 논리를 가지고 있고, 이 논리가 보편타당해서 공감할 수 있으며, 이전에 합리적이고 좋은 판단을 해본 경험이 있다면, 이해관계자들을 설득할 가능성이 높다는 것이다. 이러한 이유로 프로젝트 관리자는 성공한 경험이나 합리적인 판단을 했던 경험이 필요하며, 반대로 이러한 경험이 적다면 이해와 설득의 과정이 어려워질 수 있다.

6. 항공기 등 복잡체계를 만드는 프로젝트에서는 선진 항공기를 만드는 국가의 절차와 규정, 기준, 지침 등을 많이 차용한다. 그들이 사용한 것들로 만든 프로젝트 결과들이 성공적이었다는 것이 그것들을 차용하는 근거를 제공한다. 다만, 다른 국가들의 절차와 규정, 기준, 지침 등은 해당 국가의 시스템, 인프라, 법, 문화 등의 여건이 포함되어 만들어졌기 때문에 이를 무분별하게 차용하면 우리의 현실과 많은 '차이'를 만들게 된다. 더 큰 문제는 프로젝트 관리나 체계공학, 선진사례, 법, 규정, 절차, 공학적 기법들, 방법론들이 추구하는 철학이나 지혜, 생각에 대해서 사람마다 이해하는 수준과 정도가 모두 다르다는 것이다. 심지어 왜 그런 것들을 만들었는지, 적용이 가능한 것인지 궁금해 하지 않는 경우도 많다. '왜 그래야 하지?'라고 묻는 경우도 적지만, '원래 그런거야', '전에도 그렇게 했어 '라고 하는 경우가 더 많다. 우리는 그들의 절차, 규정, 기준, 지침 등을 단순히 가져오는 것이 아니라 그들의 '지혜'를 탐구하려 해야 한다. 왜 그런 절차가 있는지 생각하고 차용해야 한다. PM과 SE의 많은 내용은 미국의 절차이다. 이런 이유로 프로젝트 관리자는 프로젝트 특성에 따라 어떤 절차를 적용할지에 대한 '지혜'를 모으고, 프로젝트에 투영할 것들을 선별하는 과정이 필요하다. 이런 과정 없이 여러가지를 차용하면, 오히려 많은 시행착오를 겪을 수 있다.

# 프로젝트를 돕는 것과 망치는 것들

**5-3**

■ 프로젝트의 성공요인과 실패요인에 관한 연구들

**모든 프로젝트 관리자는 프로젝트를 성공적으로 종결하고 싶어 하지만, 수많은 프로젝트 중 목적한 바를 성공적으로 완수하는 경우는 매우 적다.** 이는 전 세계의 많은 현장에서 지속적으로 발생하기 때문에 프로젝트의 실패는 왜 발생하며, 어떤 요소가 실패와 성공에 영향을 주는지는 매우 관심 있는 주제이다. 이에 대한 답을 제시하고 있는 몇 가지 보고서를 소개하고자 한다. 먼저 소개하고자 하는 것은 무기체계 프로젝트와 같이 사용자의 요구 중심의 프로젝트가 소프트웨어 개발 프로젝트에 대한 관련 연구이다.

■ 소프트웨어 프로젝트의 성공과 실패 요인 분석

미국에서 일어난 광범위한 소프트웨어 프로젝트의 성공과 실패에 대한 연구를 한 것이 **스탠디시그룹 보고서**(The Standish Group Report Chaos, 1994, 일명 '소프트웨어 위기[software crisis])이다. 이 보고서는 소프트웨어 프로젝트의 실패의 범위(Scope), 소프트웨어 프로젝트를 실패하게 하는 주요 원인, 프로젝트 실패를 줄일 수 있는 핵심요소에 대해서 연구 결과를 담고 있으며, 최초 배포된 후 현재까지 지속적으로 갱신되고 있다. 이 연구가 수행된 당시 미국에서는 십여 만개의 IT 어플리케이션 개발에도 불구하고, 상당수의 프로젝트가 실패하거나, 비용이나 일정이 대폭 증가 또는 재설계되는 등 사회 전반적인 비용이 상당히 증가되고 있었다. 이러한 배경에서 연구의 결과는 프로젝트의 성공과 실패에 영향을 주요 요인을 분석하여 결과를 도출하였다.

성공한 프로젝트의 경우 **적극적인 고객 참여, 경영자의 지원, 명확한 요구도**가 **주요한 성공 요인**이었으며, 실패한 프로젝트의 경우는 **고객참여 부족, 자원지원 부족, 불완전환 요구도**가 **주요한 실패의 요인**이라는 것이다. 상당히 흥미로운 것은 주요한 성공 요인과 실패의 요인이 거의 공통적인 요소로 도출되었다는 것이다. 이는 프로젝트의 성패를 좌우하는 핵심적인 요소가 어떤 것인지를 제시해 주고 있다는 점에서 매우 흥미롭게 받아들일 수 있는 부분이다. 세부적인 소프트웨어 프로젝트의 성공과 실패 요인은 다음의 그림을 참조 바란다.

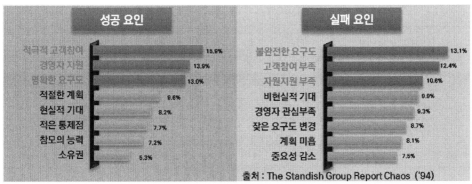

〈소프트웨어 프로젝트의 성공과 실패 요인〉

현장에서의 프로젝트 경험에 비추어보면 스탠디시 그룹 보고서의 결과에서 제시하고 있는 **고객의 참여와 명확한 요구도는 프로젝트의 성공에 매우 중요한 요소**이며, 소프트웨어 개발 프로젝트에 한정되는 내용은 아니다. 전투기 개발 프로젝트와 같은 무기체계 개발 프로젝트는 소프트웨어 개발 프로젝트와 상당히 유사한 부분이 많다. 두 가지 프로젝트 모두 대부분 '주문 생산' 방식이기 때문에 사용자의 요구에 지배적인 성격을 가지며, 다양한 요구에 따라 수행되는 프로젝트 결과가 유일한 결과를 만드는 구조를 가지고 있기 때문이다.

■ 국방분야 프로젝트의 성공과 실패 요인 분석

이번에는 일반 산업계가 아닌 국방분야 프로젝트의 성공과 실패에 영향을 주는 요인에 대한 연구 사례를 살펴보자. 물론 국방분야에서도 이와 관련된 다양한 연구가 이루어졌지만, 필자의 현장 개발 경험을 바탕으로 가장 현실적이고, 실무적으로 상관관계가 높은 자료라고 판단한 내용을 소개하고자 한다. 지금부터 소개할 연구는 **케네스 델라노의 프로그램 성공에 기여하는 요인식별**(Identifying Factors That Contributed To Program Success, 1998, Kenneth. J. Delano)이라는 제목의 연구이다. 미국 국방부 획득 프로그램 및 프로젝트에서 발생하는 비용 초과, 성능 부족, 일정 지연 또는 취소를 경험한 사례에 착안하여 프로젝트 관리자의 조사와 각종 문헌(연구)을 근거로 프로그램 성공에 기여하는 요소를 파악하여 제시하고 있다. 프로젝트 성공요인에 대한 프로젝트 관리자의 조사에서는 다음 장의 표와 같이 **성능 목표 달성과 원활한 야전 운용을 가장 중요한 성공에 기여하는 요소**로 분석하였다. 우리는 이를 국방 프로젝트에서의 관리 대상인 비용, 일정, 성능 중 **성능이 가장 우선하는 요인**이라는 것으로 이해하면 되겠다.

| 순위 | 프로젝트 성공요소 | 가장 중요 | 가장 덜 중요 |
|---|---|---|---|
| 1 | 기술적 성능 목표 달성 | 37.5% | 6.2% |
| 2 | 야전운용에서 원활한 작동 | 37.5% | 18.7% |
| 3 | 초도운용능력(초기 전력화) 시기 고수 | 12.5% | 31.3% |
| 4 | 비용목표 달성 | 12.5% | 12.5% |
| 5 | 군수지원목표 달성 | 0% | 31.3% |

〈프로젝트 성공에 기여하는 요소〉

다음으로는 아래의 표와 같이 성공에 도움 또는 방해되는 부서(기관)에 대한 조사결과, 사용자의 의견은 프로젝트 수행에 도움이 되었으나, 의회 및 감사기관들의 참여는 프로젝트 성공에 방해된다고 분석되었다. 중요도에 따른 프로젝트 성공 요인의 우선순위 분석에서는 사업관리자의 능력과 이해관계자 및 사용자와의 좋은 관계가 필요함을 말하고 있다.

| 순위 | 사업요소(부서) | 도움 | 방해 |
|---|---|---|---|
| 1 | 사용자 | 71% | 29% |
| 2 | 지원부서 | 20% | 80% |
| 3 | 상위급 부서 | 20% | 80% |
| 4 | 의회 및 결정기관 (사업승인,양산규모결정 등) | 0% | 100% |
| 5 | 일반회계사무소(GAO) 정기감사기관 | 0% | 100% |

〈프로젝트 성공에 도움 또는 방해 부서(기관)〉

| 순위 | 요소 |
|---|---|
| 1 | 프로젝트 관리자의 의사소통 능력 |
| 2 | 이해관계자의 타입과 품질 |
| 3 | 프로젝트 관리자의 리더쉽 능력 |
| 4 | 사용자 기관과의 좋은 관계 |
| 5 | 인력, 시설, 예산 등 자원 |
| 6 | 제품 요구도와 설계 안정성 |
| 7 | … … |

〈중요도에 따른 프로젝트 성공요인 순위〉

그리고 이 연구에서는 다음 장의 표와 같이 유사한 주제의 획득 관련 문헌들을 조사한 결과에 따라 획득요소와 자원 요소에 대한 상관관계에 따른 중요도의 우선순위를 제공하고 있다. 백분율은 각 문건(19건)에 공통적으로 포함됨 요소의 비중으로, 백분율이 높을수록 공통적인 요소로 제시하고 있어 상관관계가 상대적으로 높은 요소라고 이해하면 되겠다. 이러한 분석에 따라 프로젝트 성공에 중요한 요인은 **명확한 요구도, 획득전략, 야전 성능, 안정성, 사람의 질, 프로젝트 관리자의 책임과 권한, 통합팀 개념, 프로젝트관리자의 관리기술**이라고 제시하고 있다.

| 순위 | 획득요소(백분율) | 자원요소(백분율) |
|---|---|---|
| 1 | 명백히 정의된 요구도 (47%) | 사람의 질 (47%) |
| 2 | 획득전략 (47%) | 프로젝트 관리자의 책임과 권한 (42%) |
| 3 | 야전에서 양호한 성능 (32%) | 통합사업팀 개념 (37%) |
| 4 | 안정성 (32%) | 프로젝트 관리자의 관리기술 (37%) |

| 순위 | 획득요소(백분율) | 자원요소(백분율) |
|---|---|---|
| 5 | 계약자와의 좋은 관계 (21%) | 의회의 참여 (16%) |
| 6 | 종합품질관리계획 (16%) | 사용자 참여 (10%) |
| 7 | 성능목표 만족 (11%) | 적절한 자원 (10%) |
| 8 | 비용목표 만족 (5%) | 지원부서 참여 (5%) |
| 9 | 초도운용능력(IOC) 시기 만족 (0%) | 상위부서 참여 (5%) |
| 10 | | 프로젝트관리자 기술적 능력 (5%) |
| 11 | | 감사(0%) |

〈문헌 조사결과에 따른 각 요인별 상관관계에 의한 중요도 우선순위〉

연구자가 제시하고 있는 각 요소별 프로젝트 관리방안은 아래와 같다.

▲ 명확히 정의된 요구도 : 요구도는 사용자가 원하는 운용능력을 기술한 것이다. 제품의 안정성은 현실적인 요구도와 요구도 변화의 최소화를 통해 결정된다. 이에 따라 사용자와 개발자 모두 생산지연과 높은 비용을 만드는 과도한 요구도를 피하고, 명확히 정의하며, 신중하게 조정되어야 한다.

▲ 획득전략 : 프로젝트는 상황과 자원에 의존적이다. 이에 따라 프로젝트 관리자는 가용자원을 예측하고, 내부와 외부 환경을 조사하고, 이를 기반으로 획득전략을 수립하여 환경에 영향을 최소화하도록 해야 한다.

▲ 야전에서 양호한 성능 : 국방 프로젝트의 궁극적인 목표는 야전 환경에서 잘 작동하고, 임무를 달성하도록 하는 것이다. 획득 프로젝트에서의 납품지연이나 비용초과는 관리 차원의 일시적인 문제이지만, 일단 정상적으로 운용된다면 곧 잊혀질 문제이다. 이러한 이유로 모두의 최대 관심사는 체계가 잘 작동하는지 여부이다.

▲ 안정성 : 움직이는 표적을 맞추기 어렵듯이 안정성이 떨어지는 프로젝트를 관리하는 것은 어렵다. 요구도, 예산 및 자원의 변화는 프로젝트 계획과 실행을 모두 어렵게 한다. 프로젝트 관리자는 안정성을 떨어뜨리는 변화들을 적절히 통제해야 한다.

▲ 사람의 질 : 교육을 잘 받고 훈련을 잘 받은 사람들은 프로젝트의 성공에 필수적인 요소이며, 이러한 인원이 합리적인 규모로 안정성과 지속성을 가질 수 있도록 해야 한다. 프로젝트 관리자는 재능 있는 인력을 모집하고 개발하며, 응집력 있도록 팀을 만들고, 목표를 달성할 수 있는 동기부여를 해야 한다.

▲ 사업관리자의 책임과 권한 : 프로젝트 관리자는 프로젝트의 성공과 실패에 대한 책임이 있지만, 모든 요소를 통제할 수는 없다. 이에 대한 솔루션은 프로젝트 관리자가 프로젝트 성공을 보장할 수 있는 정도의 책임을 감당할 수 있는 권한을 갖도록 하는 것이다.

▲ 통합사업팀 개념 : 프로젝트 관리자는 모든 사람들이 프로젝트 목표를 향해 노력하고 프로젝트를 적극적으로 관리하도록 분위기를 조성해야 한다. 이러한 '한 팀'이라는 정신은 목표를 향해 뭉치도

록 촉진하고, 통일된 조직 문화를 만든다. 사용자와 계약자를 포함하는 통합사업팀은 의사소통 및 문제를 식별하고 해결하기 위한 공동의 접근방식을 촉진하도록 해 준다.

▲ **프로젝트 관리자의 관리기술** : 프로젝트 관리자의 능력과 기술은 프로젝트를 만들거나, 파괴할 수 있다. 리더십 능력, 의사소통능력, 운용적인 배경지식, 교육의 조합이 중요하다. 프로젝트 관리자는 프로젝트에 대한 지원을 더 높은 수준에서 획득할 수 있도록 해야 하며, 팀에 동기부여를 제공하고, 프로젝트의 성공적인 목표달성을 위한 방향을 제공해야 한다. 이를 위해서 프로젝트 관리자는 모든 유형의 이해관계자와 의사소통을 잘할 수 있어야 하며, 확실히 책임을 지도록 임무 수행에 필요한 권한을 갖아야 한다.

프로젝트 성공에 기여하지 못하는 요소로는 비용목표 만족, 초도운용능력(IOC) 시기 만족, 지원부서나 상위부서 참여, 감사, 프로젝트관리자의 기술적 능력이라고 제시하고 있다. 케니스 델라노의 연구에서 제시하고 있는 프로젝트를 돕는 것들과 망치는 것들에 대해서는 각자의 경험에 따라 공감할 수도 있고, 공감되지 않을 수 있다.

프로젝트 관리자나 프로젝트에 참여하는 이해관계자 모두가 포괄적이고, 전지적 관점을 가지기 어려운 한계 때문에 절대적으로 옳은 답이라서 이러한 보고서를 소개하는 것이 아니다. 이러한 보고서들을 통해서 프로젝트 성공에 기여하는 요소가 무엇인지에 대한 '지혜'를 탐구하고자 하는 것이다. 케니스 델라노의 연구를 기반으로 각 요소가 어떤 방식으로 프로젝트에 상관관계가 있으며, 성공에 기여하려면 어떻게 해야 하는 지에 대해서 생각해보도록 하겠다.

## 1. 명확히 정의된 요구도(Requirement)

**프로젝트의 최종 목표는 요구도를 충족되는 최종결과물을 만드는 것이다.** 무기체계의 개발목표인 요구도는 사용자가 원하는 운용능력을 말한다. 문제는 프로젝트 초기의 개발목표를 구체화하는 단계에서의 요구를 기반으로는 무언가를 만드는 것이 불가능할 정도로 요구도가 구체화되어 있지 않다는 것이다. 앞의 전투기의 개발목표를 구체화하는 단계에서의 개념을 다시 설명하자면, 가용성 90%, 표적파괴율 85%, 생존율 90%, 피파괴율 95% 등으로 최상위 요구를 기준으로 무기체계를 만든다면, 사용자가 어떠한 무기체계를 원하는지를 구체화하는 것이 매우 어렵다. 매우 어렵다는 표현은 무한한 가능성과 창의성을 제공함과 동시에 막연함과 모호성을 같이 제공할 수 있다는 의미이다. 이로 인해 **초기 요구를 기준으로 세부 요구도로 구체화하는 과정이 필요하며, 이러한 과정을 통해 최종적인 개발목표 요구도를 확정**하게 된다.

364

다른 문제는 요구도, 즉 **목표성능은 반드시 비용과 일정에 영향**을 주게 되어 있다. 높은 요구도는 높은 수준의 기술, 자원, 인프라 등의 높은 개발난이도를 발생시키며, 이는 높은 비용과 일정으로 연결된다. 이로 인해 현실적이고, 적정한 수준의 능력 요구가 필요하다. **프로젝트 관리자 입장에서는 프로젝트 초기 요구도를 기준으로 여유를 고려하여 필요한 자원을 할당하기 때문에 요구도의 변화를 수용할 수 있는 한계**를 가지고 있다. 이로 인해 프로젝트 관리자에게는 프로젝트 시작단계부터 종료단계까지 지속적으로 변화하고, 구체화 되는 요구도를 수용 가능한 범위 내로 조정하는 역할이 주어진다. 요구도의 변화는 개발 단계가 진행됨에 따라 구체화하면서 변하기도 하지만, 사용자와 이해관계자, 소요기술, 환경, 안보, 정치, 시장상황 등의 외부요소 변화에 의해서도 지속적으로 발생할 수 있다. 따라서, **성공적인 프로젝트를 위해서 구체화되고 변화하는 요구도를 프로젝트의 목표 방향과 범위 내로 조정하는 것**이 프로젝트 관리자의 역할이라고 하겠다.

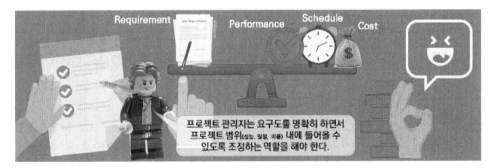

합리적인 요구도 변화는 반영될 수 있지만, 프로젝트 범위를 넘는 요구도는 수용될 수 없다. 가장 큰 문제는 **어떤 요구도는 수용하고, 어떤 요구도는 통제해야 하는지에 대한 판단기준**에 있다. 이러한 이유로 프로젝트 관리자에게는 **명확한 요구도와 프로젝트의 목표에 대한 이해가 필요하며, 이러한 요구도의 이해가 통제수단이 된다.** 앞의 케네스 델라노의 연구에서 제시한 바와 같이 명확한 요구도를 설정하기 위해서는 사용자의 프로젝트 참여가 매우 중요하다. 사용자의 프로젝트 참여를 통해 요구도를 구체화하는 과정이 프로젝트의 성공에 기여하게 된다. 다만, 연구에서 동시에 제시하고 있는 바와 같이 프로젝트 입장에서 사용자의 요구도는 도움도 되지만, 때로는 방해가 될 수도 있다. 이는 사용자가 개발범위를 초과하는 새로운 요구도를 발생시킬 수 있기 때문이다. 물론 필요한 요구도는 수용해야 하지만, 적정한 시기에 요구되어야 한다.

예를 들어 개발이 완료되는 시점의 새로운 요구를 하는 것은 전체 프로젝트 입장에서는 매우 큰 위험요소이기 때문이다. 이 과정에서는 프로젝트 관리자는 주어진 권한과 책임 하에서 프로젝트의 범위(Scope)를 벗어나지 않게 관리해야 하는데, 이를 위해 이해관계자들의 의견을 조율하기 위해 리더십과 인격적 소양을 갖추어야 하며, 이 과정을 원활히 수행하도록 하는 의사소통 능력이 필요하게 된다. 이 과정은 말은 쉽지만, 현장에서는 많은 경험과 노하우가 필요한 어려운 과정이다.

## 2. 획득전략

**프로젝트는 상황에 의존적이다.** 우선 프로젝트의 필요성 자체가 상황에 의존적이다. 과거에는 불필요했던 프로젝트가 미래에는 필요할 수 있고, 과거에는 필요했던 것이 현재에는 불필요할 수 있다. 특히 무기체계를 만드는 프로젝트의 경우는 새로운 위협의 등장과 대응수단의 모색이라는 지속적인 상응관계를 갖기 때문에 프로젝트의 필요성은 상황에 따라 지속적으로 변화된다.

또한, 정치행위를 위한 무력사용이라는 무기체계라는 특성 때문에 국가의 이익과 안보상황, 운용지역의 상황에 의존적일 수밖에 없다. 프로젝트의 필요성이 인정되더라도 개발이나 구매를 위한 재정적 상황에 의해서 프로젝트를 접근하는 전략이 달라질 수밖에 없는 것이다. 획득전략 수립 시 재정적 여건이 충분하고, 장기적인 소요가 필요한 경우는 연구개발을 고려할 수 있겠지만, 단시간 내 새로운 위협에 대응해야 하거나 재정적 제한이 있다면, 구매나 임대, 점진적인 획득전략 수립 등이 고려할 수밖에 없다. 이에 따라 프로젝트 관리자는 가용자원을 예측하고, 내부와 외부 환경을 고려하여 획득전략을 수립해서 환경에 의한 영향성을 최소화해야 하는 것이다.

연구개발을 할 경우도 국제공동개발을 할 수 있는지, 특정 시장이나 틈새시장을 공략할 수 있는지, 개발에 필요한 기술을 보유하고 있는지, 경제적 가치를 창출할 수 있는지, 요구되는 전력화 일정이 언제일지 등 다양한 요소를 고려하여 획득전략을 수립해야 한다는 것이다. 물론 T-50 개발 시 우리나라가 IMF 외환위기를 겪을 것이라고 예상하고 획득전략을 수립 하지 못한 것과 같이 외부의 천재지변과 같은 요소를 모두 고려할 수는 없다. 프로젝트 관리자은 **프로젝트의 단계별로 고려할 수 있는 사항을 예측하고, 대응가능한 수준의 전략을 수립해야 한다**는 의미이다.

## 3. 야전에서의 양호한 성능

국방 프로젝트의 최종적인 목표는 사용자의 요구대로 야전에서 잘 운용되고, 요구하는 임무를 달성하도록 하는 것이다. 국방 프로젝트를 수행하는 모든 프로젝트 관리자들이 생각하는 이상적인 상황이기도 하다. 문제는 이러한 결론을 얻기 매우 어렵다는 것이다. 개발 중에는 불분명한 요구도, 사용자의 개발참여 부족, 소요 자원의 부족, 비현실적인 기대, 잦은 요구 변경, 현실적이지 못한 계획, 프로젝트 필요성의 감소 등 다양한 프로젝트 실패를 발생시키는 요소가 발생한다. 이러한 요소를 배제하면서 요구도를 만족시키다 보면, 비용과 일정이 초과되는 일은 다반사로 발생한다. 최근 무기체계 개발에 있어 소프트웨어의 중요성과 비중이 커지고 있는 점에서 스탠디시 그룹 보고서에서 언급한 소프트웨어 개발에 대해 함축적인 표현을 빌려 이야기 하고 싶은 것이 있다. 소프트웨어 회사인 Transarc사의 사장 알프레드 스펙터(1986년)는 소프트웨어에 대해서 이렇게 표현했다. **"다리는 일반적으로 제시간에 예산 범위 안에 맞춰 만들어지면서 무너지지도 않는다. 반면 소프트웨어는 절대로 제시간에 예산 범위 안에서 만들어지지 않으며, 더욱이 항상 무너진다."**(Bridges are normally built on-time, on-budget, and do not fall down. On the other hand, software never comes in on-time or on-budget. In addition, it always breaks down.) 물론 다리 건설도 항상 그렇게 훌륭한 기록을 가지고 있는 것은 아니지만, 이러한 이야기를 했던 것은 잘못 만들어진 소프트웨어는 지속적으로 사용자의 불만을 만들어 내기 때문이다.

반면 다리 완공과 같이 프로젝트에 요구되는 성능이 나오면, 사용자가 지속적인 불만을 만들지 않게 되고, 초기 불만이 있더라도 차츰 좋은 부분의 인식이 쌓이게 된다.

다리와 같은 구조물은 장소와 장소를 잇는 본연의 기능만 제대로 구현한다면 그 프로젝트가 비용이 초과되거나, 일정이 지연되더라도 프로젝트 종료 후에는 지속적인 불만을 만들지 않기 때문에 프로젝트 종료 후에는 좋은 효과에 대해서만 주로 이야기되기 때문이다. 동일한 이유로 프로젝트의 최종목표를 달성하는 과정에서 납품지연이나 비용초과가 발생하면 일시적인 문제가 되고, 후속처리를 위해 많은 노력이 필요하겠지만, 일단 정상적으로 요구 성능을 발휘한다면 곧 문제점은 잊혀질 수 있다. 이러한 이유로 무기체계 개발 프로젝트에서 가장 중요한 관심사는 **체계가 야전에서 양호한 성능을 발휘하는지 여부**이며, 프로젝트 관리자가 다양한 요구 중 성능에 가장 큰 관심을 두어야 하는 이유이다.

### 4. 안정성

전투기를 만드는 프로젝트의 최종 목표는 개발 자체가 아니라, 개발 결과를 가지고 양산을 하는 것이다. 양산하기 위해서는 적절한 비용에 요구되는 성능을 충족시키는 것이 핵심이다. 양산 및 총수명주기 비용관리를 위해 목표비용관리(CAIV)라는 개념이 도입되었다. 목표비용관리(CAIV)부분에서 설명했듯이 프로젝트 초기에 달성 가능한 목표비용을 설정하고, 프로젝트 전체 기간 동안 지속적으로 양산단가와 총수명주기 비용을 고려하여 비용증가 요인이나, 새로운 요구, 일정변경 요소들을 결정한 때 적정기준을 고려하여 목표달성을 강제하는 형식을 취하고 있다. 어떤 프로젝트도 계획대로 실행하는 것은 매우 어렵다. 계획이 모든 요소를 고려하여 현실적으로 작성되기 어려운 부분도 있지만, 많은 변수들이 곳곳에 있기 때문이다. 이러한 경우라도 프로젝트 관리자는 **프로젝트의 안정성을 떨어뜨리는 변화요소들을 적절히 통제**하는 것이 필요하다. 이러한 통제를 위해서는 CAIV의 목표비용과 같은 기준 설정이 중요하다. 계획단계에서 수립한 프로젝트 계획서가 하나의 기준이 될 수 있겠지만, 계획서는 범위(Scope)를 추정하기 위한 성격이 강하기 때문에 기준으로서는 부적합한 부분이 있다.

이 점을 고려하여 프로젝트 관리자는 양산목표비용과 같은 프로젝트의 성격에 따른 목표 기준을 수립하고, 목표 기준과 관점을 명확히 이해해야 한다. 이때 기준은 프로젝트의 성격에 따라 다양할 수 있다. 일정이 중요한 프로젝트는 일정이 될 수 있고, 안전이나 성능, 비용 등이 가장 중요한 가치가 될 수 있다. 프로젝트 관리자는 프로젝트의 성격에 따라 일정한 관점으로 통제하는 방식을 취해야 한다는 것이다.

## 5. 사람의 질

**프로젝트 관리의 핵심은 사람의 관리**이다. 사람의 관리를 위한 적절한 수단과 방법을 제공하기 위해서는 많은 교육과 훈련, 경험이 요구된다. 프로젝트 관리자는 프로젝트 관리를 하는 동안 합리적 의사결정을 하기 위해 많은 이해관계자와 관계를 맺고, 합리적인 의사결정을 도출하기 행위들을 한다. 이해관계자를 설득력 있는 자료를 만들고, 잘 만들어진 자료를 명확하게 전달하며, 이해관계를 정리한 후 이해관계를 상쇄시킬 수 있도록 설득을 해야 한다. 이러한 과정 속에서 다양한 역할과 상황을 경험하고, 서로 공유하는 과정에 의해 노하우가 쌓여지게 된다. 이러한 경험을 축적하기 위해서 필요한 것이 사람과 조직의 규모이다.

**프로젝트는** 혼자 수행하는 것이 아니라 **집단에 의해서 또는 집단과 집단의 조합으로 성취해 가는 과정**이다. 프로젝트 관리자가 조직적으로 활동하고, 능력을 발휘하기 위해서는 특정 개인에게 임무가 집중되지 않아야 하는데 이러한 요소를 위해 필요한 것이 적정한 규모의 인력과 안정적이고 지속적인 규모의 유지이다. 아무리 많은 능력이 있더라도 물리적인 시간은 한계를 가지고 있다. 많은 입력이 있더라도 한 사람이 만들 수 있는 출력에는 제한이 있다. 적정한 규모의 인력은 기관이나 조직에서의 대표나 경영층의 지원에 의해서 결정되는 요소이지만, 필요성을 제기하는 것은 프로젝트 관리자의 역할이다. 프로젝트 관리자가 적정 규모의 인력을 확보했다고 하더라도 이를 활용하여 조직의 능력으로 만들어 내는 능력이 필요하다. 리더십이라는 단어로 단순하게 표현할 수 있겠지만, 프로젝트 관리자는 **최종 목표를 성취하기 위한 방향성을 유지하고, 조직이 응집될 수 있도록 동기부여를 제공**해야 한다. 조직 내의 구성원의 동기부여는 다양할 수 있다. 다양한 동기를 프로젝트 목표와 일치하도록 하는 것이 요구되는 프로젝트 관리자의 역할이다. 물론 프로젝트 관리자가 통제 가능한 범위에서의 동기부여와 외부적인 동기부여가 동시에 요구되는 것은 당연하다. 성인군자의 말씀과 같이 말하자면, 사람들 중 같은 사람은 한 명도 없다. 다양한 개성과 배경을 가지고 있는 사람들을 적재적소에 사용하는 것이 프로젝트 관리자의 최고 수준의 능력이다.

### 6. 통합 프로젝트팀 개념

프로젝트 관리자는 프로젝트 목표를 향해 노력을 집중 시키고, 적극적이고 능동적으로 구성원이 움직이도록 동기부여를 제공하는 리더십이 필요하다. 하지만, 이러한 노력은 프로젝트를 이끄는 조직 뿐만 아니라 프로젝트에 참여하는 모든 구성원과 이해관계자를 포함해야 하며, 이들을 하나로 모으는 활동을 지속적으로 수행해야 한다. **프로젝트에 참여하는 관계자들을 '한 팀'이라는 정신으로 목표를 향해 뭉치도록 하기 위해서는 통일된 조직을 이끄는 가치가 필요**하다. 이러한 가치는 프로젝트의 본연의 특성인 유일한 결과물을 만드는 과정에 매우 요구되는 사항이다. 모든 프로젝트는 동일하지 않다. 즉, 이러한 개념을 프로젝트에 참여하는 이해관계자 및 구성품들이 세상에 없는 무엇인가를 만든다는 것과 그것이 다른 중요한 가치(안보, 경제성, 기술적 성취 등)를 만들 것이라는 정신적이고 감성적이며 문화적인 목표를 갖도록 해야 한다. 이러한 공동의 목표는 사용자, 관리자, 계약자를 포함하는 통합된 프로젝트팀이라는 개념으로 확장되고, 이 개념 하에서 의사소통을 통해 문제를 식별하고, 공동의 노력으로 솔루션을 찾는 행위를 촉진할 수 있게 한다. 많은 이해관계자, 상위부서, 유관기관부터 감독기관까지 프로젝트를 실패하게 하려는 의도를 가진 기관이나 사람은 없다. **프로젝트 관리하는 동안 이러한 기관들이나 이해관계자들이 유익하지 않는 방해를 한다고 느껴진다면, 오히려 하나의 팀으로 묶는 노력이 더 필요할 때라고 생각해야 한다.**

## 7. 프로젝트 관리자의 책임과 권한

프로젝트 관리자는 프로젝트의 성공과 실패에 대한 책임이 있지만, **모든 요소를 통제할 수는 없다.** 현장에서는 농담으로 프로젝트 관리자는 책임은 있지만, 권한은 없다는 말을 많이 한다. 이는 통제할 수 없는 영역에서의 요소에 의해서 프로젝트 수행에 영향을 받을 수 있다는 것이다. 이러한 요소는 프로젝트 관리자의 역할과 책임을 넘는 것으로 프로젝트를 제공하는 기관장이나 대표, 경영진의 역할이다. 스탠디시 그룹 보고서에서의 경영진의 지원이 필요한 성공요인으로 지적한 것과 동일한 내용이다.

프로젝트의 실질적인 과정은 의사결정의 연속이기 때문에 권한이 없는 의사결정이 좋은 결과를 만들기 어렵고, 이로 인해 프로젝트의 결과를 좋게 만드는 것은 어렵게 된다. 그렇기 때문에 **프로젝트 관리자에게 명확한 책임과 동시에 권한을 동시에 주어야 한다.** 그래야 책임을 명확히 식별할 수 있게 된다. 프로젝트의 결과는 끝나봐야 알 수 있다. 프로젝트 관리자가 프로젝트의 성공을 위해 마지막까지 최선의 노력을 다할 수 있게 하는 것도 책임과 권한의 역할이다. 이러한 이유로 프로젝트 관리자가 프로젝트 성공을 보장할 수 있는 정도의 책임을 감당할 수 있는 권한을 갖도록 하는 것이다.

프로젝트 관리자에게 책임과 권한을 명확하게 주어져야 한다.

## 8. 프로젝트 관리자의 관리기술

프로젝트 관리자는 프로젝트를 성공하게도, 망하게도 할 수 있다. 프로젝트 관리자가 의사결정을 주도하기 때문이며, 의사결정이 프로젝트의 결과를 만드는 가장 중요한 요소이기 때문이다. 케네스 델라노의 연구에서 지원부서와 상위급 부서는 20%의 도움을 주지만, 방해를 80%한다는 결과가 있다. 이는 지원부서와 상위급 부서가 프로젝트의 성공을 원하지 않아서 그런 것이 아니다. 모두 프로젝트를 위해 최선의 노력을 다하고 있다. 다만, 방향성에 문제가 있을 가능성이 높다. 지원부서와 상위부서, 사용자는 각자의 욕구를 가지고 있다. 이러한 이해관계자의 욕구는 프로젝트의 최종 목표로 향하는 방향과 일치한다는 좋겠지만, 그렇지 않다면 적절히 통제되어야 한다. 적절한 통제가 없다면, 이것이 프로젝트에 방해가 되는 것이다.

프로젝트 관리자는 프로젝트가 지향하는 방향으로 노력을 하나로 모으고, 최종 목표를 위한 노력의 방향을 조정할 필요가 있다. 이러한 역할이 프로젝트 관리자의 본연의 역할이며, 이러한 역할을 수행하기 위해 리더십, 의사소통능력, 운용적인 배경지식, 교육의 조합이 필요한 것이다. 프로젝트의 결과에 대한 책임을 지는 것이 프로젝트 관리자이다. 이에 따라 가장 많은 의지를 갖아야 하는 역할이 프로젝트 관리자이다.

하지만, 반대로 가장 높은 의지를 갖아야 하는 프로젝트 관리자가 의사결정에 망설인다면, 지원부서와 상위부서는 다양한 욕구를 표출하거나, 지연시키고, 방향성을 잃게 만들 수 있다. 프로젝트 관리자는 이러한 방향성의 조정을 통해 프로젝트에 대한 지원을 더 높은 수준에서 획득할 수 있도록 할 수 있다. 이러한 활동은 내부적으로는 팀에 동기부여를 제공하고, 외부적으로는 프로젝트 성공을 위한 자신감을 보여줄 수 있다. 물론 프로젝트 관리자가 이러한 자신감을 갖기 위해서는 앞서 언급한 명확하게 필요한 권한을 갖는 것이 필요하다.

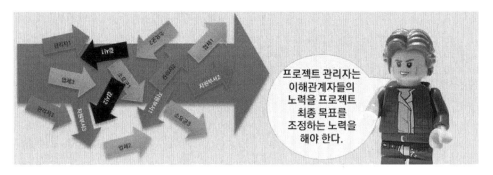

프로젝트 관리자는 이해관계자들의 노력을 프로젝트 최종 목표를 조정하는 노력을 해야 한다.

마지막으로 언급하고 싶은 것은 상위부서, 감사, 국회 등의 감시, 감독 기구의 잘못된 역할 수행은 프로젝트의 최종적인 성공에 방해가 될 수 있다. 하지만, 이러한 역할 자체가 불필요하다는 의미는 아니다. 상위부서, 감사, 국회, 지원부서도 각자의 역할을 최선을 다해 열심히 하고 있다. 다만, 방향이 조금 다를 뿐이다. 프로젝트 관리를 위한 적절한 외부와 내부의 감시, 감독, 감사의 역할은 프로젝트의 목표를 재확인하는데 활용하도록 하고, 프로젝트 관리자는 이러한 역할이 프로젝트 목표를 돕는 방향이 되도록 조정하는 역할을 해야 하겠다.

# 프로젝트 관리할 때 합리적 의사결정은 가능한가?

**5-4**

이 책의 서두에서 프로젝트 관리자의 핵심적인 역할은 의사결정을 하는 것이며, 좋은 의사결정을 수행하기 위해서는 좋은 사례의 의사결정을 많이 경험하는 것이 가장 좋은 방법이라고 언급했다. 하지만, 먼저 설명 싶은 것은 **프로젝트 관리에서 합리적인 의사결정이 가능한 것인지에 대한 것**이다. 의사결정을 하기 위해서는 의사결정에 필요한 현재 상황 및 문제점을 파악하고, 사전에 조치가 필요한 사항을 우선조치한 후 이해관계자와의 의사소통, 의사결정의 방법과 절차 등을 조율하는 과정이 필요하다. 이 과정은 PM과 SE를 통해 합리적 의사결정을 위한 판단근거를 마련하는 것이다. 여기서 설명하고자 하는 것은 합리적이고 체계적인 준비과정을 거쳤다고 해서 반드시 좋은 의사결정이 되는 것은 아닐 수 있다는 것이다. 이는 인간이라는 존재가 원천적으로 합리적인 의사결정을 하지 못할 가능성을 가지고 있기 때문이다. 이에 대한 이야기는 노벨 경제학상을 받은 두 명의 학자의 생각을 빌려 설명하고자 한다. 한 명은 '생각에 관한 생각(Thinking, Fast and Slow)'의 저자인 대니얼 카너먼(2002년 노벨 경제학상 수상)이며, 다른 사람은 '넛지(Nudge: improving decisions about health, wealth, and happiness, 캐스 선스타인 공동 저자)'의 저자인 리처드 탈러(2017년 노벨 경제학상 수상)이다. 전 세계적으로 매우 영향력이 있는 베스트셀러였던 '생각에 관한 생각'이나 '넛지'를 기반으로 하여 행동경제학에 가장 영향력이 있는 두 학자의 핵심적인 생각을 설명하고, 책을 읽어 본 사람들이 주요 내용을 상기시킬 수 있는 정도로만 언급하겠다.

"인간은 합리적으로 판단하는 존재이다." 이것이 행동경제학이 등장하기 전까지 애덤 스미스 이래 많은 기존 경제학자들이 생각했던 전제이다. 이러한 전제에 따라 인간은 의사결정 시 합리적이고 감정을 배제하는 자기조절 능력을 가지고 있기 때문에 합리적 판단근거가 있다면 합리적 판단을 한다고 생각했다. 카너먼과 탈러의 등장으로 이러한 가정이 잘못되었고, 이로 인해 많은 이론이 현실세계에서 적용되기에는 부적절한 부분이 있다는 것을 설명할 수 있게 되었으며, 기존 이론으로는 설명되지 않는 현상들을 합리적으로 설명할 수 있게 되었다. 행동경제학은 실제적인 인간의 행동을 연구하여 어떻게 행동하고 어떤 결과가 발생하는지를 규명하기 위한 경제학이다. **행동경제학에서는 인간이 비이성적이며, 비합리적인 부분이 있다는 것을 이해해야 하며, 어떤 상황이 발생했을 때 판단과 의사결정에 오류가 있을 수 있다는 것을 전제로 생각하고 있다.** 이를 달리 표현하면, 인간이 어떠한 영역에서는 천재일 수 있으나, 어떠한 영역에서는 바보일 수 있다는 것이다. 예를 들어 청각을 잃고도 베토벤은 교향곡 9번을 작곡하는 음악을 만드는 부분에서는 천재였으나, 집 열쇠를 어디에 두었는지 잊어버리는 실수를 자주하는 등 어떤 부분에서는 불완전한 사람이라는 것이다. 인간이 잘못된 의사결정을 하는 것은 태생적으로 비합리적인 불완전성을 내포하고 있기 때문이다. 생각에 관한 생각에서는 다양한 사례와 이론을 들어서 인간의 판단의 비합리성을 설명하고 있으며, 대표적인 것이 **전망이론**(Prospect Theory)이다.

　**전망이론은 위험을 수반하는 대안들 간의 의사결정을 어떻게 내리는지를 설명하고자 하는 이론**이다. 행동경제학이 등장하기 전까지 주류 경제학이론은 **기대효용 이론**(Expected Utility Theory)이었다. 기대효율 이론을 설명하기 위해서는 '**인간은 위험을 확률로 평가할 수 있는 능력이 있다는 것[확률판단]**', '**이득과 손실에 대한 대칭적으로 반응하는 것[이득과 손실의 판단]**', '**인간의 주관심사는 의사결정에 따른 최종의 부(Wealth), 가치, 소득의 절대적 크기[가치 판단]**'라는 것을 전제로 하고 있다. 반면, 전망이론은 이러한 전제와 정반대로 인간은 반드시 확률평가로 의사결정 하지 않으며, 손실을 기피하고 싶은 경향이 높고, 최종상태의 상대적 크기로 판단한다는 것이다. 이론의 주요 내용은 간단한 예시로 이해할 수 있다.

　**[확률판단]** 당신이 장거리 이동 시 교통편을 선택하는데 비행기를 탄다는 것은 어떤 기준으로 판단하는 것인가? 기대효용 이론에서는 비행기가 거의 사고 나지 않는 확률을 가진 것을 사람들이 알고 있기 때문에 선택한다고 설명하지만, 현실에서는 대안이

별로 없기 때문에 비행기를 타는 것이며, 어떤 이에게는 비행기 사고의 확률이 매우 낮다고 설명하더라도 이를 믿지 못해 비행기를 타는 불안감을 해소시키지 못하는 경우도 있다.

**[이득과 손실의 판단] 인간은 내재적으로 이득보다는 손실을 싫어한다.** 간단한 예에서 당신의 선택은 무엇인지 생각해보라.

〈예시1〉 50%확률로 100만원을 가질 수 있는 기회(A)와 100%확률로 40만원을 가질 수 있는 기회 (B)가 있다면, 당신은 어떻게 선택하겠는가? 기존의 경제이론인 기대효용이론*으로는 A의 기대되는 가치는 50만원, B의 기대되는 가치는 40만원이기 때문에 사람들은 A를 선택한다 고 하겠지만, 실제 현실에서 시험을 해보면 B를 선택하는 경우가 더 많다.

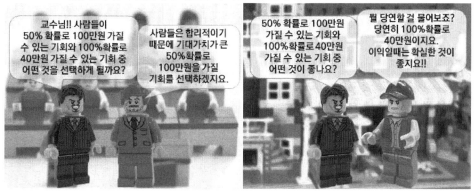

〈예시2〉 100만원의 손해를 50%확률로 가질 수 있는 기회(C)와 40만원의 손해를 100%확률로 가 질 수 있는 기회(D)가 있다면, 당신은 어떻게 선택하겠는가? 기대효율이론으로는 C의 기대 되는 가치는 −50만원이고, D의 기대되는 가치는 −40만원이기 때문에 사람들은 이성적으로 판단해서 D를 선택할 것이라고 하겠지만, 현실에서는 C를 선택하는 경우가 더 많다.

당신의 선택은 어떠했는가? 스스로에게 질문하면 이 이론이 무슨 말을 하고 있는지 를 이해할 수 있을 것이다. 인간의 의사결정은 매우 합리적인 판단 기준이 일을 것 같

375

지만, 현실 세계에서는 이성적인 판단기준을 앞서는 상대적으로 높은 효율을 가진 대안을 선택하려고 한다. 이는 사람들이 의사결정 시 이득을 판단할 때는 위험을 회피하려고 하지만, 손해를 판단할 때는 위험을 받아들이기 때문에 발생한다. 이는 실제 시험을 통해 확인되었으며, 이러한 현상을 확정효과라 한다.

**[가치 판단] 인간의 의사결정 시 주관심사는 결과의 부(Wealth), 가치, 소득이다. 다만, 인간이 느끼는 결과의 크기가 절대적인가?** 당신이 직장을 옮겨 월급이 20%오른다면, 20%만큼 행복해지는가? 월급은 많이 올랐지만, 원하던 슈퍼카를 살 수 없다면 여전히 행복하다고 느끼지 못하거나, 슈퍼카를 타고 다니는 친구를 본다면 상대적 박탈감으로 불행하다고 느낄 것이다. 나의 소득이 50%증가할 때 다른 사람의 소득도 50% 증가하면 절대적 부는 증가하겠지만, 상대적인 부를 느낄 수 없다. 당신이 일이 생겨 예약했던 항공권을 취소해야 하는 경우 지금 취소하면, 30% 손실이 생기지만, 한 시간만 더 늦게 알았다면 50% 손실이라는 것을 알고 당장 취소하면서 다행이라고 여길 수 있다. 물론, 항공권은 유효기간이 있어 취소가 아니라 연장한다면 손실이 없었을 수 있었다는 사실을 깨닫기 전까지 그렇다는 것이다.

이 밖에도 '생각에 관한 생각'에서는 다양한 이유로 인간의 의사결정은 비합리적인 불완전성을 내포하고 있다는 것을 설명하고 있다. 이러한 인간의 비합리적인 의사결정의 가능성은 경제학이론으로만 존재하는가? 대니얼 카너먼이 경제학자가 아니라 심리학자 출신인 것도 있지만, 이는 일반적인 인간의 의사결정에 관한 사항이다.

이러한 이론은 무기체계 개발 현장에서도 그대로 적용된다. 무기체계를 포함하는 설계 및 개발 시에는 일정한 가정이 필요하며, 이 가정에 따라 좋은 제품이 되기도 하고, 그렇지 않을 수 있다. 예를 들어 제품 운용 시 예측되는 큰 진동을 견디기 위해 두

꺼운 철제 구조물을 가지도록 개발했는데, 실제 운용 시 발생하는 진동이 가벼운 정도로 발생하였다면, 불필요하게 튼튼하게 개발되어 무게만 무겁고, 비싼 제품이 될 수 있다. 반대로 가벼운 진동을 예측하여 얇은 구조물을 가진 제품을 개발했는데 실제 운용 시 큰 진동이 발생했다면, 처음부터 다시 개발하는 비용과 일정이 소모되고, 기존 개발품을 폐기하는 실패비용이 발생할 수 있다. 물론 가벼운 진동을 예측하여 얇은 구조물로 설계했는데, 실제 가벼운 진동이 발생했다면, 가장 최적화된 개발이 될 수 있다. 이 경우 당신이 어느 수준으로 개발해야 하는지를 결정해야 하는 프로젝트 관리자라면, 당신은 어떤 결정을 하겠는가?

〈선택1〉 발생할 확률과 기대이익을 기준으로 판단할 준비하고, 기대 값의 선정결과에 따라 판단한다.

〈선택2〉 막연한 기대를 가지고 개발을 진행한다.

〈선택3〉 진동을 실제로 측정할 때까지 개발을 지연시킨다.

〈선택4〉 최소한의 시제품만 만들어 개발을 진행하고, 실제 진동 측정에 따라 개선을 추진하여 예상되는 실패비용을 최소화한다.

정답은 없다. 누구도 현재 시점에서 미래를 예측할 수 없으며, 모두 위험을 가진 대안 선택이기 때문이다. 프로젝트 관리자로서 의사결정을 한다면, 진보적인 선택을 할지, 보수적인 선택을 할지, 결정을 넘길지, 결정을 안 할지 다양한 선택지 중에서 현재시점에서 가장 합리적인 방안을 찾을 뿐이다. 이런 선택들이 연구개발 시 발생하는 잠재적인 실패비용이 발생하는 하나의 원인을 만들게 된다. 대니얼 카너먼은 인간의 의사결정 체계를 설명하면서 왜 이런 비합리적인 판단이 가능한 것인지와 어떻게 하면 좋은 의사결정을 할 수 있는지에 대해서도 설명했다. 대니얼 카너먼은 인간의 의사결정 체계를 〈시스템1〉과 〈시스템2〉라는 개념으로 설명하고 있다. 시스템1은 자동 시스템으로 직관적이고, 자동적인 사고방식을 가지고 있다. 우리에게 익숙하고 습관화된 활동을 할 때 사용된다. 시스템1은 빠르고, 직관적인 대신에 감정에 반응하기 때문에 오류가 발생할 수 있다. 시스템2는 숙고 시스템으로 합리적이고, 신중한 사고 방식을 가지고 있다. 시스템2를 사용 하는데 에너지가 들어가기 때문에 어렵고, 난해한 상황에 작동되며, 오류를 최대한 범하지 않도록 해준다. 시스템1과 시스템2는 물리적으로 뇌가 활성화되는 영역도 다르다. 이 시스템1과 시스템2는 역할 차이 때문에 서로 충돌하기도 하고, 오류를 발생시키기도 한다.

| 시스템1(자동시스템) | 시스템2(숙고시스템) |
|---|---|
| · 빠른/자동적/쉬운 | · 느리고/노력이 필요하고/어려운 |
| · 친숙하거나 경험적 | · 새로운 결정이나 루틴이 필요할 때 |
| · 짧은 대회에 유용 | · 보다 어려운 질문에 유용함 |
| · 힘들이지 않음 | · 피로하고, 지치게 됨 |
| · 피곤하거나 질병, 스트레스가 있어도 성능발휘 | · 피로, 질병, 스트레스에 손상됨 |
| · 감정적, 직관적, 느낌에 좌우됨 | · 논리적/분석적/상황 반영 |
| · 오류 발생 가능 (편향) | · 주의 깊은 사고로 오류를 극복할 수 있음 |

이러한 의사결정 체계의 개념 내에서 어떻게 하면 좋은 의사결정을 내릴 수 있을지에 대한 솔루션도 제시하고 있다. 좋은 의사결정 사례를 통해 좋은 방안을 찾을 수 있다는 것이다. 각 분야의 전문가와 프로들이 있으며, 그들이 그 위치에 있는 것은 좋은 의사결정을 해왔기 때문이며, 그들의 의사결정 과정을 통해 좋은 의사결정을 하는 법을 알 수 있다는 것이다. 전문가나 프로들과 일반인과 차이가 나는 것은 그들이 탁월한 자동적인 판단력과 직관력을 가지고 있으며, 이로 인해 복잡한 상황을 신속하게 파악하고 놀랍도록 정확하고 빠르게 반응한다는 것이다. 이는 **모두 시스템1(자동시스템)을 활성화**해 했기 때문이다. 하지만, 이들도 처음에는 동일한 시스템2(숙고시스템)을 사용했으나, 많은 부분이 숙련되면서 시스템1로 옮겨가게 된 것이다. 즉, 전문가와 프로라는 것은 많은 시간과 노력을 통해 반복 숙달하여 얼마나 자동시스템으로 전환되었는지를 통해 판단할 수 있으며, 반대로 어떤 문제를 적은 노력으로 빠른 시간 내에 처리할 수 있어야 전문가와 프로라는 것이다. 이러한 예로 2개 국어를 사용하는 사람 (Bilingual)의 뇌를 예로 들어 설명하고 있다. 모국어를 가지고 있는 사람은 별다른 노력 없이 자동시스템을 통해 언어를 사용하며, 다른 언어를 익혀 사용하는 경우 처음에는 숙소 시스템을 통해 제2외국어를 사용하지만, 진정한 2개 국어 사용자가 되면, 2개 국어를 모두 자동시스템으로 사용한다는 것이다. 이는 최근 확인되고 있는 뇌과학자들의 뇌의 시냅스 활동에 대한 설명도 이와 일치한다. 뇌에 새로운 자극을 주어

특정영역을 사용하려면 시냅스(신경전달 통로)의 확장이 필요하다. 이러한 노력을 지속적으로 하면 에너지를 들이지 않고 자동화된 전달이 가능하며, 이러한 작용이 시스템2에서 시스템1로 전환하는 과정을 설명하는 같은 개념인 것이다. 이는 심리학자 앤더스 에릭슨(K.Anders Ericsson)의 논문(1993년)에서 말했듯이 어떤 분야에서 전문가가 되려면 최소한 1만 시간 정도의 훈련이 필요하다는 '**1만 시간의 법칙**'과도 의미를 같이한다. 이러한 이해를 통해 의사결정 시 인간의 비합리성과 불완전성을 극복하기 위해서는 시스템1(자동시스템)이 좋은 방향으로 결정하도록 '**넛지(Nudge, [특히 팔꿈치로] 슬쩍 찌르다 또는 주의를 환기시키다라는 뜻**'를 활용하여 환경을 설계하는 것이라고 설명하고 있다. 리처드 탈러는 그의 저서 '넛지'에서 이를 타인의 선택을 유도하는 부드러운 개입이라는 의미로 사용하고 있으며, 금지나 명령이 아닌 부드러운 권유로 타인의 바른 선택을 도울 수 있다고 설명한다. 예를 들어 남자 화장실 변기에 파리 모양을 새겨주면, 이용자들이 자연스럽게 파리 위치를 겨냥하면서 변기 밖으로 튀는 소변양을 80%나 감소시킬 수 있다는 것이다. 이러한 변기를 설계하는 것과 같은 행위를 '**선택 설계자**(Choice Architect)'라는 용어로 설명하고 있다.

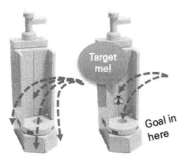

선택 설계자로서 환경설계(넛지)를 통해 인간들의 자동시스템(시스템2)을 그대로의 상태로 어려움을 겪지 않고 전환되도록 하는 것이 중요하다고 설명하고 있다. 이러한 활동이 많아지면, 사람들은 의식하지 않고 별다른 노력 없이도 더 편하고, 더 나은 삶을 영위할 수 있다는 것이다. 환경설계를 통해 상황을 보는 시각이 바뀌면 생각이 바뀌고, 판단이 바뀌며, 행동과 삶이 바뀐다는 것이다. 이러한 행동경제학의 이론은 최근에 주목받고 있는 이론이다. 무기체계 개발과 같은 전통적인 방식을 사용하는 개발에서는 기존의 기대 효용 이론과 같은 형태로 인간의 합리적인 의사결정을 돕도록 하는 장치를 사용해 오고 있다. 물론 이러한 장치들이 틀린 방법론이라는 것을 이야기하는 것이 아니라, 개발 현장에서 왜 적용이 잘 안되는지에 대한 이야기를 하고자 한다. 무기체계 개발 프로젝트를 관리하는 과정에서의 합리적인 의사결정을 위한 대표적인 장치로 체계공학(SE)과 프로젝트 관리(PM)를 사용하고 있다. 체계공학과 프로젝트 관리 방법론은 모두 체계적인 방법들을 통해 합리적인 과정을 통해 프로젝트를 성공하기 위한 계획을 수립하고, 시행하며, 통제하는 과정을 설명하고 있다. 이 두 가지 방법론은 모두 미국의 제도를 도입한 것이기 때문에 발생하는 문화적 차이를 배제하더라도 이 방법론의 산출물을 가지고 의사결정자들의 좋은 의사결정을 기대하는 것이 매우 어렵다. 이는 의사결정자들이 요구하는 시점에 합리적 의사결정의 근거를 마련하는 것이 매우 어렵기 때문이다. 예를 들어 성과관리체계(EVMS)를 통해 계획예산(PV) 대비 현재 시점의 실제 성과(EV)와 비용(AC)을 산출하여 진행상태를 파악하여, 지연이나 초과로 인한 미래의 영향을 예측하고 관리할 수 있는 좋은 장치이지만, 실적을 집계하는 행정적 과정이 필요하기 때문에 현시점에 발생하는 기술적 현안으로 인해 프로젝트 관리자가 의사결정을 수행할 때 향후 일어날 성과와 비용 영향을 판단하는 것에는 도움을 주기는 어렵다.

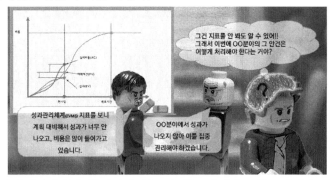

그렇다고 성과관리체계가 무의미하다는 의미는 아니다. 이는 거시적 관점에서 상황을 이해 하고, 관리해야 하는 대상을 식별하도록 도와주는데 도움을 줄 수 있다. 다만, 성과관리 체계의 입력되는 계획과 실적이 합리적이고, 명확하며 실제적으로 작성되어 있다는 전제도 있어야 한다. 반대로 잘못된 계획, 엉망인 실적입력은 엉뚱한 결과를 도출하여 관리 노력을 합리적인 방향으로 조정하는데 오히려 걸림돌이 될 수 있다. 이러한 이유로 개발현장에서는 체계공학(SE)과 프로젝트관리(PM)를 의사결정자들이 합리적 의사결정을 많은 노력을 들이지 않고 받아들일 수 있도록 운영해야 한다. 다시 말하면 체계공학과 프로젝트 관리를 한다는 것 자체가 중요한 것이 아니라, **SE와 PM의 과정과 결과가 합리적인 의사결정으로 이어질 수 있도록 운영되어야 한다는 것이 중요하다는 것이다.**

380

# 의사결정은 회의에서 결정된다.

5-5

## ■ 의사결정이 회의에서 결정되는 이유와 회의결과의 정리가 중요한 이유

무기체계 개발을 포함하는 프로젝트 수행 간 많은 의사결정은 의사결정자의 독단적으로 이루어질 수 있으나, 대부분의 경우는 **이해관계자를 포함하는 회의를 통해 결정되는 경우가 대부분이다.** 이는 의사결정자의 의사결정에 이해관계자의 의견이 영향을 주기 때문이기도 하지만, 대부분 프로젝트에서 **프로젝트 관리자가 제한된 권한과 책임 내에서만 의사결정을 할 수 있기 때문**이다. 즉, 프로젝트 관리자가 최고 의사결정자인 '기관대표나 회사의 대표이사'가 아니기 때문이며, 이로 인해 회의를 통한 의사결정 시에는 회의 수행의 절차적 정당성과 회의 결과의 정리이 필요하다. 회의 수행의 절차적 정당성을 위해서는 회의가 제도, 절차, 계약 등에 의해서 공식화되면 해결되지만, 회의 시에는 의사결정을 위한 논의, 생각 간의 충돌이 발생하고, 이를 정리하는 것 자체가 중요한 의사결정이기 때문에 어떻게 회의결과를 정리하는지가 매우 중요하다.

## ■ 회의록을 '넛지'로 활용해야 하는 이유

일반적인 회의는 정보공유, 의사결정, 계획검토, 아이디어 도출을 위해 수행하지만, 개발현장의 회의는 거의 대부분 의사결정을 위한 내용이다. 의사결정을 위한 회의의 회의록에는 회의제목, 날짜, 시간, 장소, 참석자 명단, 주요 안건, 회의내용, 의사결정 내용과 유보된 사항, 향후 계획 및 일정 등이 포함된다. 의사결정을 위한 회의에 참가하는 사람들은 주어진 권한과 책임 내에서 발언하고 논의하며 의사결정을 수행한다. 하지만 실제 현장의 회의에서는 대리 참석, 의도적인 의사결정 지연, 모호한 답변, 아리송한 의사결정, 회의내용과 의사결정 간의 이해차이 등이 다양하게 발생하기 때문에 회의록을 작성하는 것에는 많은 노하우가 필요하다. 특히, 공식적인 회의의 회의록은 회의에 참가하지 않는 사람과 미래의 열람자도 이해할 수 있도록 명확하게 작성하도록 해야 하기 때문에 그 중요성이 매우 높다. 회의록의 중요성 때문에 이론적으로는 '회의 안건은 명확하게 작성하여 사전 배포하고, 어떤 의견으로 찬성과 반대의견이 있었는지 과정을 자세히 기록하여 논점을 명확히 하여 회의록을 작성하는 것이 중요하다'는 것을 모두 인식하지만, 실제로 이렇게 회의록을 작성하는 것은 매우 어렵다.이러한 부분 때문에 반대로 회의록의 양식을 '넛지'로 활용해야 한다.

일반적인 회의록은 아래의 예시와 같다. 일반적인 회의를 이러한 양식으로 진행하는 것은 문제가 없다. 하지만 기관, 부서, 이해관계자 간의 첨예한 이견으로 충돌하거나, 의사결정의 의도적 지연, 방해가 예상되는 경우 이러한 양식으로는 향후 업무를 수행하는 것이 매우 어렵다. 프로젝트 관리자는 회의의 진행 방향과 예상되는 결과에 따라 이견이 많은 경우 이견 사항을 명확히 정리하도록 회의 결과를 작성하고, 개별 기관이나 부서의 의견의 명확화가 필요한 경우 의견이 명확히 기재될 수 있도록 양식을 작성해야 한다. 의사결정의 지연과 방해가 예상되는 경우 의사결정의 지연 사유를 명확히 해야 다음 일정과 계획을 수립할 수 있다. 특히, 참석자나 의사결정자의 서명은 규정과 법적으로 효력을 가질 수 있는 사항이기 때문에 어떤 작은 결정이라도 서명은 신중할 수 있으며, 신중해야 한다. 이에 따라 명확하게 책임과 권한에 비례하게 서명할 수 있도록 양식이 작성되어야 한다.

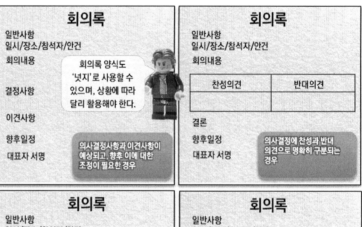
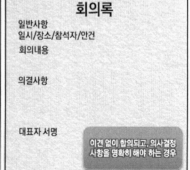

# 연구개발은 시작부터 어렵다.

5-6

국가의 한정적 자원으로 인해 모든 무기체계를 획득할 수 없으며, 이에 따라 무기체계의 소요의 타당성을 검토하고, 타당성 여부에 따라 획득의 가능성, 우선순위, 획득방법 등이 결정된다. 무기체계의 획득방법에 대한 국방분야의 프로젝트는 크게 두 가지로 구분된다. 하나는 **무기체계를 사오는 것(구매)이고, 다른 하나는 개발하는 것(연구개발)**이다. 국방획득 프로젝트의 방법을 선택하는 측면에서 '연구개발'과 '구매'는 시작부터 다른 출발점을 가지고 있다. 연구개발은 시작하는 것 자체가 어렵다. 이러한 이유는 아래와 같다.

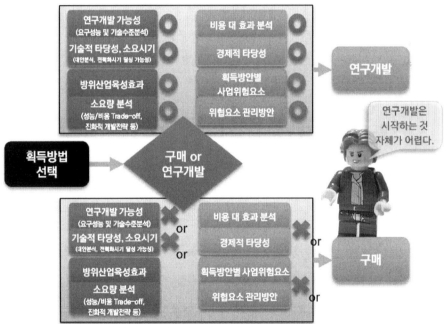

〈 획득방법 선택 시 고려 요건에 따른 판단 예시 〉

1. 소요자인 군의 위협은 수시로 변화가능하기 때문에 소요자는 항상 새로운 무기체계를 긴급히 요구한다. 반면, 연구개발에는 장기간이 필요하기 때문에 연구개발로 무기체계를 단기간에 소요군의 요구를 충족시키는 것이 매우 어렵다. 이를 극복하려면 미래의 위협을 예측하는 능력이 필요하지만, 이 능력을 확보하는 것 역시 어렵다.

2. 연구개발에는 항상 실패에 대한 가능성이 존재한다. 누구나 실패에 대해서는 두렵지만, 특히 국방 무기체계 개발은 국가의 많은 자원을 소모하기 때문에 실패에 대해 비난을 피하기 어렵다. 또한, 프로젝트 실패는 도전의 결과이며 성장의 계기일 수 있지만 기술개발의 실패가 아닌 비리나 나태로 인한 문제로 취급되기 쉽기 때문에 의사결정자들의 획득방법 선택을 주저하게 만들 수 있다. 뭔가를 시도하지 않으면 얻을 수 있는 기회는 없다. 시도를 격려하는 수단은 많겠지만, 최고의 방법은 실패를 두렵지 않게 하는 것이다. 다만, 개발자의 도덕적 해이를 제거하는 체계적인 관리 관점의 현명한 절충점은 필요하다.

3. 연구개발의 획득비용이 구매 시의 획득비용보다 싸게 하는 것은 매우 어렵기 때문에 경제적 타당성을 확보하는 것이 매우 어렵다. 개발의 성격에 따라 항상 그런 것은 아니지만, 비용 대 효과 분석을 통해 획득비용 뿐만 아니라 무기체계의 운용유지를 포함하는 총 수명주기비용을 고려하고, 방위산업 육성 및 사회 경제적인 파급효과, 기술개발효과 등 다양한 측면을 고려하는 경우에만 연구개발이 구매보다 유리해 질 수 있다. 다만, 이 경우에도 위협의 미래예측을 포함하기 때문에 그 타당성을 객관적으로 확보하는 것은 매우 어렵다. 연구개발 결과물인 양산 소요량이 많은 경우는 획득비용부터 총수명주기비용까지 모두 경제성을 확보할 가능성이 높지만, 소요량이 적은 경우는 그렇지 못할 가능성이 훨씬 크다. 내수시장이 작은 경우는 이러한 문제를 원천적으로 제거하기 어렵기 때문에 수출을 통한 시장 확대가 필요하다.

4. 연구개발의 환경은 다양하기 때문에 프로젝트를 수행하는 동안 변동성과 불확실성으로 인한 위험요소 관리가 쉽지 않다. 현실세계는 다양한 채널로 각 국가와 생산체계, 연구기관들이 연계되어 있고, 프로젝트에 소요되는 1부터 100까지의 완전한 연구개발과 생산하는 것은 현실적으로 어렵기 때문에 다양한 국제 협력과 구매활동이 필요하다. 반대로 이로 인해 언제나 변수가 발생할 수 있으며, 우발사태에서 어떻게 대처할지는 프로젝트 관리자와 의사결정자들에게는 매우 힘든 결정을 하게 만드는 요소로 작용한다.

이러한 이유들로 국방 프로젝트의 획득방법 선택 및 소요결정, 예산확보 단계에서 연구개발은 구매보다 후순위로 밀릴 가능성이 높으며, 요구된 기술수준이 높거나, 개발이 요구되는 시간이 짧을수록 이런 경향이 더욱 커질 수 있다. 연구개발의 시작이 어려울 수 있지만, 국방과 안보라는 특성과 관계에서 연구개발만 가능한 경우도 있다.

# 연구개발만 가능한 경우도 있다.

**5-7**

연구개발이 구매보다 시작하기 어렵지만, 연구개발을 하지 않으면 무기체계의 획득이 불가능한 경우 즉, 반드시 연구개발로만 획득방안이 결정되는 경우도 있다. 타 국가에서 개발된 무기체계는 있지만, 정치 및 안보적 이유, 지정학적 이유, 자국기술보호, 국가 간 기술 및 무기체계 격차의 유지 등의 다양한 이유로 판매하지 않는 경우, 즉 **구매가 안되는 경우**가 이에 해당한다. 이 경우는 무기체계를 개발하지 못할 정도의 높은 기술력을 요구하는 경우가 많다.

예를 들어 활과 화살을 사용하던 국가의 군대에서 화약을 사용하는 총을 요구했는데, 화약을 사용하는 총을 개발한 국가에서 판매하지 않는다면, 어쩔 수 없이 연구개발해서 화약을 개발하고, 화약을 사용하는 총을 개발해야 한다. 총을 살 수 없고, 개발능력이 지금 없다고 총을 개발하지 않는다면, 활과 화살로 위협하는 상대를 이길 수 있겠는가? 이러한 이유로 연구개발은 힘들겠지만, 항상 연구개발로 도전하고 시도해야 한다. 활과 화살을 사용하는 국가의 기술력으로 화약을 만들고, 그 화약을 가지고 폭발력을 적절히 조절해야 하는 총을 개발하는 것이 쉽겠는지 생각해 보라. 그렇다고, 화약과 총을 만들 기술력이 없는데 총을 만들어 달라는 것이 잘못인지, 그런 무기체계를 만들지 못하는 것이 잘못인지, 총과 화약을 만들려고 노력하다가 실패하는

385

사람들이 잘못된 것인지를 생각해본다면, 누구도 이들을 비난할 수는 없다는 것을 알 수 있다. 따라서, 총과 화약을 만들려고 시도조차 하지 않는 상황이 잘못되었고, 연구 개발이 이러한 출발점을 가지고 있다는 것만 모두가 이해했으면 좋겠다.

　앞에서 예시로 제시한 상황은 지금도 발생하고 있다. 전 세계의 강대국들은 초스피드를 넘어 하이퍼 스피드(극초음속) 수준의 무기체계를 요구하고 있다. 이는 미국의 안보전략의 한 축으로 이야기하고 있는 **'속도가 새로운 스텔스다.'**라는 개념이 대표적인 사례이다. 냉전시대에 적대국가 간에 비행체의 속도경쟁을 통해 상대 무기체계의 위협을 회피하는데 한계를 느끼고, 스텔스와 같은 다른 방법으로 생존성을 높이기 위한 경쟁구도로 전환되었다. 하지만, 현재는 스텔스만으로 생존성을 확보하는데 한계에 이르자, 이제 다시 속도 경쟁의 시대로 전환되어 가고 있다. 일단 음속의 6~10배이상의 극초음속 비행체는 현재의 레이다 체계로는 탐지,식별과 추적에 제한이 생긴다. 비록 탐지를 한다 하더라도 추적이 되어야 무기체계를 운용하여 요격할 수 있는데, 추적이 되지 않으면 대응공격을 할 수 없는 상태가 된다. 또한, 추적이 가능한 레이다가 생겼다고 하더라도 요격하는 무기체계는 최소한 극초음속에 상응하는 속도를 갖거나, 예측되는 경로를 차단할 수 있는 정확도를 갖추고, 치명적인 손상을 가할 수 있는 파괴력을 동시에 지녀야 하는데 이는 현재의 기술로 달성하기 매우 어렵다. 현재 각 국에서 개발하는 극초음속 비행체는 탄도탄과 달리 극초음속에서 기동하는 방식이기 때문에 요격이 어렵다. 이러한 이유로 미국, 러시아, 중국 등에서는 극초음속 비행체를 '게임 체인져(Game Changer)'로 활용할 계획을 실현해 가고 있다.

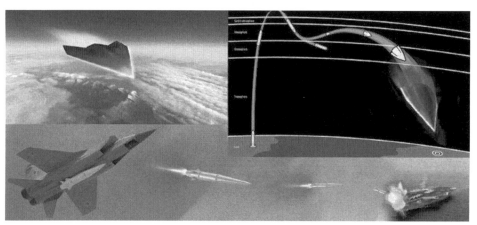

# 연구개발이 주문생산 방식이라
# 발생하는 문제

무기체계의 연구개발은 어디까지나 주문생산 방식을 기반으로 한다. 주문생산 방식에서는 **요구하는 사용자가 어떤 것을 요구하는지를 먼저 결정**해야 한다. 이 **요구에 대한 결정은 최종적으로 제품의 품질과 만족을 결정하는 주요한 사항**이 된다. 이러한 이유로 최초 기획단계에 무기체계를 요구했던 사람과 실제 사용자가 다르면 어떻게 될까? 이런 경우 자연스럽게 최초 요구와 사용자의 요구가 충돌하는 일이 발생할 가능성이 높다. 또한, 무기체계 개발에 장시간이 소요되기 때문에 소요단계부터 실제 사용가능 시점 사이에 요구도가 자연스럽게 변경될 수도 있다. 이러한 사람과 시간의 변화로 인해 개발 시 사용자의 요구도와 다른 제품이 최종결과물로 제공될 가능성이 상존한다. 그렇다고 사용자의 요구도 변경이나 변경 요구가 잘못된 것이 아니다. 앞에서 설명한 바와 개발 전략의 한계, 개발자의 잘못된 요구도 반영 및 구체화, 요구도 구현의 실패에 의해서도 동일한 결과가 발생할 수도 있다. 가장 좋은 시나리오는 최초 사용자의 요구도가 미래 위협환경을 반영하면서도 현실 구현 가능하면 좋겠지만, 매우 이상적인 가정이고, 개발은 현실이다. 현실에서는 현재 구현 가능한 수준에서 개발된다. 따라서, 무기체계 프로젝트 관련 이해관계자들은 주문 생산방식으로 인한 구조적 문제와 이로 인한 문제 인식을 같이 할 필요가 있다.

# 무기체계를 구매해도 문제는 항상 있다.

무기체계를 연구개발 하는 프로젝트에만 구조적 문제가 있는 것은 아니다. **무기체계를 구매 하는 경우에도 구조적 문제가 발생한다.** 우선, 사용자는 구매하는 제품의 모든 특징과 요구환경을 완벽하게 이해하고, 획득할 가능성은 많지 않다. 사용자의 요구도 환경의 가정이 다르면, 다른 요구도가 만들어지고, 다른 요구도로 인해 다른 제품을 만들 수밖에 없다. 예를 들어 사막지대에서 주로 운용하는 무기체계는 고온 저장/운용, 낮은 습도, 높은 온도차, 많은 모래나 먼지 등의 요구도 반영이 필요하며, 습한 열대성 지대에서 주로 사용하는 무기체계는 높은 강수/습도에 대한 저항, 낮은 먼지 등의 요구도가 반영되는 등 운용지역에 따라 개발 요구도가 달라진다. 무기체계 구매 시 구매대상의 요구도와 운용 개념, 제한사항 등 세부적인 개발 요구도를 제공받는 것이 아니기 때문에 구매 대상에 대한 정보는 제한될 수밖에 없다. 이런 구매 프로젝트의 구조적 한계가 발생하는 것은 '**구매는 다른 사람이 수행한 연구개발**'이기 때문이며, 연구개발의 결과물인 제품은 구매할 수 있지만, 연구개발의 과정에서 나오는 산출물을 제공받는 것이 제한되기 때문이다. 제품을 구매한다고, 제품을 만드는 법을 알려주는 것이 아니라는 것이다.

구매는 남이 하는 연구개발이다. 내가 과정을 보지 못할 뿐이다.

무기체계의 획득방법 중 구매에 대한 의사결정에도 구조적인 한계가 존재한다. 구매에 대한 의사결정은 성능, 비용, 일정에 대한 사항에 대한 적합성을 평가에 의해서 수행된다. 우선 구매 시험평가에는 성능평가의 제한사항이 있다. 구매에 대한 의사결정 중 가장 중요한 것은 시험평가를 통해 요구되는 성능을 만족했는지 여부이다. 구매대상인 무기체계를 시험평가 할 때는 실물에 의한 평가를 기본으로 한다. 다만, 구매의 요구가 반영된 실물이 준비하거나, 시험평가에 맞춰 양산/운용 중인 무기체계를 요구되는 실제 운용환경에 노출시키기 어렵고, 사용자가 평가를 위한 훈련과 학습 과정을 거쳐야하기 때문에 장기간이 소요되지만, 단기간의 구매 시험평가 기간에는 이

388

러한 행위를 완전하게 수행하는 것은 제한될 수밖에 없다. 또한, 연구개발 중 만들어진 시제기(시제품)이 있는 경우도 양산하는 형상이 아니기 때문에 완전한 검증에는 제한사항이 있으며, 타 국가에 수출하는 양산기가 있는 경우에도 타 국가의 요구도에 의해서 개조된 형상이기 때문에 우리의 요구도를 평가하는데 제한이 있다. 이러한 이유로 실제 개발 중에 있어 시제품이 없는 무기체계이거나, 국내에서 운용 중인 무기체계를 일부 개조하는 경우, 국내외에서 운용중인 무기체계를 다른 무기체계와 통합하기 위한 구매 프로젝트의 경우에는 대부분 실물평가를 대체하는 자료에 의한 평가를 수행할 수밖에 없다. 다만, 자료에 의한 평가의 신뢰성을 확보하기 위해서 개발업체가 속한 정부가 인정한 자료, 국제기구나 시험기관이 인정한 자료, 국내 시험평가기관이 인정한 자료를 사용하도록 하고 있지만, 이러한 경우에도 완벽한 보완이 되는 것은 아니다. 구매의 비용에 대해서는 다양한 예측된 가격을 기준으로 수립된 예산 내의 의사결정이 요구된다. 문제는 구매 시 가격은 예측되는 가격이지, 원가가 아니다. 즉, **구매가격은 알 수 있어도 원가는 알 수 없다.** 타 국가에 판매한 실적 등은 알 수도 있지만, 이는 다른 요구도와 형상, 계약조건을 기준으로 하는 것이기 때문에 정확한 가격은 아니다. 카달로그(Catalog)나 인터넷에 존재하는 다양한 가격 역시 가격 예측과 추측이다. 왜냐하면, 이러한 정보도 정확한 원가를 기반으로 제시한 것이 아니라 다양한 채널을 통해 확인된 가격을 기반한 것이고, 원가는 판매자가 공개할 때까지 알 수 없기 때문이다.

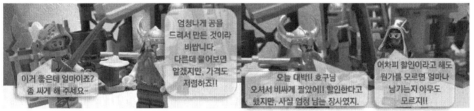

**무기체계 구매 시 제시되는 일정은 계획이지 현실이 아니다.** 무기체계는 만든 후 판매하는 것이 아니기 때문에 구매결정 시 제시된 일정계획은 주계약자인 제안이며, 이는 공급망에 있는 수많은 협력업체의 일정과 사정에 좌우될 수 있는 사항이다. 특히, 현시대의 공급망은 다국적의 다양한 경로로 제공되기 때문에 유동성이 매우 크다. 구매 시 일정지연에 대한 우려를 계약적 장치로 지연배상을 반영하지만, 이는 일정을 준수를 위한 촉진장치 수준이다. 이는 제한되는 비용범위 내에서 배상금을 부과하고 있기 때문이며, 일정 지연으로 발생하는 모든 부가적인 상황에 대한 비용을 보상하지 못한다. 이런 이유들로 구매 프로젝트에서도 무기체계를 선택 시 의사결정에는 한계가 존재한다는 것을 인식할 필요가 있다.

# 무기체계 구매는 필요하지만, 반대 부작용도 이해해야 한다.

구매 프로젝트의 의사결정에 대한 한계에도 불구하고 무기체계를 구매해야 한다면, 아래의 세 가지 환경조건이 조성되었을 가능성이 높다.

**(1) 새로운 위협으로 인해 무기체계의 획득이 긴급히 요구되는 경우**

**(2) 무기체계의 개발에 필요한 기술수준이 매우 높을 경우**

**(3) 무기체계의 구매비용이 연구개발보다 저렴한 경우**

이런 경우는 구매를 통해 사용자의 요구도를 우선 충족시켜야 한다. 다만, 이러한 의사결정은 장기간의 사용수명을 가지는 무기체계의 특성에 따라 반대로 생기는 부작용을 가진다는 것을 이해해야 한다. 이 상황을 무기체계를 판매하는 국가나 업체의 입장에서 보면, 쉽게 이해될 수 있다. 무기체계 판매가 성공한 생산량 확대에 따른 원가절감, 경우 시장 진입 여건 개선, 안정적인 수익원 확보, 총수명주기 비용 절감의 효과를 얻을 수 있다.

1. 무기체계 판매는 무기체계 제작사와 관련 협력업체의 생산량 확대로 이어진다. 생산량의 확대는 학습률(Learning Rate, 또는 습숙률)에 따른 생산성 증가, 즉 학습효과(Learning Effect)를 기대할 수 있다. 학습효과로 향상된 생산성은 원가절감으로 이어지게 된다.

※ TMI - 학습효과(Learning Effect) : 전통적으로는 작업자가 반복된 작업을 수행할 경우 작업이 숙달되어 생산성이 향상된다는 의미로 사용했으나, 현재는 생산량에 따른 작업자의 숙련도는 물론이고 관리기술, 치공구, 설계, 설비, 공정의 개선 등을 통해 생산성이 향상되는 포괄적인 효과를 표현하는 용어

2. 절감된 원가는 다른 시장 진입이나 경쟁에서 유리한 위치를 제공한다. 한 국가의 판매는 다른 국가의 판매에 긍정적인 요소로 작용할 수 있다. 이는 지속적으로 시장이 확대될 것이라는 기대가 작용하는데, 시장의 확대는 지속적인 원가절감, 단종방지 등으로 인한 총수명주기 비용 절감으로 이어질 수 있기 때문이다.

3. 무기체계는 국가별, 사용자별 요구도가 동일하지 않기 때문에 판매 기회마다 다양한 판매구매 요구도에 맞춰 추가 개발, 향상된 기능, 성능개량을 수행하여 또 다른 국가 판매 시에는 이를 다양한 선택조건(Option)으로 활용되어 유리한 시장판매 조건이 된다.

4. 무기체계 시장의 규모는 냉전시대와 같은 안보 불안 시대가 오지 않는 한 크게 증가되지 않기 때문에 높은 시장의 지배력은 장기간 이어질 수 있다. 장기간 동안의 실현된 이익은 다음 무기체계 개발의 동력이 되어 다른 경쟁자의 시장 진입을 막는 도구로 활용된다.

이러한 이유들로 인해 무기체계의 시장, 특히 항공 무기체계 시장은 기술 수준이 높아 시장 진입이 더욱 어려우며, 일부 선진업체가 시장을 독점하기 쉬우며 시장에서 독점적인 지위를 가질 경우 장기간 지속될 수 있는 구조를 가지고 있다.

또 다른 측면에서 다른 국가의 무기체계를 많이 구매할수록 무기체계 개발 국가와 업체의 이익을 지속적으로 향상시켜주고, 총수명주기 비용을 낮춰주는 효과를 발생시킨다. 무기체계의 운용에는 부품이 지속적으로 소모되며, 지속적인 부품 공급이 필요하다. 무기체계는 장기간의 사용수명에 따라 획득비용보다 운영유지 비용이 더 크게 발생한다. 무기체계는 공간의 한계, 성능의 최적화 등으로 인해 해당 무기체계에만 적합하도록 개발되는데, 반대로 독점적인 공급체계가 되기 쉽다. 이에 따라 무기체계의 판매는 운영유지에 필요한 부품 수량의 증가로 이어지며 지속적인 생산은 해당 업체의 이익을 지속적으로 증가시켜준다.

또한, 부품의 생산이 유지됨에 따라 부품 단종을 억제하여 운영유지 비용이 절감된다. 이러한 총수명주기 비용의 절감은 무기체계 개발 국가 및 운영 국가가 혜택을 보겠지만, 해당 국가의 산업 이익을 증가시키기 때문에 더 큰 혜택은 개발 국가로 귀속된다. 대표적인 예는 미국의 대외무기판매(FMS) 제도이다. 이를 통해 무기체계 운영 국가와 시장을 확대하여 자국 무기체계의 운영유지 비용을 줄이며, 이 과정에서 미국 업체의 이익을 극대화하고, 다른 개발 프로젝트와 기술개발에 필요한 막대한 자금을 조달할 수 있도록 한다. 이렇게 개발된 프로젝트와 높은 기술력은 다른 국가와 경쟁 업체의 시장진입을 막는 장치로 사용된다. 이런 무기체계 시장의 진입장벽을 넘기 위해서는 지속적인 투자와 기술혁신 이외에는 대안이 많지 않기 때문에 구매에 대한 의사결정 시에는 좀 더 신중할 필요가 있다.

# 무기체계 거래의 본질을 이해하자.

`5-11`

    잠시 인류의 전쟁역사 중 일부를 돌아보는 시간을 가져보자. 중세 말기 영국과 프랑스는 전쟁과 휴전을 되풀이했던 '**백년전쟁(1337년~1453년)**'이라는 이름의 전쟁을 가졌다. 이 전쟁은 정치적으로는 프랑스 왕가의 승계문제(샤를4세가 남자 후계자 없이 사망하자, 사촌 형제인 필리프 6세가 왕위 계승했으나, 샤를 4세 누이의 아들인 영국의 에드워드 3세가 이를 문제 삼아 전쟁을 선포함)가 복잡한 유럽지역의 왕가 계보로 인해 발생하자, 왕위 계승권을 가진 영국 왕가가 이를 문제 삼아 간섭하면서 발생했다. 전쟁의 명분은 그랬지만, 실질적으로는 영국과 프랑스 간의 안보와 많은 이권을 가진 **플랑드르 지역**(영국의 양모를 기반으로 모직물 공업을 주로 하던 현재 플랑드르 지방)와 **기엔 지역**(현재 포도주 주산지인 보르도를 포함하는 가스코뉴지방)의 **이권을 차지하기 위한 전쟁**이었다.

    백년전쟁에서는 전쟁과 휴전을 반복하면서 여러 번의 큰 전투가 있었는데, 그 중 크레시, 푸아티에, 아쟁쿠르트 전투에 대한 이야기를 하고자 한다. 이 전투에서는 모두 영국군이 프랑스 군을 상대로 크게 승리한 전투이다. 당시 영국과 프랑스는 경제력, 인구, 군사력 등 국력에서 상대가 되지 않을 정도로 프랑스가 강력했다. 그럼에도 불구하고 언급한 큰 전투에서 영국이 승리한 이유는 귀족과 용병으로 구성된 프랑스와 달리 영국은 직업군인제도를 통해 장기간 훈련된 숙련급의 군인을 보유하고, 저렴하지만 강력한 **롱 보우(Long Bow)**라는 무기체계를 가지고 지형과 기상의 이점을 가지고 싸웠기 때문이다. 중세 시대의 전투는 물리력에 의한 전투를 기본으로 했다. 장거리에서의 물리력의 투사는 활을 통해 화살을 날려 보내 구현되었다. 날아오는 화살을 돌파하기 위해서는 기동력을 가진 기마부대로 속도를 통해 돌파하거나, 방패를 가지고 장거리에서 날아오는 화살을 방어하면서 전진한 후 적을 공격해야 했다. 물론 당

시 기마부대와 보병부대는 철로 만든 두꺼운 갑옷으로 보호하는 무기체계를 가지고 있었다. 다만, 당시 기술력의 한계에 의해서 날아오는 모든 화살을 막을 수는 없었다.

**영국의 궁병은 롱 보우**를 사용하고 있었으며, **프랑스의 궁병은 석궁**(Cross Bow)을 주로 사용했다. 롱 보우는 **주목**(Yew Tree)라는 품종의 흔한 나무로 만들 수 있는 반발력을 크게 하기 위해 큰 크기의 활을 만들었기 때문에 롱 보우라는 이름이 붙여졌다. 큰 크기의 활을 당기기 위해서는 큰 힘이 필요하며, 이를 위해서는 **장기간의 숙련된 궁수가 필요**했다. 영국은 이를 위해 **일반 시민을 고용해서 훈련**을 시켰으며, 훈련병 중 우수 자원을 골라 **장교로 일반 훈련병을 관리**하도록 하였다. 롱 보우는 장전하는 동작이 단순하기 때문에 매우 빠른 속도로 장전과 발사가 가능했다. 영국 궁수의 훈련은 매우 엄격했다. 심지어 영국 궁수는 죽은 시체로도 알아볼 정도로 활을 지지하는 왼쪽 팔이 굵었다고 한다. 이런 노력의 결과, 영국군은 높은 숙련도를 가진 궁수를 갖게 되었다.

반면, 프랑스는 봉건제도 하에서 귀족을 중심으로 필요한 병사를 돈으로 고용하는 용병제를 사용하였다. 프랑스는 지금의 이탈리아 제노바의 석궁병을 용병으로 고용하였다. 제노바 용병은 높은 기술력을 활용하여 만든 석궁을 활용하였다. 석궁은 활의 반발력을 크게 하기 위해 장전 시 하체의 힘을 이용하거나, 기어나 치차를 활용한 방식으로 구현되어 활의 크기는 작지만 큰 힘을 발휘되도록 하였다. 다만, 이러한 장전방식은 복잡한 동작을 요구하기 때문에 연속으로 발사하는데 지장을 초래했다. 장전에 장시간이 소요되기 때문에 적의 활 공격을 방어하기 위해 파비스(Pavise)라는 이름의 큰 방패가 동시에 필요했다. 이 방패는 크고 무거워서 이동과 고정 시 제한이 많았다. 그 대신 석궁은 많은 훈련 없이도 사용이 가능했으며, 근거리에서도 장갑을 관통할 정도의 높은 위력을 발휘할 수 있었다.

양 국가의 다른 무기체계가 크레시, 푸아트에, 아쟁쿠르와 같은 실제 전투에서는 어떠한 결과를 만들었을까? 앞서 전투의 결과를 말한바와 같이 영국군의 압도적인 승리로 끝났다. 이는 무기체계의 차이에 의해서도 발생했지만, 실제로는 **무기체계의 성능이 아닌 무기체계의 운용에 따라 승패가 결정**되었다. 실제 전투의 양상은 이랬다. 장거리에서 양국가의 군대가 접하고, 활을 투사하기 시작했다. 영국군의 배치가 고지대에 위치했기 때문에 롱 보우가 더 멀리 날아갔으며, 높은 연사속도에 의해서 석궁병이 몰살당했다. 또한, 프랑스의 제노바용병 석궁병은 전날 온 비로 인해 석궁의 장력이 약해져 있었고, 석궁병을 보호할 파비스 방패가 준비되지 않아 석궁병이 장전 시 보호받지 못했다. 이어서 달려오는 기병은 말에 화살을 맞아 쓰러지고, 보병도 날아오는 롱 보우의 사격에 속절없이 제거되었다. 더욱이 전투 시 기상도 좋지 않아 비가 오는 동안 전투지역이 진흙탕이 되어 프랑스 군의 주력인 말을 탄 기사들의 기동에 제한을 주었으며, 반면 비가 오는 동안 영국 궁수들은 활시위가 젖지 않도록 보호하도록 교육되어 전투력을 그대로 보전할 수 있었다. 역사가 스포일(Spoil)이라고 잔다르크의 등장과 함께 백년전쟁은 프랑스의 승리로 끝났지만, 무기체계와 그 운용에 따라 전투의 승리가 달라진다는 것을 보여주는 대표적인 사례이다.

크레시 전투(1346년)

저 놈의 장궁 때문에…

아쟁쿠르 전투(1415년)

이거 언젠가 봤던 장면 같은 건 기분 탓일까?

면서도 기술적인 부분을 설명하기 용이하기 때문에 무기체계 개발을 설명하기에 매우 적합한 이유도 있다. 백년전쟁 당시의 상황과 현대의 무기체계 획득, 운용, 거래 간의 비교를 하면 몇 가지 인류 역사를 관통하는 진리와 지혜를 찾을 수 있다.

## 1. 무기체계는 그 나라의 상황과 요구에 따라 개발된다.

영국은 백년전쟁 시 현재의 프랑스 지역에 많은 영지를 보유하고 있었다. 그렇지만, 프랑스 전체에 비해서는 인구, 경제력을 포함한 국력이 크게 부족한 상태였다. 군사력도 마찬가지로 상대적인 전력이 크게 부족한 것이 사실이었다. 따라서 영국은 경제력에 부합하는 낮은 비용에도 큰 전투력을 발휘할 수 있는 전력을 위주로 구성하였고, 그 중 핵심에 있는 것이 롱 보우였다. 롱 보우는 석궁에 비해서 상대적으로 낮은 기술력과 저렴한 비용으로 만들 수 있었으며, 부수적인 장비도 많이 필요하지 않았다. 심지어 현재도 유튜브를 통해서 만드는 법을 쉽게 찾을 수 있고, 직접 만들어 볼수도 있다. 또한, 영국은 기상이 좋지 않는 날이 많아 습기에 따른 성능이 많이 차이가 나는 활을 보호하기 위한 훈련과 사용법을 개발하였다. 이렇게 무기체계의 구축은 국력과 무기체계의 운용요구 상황에 따라 개발된다.

현대의 전투기와 같은 무기체계도 운용되는 지역과 시나리오를 기반으로 유도되는 환경을 기반으로 요구를 결정하고, 이에 따라 설계된다. 무기체계의 목표성능 결정과정에서 설명한 것과 같이 **국가 목표를 달성하기 위해 군사적 우선순위와 임무지역의 요구 분석을 기반으로 무기체계의 요구를 결정**한다는 것이다.

## 2. 무기체계는 국가의 기술력을 바탕으로 한다.

**롱 보우(Long Bow)**는 **주목(Yew Tree)**으로 만들어진다. 주목은 유럽지역과 동아시아 지역에 분포되어 있는 흔한 수종 중 하나이다. 주목은 높은 산에서 자라는 침엽 상록수로 성장이 매우 느리지만, 대신 단단한 재질을 가지고 있으며, 가공해도 재질이 오래도록 변질되지 않는다. 이러한 이유로 예전부터 롱 보우와 같은 활 재료로 사용하였다. 롱 보우 제작에는 많은 기술이 필요로 하지 않는다. 실제로 제작과정은 잘 말린 나무를 활모양으로 깎아 주기만 하면 되며, 활시위만 걸어주면 제작이 완료된다. 매우 저렴하게 많이 만들 수 있는 것이다. 중세 봉건시대에는 전쟁에 참가하는 병사가 무기를 가지고 참가해야 했다. 따라서 경제력이 약한 영국의 병사 입장에서는 매우 저렴하지만, 강력한 무기가 될 수 있는 롱 보우는 매우 적합한 무기체계였던 것이다. 물론 영국의 롱 보우에 사용한 좀 더 높은 품질을 얻기 위해서 스페인이나, 이탈리아 북부에서 수입해서 사용했다. 따라서 이를 영국 입장에서는 전략물자로 신중하게 획득하고 관리하였다. 무기체계에 요구되는 기술수준은 높으면 좋겠지만, 가지고 있는 자원과 기술력을 넘어서는 경우는 획득이 어렵거나, 국가의 자원을 필요이상으로 소모할 수 있다. 연구개발 하는 경우 기술수준분석(TRA)을 수행하여 프로젝트 수행에 필요한 기술을 식별하고, 현재 보유하고 있는 수준을 분석하여 프로젝트 위험관리를 위해 사용하는 것도 이러한 이유와 같다. 무기체계를 구매하는 경우에도 필요한 경우 보유 자원보다 높은 수준을 자원을 요구하는 경우 언제든 불확실성이 발생할 수 있다. 예를 들어 롱 보우에 사용되는 질 좋은 주목을 스페인이나, 이탈리아 북부에서 획득하지 못하도록 프랑스가 봉쇄하였다면, 영국이 성능 좋은 롱 보우를 획득할 수 있겠는지 생각해보자. 마찬가지로 정밀폭탄을 수입해서 사용하는데 국제적인 환경 변화로 정밀폭탄을 조달하지 못하는 상황이 발생한다면, 전투력을 유지할 수 없게 된다. 따라서 무기체계는 **국가의 자원과 기술력을 바탕으로 개발되고, 유지**되어야 한다.

### 3. 무기체계는 장점과 단점을 동시에 가지며, 절충(Trade-off)되는 것이다.

롱 보우는 가볍고, 저렴하며, 쉽게 제작이 가능한 무기체계이다. 다신 강한 반발력을 구현하기 위해 활시위를 당기기 위한 힘이 많이 필요하다. 일반적으로 훈련을 받지 않아도 몇 번은 쏠 수 있지만, 전투 중 연사하기 위해서는 많은 훈련이 필요했다. 숙련된 궁수는 300야드(약270미터)까지 발사하며, 1분에 10~16발까지 발사할 수 있었다고 한다. 이러한 롱 보우의 위력을 더하기 위해서는 대각선으로 발사하는 곡사형태로 발사하면 중력을 더해 일반적인 갑옷을 관통할 정도의 위력을 발휘할 수 있었다. 다만, 근거리에서는 위력을 발휘하는데 한계가 있었으며, 궁의 크기가 120~200cm까지로 기동성이 우수하지는 못했다. 이를 극복하고, 기병의 공격을 막기 위해 목책(나무 기둥)을 가지고 다니며, 기병의 접근을 막는 용도로 활용하였다. 근접전에서는 이웃하고 있는 궁수 부대 간의 협력을 통해 보완하기도 하였다. 롱 보우의 위력을 더 높이기 위해서는 활의 크기를 키우고, 활시위 장력을 높이면 되지만, 당기는데 더 높은 힘이 요구되었기 때문에 적정 수준으로 절충(Trade-off)해야 했다. 반면, 프랑스의 제노바 용병이 주로 사용한 석궁은 무겁고, 비싸며, 쉽게 제작할 수는 없지만,

근거리나 장거리나 모두 큰 위력을 발휘할 수 있었다. 또한, 숙련되지 않는 궁수도 활용이 가능했다. 다만, 장전에 큰 힘이 필요했기 때문에 연사가 어려워 1분에 3~4발 쏘는데 그쳤다. 석궁의 위력을 키우기 위해서는 당기는 힘을 키워야 하며, 시위를 당기기 위해 하체 또는 상체와 하체 모두를 사용하는 방법으로 장전해야 하기 때문에 더 많은 체력 소모가 요구되었고, 장전 속도도 느리다. 이러한 이유로 석궁의 위력과 연사 속도는 적정 수준으로 절충(Trade-off)해야 했다. 장전이 길기 때문에 궁수를 보호하기 위한 큰 방패(파비스)가 필요했다. 큰 방패는 장전하는 동작하는 동안 궁수가 보호될 정도로 크게 제작해야 했기 때문에 크고 무거웠으며, 이를 다루고 이동시킬 때에는 별도의 보급과 지원이 필요했다. 이처럼 무기체계에는 만들 때는 하나의 특성이 좋아지면, 반대로 나빠지는 것이 존재하며, 무기체계 요구에 따라 적정 수준의 절충(Trade-off)이 필요하다. 근거리나 장거리 모두에서 위력도 좋고, 연사도 좋으면서, 싸고, 쉽게 사용할 수 있는 무기체계는 존재하기 어렵다. 무기체계 개발에서는 이러한 물리적인 한계를 이해하고, 요구와 목적에 따라 적정 수준으로 조정(Tailoring)해야 한다. 다만, 어떤 성능과 어떤 성능이 상호관계가 있으며, 이러한 성능 간의 어느 정도의 조정이 되어야 하는 지의 판단기준은 사용자의 요구에 따라 조정된다.

## 4. 무기체계의 요구 성능목표는 위협과의 상호작용으로 발생한다.

무기체계는 단독으로 존재하지 않는다. 반드시 위협과의 상호관계를 가지고 개발된다. 롱 보우와 같은 원거리 물리력을 투사하는 체계가 있기 때문에 이를 막기 위한 기병의 기동력과 두꺼운 갑옷, 보병의 갑옷과 방패가 필요하다. 활의 위력은 상대의 장갑을 관통할 수 있어야 하며, 반대로 상대의 장갑은 화살의 위력을 막거나, 튕겨낼 수 있어야 한다. 롱 보우와 같은 활의 위력이 커질수록 장갑은 두꺼워져야 했지만, 상대적으로 무게가 증가하기 때문에 기동력이 저하된다. 따라서 가벼우면서 방어력을 높일 수 있는 사슬갑옷(Chain Mail)을 사용하다가 활의 위력이 높아져 이를 막을 수 없게 되자 철판 형태인 플레이트 아머(Plate Armor, 갑옷)가 만들어졌다. 높아진 갑옷의 방어력을 이길 수 있는 정도로 활의 위력이 더 강해지면, 이를 막기 위해 강철과 같은 더 강한 재질로 방어력을 높이는 형태로 발전했다. 또한 갑옷을 만들기 쉬운 직선형태보다 점점 곡선 형태로 제작해 화살을 막기보다는 튕겨내는 형태로 진화하게 된다. 갑옷의 방어력이 높아지자, 다시 활은 위력을 키우기 위해 활을 더 크게 하거나, 활시위의 장력을 늘리고, 화살의 촉을 철에서 강철로 바꾸거나 모양을 바꿔 관통력을 높이는 형태로 발전한다. 이렇게 공격과 방어는 상호작용을 통해 기술의 발전을 촉진하게 된다. 현재의 무기체계 개발에서도 동일한 원리가 적용된다. 현재의 위협의 능력과 미래의 위협의 능력 예측을 기준으로 새로 개발되는 무기체계의 목표성능을 결정하는 것이다. 물론 상대는 우리의 새로운 능력을 기반으로 다시 방어나 공격 능력을 확장할 것이고, 우리는 다시 그러한 능력을 기준으로 우리의 능력을 확장할 것이다. 이러한 균형이 잃을 경우는 안보를 확보하기 어려운 상태를 만들 수 있다. 따라서 무기체계의 요구 성능목표는 위협과의 상호작용으로 발생하는 것이다.

### 5. 전투력은 무기체계로 만들어지는 것이 아니라 어떻게 운용하는지에 따라 발생한다.

백년전쟁의 주요 전투에서의 승리와 패배도 단순 무기체계에 의해서 발생하지 않았으며, 병력과 무기체계의 활용에 따라 결정되었다. 프랑스군은 다수의 병력과 우수한 무기체계를 가지고 있었다. 하지만, 프랑스군은 고지에 있는 적을 상태로 주력이었던 기병의 기동력을 활동할 수 없는 기상과 지형에도 불구하고, 무리한 병력을 전개하여 무의미한 손실을 자초하여 패배하였다.

전투력은 무기체계에 의해서 구현되지만, 무기체계에 의해서만 전투력은 만들어지지 않는다. 무기체계가 운용되는 부대의 구조, 전술, 운용, 제도와 조직, 운용개념, 사기, 지형 활용, 기상 등에 의해서 종합적인 관점에서 발휘되는 것이다. 미국의 획득체계에서도 소요결정단계에서 우선 검토되는 것은 신규 무기체계의 소요결정이 아니라, 현재의 전력의 구성과 배치를 변경하여 요구를 충족할 수 있는지를 판단하는 것이다. 즉, 비전투요소에 의한 해결을 우선시하는 것이다. 이는 전투력이 종합적인 관점에서 발현된다는 것을 기반으로 한 생각이며, 어떤 무기를 만들지 보다도 어떻게 싸울지를 먼저 생각하는 것이 중요하다는 것이다.

### 6. 무기체계를 활용하기 위해서는 기반체계와 제도가 있어야 한다.

롱보우는 낮은 비용의 단순한 무기체계 성능을 보완하기 위해 높은 숙련도의 궁수가 필요했다. 필요한 병력을 필요시 소집했다가 농번기에 농사일을 하는 형태로는 숙련도를 유지할 수 없었다. 따라서 점차 직업군인 형태의 군대를 유지하게 되었으며, 이러한 직업군인을 관리하기 위한 유능한 장교를 선발하여 병사와 훈련을 관리하도록 하였다. 장교를 중심으로 한 훈련의 강도와 군령의 엄중함은 매우 잘 유지되었다. 무기체계의 획득 시에는 단순 무력의 수단만을 제공하는 것이 아니라, 무기를 사용하기 위한 방법, 절차, 제도, 인프라 등이 일괄 제공된다. 이러한 것들은 무기체계의 개발 시 전투력을 발현하기 위한 조건을 기준으로 일괄 설계된 결과이기 때문에 제대로 능력을 발휘하기 위해서는 기반체계와 제도가 동시에 구비되어야 한다. 예를 들어 공중급유기가 도입되면, 공중급유기와 접촉 시 안전하게 급유할 수 있는지 평가하는 제도가 같이 도입된다. 이러한 제도는 공중급유기를 운용하는 국가별로 운영된다. 물론 표준절차도 있지만, 기본적으로 각 국가의 절차가 우선 적용된다. 공중급유기 도입 후에는 각 국가의 급유절차 수립이 필요한 것이다. 공중급유 승인(Air to Air Refueling Clearance) 절차는 안전한 급유를 위한 급유기와 피급유기 간의 기술적 적합성 평가와 시험비행을 통해 최종적으로 적합성을 검증하게 된다. 이러한 제도를 통해 아군과의 작전 시 공중급유기의 안전한 활용은 물론 동맹 및 연합군과의 작전 시에서도 안전한 활용이 가능하게 해 준다. 즉, 무기체계의 도입은 단순한 무력 수단의 도입이 아니라, 하나의 제도와 시스템이 같이 도입되는 것이다.

## 7. 무기체계의 운영유지를 위한 총수명주기 비용이 중요하다.

롱 보우를 활용하는 궁수는 직업군인으로 활용되면서 지속적인 운용유지비용이 소요되었다. 하지만, 발휘되는 전투력에 비해 그 비용은 매우 낮았다. 이는 활용되는 무기체계인 롱 보우의 가격이 저렴하기 때문이며, 이를 유지하거나, 활용하는 비용도 매우 저렴해서 기병을 유지하는 비용의 절반도 되지 않았다. 이러한 이유로 전투력을 유지하기 위한 비용도 경제적으로 유지할 수 있었다.

현대의 무기체계 획득에서도 동일하게 획득비용만을 고려하지 않는다. 무기체계는 획득 후 운영유지 기간이 길기 때문에 총수명주기비용의 관리가 필요하며, 획득 시 이를 고려해야 한다. 경제력을 기반으로 한 적절한 전력의 소요를 산출하여 이를 기반으로 전력의 유지하기 위한 노력이 필요한 것이다.

## 8. 무기체계의 거래는 친구끼리 사이에서만 이루어진다.

영국의 롱 보우를 프랑스의 석궁과 교환하거나 거래할 수 있을까? 오늘 내가 팔았던 무기로 나한테는 사용하지 말라는 법이 있는가? 이러한 우려 때문에 무기체계의 거래는 안보와 직결되며, 우호적인 관계 하에서만 이루어진다. 무기체계를 연구개발 하거나 구매하는 경우 모두 다른 국가와의 거래를 생각하지 않을 수 없다. 무기체계가 하나의 산업화되었기도 하지만, 총수명주기 비용의 절감을 위해서 무기체계의 수출(거래)를 통한 시장의 확대는 반드시 필요하다. 무기체계의 거래는 기본적으로 국가 단위에서 발생한다. 이는 민간 기업이 타 국가나 단체에 수출을 하더라도 무기체계라는 특수성에 의해서 발생하는 특성이다. 무기체계의 거래는 양 국가 간의 관계가 상호 호혜적인 경우에 성립할 수 있다. 이 거래는 이해관계가 있지 않고는 성사되기 어려우며, 경제, 문화적 차원을 넘어서는 군사적인 차원의 외교관계라 필요하다.

**9. 무기체계의 기술은 안보적으로 매우 중요한 요소이며, 보호가 필요하다.**

롱 보우와 같은 단순 궁 또는 강화 궁은 단순 무기체계로 소요되는 기술은 매우 단순하다. 하지만, 석궁을 만들기 위한 기술은 상대적으로 복잡하고, 상당한 내구성이 필요하다. 이러한 이유로 높은 기술력으로 인해 제노바(이탈리아)의 높은 기술력이 필요로 했다. 전쟁 중 무기체계는 상대 국가에 의해 강탈되어 역설계 되고, 연구되어 향후 우리를 위협하는 수단으로 활용될 수 있다.

**현대의 무기체계는 매우 기술 집약적인 체계**이다. 또한, **하나의 무기체계는 국가의 안보를 좌우할 수 있을 정도의 위력을 가질 수도 있다.** 이러한 기술을 보호하고, 다른 적대적인 세력이 활용하지 못하도록 하는 것은 필수적인 조치이다. 이런 조치들은 무기체계의 활용 뿐만 아니라, 무기체계의 거래 시 반드시 요구되는 사항이다. 이는 동맹이나, 우호적인 세력 간에 이루어지는 무기체계 거래에서도 요구된다. 국가 간의 관계는 언제나 친구도 적도 없는 것이 현실세계이다. 이러한 이유 때문에 **무기체계를 거래할 수는 있지만, 무기체계를 만드는 기술은 철저히 통제되어야 하는 것이다. 무기체계 개발 기술의 거래는 상호 교환형태 외에는 허용되지 않거나 제한**되는 경우가 많다.

# 무기체계 국외조달에 대한 특성을 이해해야 한다.

5-12

앞에서 '백년전쟁'을 소환해 무기체계의 조달에 대해 잠시 언급했지만, 프로젝트 관리자 입장에서 무기체계 거래, 조달(Procurement), 특히 국외조달에 대해서 알아야 하는 이유는 '**무기체계를 구성하는 모든 제품을 내가 만들 순 없다.**'라는 것 때문이다. 하나의 무기체계는 수많은 부품으로 구성되며, 이 부품을 모두 국내에서 조달할 수 있다면 좋겠지만, 이는 경제적이지 않거나 일정에 제한을 줄 수도 있다. 무기체계에 필요한 부품의 안정적이며, 경제적인 수급을 위해서는 국외 조달은 적은 숫자이든, 많은 숫자이든 반드시 필요하다. 이런 현상이 발생하는 근본적 이유는 전 세계의 무기체계 소요 시장이 한정적이기 때문이며, 이러한 제한점을 극복하기 위해 각 나라의 무기체계 산업 시장이 확대되면서 자연스럽게 시장 간의 관계가 거미줄처럼 연결되고 있다. 또한, 무기체계에 필요한 부품과 민간용으로 사용되는 상용 제품 간의 격차가 많이 줄어든 부분도 이런 경향을 심화 시키는데 영향을 주고 있다. 이런 이유로 **무기체계를 완제품으로 조달하는 프로젝트이든, 연구를 통해 개발하는 프로젝트이든 국외조달이라는 행위가 필요하며, 이로 인해 프로젝트 관리자는 국외조달에 대한 이해가 필요**하다. 또한, 복잡해진 공급망으로 인해 프로젝트 관점에서는 불확실성이 점차 높아지고 있어 그 중요성이 증가되고 있다. 특히 무기체계의 거래는 국가 간에 이루어는 행위이며, 이로 인해 국외 조달 시 **정부 간 거래되는 무기체계의 특성을 이해할 필요**가 있으며, 정부 간 거래를 이해하기 위해서는 다른 국가의 관련 제도를 이해할 필요가 있다. 미리 결론부터 이야기하자면, 다른 국가의 **국외 조달은 자국의 산업과 국익을 위해 시장확대를 추구**하면서도 **자국의 경쟁력 유지를 위한 기술보호를 강조**하고 있다는 사실이다.

# 무기체계 거래의 본질은 FMS가 보여준다.

5-13

   앞에서 살펴본 바와 같이 무기체계는 '**나와 친구 간의 거래**'라는 개념으로 국가나 이에 준하는 조직, 우군이나 동맹 간 이루어진다. 미국도 마찬가지로 미국의 독립전쟁 중 프랑스로 부터의 무기지원과 도움이 없었다면, 영국을 이기지 못했을 것이며, 1차 세계대전에서 미국의 '**자유의 무기**(Arsenal of Freedom)'와 2차 세계대전에서의 '**무기대여법**(Lend-Lease Program)'이 세계평화 유지에 기여했다는 것을 이해하고 있다. 오늘날에는 무기체계 시장을 미국이 주도하고 있는 가운데, 미국의 무기체계와 훈련, 지원에 대한 수요가 많기 때문에, 미국은 이를 외교정책 목표를 달성하기 위한 도구로 활용하고 있다. 미국은 미국 정부와 우군 및 동맹국 간의 무기체계 거래를 양국가 간의 유대 관계를 강화하고, 군사적 상호운용성을 촉진하며, 외교정책 문제에 대한 합의를 도출할 수 잇는 동기부여의 목적으로 활용하고 있다. 미국 정부는 대외적인 외교정책을 위해 크게 **안보협력**(SC ; Security Cooperation)과 **안보지원**(SA ; Security Assistance) **전략**을 취하고 있다. 아래는 세부적인 안보협력(SC)와 안보지원(SA) 프로그램이며, 참고 바란다. 여기에서 설명하고 하는 것은 **대외군사판매**(FMS) **프로그램**이다.

미국의 대외군사판매(FMS ; Foreign Military Sales) 프로그램은 정부 대 정부 간 거래되는 미국의 무기, 서비스, 훈련 등을 판매하는 방식을 말한다. 미국은 FMS를 통해 미국의 안보를 강화하고, 세계평화를 증진시킬 수 있을 때 외국 정부나 국제기구에 무기체계와 서비스를 판매할 수 있도록 하고 있다. 이에 따라 미국정부와 외국 정부는 요청서(LOR ; Letter of Request) 및 수락서(LOA ; Letter of Offer and Acceptance) 형태로 정부간 협정을 체결에 따라 수행된다. 체결된 협정에 따라 미국 정부는 자국의 업체/군을 통해 요구되는 무기체계 및 서비스를 제공하기 위한 계약을 체결하고, 관리한다. 또한, 체결된 협정에 따라 각 국가의 정부는 예치금을 미 연방준비은행(FRB)에 지급하고, 미국 정부의 집행에 따라 인출되는 형태로 수행된다. 미국 정부는 소요되는 비용만큼 집행하며, 소요 금액만큼 예치금에서 인출하는 개산계약 형태를 취하고 있다.

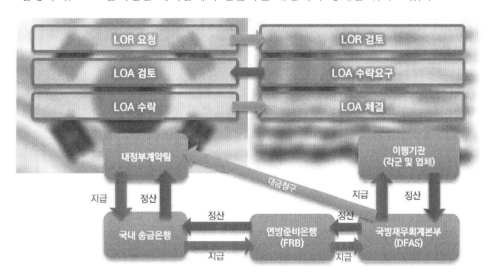

이 과정에서 **계약과 관리를 위한 인력과 소모비는 소모되는 형태이기 때문에 미국 정부는 실질적으로 이득을 취하는 것은 없다.** 다만, 이러한 비용은 궁극적으로는 미국의 숙련된 인력, 생산라인, 시설을 유지하고, 생산라인을 확대하는데 활용되며, 미국과 동맹국의 총수명주기 비용 절감에 도움을 주게 된다. 하지만, **미국 정부는 이익이 나는 것이 없기 때문에 대신 잃는 것도 없어야 된다는 것이 원칙**이다. 만약 미국 정부가 구매한 제품의 결함으로 인해 구매국가의 손해를 입은 경우 미국 정부가 보증하는 것이 아니라 해당 계약자가 계약 내에서 보상해야 하며, 해당 계약자가 보상하지 않는 경우에도 미국 정부는 손해를 감당하지 않는다.

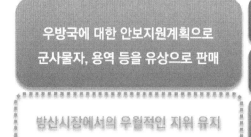

| 우방국에 대한 안보지원계획으로 군사물자, 용역 등을 유상으로 판매 | No Profit, No Loss |
| 방산시장에서의 우월적인 지위 유지 | 공동 구매 |
| | 개산 계약 |

우리 친구들 모두를 위한 일입니다.

American First!!

반대로 미국 정부가 계약을 하는 경우는 미국 정부가 해당 계약을 보장하기 때문에 신뢰성은 매우 높다. 이것이 일반적인 인터넷 상거래에서 중계하는 업자가 하는 역할과 다른 부분이다. 이런 부분이 불만일 수는 있지만, 싫다면 미국 정부는 FMS를 선택하지 말라고 하지만, 최첨단의 무기체계는 FMS로만 판매하기 때문에 무기체계가 반드시 필요할 경우에는 감당해야 하는 부분이다. 미국의 무기체계 구매를 원하는 나라는 많다. 미국은 많은 우방국들의 무기체계 소요를 모아 공동의 이익을 추구하기 위해 대량 구매형태를 취해 '**학습률의 마법**'에 따라 낮은 비용을 실현할 수 있도록 하고 있다. 한번 판매된 무기체계를 유지하는 것은 매우 장시간에 걸쳐 이루어지기 때문에 이러한 형태는 지속적인 생산라인을 유지할 수 있게 해주는 효과를 발휘한다. 또한, 미국산 무기체계를 사용하는 나라가 많아질수록 자연스럽게 상호운용성이 좋아지기 때문에 연합작전이나, 집단으로 군사력을 구현하는데 도움을 줄 수 있다. 이런 형태의 무기체계 거래가 유지되기 위해서는 '모두가 미국산 무기체계를 원한다.'라는 개념이 성립되어야 한다. 이를 위해 **미국은 방위산업 시장에서의 우월적이고, 압도적인 기술적 우위의 유지가 필요**하다. 현재는 압도적인 군사적 기술의 우위를 지니고 있는 것이 사실이지만, 미래에도 그러한 지위를 유지하기 위한 장치가 필요하다. 이러한 목적을 위해 미국은 최첨단의 무기체계는 FMS만을 통해 무기체계 거래하면서 최첨단 무기체계를 만들 수 있는 기술유출은 방지하도록 하고 있다.

# 무기체계의 거래에는 **기술보호가 숨어있다.**

대외군사판매(FMS) 프로그램의 근간은 **무기수출통제법(AECA ; Arms Export Control Act)** 이다. 무기수출통제법은 1976년 제정되었으며, 미국 대통령(행정부)에게 방위산업 물품과 국방 서비스의 수출입 통제 권한을 부여하는 법이다. 미국산 수출입 통제는 대외지원법(FAA, 외국원조의 모법임)을 근간으로 무기수출통제법(AESA) 외에도 **수출통제법** (ECA ; Export Controls Act, 2018, 구 EAA ; Export Administration Act)에 의해서 수행된다. 상용품의 수출통제는 군사용으로 겸용 가능한 이중용도 품목을 통제하며, 대표적으로 핵, 미사일(로켓), 생화학, 레이저, 대양(해양) 등이 있다.

무기수출통제법(AECA)를 근거로 **국제무기거래규정(ITAR ; International Traffic in Arms Regulations)**을 통해 미국의 군용물자품목 및 국방용역 거래를 통제하고 있다. 미국의 ITAR는 **역외주의 적용**하고 있어 ITAR위반 시 형사상(징역, 벌금 등) 또는 민사상(과태료) 벌칙 부과 및 미국과의 수출입 금지, 미 정부조달 참가 배제, 관계자의 미국입국 거부 및 미국내 활동 금지, 기술공유/금융지원 및 편의제공 금지, 지국에 소재하는 개인/기업은 위반자와의 수출입 금지 될 수 있다.

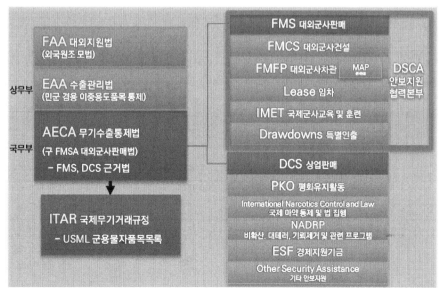

수출통제 대상인 미국 **군용물자품목목록**(USML ; The United States Munitions List)은 카테고리 1(화기류)~8(항공기)~21(기타)까지 구성되어 있다. 군용물자품목목록(USML)에는 성능관점의 **중요군사장비**(SME ; Significant Military Equipment)와 **비용 관점의 핵심군사장비**(MDE ; Major Defense Equipment), **미사일기술통제체계**(MTCR ; Missile Technology Control Regime) 개념이 적용된다. 군용물자품목에 따라 **블루 랜턴 프로그램**(Blue Lantern Pro-gram, 상용구매품으로 국무부 통제를 받음)이나 **골든 센트리 프로그램**(Golden Sentry Program, FAA[대외지원법]와 AECA[무기수출통제법], SAMM[안보협력관리규정] 을 적용 받으며, 미국방성에 의해 통제를 받음)의 통제를 받는다. 대표적인 골든 센트리 프로그램 통제를 받는 대상 무기체계는 AIM-120, AIM-9X, COMSEC, Harpoon2, JASSM, JSOW, SM-3, SLAM-ER 등이 있으며, 이는 공개된 정보로 개시되어 있다. 현 군용물자품목목록(USML, 2018.9.30)에 등재된 항공기는 The B-1B, B-2, B-21, F-15SE, F/A-18 E/F, EA-18G, F-22, F-35, F-117 or 미국 정부 기술실증기(U.S. Government technology de-monstrators) 등이 있다. 또한, **항공기 뿐만 아니라 구성품 단위까지 모두 통제 대상**이 된다. 군용물자품목목록(USML)은 영원히 고정된 것은 아니며, 기술보호의 가치 및 안보 상황, 대외정책에 따라 변경될 수 있다. 물론 기술통제와 산업증진 사이에서 각종 면제 또는 기술교환 등을 통해 절충점을 찾을 수도 있다. 다만, 이를 확인하기 위해서는 미국의 수출통제 승인 신청을 하여야 하며, 계약 예정인 상태에서는 승인 신청이 불가하다. 수출통제 승인을 위해서는 미국 업체가 마케팅용으로 허용된 범위까지의 승인 후 계약이후 필요한 범위에 대한 수출통제 승인을 신청하여 허가를 받아야 한다. 이 수출통제 대상은 무기체계 뿐만 아니라 개발 및 운용에 소요되는 기술자료, 용역 등도 포함된다.

The B-1B, B-2, B-21, F-15SE, F/A-18 E/F, EA-18G, F-22, F-35, F-117 or U.S. Government technology demonstrators

항공기 뿐만 아니라 구성품 단위까지 모두 통제된다. 물론, 기술통제와 산업증진 사이에서 각종 면제 또는 기술교환 등을 통해 절충점을 찾을 수도 있다.

# 무기체계의 거래에는 덤(절충교역)이 있다.

절충교역이란 국제 무기거래에서 무기를 판매하는 국가가 구매하는 나라에 기술이 전이나 부품발주 등의 반대급부를 제공하는 일종의 **구상무역**(Compensation Trade, **서로 수출을 균등하게 하는 무역**)이다. 무기체계 거래에서는 절충교역 형식이 국제관행이며, 거래금액 대비 절충교역 비율은 판매국과 구매국간 정책에 따라 달라진다. 절충교역의 가치는 무기 관련 기술 및 이익 뿐만 아니라 산업발전 등에 미치는 정도로 판단된다. 무기체계의 거래금액이 매우 크기 때문에 절충교역의 규모도 매우 크게 된다. 물론 절충교역의 비율이 높을수록 많은 가치를 이전 받을 수 있기 때문에 좋을 것 같지만, **절충교역은 결국 '공짜'는 아니기 때문에 적정한 수준에서 결정**된다. 절충교역을 제공하는 상대 입장에서는 실질적인 추가적인 비용의 투입 없이 가치를 제공할 수 있는 것은 기존에 개발된 기술자료와 데이터를 제공하는 것을 제외하면, 모두 추가적인 비용이 소요되는 것이다. 이러한 이유로 절충교역을 무리하게 요구하면, 직접계약 금액에 절충교역에 필요한 비용을 전가될 수 있다. 직접 비용으로 전가될 수 있는 근본적인 이유는 구매 시 가격은 알 수 있지만, 원가는 알 수 없기 때문이다. 또한, 모든 무기체계의 거래에 적용하면, 본 거래에 영향을 줄 수 있기 때문에 일정 금액의 대상 수준을 결정한다. 우리나라의 경우에도 많은 기술을 절충교역으로 들여와 산업발전과 방위력 개선에 활용되었지만, 산업 전반의 기술력이 향상되고, 기술이전의 벽이 높아짐에 따라 가치 있는 기술의 이전은 현실적으로 어려워지고 있다. 상대가 제공하는 절충교역 내용이 제공받는 쪽의 기술수준의 향상되면서 가치를 낮게 판단되거나, 없다고 판단되는 경우가 늘어나기 때문이다. 이에 따라 자국이 생산하는 부품의 수출과 같은 구상무역 개념이 더욱 강화되고 있으며, 자국의 산업발전과 실질 구매비용의 절감을 동시에 추구하고 있다.

# 5장 요약

전투기 요구도를 구체화하는 과정과 구현, 통제(감시)하는 과정을 알아보자.

1. 프로젝트를 관리하는 두 가지 축은 프로젝트 관리(PM)과 체계공학(SE)이다.

2. PM는 프로젝트 전체의 범위(성능, 일정, 비용)에 대한 관리하는 방안에 중점을 두고 있고, SE는 프로젝트의 산출물을 만드는데 과정에 중점을 두고 있다.

3. 프로젝트 관리와 체계공학의 관계는 수행 조직구조나 성격에 따라서도 결정된다.

4. 프로젝트 관리(PM)와 체계공학(SE)을 조화롭게 사용해야 한다.

5. 프로젝트팀, 프로젝트 환경, 이해관계자가 변하기 때문에 세상에 똑같은 프로젝트는 없다.

6. 프로젝트 계획은 완벽하지 않기 때문에 지속 갱신하면서 성숙시켜야 한다.

7. 프로젝트에 참여하는 이해관계자들은 모두 자신만의 욕구를 가지고 있다.

8. 의사결정 권한의 크기와 프로젝트 관리/체계공학의 이해 수준 간 상관관계는 일치하지 않는다.

10. 사용자의 요구와 개발자의 요구도 정의 시 사용하는 언어가 다르다.

11. 프로젝트 관리자는 이해관계자를 설득할 수 있는 의사소통능력이 필요하다.

12. 프로젝트의 성공과 실패요인은 모두 동일하게 요구도, 사용자의 참여, 자원의 확보와 관련되어 있다.

13. 프로젝트 관리 시 합리적 판단을 위한 '넛지'를 활용해야 한다.

14. 연구개발은 시작부터 어렵지만, 연구개발만 가능한 경우도 있다.

15. 프로젝트 관리자는 무기체계의 본질을 이해해야 한다.

# 이 책을 마치며 하고 싶은 말

이 책에서는 전투기를 이렇게 만들어야 한다고 주장하거나, 이야기 하지 않았다. 이는 프로젝트 목표에 따라 달라지는 성격이기도 하지만, 좋은 프로젝트는 좋은 프로젝트 요구에서 생겨나기 때문이다. 프로젝트 관리자의 한계는 주어진 요구와 여건의 한계 내에서 성공적인 프로젝트를 완수하기 위해 노력한다는 것이다. 프로젝트의 요구나 여건이 좋지 않는 경우는 좋은 프로젝트의 결과를 만들지 못할 수도 있으며, 심지어 좋은 결과를 만들었더라도 시대나 상황의 변화에 따라 요구가 달라져 시장이나 사용자에게 좋은 평가를 받지 못할 수 있다. 이러한 한계에도 프로젝트 관리자는 매 순간 좋은 의사결정을 하기 위해 어떻게 사고해야 하는지에 대해 끊임없이 노력하는 것이 중요하다고 생각한다.

# 참고 문헌

1. AAR-SRD-1 (2018.05.16) A GUIDE TO OBTAINING AIR-TO-AIR REFUELING CLEARANCES AND COMPATIBILITY ASSESSMENTS
2. AAR-SRD-2 (2016.02.19) RECOMMENDED AIR-TO-AIR REFUELLING (AAR) AIRCREW CERTIFICATION AND CURRENCY
3. AAR-SRD-3 (2016.01.02) TANKER CAPABILITIES
4. AAR-SRD-4 (2018.05.16) TANKER/RECEIVER CLEARANCE - TECHNICAL COMPATIBILITY MATRIX
5. AC-17-01 (2017.04.23) AIRWORTHINESS CIRCULAR Verification Expectations for Select Section 15 Criteria
6. AECTP 200(Edition3) (2006.05.18) ENVIRONMENTAL CONDITIONS
7. AFFDL-TR-65-197 (1965.10.23/Inactive) The Evolution of USAF Environmental Testing
8. AIAA S-120 (2015.10.14) Mass Properties Control for Space Systems
9. Air Force Center for Systems Engineering, Air Force Institute of Technology (2003) C-5A Galaxy Systems Engineering Case Study
10. Air Force Center for Systems Engineering, Air Force Institute of Technology (2007) B-2 Systems Engineering Case Study
11. Air Force Center for Systems Engineering, Air Force Institute of Technology (2010) A-10 Thunderbolt II (Warthog) SYSTEMS ENGINEERING CASE STUDY
12. Air Force Center for Systems Engineering, Air Force Institute of Technology (2010) GLOBAL HAWK SYSTEMS ENGINEERING CASE STUDY
13. AIR FORCE GLOBAL STRIKE COMMAND INSTRUCTION 10-602 (2017.04.04) HEADQUARTERS AIR FORCE GLOBAL STRIKE COMMAND OPERATIONAL CAPABILITY REQUIREMENTS MANAGEMENT
14. AIR FORCE INSTITUTE OF TECHNOLOGY (2011.050.11) FIXED-WING AIRCRAFT COMBAT SURVIVABILITY ANALYSIS FOR Operation Enduring Freedom and operation Iraqi Freedom
15. AIR FORCE INSTRUCTION 10-1301 (2019.05.16) AIR FORCE DOCTRINE DEVELOPMENT
16. AIR FORCE INSTRUCTION 63-104 (2005.01.21) THE SEEK EAGLE PROGRAM
17. AirForce Research Lab (2015.01.04) Manufacturing Readiness Assessment Overview
18. ATP 3.3.4.2. (2019.05.05) US STANDARDS RELATED DOCUMENTS(SRD)
19. ATP 3.3.4.5. (2013.06.03) AIR-TO-AIR (AERIAL) REFUELLING EQUIPMENT: BOOM-RECEPTACLE SYSTEM AND INTERFACE REQUIREMENTS
20. ATP 3.3.4.6. (2016.06.28) AIR-TO-AIR (AERIAL) REFUELING EQUIPMENT: PROBE-DROGUE INTERFACE CHARACTERISTICS
21. ATP 3.3.4.7. (2013.03.27) AIR-TO-AIR REFUELLING SIGNAL LIGHTS IN HOSE AND DROGUE SYSTEMS
22. ATP-3.3.4.2(ATP-56) (2013.11.18) AIR-TO-AIR REFUELLING
23. AWB-002A (2011.05.17) Airworthiness Planning
24. AWB-003A (2011.06.17) Tailored Airworthiness Certification Criteria /Modification Airworthiness Certification Criteria (TACC/MACC) Document Approval Process
25. AWB-004 (2011.06.17) Development of an Airworthiness Certification Basis
26. AWB-005 (2010.09.27) Tailored Airworthiness Certification Criteria/Modification Airworthiness Certification Criteria (TACC/MACC) Document Construction and Format
27. AWB-008 (2011.04.08) First Flight Executive Independent Review Team (FF EIRT)
28. AWB-019 (2010.12.07) Exemptions and Waivers
29. AWB-1009 (2016.05.25) Airworthiness Flight Authorizations - Military Type Certificate (MTC)/Military Flight Release (MFR)
30. Bruce Edwardrainerd (1995) Target Vulnerability To Air Defense Weapons, Naval Postgraduate School, Monterey, California
31. CJCSI-5123.01H (2018.09.31) Charter of the Joint Requirements Oversight Council(JROC) and Implementation of the Joint Capabilites Integration and Development System(JCIDS)
32. Defense Acquision University(DAU) (2011.12) Integrated Product Support element Guidebook
33. DEFENSE ACQUISITION GUIDEBOOK (DAG) (2017.02.26) Defense Acquisition Guidebook
34. DEFENSE ACQUISITION UNIVERSITY(DAU) (2001.01) SYSTEMS ENGINEERING FUNDAMENTALS
35. DoD Directive 5000-2-R (2002.04.05) MANDATORY PROCEDURES FOR MAJOR DEFENSE ACQUISITION PROGRAMS(MDAPS) AND MAJOR AUTOMATED INFORMATION SYSTEM (MAIS) ACQUISITION PROGRAMS
36. DoD Directive(DoDD) 5000.01 (2018.09.31) Defense Acquisition System
37. DoD Directive(DoDD) 5030.61 (2017.09.24) DoD Airworthiness Policy
38. DoD Instruction(DoDI) 5000.02 (2017.09.10) Operation of the Defense Acquisition System
39. DOT&E TEMP Guidebook 3.1 (2017.01.19) Director, Operational Test and Evaluation(DOT&E) Test and Evaluation Master Plan(TEMP) Guidebook
40. EUROCAE ED 55 (2017.09.10) Minimum Operational Performance Specification
41. Federal Acquisition Institute (2015.11.24) Project Manager's Guidebook
42. GAO (1996.06.28) PRECISION-GUIDED MUNITIONS Acquisition Plans for the Joint Air-to-Surface Standoff Missile
43. ISO 21500 (2013.11) 프로젝트관리 표준 이행가이드
44. ISO IEC 15288 (2002.07.25) System Engineering - Guide for ISO/IEC 15288
45. ISO/IEC 26702(IEEE Std 1220-2005) (2007.07.15) Systems Engineering-Application and Management of the Systems Engineering Process
46. JALC (2005.08.12) Aviation Critical Safety Item Management Handbook
47. Jan Vlach (2014.05.31) USING LIFE CYCLE COSTING FOR PRODUCT MANAGEMENT
48. JSSG-2000B (2004.09.21) AIR SYSTEM
49. JSSG-2001B (2004.04.30 AIR VEHICLE
50. JSSG-2006 (1998.10.30) AIRCRAFT STRUCTURES
51. JSSG-2007A (2004.01.29) ENGINES, AIRCRAFT, TURBINE
52. JSSG-2009A (2015.11.20) AIR VEHICLE SUBSYSTEMS
53. JSSG-2010-10 (1998.10.30) CREW SYSTEMS-OXYGEN SYSTEMS HANDBOOK
54. JSSG-2010-12 (1998.10.30) CREW SYSTEMS-DEPLOYABLE AERODYNAMIC DECELERATOR (DAD) SYSTEMS HANDBOOK
55. JSSG-2010-5 (1998.10.30) CREW SYSTEMS-AIRCRAFT LIGHTING HANDBOOK
56. JSSG-2010-7 (1998.10.30) CREW SYSTEMS-CRASH PROTECTION HANDBOOK
57. JTCG/AS (2001) Aerospace systems survivability handbook series, JTCG/AS, Arlington, VA
58. JTCG/AS-01-D-005 (2001.05.31) AEROSPACE SYSTEMS SURVIVABILITY HANDBOOK SERIES
59. MIL-A-2550C (2013.10.18/Inactive) AMMUNITION, GENERAL SPECIFICATION FOR
60. MIL-A-8863C (1993.07.19) AIRPLANE STRENGTH AND RIGIDITY GROUND LOADS FOR NAVY ACQUIRED AIRPLANES
61. MIL-C-46552C (1996.10.31) CARTRIDGE, 20MM, TARGET PRACTICE, M55A2
62. MIL-HDBK-1763 (1998.06.15) AIRCRAFT/STORES COMPATIBILITY : SYSTEMS ENGINEERING DATA REQUIREMENTS AND TEST PROCEDURES
63. MIL-HDBK-1783B (2002.02.15) ENGINE STRUCTURAL INTEGRITY PROGRAM (ENSIP)
64. MIL-HDBK-217F (1991.12.02) RELIABILITY PREDICTION OF ELECTRONIC EQUIPMENT
65. MIL-HDBK-245D (1996.04.03) PREPARATION OF STATEMENT OF WORK (SOW)
66. MIL-HDBK-260 (1997.04.07) REFERENCE DATA FOR LOGISTICS METRICS
67. MIL-HDBK-310 (1997.06.23) GLOBAL CLIMATIC DATA FOR DEVELOPING MILITARY PRODUCTS
68. MIL-HDBK-336 (1983.02.04) SURVIVABILITY, AIRCRAFT, NONNUCLEAR, ENGINE (VOLUME 3)
69. MIL-HDBK-338B (1998.10.01) ELECTRONIC RELIABILITY DESIGN HANDBOOK
70. MIL-HDBK-470A (1997.12.04) Designing and Developing Maintainable Products and Systems
71. MIL-HDBK-502 (1997.05.30) ACQUISITION LOGISTICS
72. MIL-HDBK-502A (2013.04.08) PRODUCT SUPPORT ANALYSIS
73. MIL-HDBK-514 (2003.03.28/Cancelled) OPERATIONAL SAFETY, SUITABILITY,& EFFECTIVENESS FOR THE AERONAUTICAL ENTERPRISE
74. MIL-HDBK-515 (2002.10.11) WEAPON SYSTEM INTEGRITY GUIDE (WSIG)
75. MIL-HDBK-516B Expanded Version (2005.09.26) Airworthiness Certification Criteria

76. MIL-HDBK-516C (2014.12.12) AIRWORTHINESS CERTIFICATION CRITERIA
58. MIL-HDBK-520A (2011.12.19) SYSTEM REQUIREMENTS DOCUMENT GUIDANCE
59. MIL-HDBK-61A (2001.02.07) CONFIGURATION MANAGEMENT GUIDANCE
60. MIL-HDBK-781A (1996.04.01) RELIABILITY TEST METHODS, PLANS, AND ENVIRONMENTS FOR ENGINEERING, DEVELOPMENT QUALIFICATION, AND PRODUCTION
61. MIL-HDBK-87213A (2005.02.08) ELECTRONICALLY / OPTICALLY GENERATED AIRBORNE DISPLAYS
62. MIL-L-85314A (1992.04.20) MILITARY SPECIFICATION: LIGHT SYSTEMS, AIRCRAFT, ANTI-COLLISION, STROBE, GENERAL SPECIFICATION FOR
63. MIL-STD-1472G (2012.01.11) HUMAN ENGINEERING
64. MIL-STD-1477C (1996.09.30) SYMBOLS FOR ARMY SYSTEMS DISPLAYS (METRIC)
65. MIL-STD-1477C (2010.12.08) Environmental Conditions and Test Procedures for Airborne Equipment
66. MIL-STD-1530D (2016.10.13) AIRCRAFT STRUCTURAL INTEGRITY PROGRAM (ASIP)
67. MIL-STD-1587 (2018.07.23) MATERIAL AND PROCESS REQUIREMENTS FOR AEROSPACE WEAPONS SYSTEMS
68. MIL-STD-1629A (1980.11.24/Cancelled) PROCEDURES FOR PERFORMING A FAILURE MODE, EFFECTS AND CRITICALITY ANALYSIS
69. MIL-STD-1796A (2011.10.13) AVIONICS INTEGRITY PROGRAM (AVIP)
70. MIL-STD-1797A (2004.08.24) FLYING QUALITIES OF PILOTED AIRCRAFT
71. MIL-STD-1798C (2013.08.08) MECHANICAL EQUIPMENT AND SUBSYSTEMS INTEGRITY PROGRAM
91. MIL-STD-1807 (1999.10.08/Cancelled) CRASH SURVIVABILITY OF AIRCRAFT PERSONNEL
92. MIL-STD-188_125-2 (1999.04.03) HIGH-ALTITUDE ELECTROMAGNETIC PULSE (HEMP) PROTECTION FOR GROUND-BASED C4I FACILITIES PERFORMING CRITICAL, TIME-URGENT MISSIONS
93. MIL-STD-210C (1997.05.23/Cancelled) CLIMATIC INFORMATION TO DETERMINE DESIGN AND TEST REQUIREMENTS FOR MILITARY SYSTEMS AND EQUIPMENT
94. MIL-STD-3010C (2013.09.01) TEST PROCEDURES FOR PACKAGING MATERIALS AND CONTAINERS
95. MIL-STD-3013A (2008.09.09) GLOSSARY OF DEFINITIONS, GROUND RULES, AND MISSION PROFILES TO DEFINE AIR VEHICLE PERFORMANCE CAPABILITY
96. MIL-STD-3018 (2007.10.15) PARTS MANAGEMENT
97. MIL-STD-3034A (2014.04.29) RELIABILITY-CENTERED MAINTENANCE (RCM) PROCESS
98. MIL-STD-411F (1997.04.10) AIRCREW STATION ALERTING SYSTEMS
99. MIL-STD-461G (2015.12.11) REQUIREMENTS FOR THE CONTROL OF ELECTROMAGNETIC INTERFERENCE CHARACTERISTICS OF SUBSYSTEMS AND EQUIPMENT
100. MIL-STD-464C (2010.12.01) ELECTROMAGNETIC ENVIRONMENTAL EFFECTS, REQUIREMENTS FOR SYSTEMS
101. MIL-STD-499A (1974.05.01/Cancelled) SYSTEM ENGINEERING MANAGEMENT
102. MIL-STD-499B_DRAFT (1993.06.24/Cancelled) SYSTEM ENGINEERING MANAGEMENT
103. MIL-STD-5400 (1992.06.15/Cancelled) ELECTRONIC EQUIPMENT, AIRBORNE, GENERAL REQUIREMENTS FOR
104. MIL-STD-785B (1980.09.15/Cancelled) RELIABILITY PROGRAM FOR SYSTEMS AND EQUIPMENT DEVELOPMENT AND PRODUCTION
105. MIL-STD-810G (2008.10.31) ENVIRONMENTAL ENGINEERING CONSIDERATIONS AND LABORATORY TESTS
106. MIL-STD-810G (2014.04.15) ENVIRONMENTAL ENGINEERING CONSIDERATIONS AND LABORATORY TESTS
107. MIL-STD-810H (2019.01.31) ENVIRONMENTAL ENGINEERING CONSIDERATIONS AND LABORATORY TESTS
108. MIL-STD-850B (1970.11.03) AIRCREW STATION VISION REQUIREMENTS FOR MILITARY AIRCRAFT
109. MIL-STD-881D (2018.04.09) WORK BREAKDOWN STRUCTURES FOR DEFENSE MATERIEL ITEMS
110. MIL-STD-882E (2012.05.11) SYSTEM SAFETY
111. NASA/SP-2007-6105 (2017.12) NASA Systems Engineering Handbook
112. NAVAL POSTGRADUATE SCHOOL (1995.01.14) Target Vulnerability to Air Defense Weapons
113. PMBOK(Edition 6nd) (2018.08.16) Project Management Body of Knowledge
114. Project Management Institute(4th Edition) (1996) A Guide to The Project Management Boby of Knowledge
115. Project Management Institute(6th Edition) (2017) A Guide to The Project Management Boby of Knowledge
116. SEBoK (2018.10.16) Guide to the Systems Engineering Body of Knowledge (SEBoK) version 1.9.1
117. SRANAG 4670 ED-3 (2014.04.22) GUIDANCE FOR THE TRAINING OF UNMANNED AIRCRAFT SYSTEMS(UAS) OPERATORS
118. STANAG 3971(ATP-56) (2013.11.18) AIR-TO-AIR REFUELLING
119. TC 3-04.11 (2019.01.02) Commander's Aviation Training and Standardization Program
120. 대니얼 카너먼 (2018.03.30.) 생각에 관한 생각
121. 리처드 탈러, 캐스 선스타인 (2009.04.22) 넛지
122. 한국프로젝트경영협회 (2013.10) 실무사례로 풀어가는 프로젝트 경영

# 참고/인용 논문

1. AAlan N. Steinberg; Alan N.; Bowman, Christopher L.; White,Franklin E. (1999) Revisions to the JDL Data Fusion Model
2. ANDREW A. CROFT, Brig Gen, USAF, Director of Plans, Programs and Requirements (AETC) (2018) ADVANCED PILOT TRAINING(APT T-X) CONCEPT OF OPERATIONS
3. Chinese Journal of Aeronautics (2015) Numerical Simulation of RCS for Carrier Electronic Warfare Airplanes
4. Christopher L. Jerome, Captain, USAF (2011.04) Fixed-Wing Aircraft Combat Survivability Analysis For Operation Enduring Freedom And Operation Iraqi Freedom
5. E. Sheriden, Robert Burnes(AIAA Aviation Forum) (2018) F-35 Program History-From JAST to IOC
6. Jeremiah Gertler(Specialist in Military Aviation) (2018.05.21) Advanced Pilot Training (T-X) Program : Background and Issues for Congress
7. Joo-Young Kim, Jin-Young Kim, Kyung-Tae Lee(IJASS) (2011.12.07) Evaluation of the Combat Aircraft Susceptibility Against Surface-Based Threat Using the Weighted Score Algorithm
8. Journal of Aerospace Technology and Management (2016) Integration Analysis of Conceptual Design and Stealth-Aerodynamic Characteristics of Combat Aircraft
9. Li Jun, Yang Wei, Zhang Yugang, Pei Yang, Ren Yunsong, Wang Wei(Chinese Society of Aeronautics and Astronautics) (2013.04) Aircraft Vulnerability Modeling And Computation Methods Based On Product Structure And Catia(Volume 26, Issue 2, Pages 334-342)
10. Maj. Kenneth J. Delano, USAF (1998) IDENTIFYING FACTORS THAT CONTRIBUTE TO PROGRAM SUCCESS
11. RAND MG-276 (2005) Lessons Learned from F-22 and FA-18EF Development programs
12. RAND MG-413 (2006) Systems Engieering and Program Management
13. The STANDISH GROUP (1994) The CHAOS Report
14. Yong Deng (2015.07.29) A Threat Assessment Model under Uncertain Environment
15. 유형곤(SMI) (2012.12) 방위력개선사업에서 기술성숙도평가(TRA) 방법론의 효과적인 적용방안

# 인터넷 사이트

1. 인터넷 사이트 http://acqnotes.com/
2. 인터넷 사이트 http://dau.edu
3. 인터넷 사이트 http://everyspec.com
4. 인터넷 사이트 http://jasp-online.org/
5. 인터넷 사이트 https://en.wikipedia.org/wiki/Foreign_Military_Sales
6. 인터넷 사이트 https://www.dsca.mil/programs/foreign-military-sales-fms